The Routledge Introductory Course in Modern Hebrew is an integrated language course designed ideally for classroom-based learners. Adopting an eclectic approach, the course contains 90 lessons combining authentic texts, grammar explanations, and exercises with audiovisual materials to guide and support the student through the key skills of reading, writing, speaking and listening.

Features include:

- A wide range of texts, from dialogues and simple narratives to newspaper articles and poetry
- Vocabulary lists for each text
- A variety of exercises for every lesson including oral drills, listening comprehension, grammar exercises and writing practice
- Glossaries
- Thorough explanation of all the grammatical issues that arise at the introductory level
- A solid grammatical foundation presented in an accessible, user-friendly manner
- Cultural notes to introduce students to Israeli society
- A companion website containing a wealth of audiovisual resources.

The Routledge Introductory Course in Modern Hebrew provides everything that students and instructors need for an engaging and effective learning environment.

Giore Etzion is a Senior Lecturer in Hebrew at Washington University in Saint Louis.

There is a companion website at: **http://artsci.wustl.edu/~hii** or
http://www.routledge.com/books/Introductory-Hebrew-Course

The Routledge Introductory Course in Modern Hebrew

עברית בישראל

Giore Etzion
גיורא עציון

Illustrations by Dick Beutick
איורים מאת דיק בייטיק

Routledge
Taylor & Francis Group

NEW YORK AND LONDON

First published 2009
by Routledge
270 Madison Ave, New York, NY 10016

Simultaneously published in the UK
by Routledge
2 Park Square, Milton Park, Abingdon, OX14 4RN

Routledge is an imprint of the Taylor & Francis Group, an informa business

© 2009 Giore Etzion

Printed and bound by Edwards Brothers, Inc.

British Library Cataloguing in Publication Data
A catalogue record for this book is available from the British Library

Library of Congress Cataloging in Publication Data
A catalog record for this book has been requested

ISBN13: 978-0-415-48417-6 (pbk)
ISBN13: 978-0-203-88327-3 (ebk)

CONTENTS

ACKNOWLEDGMENTS

I am deeply indebted to my colleagues and students at Washington University in Saint Louis who helped in different stages of the book production, to my friend Dick Beutick who is responsible for the beautiful artwork, and to Art Bischoff whose continuous involvement and encouragement made this project possible.

Giore Etzion

We are grateful to all those who have granted us permission to reproduce the extracts and images listed below. While every effort has been made to trace and acknowledge ownership of copyright material used in this volume, the Publishers will be glad to make suitable arrangements with any copyright holders whom it has not been possible to contact.

TO THE USER

שלום!

Shalom, and welcome to the world of Hebrew!

This textbook offers a complete introductory course in modern Hebrew by combining traditional texts, grammar explanations, and exercises with computer-based audiovisual materials and a rich database. With all these materials, the course encourages and supports an engaging and effective learning environment.

The textbook is suitable for the first-year course in intensive language programs; it could also be used for up to two years of language instruction in more slower-paced programs. It is designed specifically for college students in English-speaking countries, but it is also a good choice for other settings, including self-study, thanks to the thorough explanations, the inclusion of all answers to the exercises, and the course website.

The textbook deals with all of the grammatical, verbal, and communicative issues that arise at the introductory level of language instruction in Hebrew. It is eclectic in nature, yet is heavily influenced by current trends in both language pedagogy and instructional technology: it reflects a communicative approach, emphasizing the cultural context, and aims to help students internalize speech patterns. Upon completion of the course, the student should be able to:

- handle various styles of spoken and written discourse that contain some unfamiliar elements, and use them as a source of information;
- read simple newspaper articles;
- carry on a conversation on various topics, ask and answer questions, describe objects and situations, express wishes and commands, etc.;
- write short essays on a range of basic topics, accurately using present, past, and some future tenses, as well as various syntactical structures;

In addition to the above, the student should:

- have a broad and deep understanding of the core grammatical issues of Hebrew, including the root system, the verb system, tenses and times, sentences with no subject, word order, modal verbs, and more;
- have a strong sense of the diction and intonation of Hebrew structures;
- know about various aspects of Israeli culture: people, places, events, and values.

ORGANIZATION OF THE LESSONS

UNITS

The textbook is divided into 8 units. It also includes an introductory unit on the alphabet and the basic principles of reading Hebrew script.

Each unit consists of 8-16 lessons, for a total of 90 lessons. Each lesson includes a text, explanations, helpful notes on the grammatical items in the text, and exercises based on the text. New vocabulary is introduced in context (in gray boxes). Every unit concludes with a glossary of the new vocabulary for that unit,

The course website offers an extensive review lesson for each unit, a checklist of the different topics covered in the unit, an integrated "language lab" lesson, links to relevant websites, additional readings, and more.

Each unit covers a significant amount of vocabulary and grammar, and it is therefore recommended that the instructor give a comprehensive test at the end of each unit.

TEXTS

The book is rich in texts, as most of the grammatical issues are illustrated and explained in context. Most lessons begin with a text (usually a dialogue) that contains the new grammatical structures and vocabulary in context. All of the texts are also available in an audiovisual format on the course website. The language of these texts is for the most part standard, although it also represents contemporary spoken Hebrew, and as such occasionally, although in moderation, includes slang and non-standard linguistic conventions.

The texts are typically followed by questions, answers to which the students write questions, and/or short paragraphs designed to be completed by the student, all of which direct the learner's attention to particular information, vocabulary items, word order, or relationships between and among different elements in the text.

The texts serve different pedagogical purposes. They are used to:

- teach vocabulary, grammar, speech patterns, and typical exchanges;
- serve as a model for class activities (for example, the instructor could require the student to read the text changing the personal referents from feminine to masculine or singular to plural);
- practice reading, reading comprehension, and listening comprehension;
- provide information;
- teach how to elicit and retain information in the target language;
- help the student make the shift to authentic sources -- newspaper articles, poetry, and materials on the internet.

Additional texts for reading and/or listening comprehension are available on the course website.

VOCABULARY

New vocabulary is introduced in context. A short vocabulary list in a gray box is provided for each text and occasionally for the exercises as well. New vocabulary is used repeatedly and systematically in the texts and/or exercises of the unit and also appears again in the units to come.

Every unit ends with a glossary of the new vocabulary for the unit arranged by parts of speech. Nouns are tagged as masculine or feminine and are given in singular and plural; nouns with four forms, in masculine and feminine. Verbs are given in the present tense and the infinitive; adjectives, in masculine and feminine. The glossary includes words that have been presented before when they are discussed in further depth in that unit.

A comprehensive and detailed Hebrew-English dictionary is provided at the end of the book.
Other vocabulary-related tools are available on the course website.

EXPLANATIONS

The book provides explanations in English with many examples in Hebrew. The student should always read the examples carefully and understand them fully.

There are different kinds of explanations, from practical ones to more in-depth ones that contain additional useful information for the learner. Items are presented in a natural, organic flow, and are explained at a level that is appropriate and useful for learners at their current level of knowledge. Some items are explained more than once in increasing depth, building on previous knowledge.

Occasionally a short explanation suffices to clarify something in context that might otherwise require a lengthy discussion. In such cases the explanation is given in a box next to its occurrence in the text or as a footnote.

EXERCISES

Various exercises follow the texts and explanations to help students internalize and practice the new concepts. The exercises vary in difficulty and style, from drills to open-ended ones, from grammar- to writing exercises.

Directions for the exercises are given in Hebrew. An alphabetical list of all exercise directions in English translation can be found on the course website.

Exercises often introduce new vocabulary, structures, or speech patterns. The sentences in the exercises are natural and demonstrate the actual conventions of language usage. To gain maximum benefit from the exercises, it is critical that the learner understands them fully. Working on them in a mechanical way, without processing for meaning, should always be avoided.

Review exercises are also provided on a regular basis, allowing the student to continuously refresh and strengthen understanding of verb conjugations, prepositions, and vocabulary.

The answers to all of the exercises are easily accessible on the course website. Students should make it a habit to check and correct answers after completing an exercise.

SPELLING

The textbook uses the contemporary plene Hebrew spelling (כתיב מלא) with occasional use of partial or full vocalization annotations (nikud, ניקוד), especially in new vocabulary items, to help the student. The guidelines of partial nikud are as follows:

- dagesh (דגש) is only marked in ב , כ , and פ ;
- cholam malé (חולם מלא) and chirik malé (חיריק מלא) are not marked;
- shva (שווא) is not marked except when it is pronounced /e/ (for example, מְדבר) ;
- sin is marked (שׂ); shin is not (ש).

Every entry in the Hebrew–English Dictionary at the end of the book is given in full nikud.

COURSE WEBSITE

All of the texts, word lists, verb conjugations, prepositions, and more, are available in an audiovisual format on the course web site: **http://artsci.wustl.edu/~hii**
The site is protected with a password. Your user name is: **user** ; your password is: **harel** .

The student should make it a habit to listen to the daily text. First, listen to and repeat the new vocabulary list that is associated with the text; then listen to the text itself and repeat it, imitating the accent and intonation of the sentences. Other than the instructor, the sound files are the only source of authentically spoken Hebrew and are therefore extremely important. Working regularly with the recordings will improve pronunciation, listening comprehension, and reading skills. In addition, using the recordings will make daily preparation much easier and more efficient. In the same time it takes to read an average text without an audio component, the student can listen to the sound file and follow the text in its entirety three times!

In addition to the texts and word lists, the site includes:

- answers to all of the exercises in the book;
- checklists, and review lessons for every unit (particularly useful before tests);
- independent interactive units of texts and exercises for listening comprehension;
- an audiovisual verb dictionary for practicing and learning verb conjugations;
- audiovisual lists of all prepositions (as well as some nouns) with their pronoun suffixes;
- audiovisual reference charts of numbers, colors, the days of the week, etc.;
- links to relevant sources on the web.

CULTURE

Language can only be fully understood and acquired in its cultural context. This is why the book introduces various aspects of Israeli culture. Students are encouraged to explore Israeli culture further through various resources on the web, by listening to Israeli music, by reading Israeli newspapers (in Hebrew and English), and, of course, by visiting and/or living in the country. The Resources page on the course website provides links to websites that will enrich the learning experience.

ב ה צ ל ח ה !

א ל ף - ב י ת

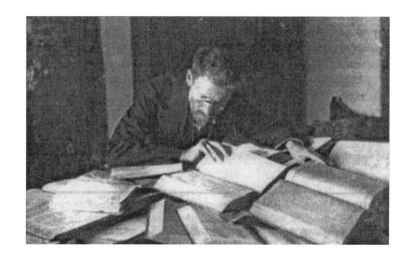

אליעזר בן-יהודה (1911-1858)

OVERVIEW

Hebrew is the dominant language that is spoken, written, and read in Israel today. It is often referred to as "Modern" Hebrew to distinguish it from other periods of the Hebrew language, such as Biblical or Rabbinic. Like other Semitic languages, Hebrew is written from right to left.

The Hebrew alphabet is called the אלף-בית /àlef bet/ after the first two letters of the system: אלף /àlef/ and בית /bet/. It consists of 22 letters, all consonants, of which four may also function as vowels.

In addition to the 22 letters, some Hebrew texts also use a vowel system called ניקוד /nikud/, which consists of diacritics, or marks (mainly dots), that go above, under and in the middle of the letters. When nikud marks are included, the text is referred to as "vocalized."

While the Hebrew alphabet has no capital letters, five of the letters have final forms; that is, the letter is shaped differently when it is the last letter of a word.

Like English, Hebrew letters have a print form and a script, or cursive, form. As in English, texts are published in print. One types in print and writes in cursive.

[Each letter of the alphabet also has a numerical value (see Table 1 below). For example, the number 124 is written as: קכ"ד (ק = 100, כ = 20, and ד = 4). The use of letters as numbers is restricted mostly to the Hebrew calendar, chapters of the Bible, and some other specific uses.]

NOTE ON TRANSLITERATION

In this chapter, transliteration (writing Hebrew words using the Latin alphabet) follows the Hebrew words to indicate what they sound like. Transliterated words are given between slash marks, their accented syllable marked. For example: אלף /àlef/ (stress on the **a**). However, the accented syllable is *not* marked when the stress is on the last syllable (which is the case in most Hebrew words). For example: שלום /shalom/ (stress on the **lom**).

For the most part, Hebrew consonants are similar to the English consonants (though some consonants, like /l/ or /r/, are pronounced somewhat differently in Hebrew and English). Note the following consonants in transliteration:

/ch/	as the ch in "Bach"
/g/	hard g, as the g in "gold" (and not in "gym")
/tz/	as the ts in "boots"
/'/	as the initial sound in "about" (the stop of the air flow that precedes the vowel "a").

[The mark /'/ will *not* be used when it is the first or last consonant of a word. So, for example, the syllable /od/ will be written with the /'/ mark in the word /me'od/, and without one in the word /oded/.]

The vowel system in Modern Hebrew consists of five vowel sounds:

/a/	like the a in "extra"
/e/	like the e in "egg"
/i/	like the i in "machine"
/o/	like the o in "old"
/u/	like the u in "lure"

THE ALPHABET

Table 1: The Hebrew alphabet

NO.	PRINT	CURSIVE	LETTER'S NAME		SOUND	VALUE
1.	א	א	אלף	àlef	'	1
2.	ב	ב	בית	bet	b/v	2
3.	ג	ג	גימל	gìmel	g	3
4.	ד	ד	דלת	dàlet	d	4
5.	ה	ה	הא	hei	h	5
6.	ו	ו	וו	vav	v/o/u	6
7.	ז	ז	זין	zàyin	z	7
8.	ח	ח	חית	chet	ch	8
9.	ט	ט	טית	tet	t	9
10.	י	י	יוד	yud	y/i	10
11.	כ/ך	כ/ך	כף	kaf	k/ch	20
12.	ל	ל	למד	làmed	l	30
13.	מ/ם	מ/ם	מם	mem	m	40
14.	נ/ן	נ/ן	נון	nun	n	50
15.	ס	ס	סמך	sàmech	s	60
16.	ע	ע	עין	àyin	'	70
17.	פ/ף	פ/ף	פא	pei	p/f	80
18.	צ/ץ	צ/ץ	צדי	tzàdi	tz	90
19.	ק	ק	קוף	kuf	k	100
20.	ר	ר	ריש	reish	r	200
21.	ש	ש	שין	shin/sin	sh/s	300
22.	ת	ת	תו	tav	t	400

3 אלף-בית

THE 22 LETTERS OF THE ALPHABET

In the following pages, the 22 letters of the Hebrew alphabet are presented one at a time, with explanations and examples. Write every new letter in your notebook, say the examples aloud and copy them down, as these are basic words you will encounter in the first couple of weeks of your course. With every new letter, write and say the letters that come before it in the proper sequence. For example, when you learn the letter Gimel, write and say "Gimel," then, "Alef, Bet, Gimel."

1 א אלף /àlef/

The consonant א is a glottal stop (marked /'/): a stop of the air flow, much like the initial sound in the word "about". It can only be pronounced when it is followed by a vowel.

(I) אני /'ani/

(very) מאוד /me'od/

While in spoken Hebrew, א is often silent, the written language reflects the principle that no Hebrew syllable can begin with a vowel. Thus if a word sounds to you like it starts with a vowel, it is likely that its first letter is א (or ע, as you will see later). This rule also applies to words of foreign origin that start with a vowel. For example: (Oregon) אורגון

When א is the last letter of a word, it is always silent: (physician) רופא /rofe/

א is used as the vowel /a/, especially in words of foreign origin.
For example: (Bali) באלי /bàli/

2 ב בית /bet/

ב can be pronounced either /b/ or /v/. In vocalized texts (texts that include nikud), בּ with a dagesh (a dot in the letter) is pronounced /b/, while ב (without a dagesh) is pronounced /v/. When the text is not vocalized, there is no graphic difference between bet and vet.

At the beginning of a word, ב is always pronounced /b/: (house) בית /bàyit/
At the end of a word or syllable, it is pronounced /v/: (sit) יושב /yoshev/
In the middle, it can be either: (friend) חבר /chaver/
(dad) אבא /àba/

The one-letter particle ב /be/ means "in" or "at". It is affixed to the word that follows.
(in Haifa) בחיפה /be-cheifa/

3 ג גימל /gìmel/

ג is pronounced /g/, as the hard g in good: (English) אנגלית /anglit/
(Ma'am, Ms.) גברת /gvèret/

ג׳ (with an apostrophe) is pronounced /j/. It is used in words of foreign origin. For example:
(Magic Johnson) מג׳יק ג׳ונסון

4 ד דלת /dàlet/

ד is pronounced /d/:

(new) חדש /chadash/
(enough) די /dai/

5 ה הא /hei/

ה is pronounced /h/:

(he) הוא /hu/
(fast) מהר /maher /

At the end of a word, ה generally functions as the vowel /a/ or /e/.

(class) כיתה /kita/
(teacher) מורה /more/

When ה is at the end of a word and it is pronounced /a/, it is a typical feminine suffix:

(teacher f.) מורה /mora/

The one letter particle ה /ha/ means "the". It is affixed to the subsequent word.

(the house) הבית /ha-bàyit/

6 ו וו /vav/

ו can be pronounced as either the consonant /v/, or the vowels /o/ or /u/.
In vocalized texts, וֹ is pronounced /o/, וּ is /u/, and any other vowel attached to the ו marks it as a consonant. Examples:

(more) עוֹד /od/
(well...?) נוּ...? /nu/
(rose) וֶרֶד /vèred/

In texts without nikud, ו is usually doubled when it functions as a consonant:

(air) אוויר /avir/

However, ו is not doubled when it is the first or last letter of the word:

(visa) ויזה /vìza/
(line) קו /kav/

ו can be pronounced /w/ in words of foreign origin: (Woodstock) וודסטוק

The one letter particle ו means "and". It is most commonly pronounced /ve/, and it is affixed to the word that follows:

(Ruth and Dan) רות ודן /rut ve-dan/

7 ז זין /zàyin/

ז is pronounced /z/:

(this) זה /ze/
(television) טלוויזיה /televìzya/

ז' (with an apostrophe) is pronounced /zh/ (as the s in "fusion") in words of foreign origin:

(garage) גראז' /garazh/

8 ח חית /chet/

ח is most commonly pronounced /ch/, as the ch in "Bach"*:

(too bad)	חבל	/chaval/
(one)	אחת	/achat/

When ח is the last letter of a word, it is pronounced /ach/ when preceded by /e/, /i/, /o/, or /u/ (any vowel but /a/): (blackboard) לוּח /lùach/

* Read more about the pronunciation of ח in the section *Homophonic Consonants*, later in this chapter.

9 ט טית /tet/

ט is pronounced /t/:

(good)	טוב	/tov/
(few)	מעט	/me'at/

In words of foreign origin, ט represents t (whereas ת represents th):

(telephone) טלפון /tèlefon/

10 י יוד /yud/ (also called: /yod/)

י can be pronounced as either the consonant /y/ or the vowel /i/:

(hand)	יד	/yad/
(I)	אני	/ani/

In texts without nikud, י is doubled to mark it as a consonant:

(soldier) חייל /chayal/

except when it is the first letter of the word:

(Yael (name)) יעל /ya'el/

11 כ כף /kaf/

כ can be pronounced either /k/ or /ch/. In vocalized texts, כּ is /k/ while כ is /ch/.

When it is the first letter of the word, כ is pronounced /k/: (yes) כן /ken/

In the middle of a word it may be either /k/ or /ch/:

(neighbor)	שכן	/shachen/
(sugar)	סוכר	/sukar/

ך כף סופית /kaf sofit*/ (also called: chaf sofit)

ך is how the letter כ is shaped when it is the last letter of a word. In Modern Hebrew it is always pronounced /ch/ (and not /k/):

(your name)	שמך	/shmech/
(your health)	שלומך	/shlomcha/

* סופית /sofit/ means "final". The letters מ/ם (No. 13), נ/ן (No. 14), פ/ף (No. 17), and צ/ץ (No. 18) also have final forms.

12 ל למד /làmed/

ל is pronounced /l/: (night) לילה / làyla/

The one-letter particle ל /le/ means "for" or "to". It is affixed to the word that follows:

(to where) לאן /le-'an/

13 מ מם /mem/

מ is pronounced /m/: (what) מה /ma/

(mom) אמא /ìma/

The one-letter particle מ /mi/ means "from". It is affixed to the word that follows:

(I'm from here) אני מפה /ani mi-po/

ם מם סופית /mem sofit/

ם is the final form of the letter מ.

(peace) שלום /shalom/

(name) שם /shem/

14 נ נון /nun/

נ is pronounced /n/: (well...?) נו...? /nu/

(what's up) מה נשמע /ma nishma/

ן נון סופית /nun sofit/

ן is the final form of the letter נ. (Mr.) אדון /adon/

(there's no) אין /ein/

15 ס סמך /sàmech/

ס is pronounced /s/: (book) ספר /sèfer/

(all right, okay) בסדר /besèder/

16 ע עין /àyin/

Similar to א, the consonant ע is a stop of the air flow that precedes a vowel. Technically speaking, א is a glottal stop whereas ע is a pharyngeal stop. However, over time, the difference between the two has become much less pronounced. In spoken Hebrew ע is often silent; yet in writing, it introduces syllables that begin with a vowel sound.

(Hebrew)	עברית	/ivrit/
(pleasant)	נעים	/na'im/

When ע is the last letter of a word, it is pronounced /a'/ when preceded by /e/, /i/, /o/, or /u/ (any vowel but /a/):

(week)	שבוע	/shavùa/

17 פ פא /pei/

פ can be pronounced either /p/ or /f/. In vocalized texts פּ (with dagesh) is /p/ while פ is /f/:

(pretty)	יפה	/yafe/
(tea spoon)	כפית	/kapit/

When פ is the first letter of a word, it is pronounced /p/: (here) פה /po/

Only words of foreign origin may begin with the sound /f/: (physics) פיזיקה /fìzika/

ף פא סופית /pei sofit/ (also called: fei sofit)

ף is the final form of the letter פ. It is pronounced /f/:

(chicken)	עוף	/of/
(page)	דף	/daf/

Words of foreign origin that end with /p/ are written with פ, not ף:

(clip)	קליפ	/klip/

18 צ צדי /tzàdi/ (also called: /tzàdik/)

צ is pronounced /tz/:

(side)	צד	/tzad/
(sad)	עצוב	/atzuv/

צ' (with an apostrophe) is pronounced as the ch in "Charlie", and is used in words of foreign origin:

(Charlie)	צ'רלי

ץ צדי סופית /tzadi sofit/

ץ is the final form of the letter צ:

(juice)	מיץ	/mitz/
(run)	רץ	/ratz/

19 ק קוף /kuf/ (also called: /kof/)

ק is pronounced /k/:	(coffee)	קפה /kafe/
	(morning)	בוקר /bòker/

20 ר ריש /reish/

ר is pronounced /r/ - either back trilled (somewhat like the French /r/)

or front trilled (like the Spanish /r/):	(noise)	רעש /rà'ash/
	(evening)	ערב /èrev/
	(friend)	חבר /chaver/

21 ש שין /shin/ or /sin/

ש can be pronounced either /sh/ or /s/. In vocalized texts, a dot over the ש indicates its pronunciation: שׁ (with a dot on the top right) is /sh/ whereas שׂ (a dot on the left) is /s/.

	(lesson)	שׁיעור /shi'ur/
	(Sara)	שׂרה /sara/

Without nikud, the distinction between שׁין /shin/ and שׂין /sin/ is based on prior knowledge of the word. Therefore, some texts, though generally not vocalized, still mark the שׂ (the less common of the two) with a dot, to distinguish it from the שׁ.

שׁ and שׂ are two different letters. Two words may look identical, but if one is spelled with a שׁ and the other one with a שׂ, then they are pronounced differently and have different meanings.

For example:	(sing)	שׁר /shar/
	(minister)	שׂר /sar/

22 ת תו /tav/

ת is pronounced /t/:	(student)	תלמיד /talmid/
	(class)	כיתה /kita/
ת is a typical feminine suffix:	(daughter)	בת /bat/
	(biologist f.)	ביולוגית /biològit/

In words of foreign origin, ת (pronounced /t/) represents "th":

	(theme)	תימה /tèma/
	(theater)	תיאטרון /te'atron/

SUMMARY
Final letters, hard vs. soft pronunciation, and homophonic consonants have all been mentioned above. However, it is useful to summarize them once again.

FINAL LETTERS
Remember the five letters that have final forms:

כ - ך /kaf/
מ - ם /mem/
נ - ן /nun/
פ - ף /pei/
צ - ץ /tzàdi/

Also note that because כ and פ are pronounced /ch/ and /f/ at the end of a word, they are commonly referred to as /chaf sofit/ and /fei sofit/ (instead of /kaf/ and /pei/).

HARD VS. SOFT PRONUNCIATION
Depending on their position in the word, the letters ב, כ, and פ have two different pronunciations: hard pronunciation: /b/, /k/, and /p/, and soft pronunciation: /v/, /ch/, and /f/. In vocalized texts, a dagesh (a dot in the letter) denotes hard pronunciation. For example: פ /p/ vs. פ /f/.

When ב, כ, or פ are the first letter in a word, they assume the hard pronunciation; as a last letter they assume the soft pronunciation. In the middle of a word they can be either (actually, their pronunciation depends on a complex set of rules, which will be discussed in a later chapter).

It is important to understand that the hard and soft pronunciations are two variants of the same entity. Variations in pronunciation of ב, כ, and פ can occur in different conjugations of the same word (for example: hard pronunciation in past tense vs. soft pronunciation in present), or due to an addition of a particle to the word (for example: כלב /kèlev/ (dog) vs. וכלב /ve-chèlev/ (and a dog)).

Historically, the letters ג, ד, and ת also had hard and soft pronunciations. In Modern Hebrew, however, they have only retained their hard pronunciation: /g/, /d/, and /t/.

HOMOPHONIC CONSONANTS
For the most part, Modern Hebrew has not preserved the unique pronunciation of the letters ח, ט, ע and ק. Today, ח is generally pronounced the same as כ (with no dagesh), ט as ת, ע as א, and ק as כ*. In writing, however, distinction between these pairs of letters is crucial, as it can make a difference in meaning. For example: קר /kar/ means "cold," whereas כר means "pillow" ; אם /im/ means "if," while עם means "with."

---

*   Some Hebrew speakers, mainly Sephardim, have maintained the original pronunciation of ח and ע, and, to a lesser degree, the pronunciation of ט and ק. Listen to the audio recordings for examples of different pronunciations of the above letters.

Exercise 1: Mark the letter that is missing in the sequence (final letters not included). **תרגיל 1:**

1. א ב ג ...
   1. ר
   2. ה
   3. ד
   4. ח
2. כ ל ... נ
   1. מ
   2. ס
   3. ח
   4. א
3. ח ט י ...
   1. נ
   2. כ
   3. ג
   4. ל
4. נ ס ... פ
   1. צ
   2. א
   3. מ
   4. ע
5. ק ר ש ...
   1. ל
   2. ת
   3. ח
   4. ט
6. ... ק ר ש
   1. ת
   2. צ
   3. ע
   4. פ
7. ד ... ו ז
   1. ח
   2. ג
   3. ה
   4. ש

Exercise 2: Two of the letters in each group can be pronounced the same.
Cross out the one letter that can't. **תרגיל 2:**

1. א מ ע
2. ו ב י
3. ה א פ
4. ז ח כ
5. ת ח ט
6. צ ץ ע
7. כ ל ק
8. ס ם מ
9. ך ח ר
10. נ ו ן
11. ש פ ס
12. כ ף ך

THE VOWELS

There are five vowel sounds in Hebrew: /a/, /e/, /i/, /o/, and /u/. Two different vocalization systems are used in Hebrew: vowel markings called ניקוד /nikud/ and the כתיב מלא /ktiv malè/: plene (complete) spelling, that uses vowel letters.

THE NIKUD SYSTEM

ניקוד /nikud/ is a vocalization system that consists of marks that go above, under, and in the letters to indicate the vowel value added to them. For example: לֵ is /le/, לַ is /la/, and לֹ is /lo/.
Even though Modern Hebrew only has 5 vowel sounds, the ניקוד system has 15 different vowel marks, which are displayed in Tables 2 and 3, below.

The nikud system has its origin in a time period when the vowel system was richer than it is today. For example, Hebrew used to differentiate between short vowels and long vowels (differentiation that is basic to the understanding of the nikud system). In Modern Hebrew there is no phonetic difference between short and long vowels. For example, Xָ and Xַ sound exactly the same.

Table 1: The vowel marks

NO.	MARK	NAME	NO.	MARK	NAME
1.	Xָ	קמץ /kamatz/	9.	Xָ	קמץ קטן /kamatz katan/
2.	Xַ	פתח /patach/	10.	Xוּ	שורוק /shuruk/
3.	Xֵ	צירה /tzere/	11.	Xֻ	קובוץ /kubutz/
4.	Xֶ	סגול /segol/	12.	Xְ	שווא /shva/
5.	Xִי	חיריק מלא /chirik male/	13.	Xֲ	חטף פתח /chataf patach/
6.	Xִ	חיריק חסר /chirik chaser/	14.	Xֳ	חטף קמץ /chataf kamatz/
7.	Xוֹ	חולם מלא /cholam male/	15.	Xֱ	חטף סגול /chataf segol/
8.	Xֹ	חולם חסר /cholam chaser/			

Table 2: The vowel marks arranged by sounds

NO.	SOUND	MARKS
1.	/a/	Xָ Xַ Xֲ
2.	/e/	Xֵ Xֶ Xֱ Xְ
3.	/i/	Xִ Xִי
4.	/o/	Xוֹ Xֹ Xָ Xֳ
5.	/u/	Xוּ Xֻ
6.	/ø/	Xְ

THE SHVA

The שווא /shva/ mark indicates the absence of a vowel: /ø/. For example, שְׁמִי is pronounced /shmi/. At times, however, the shva is pronounced /e/.
At the beginning of a word, the shva can be pronounced /e/ (for example: מְדַבֵּר /medaber/) or /ø/ (for example: צְלִיל /tzlil/), depending on the letters involved and the register of language used.
The shva is always pronounced /e/ when it is the second of two consequent shvas (For example: תִּכְתְּבוּ /tichtevu/). The shva is usually omitted at the end of a word.

SEMI VOWELS

There are three semi vowels (תנועות חטופות) in Hebrew: xֲ , xֱ , and xֳ .
Semi vowels are written as a combination of a vowel and a shva. Only the guttural letters א , ה , ח , and ע are given semi vowels.
In Modern Hebrew semi vowels are pronounced just like regular vowels. For example, both חֲ and חַ are pronounced /cha/.

KTIV MALÈ (PLENE SPELLING) VS. KTIV CHASER (TRADITIONAL SPELLING)

Today, nikud is mainly used in poetry, children's books, and sacred texts. Modern Hebrew is written and read without nikud (except for occasional partial nikud for clarification purposes). Texts without nikud use an alternate spelling system called כתיב מלא /ktiv malè/ (plene, or complete spelling), which makes a broader use of the letters ו , י , and א as vowels.

ו is used as the vowel /o/ or /u/. For example, the word כֹּחַ /kòach/ is spelled "כוח" in ktiv malè; שֻׁלְחָן /shulchan/ is spelled "שולחן".

י is used as the vowel /i/ For example, the word נִקּוּד /nikud/ is spelled "ניקוד" in ktiv malè.

א is used as the vowel /a/ in words of foreign origin. For example, שיקאגו (Chicago).

In ktiv malè, the letter ו is doubled to mark it as the consonant /v/ (and not a vowel). For example, the word טַוָּס /tavas/ is spelled טווס, to distinguish it from טוס /tus/. ו is not doubled when it is the first or last letter of the word.

Similarly, the letter י is doubled to mark it as the consonant /y/. For example, צַיָּר /tzayar/ is spelled: צייר in ktiv malè, to distinguish it from ציר /tzir/. י , too, is not doubled when it is the first letter of the word.

The ktiv malè is not a perfect system: there are no designated letters for the vowels /e/ and /a/; some letters function as both vowels and consonants; and one letter can represent more than one vowel. As a result, when reading Hebrew, one relies on previous knowledge of words or the context to process the meaning.

This book uses the contemporary ktiv malè, with occasional use of partial or full nikud on top of it, especially in new vocabulary items, to help the student. [It should be mentioned that purists object passionately to mixing the nikud with ktiv malè.]

THE SYLLABLE

The syllable is the smallest phonetic unit in Hebrew. There are two kinds of syllables in Hebrew*:
Open syllable: **CONSONANT + VOWEL**. For example: מָ /ma/ ; בּוֹ /bo/ ; שִׁי /shi/
Closed syllable: **CONSONANT + VOWEL + CONSONANT(S)**. For example: קֶר /ker/ ; גַם /gam/ ; טוֹב /tov/.

As a rule, a syllable cannot start with a vowel. If it sounds to you as if a word starts with a vowel (for example: /oved/), it most likely starts with an א or ע: אובד or עובד.

An open syllable, positioned at the beginning or middle of a word, may consist of one letter only. For example: שָׁ /sha/ in the word שלום /shalom/. However, when the final syllable of a word is open, it must end with one of the vowel letters**: ו , ה , א , or י . For example, the syllable /sha/, when final, is spelled שָׁה , as in the word אישה /isha/.

Examine how the following letters function as vowels at the end of words that end with an open syllable:
י is /i/ or /ei/. For example: אני /ani/ ; בני /bnei/.
ו is /o/ or /u/. For example: שלו /shelo/ ; אנחנו /anàchnu/.
א and ה are mainly /e/ or /a/. For example: רופא /rofe/ ; מורה /mora/.

---

* Other syllable patterns exist in words of foreign origin. For example: 3 CONSONANTS + VOWEL, as in the word ספריי /sprei/.

** An exception to this rule are the letters ך and ת. They can be the last letter of a word that end with an open syllable. For example: גרתָּ /gàrta/, שלומךָ /shlomcha/.

Exercise 1: Read the following words. Distinguish between open and closed syllables. **תרגיל 1:**

1. פֹּה 2. שָׁם 3. לְךָ 4. גְדִי 5. אָב 6. הוּא 7. חוּט 8. כְּמוֹ 9. צִין 10. קוֹף

11. נִין 12. סוּס 13. שִׁיר 14. זֶה 15. עֵץ 16. תָּא 17. תֵּה 18. בּוּר 19. וָו 20. יָד

FURTIVE PATACH
When the last letter of the word is either ע or ח (at times also ה), and it is preceded by a vowel other than /a/, an extra vowel /a/, marked as a patach (x̲), is added under the last letter. This patach mark is known as פתח גנובה /patach gnuva/ (furtive patach). However, it is essential to understand that even though the vowel mark is under the last letter, the sound /a/ *precedes* that letter. Examples: מוֹחַ /moach/ ; יוֹדֵעַ /yodea/ ; לוּחַ /luach/.
[See more examples in the section "The 22 Letters of the Alphabet," No. 8, and No. 16.]

Exercise 2: Read the following words. All of them end with a furtive patach. **תרגיל 2:**

1. לוּחַ 2. רֵעַ 3. נוֹחַ 4. פִּיחַ 5. זִיעַ 6. כּוֹחַ 7. לוֹעַ 8. נִיעַ 9. טִיחַ

10. דוּחַ 11. חוֹחַ 12. לֵיחַ 13. כִּיחַ 14. מוֹחַ 15. מֵיחַ 16. שִׂיחַ 17. רֵיחַ 18. אוֹחַ

STRESS (ACCENT)

When a word consists of more than one syllable, one of the syllables is stressed. In Hebrew, stress is either on the last syllable (e.g.: שלוֹם /shalòm/) or the next-to-last syllable (e.g.: בוֹקר /bòker/). The position of the stress can make a difference in meaning. For example: אוֹכל /òchel/ means "food", whereas אוכֵל /ochèl/ means "eat".

Exercise 3: Read aloud the syllables, then read the word, stressing the next-to-last syllable. **תרגיל 3:**

1. אַ - בָּא	אבא	6. גְּבֶ- רֶת	גברת	11. חֶ - דֶר	חדר	16. זו - הַר	זוהר
2. לַי - לָה	לילה	7. וֶ - רֶד	ורד	12. סֶ - רֶט	סרט	17. יו - פִי	יופי
3. כָּ - כָה	ככה	8. מֶ - לֶךְ	מלך	13. גו - לֶם	גולם	18. נֵי - און	ניאון
4. עֶ - רֶב	ערב	9. רֶ - גַע	רגע	14. פו - עַל	פועל	19. קֶ -צֶף	קצף
5. רֶ - מֶץ	רמץ	10. עֶ - שֶׂר	עשׂר	15. רַ - עַשׁ	רעש	20. תו - אַר	תואר

Exercise 4: First, read aloud the syllables, then read the word, stressing the last syllable. **תרגיל 4:**

1. אָ - דוֹן	אדון	6. וָ - רוד	ורוד	11. מְ - כוֹ - נִית	מכונית	16. אָ - צָן	אצן
2. בָּ - חוּר	בחור	7. בְּרָ - זִיל	ברזיל	12. הוֹ - רִים	הורים	17. שְׂדֵ - רָה	שׂדרה
3. תַּר - גִּיל	תרגיל	8. סְטוּ - דֶנט	סטודנט	13. שׁוֹ - כֵחַ	שוכח	18. קִי - בּוּץ	קיבוץ
4. קוֹ - רֵא	קורא	9. יוֹ - שֵׁב	יושב	14. מִס - פָּר	מספר	19. שָׁ - בוּעַ	שבוע
5. הוֹ - לֵךְ	הולך	10. כִּי - תָּה	כיתה	15. חָ - טִיף	חטיף	20. עוֹ - בֵד	עובד

THE CURSIVE ALPHABET

The cursive alphabet is used when writing by hand. Unlike English, the letters of the Hebrew cursive alphabet are not connected to each other (although you may find that people comfortable writing in Hebrew connect cursive letters, just as many of us do when printing English quickly).

Some of the cursive letters are very similar to their print equivalent.
For example: ק = ק , כ = כ , י = י ;
while others are significantly different: מ = מ , ג = ג , צ = צ .

Pay attention to the relative size of each letter. Most of the letters are of the same size, and they fit in between two imaginary lines (the gray lines in Table 4 below). For example: כ, ב, ד, פ, ר.
Others extend over the upper line (for example: ל, צ, ט) or under the bottom line (e.g.: ק, ך, ן).

Table 1: Print vs. cursive letters

א	ב	ג	ד	ה	ו	ז	ח	ט	י	כ	ך	ל	מ	ם	נ	ן	ס	ע	פ	ף	צ	ץ	ק	ר	ש	ת
א	ב	ג	ד	ה	ו	ז	ח	ט	י	כ	ך	ל	מ	ם	נ	ן	ס	ע	פ	ף	צ	ץ	ק	ר	ש	ת

Exercise 1: Draw a line to connect the script and print versions of each word. **תרגיל 1:**

מהר חבל גשם דור מחר צור חצר מחל חבר איש גשר רעש טוב עוד נחר

גשר עוד חבל נחר גשם איש מהר צור דור מחל רעש מחר חצר חבר טוב

Exercise 2: Circle the script equivalent of the word in print. **תרגיל 2:**

1. דו — דן דו די
2. חם — חם רם חס
3. שה — שק שח שה
4. אל — כול אל וכל
5. טור — שור פור טור
6. עשה — עשק עשה שעה
7. רוח — רות דוח רוח
8. במה — במה בנה כמה
9. גול — גול זוט זול
10. עוף — עול עוף עוץ
11. כובל — נובל כובל נוכל
12. מציץ — מדיץ מציף מציץ
13. גובר — דובר רובד גובר
14. מארה — מטרה מארה מטרד
15. עמוק — עמוק אמוק צמוק
16. כולם — כולם אלם חולם
17. שפר — פשר פטר שפר
18. השלך — השלק השלב השטר

Exercise 3: Complete the missing letters in the script version of each sentence. **תרגיל 3:**

1. לילה טוב!	ל .... לה טו .... !
2. אבא, אמא, ורון.	אבא, א .... א, ור .... .
3. ספר לעברית.	ס .... ר לעב .... ית.
4. מה חדש?	מה ח .... ש?
5. אין חדש!	אין חד .... !
6. זה הסוף.	זה הסו .... .
7. הלו, מי זה?	ה .... ו, מי .... ה?
8. זאת גברת כהן.	.... את .... ברת כהן.
9. שמי אבי. מה שמך?	שמי א .... י. מה שמ .... ?
10. אדון לוי בא מאמריקה.	א .... ון לוי בא מאמ .... יקה.
11. צבי רץ.	.... בי ר .... .
12. את חברה טובה.	א .... ברה .... ובה.
13. שלום, בוקר טוב.	.... לום, בו .... ר .... וב.
14. אני יעל.	.... ני י .... ל.
15. אתה סטודנט?	א .... ה ס .... ודנ .... ט?
16. אסף שם.	א .... ף ש .... .

לילה טוב!

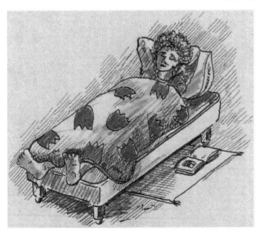

י ח י ד ה 1

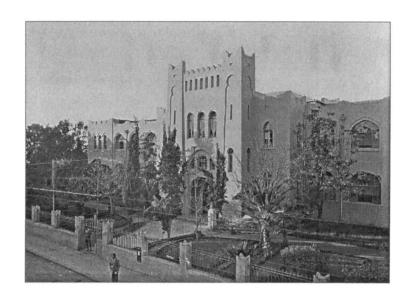

הגימנסיה העברית "הרצליה" בתל אביב, 1936

שיעור 1

אורי וחגית

hi	שָלום
My name is...	שְמִי
How are you?	מַה שְלומךָ?
good	טוב
I'm fine	שְלומִי טוב
See you later.	לְהִתְרָאות
What is your name?	מַה שמךָ?
That is a nice name.	זֶה שֵם יָפֶה
thank you	תודָה

אורי: שלום, שמי אורי.

חגית: שמי חגית.

אורי: מה שלומֵך, חגית?

חגית: טוב. מה שלומְךָ?

אורי: שלומי טוב.

חגית: שלום.

אורי: להתראות.

שמי משה. שמי עינת.

The one-letter particle ו (= and) is prefixed to the word that follows. For example: **ו**מה שמך.
In Hebrew, all one-letter particles are prefixed to the following word. For example, the preposition ב (= in): **ב**עברית (= in Hebrew).

Though the particle ו may be pronounced in several different ways, it is most commonly pronounced: וְ /ve/.

עינת: מה שמְךָ?

משה: שמי משה ... ומה שְמֵך?

עינת: שמי עינת.

משה: זה שם יפה!

עינת: תודה.

שאלות:

1. מה שמך? ....
2. מה שמך בעברית? ....
3. מה שלומך? ....

זכר ונקבה

The phrasing of a question depends on the gender of the person being addressed.
For זכר (= masculine): מה שלומךָ, מה שמךָ ; for נְקֵבָה (= feminine): מה שלומֵך, מה שמֵך .
Conversely, the answer, when in first person, does not differentiate between masculine and feminine.

תרגיל 1: השלם את הדיאלוגים.

[1] גדי: שלום רחל, ...?
רחל: טוב. ומה שלומך?
גדי: ....
רחל: להתראות.
גדי: ....

[2] חנה: שמך דויד?
דוד: כן, ... דוד זהבי. ו...............................?
חנה: שמי חנה. חנה בר-לב.

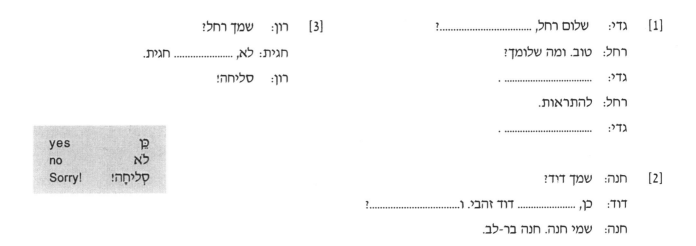

[3] רון: שמך רחל?
חגית: לא, ... חגית.
רון: סליחה!

כֵּן	yes
לֹא	no
סְלִיחָה!	Sorry!

זזז ... זה

זה ספר
זה טלפון
וזה אורי

The demonstrative pronoun זה (= this) is used to specify an object or person.
In the sentence: זה ספר (= this is a book) זה is the subject, and ספר defines or identifies the subject.
The word זה is meaningless unless you point at (or make a verbal reference to) an object or person you wish to identify.

Use the question **מה** זה? (= **What** is this?) to inquire about the identity of an object, and **מי** זה? (= **Who** is this?) to inquire about the identity of a person.

תרגיל 2: מה זה? (**שם / בית / טלפון / קפה**)

.1
....

.2
....

.3
מה זה? זה בית.

.4 חנה בר-לב
....

מי זה? (**משה / אורי / דוד בן-גוריון**)

.5
....

.6
....

.7
....

שׁ י ע ו ר 2

עינת וגברת זהבי

Mrs.	גְבֶרֶת
good morning	בּוֹקֶר טוֹב
everything is alright	הַכּוֹל בְּסֵדֶר
Mr.	אָדוֹן
Dad	אַבָּא
Mom	אִמָּא
excellent	מְצוּיָן

עינת: בוקר טוב, גברת זהבי. מה שלומך?

גברת זהבי: טוב, טוב. הכול בסדר.

עינת: ומה שלום אדון זהבי?

גברת זהבי: שלומו טוב. מה שלומך, עינת? מה שְׁלום אבא ואמא?

עינת: מצוין! להתראות, גברת זהבי.

גברת זהבי: להתראות, עינתי. שלום, שלום.

תרגיל 1: סמן את התשובה הנכונה. קרא את הדיאלוגים.

1. דן: מה שלומך?
   רון: ....
   א. שמי רון **ב.** טוב **ג.** זה שם יפה

2. יעל: ....
   רחל: שמי רחל.
   א. מה שמךָ? **ב.** שלום **ג.** מה שמֵךְ?

3. אורי: ...., מה שמך?
   ענת: שמי ענת.
   א. שלומי טוב **ב.** להתראות **ג.** סליחה

4. טלי: ....
   ענת: טוב מְאוד.
   א. מה שְׁמֵךְ? **ב.** מה שלומֵךְ? **ג.** שלום

5. דוד: שמי דוד; ו..
   טובה: טובה.
   א. מה שמֵךְ? **ב.** מה שלומֵךְ? **ג.** להתראות

6. רון: שלום דן.
   דן: .... טוב.
   א. שלומי **ב.** בוקר **ג.** שמי

בבוקר ובערב

	בבוקר:	בערב:
meeting:	שלום, בוקר טוב	שלום, ערב טוב
parting:	שלום, להתראות, ביי	לילה טוב, שלום, להתראות, ביי

סיומות שם הגוף

Pronoun suffixes are affixed to the nouns שם and שלום to express possession. שמי means "my name," שמו means "his name," etc. Similarly, שלומי means "my well-being," שלומו means "his well-being," etc. Note that the word שלום may also form a compound with a noun, rather than a suffix: מה שְׁלוֹם דן? (= how is Dan?) vs. מה שלומו? (= how is he?).

The charts below display these two nouns with the singular pronoun suffixes. To their left are usage examples of each form. Recite the charts until you know them by heart, for these pronoun suffixes are fundamental to Hebrew.

[Note that when the noun שָׁלוֹם is combined with another noun or suffix, it is pronounced: שְׁלוֹם (the ש loses its /a/ vowel). For example: מה שְׁלוֹם טל (= how is Tal). Similarly the word שֵׁם also loses its vowel when combined with a pronoun suffix.]

שם

שְׁמִי	
שְׁמֵךְ	שְׁמְךָ
שְׁמָהּ	שְׁמוֹ

שמי יעל.

סליחה, אדוני, מה **שמך**?

מה **שמך**? רחל?

שמו רון בר-נתן; פרופסור בר-נתן.

שמה ענת או עינת?

All the charts in this books are organized as follows:

PLURAL		SINGULAR		
we		I		I PERSON
you (p. f.)	you (p. m.)	you (s. f.)	you (s. m.)	II PERSON
they (f.)	they (m.)	she	he	III PERSON
FEMININE	MASCULINE	FEMININE	MASCULINE	

Charts should be recited by starting with the singular and proceeding from top to bottom, right to left. Afterwards, the same order is repeated with the plural.

שלום

שְׁלוֹם...

שְׁלוֹמִי	
שְׁלוֹמֵךְ	שְׁלוֹמְךָ
שְׁלוֹמָהּ	שְׁלוֹמוֹ

שלומי טוב.

מה **שלומך**?

מה **שלומֵך**, רבקה?

א: מה **שְׁלוֹם** רון? מה **שְׁלוֹם** אמא?

ב: **שלומו** טוב מאוד, **ושלומה** מצוין!

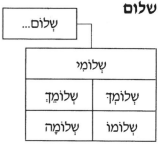

תרגיל 2: השלם את הדיאלוגים במילה **שלום**. קרא את הדיאלוגים.

1. דן: מה שלומך, דוד?
   דוד: .... טוב.

2. משה: רינה, מה ....?
   רינה: .... טוב מאוד.

3. גדי: מה ...., אדון בר?
   אדון בר: .... טוב.
   גדי: ומה .... גברת בר?
   אדון בר: מצוין!

4. דליה: שלום גברת כץ, מה ....?
   גברת כץ: .... טוב; ומה ...., דליה?

תרגיל 3: התאם את התשובות לשאלות. קרא את השאלות והתשובות.

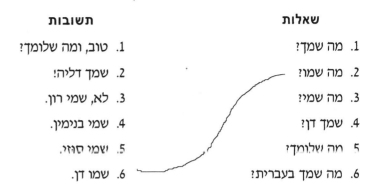

שאלות

1. מה שמך?
2. מה שמו?
3. מה שמי?
4. שמך דן?
5. מה שלומך?
6. מה שמך בעברית?

תשובות

1. טוב, ומה שלומך?
2. שמך דליה!
3. לא, שמי רון.
4. שמי בנימין.
5. שמי סוזי.
6. שמו דן.

מה שמי??!!

שמות בזכר ונקבה

זכר	נקבה
אורי	חגית
משה	עינת
דן	יעל
רון	רחל
גדי	רינה
טל	טל

מה שלומך? / מה נִשמָע?

- מצוין!
- טוב מאוד!
- טוב, תודה.
- בסדר.
- לא רע.
- ככה-ככה...
- לא טוב!

שיעור 3

סוזי משיקאגו

[באוניברסיטת תל אביב]

The prepositions מִ (= from), and בְּ (= in, at), like all other one letter particles, are prefixed to the following word.	מִ... בְּ...

סוזי: שלום, מה שמך?

יונתן: שמי יונתן.

סוזי: אני סוזי.

יונתן: סוזי? את מאמריקה?

סוזי: כן, אני משיקאגו.

יונתן: שיקאגו במישיגן?

סוזי: לא! שיקאגו באילינוי!

There is no structural difference between a statement and a question. They differ only in intonation (in speech) and punctuation (in writing).
You are from America. = את מאמריקה.
Are you from America? = את מאמריקה?

נכון או לא נכון?

1. סוזי שם בעברית. **נכון / לא נכון**
2. יונתן מאמריקה. **נכון / לא נכון**
3. שיקאגו באמריקה. **נכון / לא נכון**
4. סוזי ממישיגן. **נכון / לא נכון**
5. סוזי ויונתן בישראל. **נכון / לא נכון**

השלמות:

שמו ...., ו....................... סוזי.

סוזי ...., ו....................... מישראל.

שאלות:

- איפה ...? - ב ... .

1. אֵיפֹה שיקאגו? ....
2. את/ה משיקאגו? ....

תרגיל 1: התאם את התשובות לשאלות.

1. סוזי משיקאגו?	1. כן, הם בישראל.
2. יונתן משיקאגו?	2. כן, היא באמריקה.
3. סוזי ויונתן בישראל?	3. שיקאגו לא במישיגן. שיקאגו באילינוי.
4. שיקאגו במישיגן?	4. לא, הוא מישראל.
5. שיקאגו באמריקה?	5. כן, היא משיקאגו.

לא

To negate a sentence, insert לא directly before the predicate. Note that a predicate can be a verb, noun, adjective, or even a description of time or place.

Examples:

(Mom is **n o t** at home.)	אמא **לא** בבית.
(My name is **n o t** Rivka.)	שמי **לא** רבקה.
(Is it **n o t** Dan?)	זה **לא** דן?

The word לא is often used to answer a question negatively. It can be followed by a more complete answer, either affirmative or negative. For example, the question:

אורי מירושלים?

can be answered as follows:

לא. / לא, אורי לא מירושלים. / לא, אורי מתל אביב.

לא is also used as an affirmative answer to a negative question (such as: "That's not Dan?"). If you agree with the negative question (namely, that this is **n o t** Dan), you repeat the word לא in your answer.

א: זה לא דן?   ב: **לא**, זה לא דן. / **לא**, זה דוד.

שמות הגוף

	רבים		יחיד		
גוף 1		אֲנַחְנוּ		אֲנִי	
גוף 2	אַתֶּן	אַתֶּם	אַתְּ	אַתָּה	
גוף 3	הֵן	הֵם	הִיא	הוּא	
	נקבה	זכר	נקבה	זכר	

There are 10 pronouns (שמות גוף) in Hebrew: two in the first person -- singular (I) and plural (we); four in the second person -- singular and plural in both masculine and feminine (you); and four in the third person -- singular masculine (he) singular feminine (she) and plural masculine and feminine (they).

The first person is indicated by the letters אנ , second person by the letter ת , and third person by the letter ה

באוניברסיטה: פרופסור וסטודנטים
בבית ספר: מורה ותלמידים

תרגיל 2: השלם בשמות הגוף.

רוני סטודנט?	כן, ... סטודנט.
ורותי?	גם .... סטודנטית.
גם אדון בר-נתן סטודנט?	לא, ... לא סטודנט. .... מורה.
אתם מורים?	כן, ... מורים.
גם חגית ורחל מורות?	לא, ... תלמידות בבית ספר.

תרגיל 3: א. השלם ב-**ב** או **מ.**   ב. כתוב על עצמך.

שמי מייק. שמי .... עברית: מיכאל. אני .... לונדון. לונדון .... אנגליה.

אני ....ישראל. אני סטודנט .... אוניברסיטת חיפה. אוניברסיטת חיפה .... חיפה.

י ח י ד ה 1

26

שיעור 4

סטודנטים באוניברסיטה

[אוניברסיטת חיפה; בַּקמפוס.]

אורי: שלום.

עינת: בוקר טוב.

אורי: את סטודנטית בָּאוניברסיטה?

עינת: כן, אני סטודנטית. ואתה?

אורי: גם אני סטודנט.

עינת: פה?

אורי: לא, אני סטודנט בְּאוניברסיטת תל אביב.

Pay attention to the varied forms of אוניברסיטה:
1. אוניברסיטת חיפה vs. אוניברסיטה
2. בְּאוניברסיטת חיפה vs. בָּאוניברסיטה
Both cases will be explained later.

here פֹּה

אורי סטודנט. **הוא** סטודנט באוניברסיטת תל אביב.

אורי ועינת סטודנטים. **הם** סטודנטים באוניברסיטה.

גם עינת סטודנטית. **היא** סטודנטית באוניברסיטת חיפה.

אדון זהבי מורה. **הוא** לא סטודנט.

שאלות:

1. עינת סטודנטית? ....
2. גם אורי סטודנט? ....
3. הם סטודנטים באוניברסיטת חיפה? ....
4. את/ה סטודנט/ית בָּאוניברסיטה? ....

זכר - נקבה יחיד - רבים

Nouns that represent living things normally have four forms: singular masculine, singular feminine, plural masculine, and plural feminine. The singular masculine form is used to construct all other forms. For the singular feminine form, one of the following suffixes is affixed to the singular masculine form: ִית / ֶת / ָה . For the plural masculine*, the suffix ִים is attached, while for the plural feminine, the suffix וֹת is attached.

סטודנטיות	סטודנטים	סטודנטית	סטודנט
מורות	מורים	מוֹרָה	מוֹרֶה
תלמידות	תלמידים	תלמידה	תלמיד

Note that when the masculine singular form ends with ה (as in מוֹרֶה), that ה is dropped in the plural forms. The feminine form is identical to the masculine, except that it ends with the vowel /a/ (and not /e/).

* The plural masculine is used with all masculine as well as mixed groups. The plural feminine is only used with all feminine groups.

Inanimate objects also have gender -- either masculine or feminine.
How can you determine an object's gender?
Typically, objects that end with a ה (/a/ sound) or a ת are feminine; objects that end with any other letter are generally masculine.
As a result, each object has only two forms: singular (either masculine or feminine) and plural (whose gender parallels the singular form).

תרגיל 1: סמן את המין והמספר של המילים הבאות:

	זכר-יחיד	נקבה-יחידה	זכר-רבים	נקבה-רבות
תלמידה		√		
קמפוס				
תרגילים				
גברת				
טלפונים				
שאלות				
שם				
אוניברסיטה				

תרגיל 2: ענה על השאלות. השתמש בשמות הגוף.

1. אדון כהן מאמריקה? כן, ...
2. גברת זהבי מורה? לא, ...
3. את סטודנטית? כן, ...
4. יעל ורותי תלמידות? כן, ...
5. את ורון מישראל? כן, ...
6. אבא ואמא בבית? לא, ...
7. אוניברסיטת תל אביב באמריקה? לא, ...
8. זה רדיו טוב? כן, ... מצוין!

Objects are referred to with third-person pronouns:
הוא, היא, הם, הן
(the pronoun corresponds to the object's gender and number).

ש י ע ו ר 5

על יד המכונית

by, next to	עַל יַד
car	מְכוֹנִית
Nice to meet you	נָעִים מְאוֹד
(literally, It's very pleasant)	

עינת: שלום משה.

משה: שלום עינת. מה שלומך?

עינת: טוב.

משה: מי זה?

עינת: זה אבא שלי.

משה: מי זאׄת?

עינת: זאת אמא שלי.

משה: נעים מאוד! אני משה. אני חבר של עינת.

אבא ואמא: נעים מאוד.

שאלות:

1. אבא, אמא, עינת, ומשה בַּבית? ....
2. איפה הם? ....

זזז ...זה / זאת

The demonstrative pronoun זה also has a feminine form: זאׄת (or: זו) as well as a plural form: אֵלּוּ or אֵלֶה (the plural forms disregard gender). Demonstrative pronouns agree with the following object or person in the sentence.

For example: זה דן. // זאת אוניברסיטת תל אביב. // אלו תרגילים.

תרגיל 1: השלם בזה, זאת/זו, או אלה/אלו.

.... שם יפה.	.... גברת ירקוני.	.... זיווה ודוד.
.... ספר.	.... טלוויזיה ״סוני״.	.... שיעור עברית. (או: שיעור לעברית)
.... חגית.	.... סטודנטים מישראל.	.... המורה יעל.
.... אבא ואמא שלי.	.... בית יפה.	.... רדיו חדש.
.... אדון זהבי.	.... מכונית ספורט.	

מכונית ספורט

מי זה?!?

[-- טוק טוק טוק --]

- מי זה?!
- זאת דורית!
- מי?!!
- דורית!!

שאלה:

לָמָה "מי זה" ולא "מי זאת"? ....

למה why

מי זזז...זה? מה זה?

When inquiring about a person's identity, you use מי זה , מי זאת/זו , or מי אלה/אלו , in accordance with the number and gender of the person(s) in question. Read the following examples:

מי זה? זה דוד. / זה המורה החדש. / זה אבא שלי.

מי זאת/זו? זאת גילה. / זו הרופאה מ"הדסה". / זאת אמא שלי.

מי אלה/אלו? אלה אדון וגברת גל. / אלה השכנות. / זאת גילה וזה דוד.

When inquiring about an *object's* identity, the question is always מה זה?, for you cannot assume the gender of an unfamiliar object. When answering, you may use: זה, זאת or אלה depending on the number and gender of the object. For example:

מה זה? זה ספר. / זאת טלוויזיה. / זה המחשב שלי. / אלה המעונות.

תרגיל 2: כתוב שאלות.

..............................? זאת נורית מזרחי.

..............................? זה דן וזאת עינת.

..............................? זה ספר לעברית.

..............................? זאת המורה לעברית.

..............................? אלה התלמידות שלי.

..............................? אלה החברים שלי.

..............................? זאת עוגה מהסופרמרקט.

..............................? זה פרופסור כהן.

..............................? זה שיעור עברית.

..............................? זה מחשב "מקינטוש".

תרגיל 3: שנה מזכר לנקבה.

1. שמי דן. ....
2. אתה סטודנט? ....
3. הוא תלמיד בבית ספר. ....
4. שמו אורי או רון? ....

5. אנחנו מורים בבית ספר. ....

6. גם הם מורים? ....

7. זה אבא שלי. ....

8. אתם סטודנטים באוניברסיטת תל אביב? ....

תרגיל 4: השלם את השאלות והתשובות.

1. א: אתה סטודנט? ב: כן, ...

2. א: גם היא סטודנטית? ב: כן, ...

א: והוא? ב: ....

3. א: גברת זהבי סטודנטית? ב: .... היא ....

4. א: ....? ב: כן, אני סטודנטית באוניברסיטה.

5. א: ....? ב: כן, אוניברסיטת חיפה בישראל.

6. א: ....? ב: לא, תל אביב בישראל.

7. א: אתה מישראל? ב: ...., אני מטקסס.

8. א: ....? ב: מוּזֵיאוֹן ישראל בירושלים.

9. א: ....? ב: לא, זה שיעור ביולוגיה.

ש י ע ו ר 6

מה אתה לומד?

רותי: שלום גיל!

גיל: שלום רותי, מה שלומך?

רותי: מצוין! מה נשמע?

גיל: הכול בסדר. את סטודנטית?

רותי: כן. אני לומֶדֶת ביולוגיה ופיזיקה. ואתה?

גיל: אני לומֵד פילוסופיה.

רותי: אתה?!! פילוסופיה?!!

מה נִשְׁמַע? (זכר ונקבה) = מה שלומך?

השלמות:

רותי .... היא .... ביולוגיה.

גם .... סטודנט. .... פילוסופיה.

שאלות ותשובות:

1. מה גיל לומד? ....
2. ....? היא לומדת ביולוגיה.
3. מה **עוד** היא לומדת? .... גם ....
4. ....? כן, אני לומד/ת עברית.
5. מה **עוד** את/ה לומד/ת? ....

עוד - גם

The word עוד (= else) follows an interrogative (מה, מי, איפה) to express inclusion.
Example: מי **עוד** לומד עברית? (= Who else studies Hebrew?).

The word גם (= also) is used to express inclusion in statements. It precedes the element that is included, which may be any component of the sentence (noun, verb, adjective, etc.).

Note the position of גם in the following examples:

1. יעל: אתה סטודנט?
רוני: כן, ואת?
יעל: **גם** אני!

רוני סטודנט, **וגם** יעל סטודנטית.

2. דינה: אורי לומד אנגלית.
ענת: ומה עוד?
דינה: הוא לומד **גם** ספרות.

אורי לומד אנגלית **וגם** ספרות.

ללמוד

לִלְמוֹד / לוֹמֵד - לוֹמֶדֶת - לוֹמְדִים - לוֹמְדוֹת

Verbs always agree with the subject of the sentence in number and gender. Every verb has four forms in the present tense: singular masculine, singular feminine, plural masculine and plural feminine. The suffixes of the feminine (xת / xה) and plural (xים , xות) forms are identical to the noun's suffixes.

Every verb has an infinitive form (in this example, ללמוד). All infinitives commence with a ...ל (= to...).

[Note that while in the singular forms the stress falls on the מ (**לוֹמֵד** לוֹמֶדֶת), it is shifted to the last syllable in the plural forms : (לוֹמְ**דִים** לוֹמְ**דוֹת**). As a result the מ loses its vowel /e/.]

תרגיל 1: קרא משפטים מהטבלה.

אני הסטודנטים רות דן אנחנו	לומד לומדת לומדים לומדות	עברית היסטוריה באוניברסיטה באוניברסיטת תל אביב בַּבוקר

תרגיל 2: שנה מיחיד לרבים.

1. אני לומד בבוקר. ....
2. את לומדת אנגלית? ....
3. הוא מורה בבית ספר. ....
4. היא מתל אביב. ....
5. אני סטודנטית. ....
6. מה אתה לומד? ....

תרגיל 3: פרופיל. השלם לפי הדוגמה.

1. דני
שמו דני
הוא סטודנט
הוא לומד סִפרות
הוא סטודנט מצוין!

2. רחל
....
....
....
היא סטודנטית מצוינת!

3. גיל ורותי
שמו /
....
....
....

4. אני
....
....
....
....

תרגיל 4: סדר את הדיאלוגים.

[1]

א: ....? (עברית, את, לומדת)

ב: ...., ... (לומדת, כן, עברית, אני)

א: ....? (את, עוד, ו, לומדת, מה)

ב: .... (גם, לומדת, פילוסופיה, אני)

הַיּוֹם	today

[2]

א: ....? (אדון, אמיתַי, זה)

ב: ...., ... (זה, זהבי, לא, אדון)

א: ....? (אמיתי, אדון, איפה, ו)

ב: .... (לא, היום, אוניברסיטה, ב, הוא)

שיעור 7

תלמידה בכיתה א׳

רון:	את הולכת לבית ספר?
טלי:	כן. אני תלמידה בכיתה א׳.
רון:	השיעורים מעניינים?
טלי:	כן, הם מעניינים מאוד.
רון:	המורה שלך טובה?
טלי:	היא מצוינת!
רון:	התלמידים נחמדים?
טלי:	הם נחמדים מאוד מאוד.
רון:	את תלמידה טובה?
טלי:	ככה-ככה ...

הוֹלֵך-הוֹלֶכֶת	go
כִּיתָּה א׳	1st grade

שאלות:

1. טלי סטודנטית באוניברסיטה? ....
2. טלי תלמידה טובה? ....
3. מה את/ה לומד/ת? ספר/י על השיעור שלך. ....

....

ה׳ הידיעה

The definite article ה (ה׳ הידיעה) is prefixed to a noun marking it as known or specific. ה׳ הידיעה is normally pronounced הַ /ha/. Examine the following examples of nouns with and without ה׳ הידיעה:

הם סטודנטים מצוינים. / **ה**סטודנטים לומדים בַּבוקר ובָערב.

זה שיעור לעברית. / **ה**שיעור מעניין מאוד.

Proper nouns are already considered definite, and therefore they never take the definite article.

זה רמי. / רמי הולך לבית בית ספר.

Similarly, the words אבא and אמא are also considered definite, and they do not take the definite article.

ללכת

לָלֶכֶת / הוֹלֵך - הוֹלֶכֶת - הוֹלְכִים - הוֹלְכוֹת (go)

תרגיל 1: קרא 6 משפטים מהטבלה.

אנחנו רותי ואני אתן התלמידה אדון כרמלי	הולך הולכת הולכים הולכות	לספרייה לַבּנק לַאופֶּרה בַּפּארק לבית ספר	בערב בבוקר

שם התואר

Adjectives (adjective = שם התואר) have four forms, just like nouns and verbs in the present tense. The adjective always agrees with the noun it modifies in gender and number.

For example: סטודנט מצוין ; טלוויזיה טובה ; ספרים חדשים ; תלמידות נחמדות

[Remember that when the masculine form ends with ה (for example: יפה), that ה is dropped in the plural forms. The feminine form is identical to the masculine, except that it ends with the vowel /a/ (and not /e/).]

Adjectives have two functions. The adjective can modify the noun, furnishing it with a description. Note that the modifier follows the noun in Hebrew!

For example: יעל סטודנטית. --> יעל סטודנטית **מצוינת**.

זה רדיו. --> זה רדיו **חדש**.

The adjective can also serve as the predicate of a sentence. A sentence whose predicate is a noun or an adjective is called a nominal sentence. Nominal sentences in Hebrew do not require the use of the verb "be" in the present tense. Thus the sentence חיפה יפה translates to "Haifa <u>is</u> pretty."

Other examples: טלי **נחמדה**. (טלי = נחמדה)

הספרים **חדשים**. (הספרים = חדשים)

טוב	טובָה	טובים	טובות
יָפֶה	יָפָה	יָפים	יָפות
חָדָש	חֲדָשָה	חֲדָשים	חֲדָשות
נֶחמָד	נֶחמָדָה	נֶחמָדים	נֶחמָדות
מְעַניֵין	מְעַנייֶנֶת	מְעַנייְנים	מְעַנייְנות
מְצוּיָן	מְצוּיֶנֶת	מְצוּיָנים	מְצוּיָנות

תרגיל 2: ענה על השאלות. השתמש בשמות הגוף הגוף (הוא, היא, הם, הן).

1. המורה מעניינת? כן, היא מעניינת
2. האוניברסיטה טובה? כן, ...
3. הספרים חדשים? לא, ...
4. הקמפוס יפה? כן, ...
5. הסטודנטיות נחמדות? כן, ...
6. דני תלמיד טוב? לא, ...
7. השיעורים מעניינים? לא, ...

תרגיל 3: השלם לפי הדוגמה.

1. רון תלמיד מצוין, וגם שירה <u>תלמידה מצוינת.</u>
2. המורה מעניינת, וגם השיעורים ....
3. דליה נחמדה מאוד, וגם אבא ואמא שלה ....
4. הרדיו חדש, וגם הטלוויזיה ....
5. הקפה טוב, וגם העוגות ....
6. רותי בחורה יפה מאוד. גם עינת ושירי ....
7. המורה נחמדה, **אבל** השיעור ....
8. המכונית חדשה, **אבל** היא ....

עוּגָה טובה

אבל	but

תרגיל 4: סדר את המשפטים.

1. שמך , רחל , מה , ו , שמי
2. טובים , המורה , מעניינת , הסטודנטים , ו
3. מעניין , אבל , השיעור , נחמד , לא , הפרופסור
4. חדשה , המחשב , גם , הטלוויזיה , ו , חדש
5. היסטוריה , גיל , ו , לומד , לומדת , ספרות , רות
6. בית ספר , התלמידות , ל , הולכות
7. רון , זאת , ו , המורה , רבקה , זה

1. ....
2. ....
3. ....
4. ....
5. ....
6. ....
7. ....

תרגיל 5: השלם במילות היחס: **ב ל מ** .

1. טלי הולכת .... בית ספר. היא תלמידה .... כיתה א'.   2. אני לא לומד .... בית, אני הולך .... ספרייה.
3. סוזי .... שיקאגו. היא לומדת .... אוניברסיטת תל אביב.   4. ענת וחגית לומדות .... ספרייה.
5. הספר .... הספרייה.   6. זה שיעור .... עברית. הסטודנטים הולכים .... שיעור.

ספרייה	library

תרגיל 6: מה זה? כתוב דיאלוגים לפי הדוגמה. השתמש בשמות הגוף ובתארים.

א: מה זה?
ב: זה מַחשֵב.
א: הוא טוב?
ב: כן, זה מחשב מצוין.

שיעור 8

אני גר במעונות

רמי: ... להתראות. אני הולך הביתה.

טלי: איפה אתה גר, רמי?

רמי: בַּמעונות.

מעונות >> הַמעונות >> בַּמעונות
[בְּ + הַ --> בַּ]

טלי: אתה גר לבד?

רמי: לא, אני גר עם שותף.

טלי: אה, כן? ומי השותף שלך?

רמי: רון כרמלי.

טלי: הוא שותף טוב?

רמי: כן. אנחנו חברים טובים מאוד.

טלי: יופי!

live	גָר
dorms	מְעוֹנוֹת
(to one's) home	הַבַּיְתָה
roommate	שוּתָף-שוּתָפָה
friend	חָבֵר-חֲבֵרָה

השלמות:

1. רמי .... הביתה.
2. רמי .... בַּמעונות. הוא גר עם ....
3. .... גרים ב............................ . הם ....

שאלות:

1. איפה רמי גר? ....
2. מי זה רון כרמלי? ....
3. מי השותף של רון כרמלי? ....

מעונות

Note that in Hebrew, "מעונות" refers to the whole complex of dormitory buildings. To refer to a specific dormitory, use בניין (building), דירה (apartment), or חדר (room).

של

The preposition שֶׁל (= of) is used to express possession.

For example: Dan's car (literally, the car of Dan) המכונית של דן

של can take the pronoun suffixes: ...שלי, שלך (= of mine, of yours...) etc.

For example: your roommate (literally, the roommate of yours) השותף שלך

[Note that the preposition של can be used with <u>either</u> a noun (for example: הבית של רחל) <u>or</u> with a pronoun suffix (for example: הבית שלה), but not with both of them in the same sentence.]

The suffixes are basically the same set of suffixes that is used with ...שמי, שמך and ...שלומי, שלומך.
[Pay attention, though, to the additional ה in the third-person plural forms: שלהֶם/ן .]

	שֶׁלָּנוּ		שֶׁלִּי
שֶׁלָּכֶן	שֶׁלָּכֶם	שֶׁלָּךְ	שֶׁלְּךָ
שֶׁלָּהֶן	שֶׁלָּהֶם	שֶׁלָּהּ	שֶׁלּוֹ

Note that there is no Hebrew equivalent to: "my," "your," etc. הספר שלי (= my book) literally means: "the book <u>of mine</u>." Consequently the noun that precedes של is definite. For example, <u>ה</u>חברה שלנו means "our friend" (<u>the</u> friend of ours), as opposed to חברה שלנו (with no definite article), which means "a friend of ours."

Remember that the words אמא and אבא do not take the definite article, as they already are the definite forms of the words: אָב (father) and אֵם (mother). Thus, **ה**מורה שלי (with a definite article) vs. אמא שלי (without).

תרגיל 1: כתוב את המילה **של** עם סיומות שם הגוף במקום שם העצם.

1. החבר של דליה ....
2. השותפים של משה ....
3. האַנטֶנה של המכונית ....
4. הספרים של המורֶה לעברית ....
5. השיעור של גיל ושירי ....
6. ההוֹרים של טלי וחגית ....

הוֹרים = אבא ואמא

תרגיל 2: השלם במילה **של** עם או בלי סיומות שם הגוף.

1. אבא .... עינת מורה, וגם אמא .... מורה.
2. שרה ורותי לומדות באוניברסיטה; השיעורים .... מצוינים!
3. נדב לומד בספרייה, וגם החברים .... לומדים שם.
4. השותף .... ואני גרים בדירה קטנה. הדירה .... נחמדה מאוד.
5. בערב, רון הולך עם החברים .... לסֶרֶט.
6. אני הולכת לַשיעורים .... בבוקר.
7. טלי: דן, זה הספר ....? דן: לא, זה הספר .... חגית.

רון הולך לסרט

הָאוֹטוֹ שֶׁלָּנוּ   פניה ברגשטיין

הָאוֹטוֹ שֶׁלָּנוּ גָּדוֹל וְיָרֹק.
הָאוֹטוֹ שֶׁלָּנוּ נוֹסֵעַ רָחוֹק.
בַּבֹּקֶר נוֹסֵעַ, בָּעֶרֶב הוּא שָׁב.
מוֹבִיל הוּא לְ״תְנוּבָה״ בֵּיצִים וְחָלָב.

Our auto is big and green.
Our auto goes far away.
In the morning it goes, at night it returns.
It delivers to "Tnuva" eggs and milk.

מי

In many cases, the interrogative מי (= who) is used to inquire about the identity of people whose number and gender are unfamiliar. Therefore, the question is communicated in singular masculine form (the most basic form). The answer, however, is dependent on its subject, and thus can be in masculine, feminine, singular, or plural form.

For example:

- מי **גר** במעונות?
- רמי ורון **גרים** במעונות.

[Note that this is not the case with the interrogative structure מי זה/זאת/אלה? which is normally used to question the identity of people in plain view, whose gender and number are apparent.]

תרגיל 3: השלם את השאלות והתשובות.

1. א: מי לומד פיזיקה?
   ב: רות ....
2. א: מי סטודנט באוניברסיטה?
   ב: אנחנו ....
3. א: מי הולך לבית ספר?
   ב: הַיְלָדִים ....
4. א: מי גר פה?
   ב: ענת ורחל ....
5. א: ....?
   ב: דן ואני הולכים לסרט.
6. א: ....?
   ב: רבקה לומדת בספרייה.

לגור

לָגוּר / גָּר - גָּרָה - גָּרִים - גָּרוֹת

אני גר **בְּ** בית. / אני גר **בַּ** מעונות. / אני גר **בְּ** דירה.

תרגיל 4: השלם בפועל **לגור** .

1. משה .... בבית גדול.
2. איפה הם ....?
3. את .... בַּמעונות?
4. אנחנו לא .... פה!
5. מי .... פה?
6. אני .... על יד הפארק.
7. אתן .... בבית, או בדירה?
8. אתה .... לבד או עם שותפים?

תרגיל 5: השלם את הדיאלוג בפועל **לגור**.

- אתם .... פה?
- לא, אנחנו .... שם.
- אז מי .... פה?
- יעל ורחל .... פה.

פֹּה ≠ שָׁם

לְ / לַ בְּ / בַּ

When the prepositions ב and ל are followed by the definite article (הַ), the ה drops, but lends its vowel /a/ to the preposition: לְ.. + הַ... --> לַ... ; בְּ... + הַ... --> בַּ... .

בְּבית = in a house ; בַּבית = in the house.

תרגיל 6: השלם במילות היחס **ב/ל** והשם. קרא את המשפטים בקול רם.

1. **הספרייה** הסטודנטים לומדים בַּספרייה .
2. **ירושלים** רותי גרה ....
3. **השיעור** דן וחגית הולכים ....
4. **האוניברסיטה** רון לומד ....
5. **בית קפה** אנחנו הולכים ....
6. **המעונות** אני סטודנטית חדשה. אני גרה ....
7. **בית יפה** הם גרים בחיפה, ...
8. **הבית** אדון בר לא ....; הוא בעבודה.

The preposition ...ל is used when with verbs that indicate <u>directional</u> movement, whereas ...ב is used with verbs that do not indicate directional movement, or when no movement is suggested at all.
Examples:
(Directional movement: from outside the park into the park.) גד הולך **לַ**פארק.
(Non-directional movement: walking around in the park.) גד הולך **בַּ**פארק.
(Static verb.) גד לומד **בַּ**פארק.

at work בַּעֲבוֹדָה

תרגיל 7: הוסף **פתח** (Xַ) מתחת ל-ל או ל-ב אם צריך.

1. אני הולך **ל**מעונות. המעונות לא **ב**קמפוס. הם על יד הקמפוס.
2. המשפחה של יעל גרה **ב**בית גדול ויפה.
3. את לומדת **ב**אוניברסיטה? גם אני!
4. **ב**בוקר עינת הולכת **ל**שיעורים **ב**אוניברסיטה.
5. אוניברסיטת חיפה היא **ב**חיפה.
6. גיל לא גר **ב**בית. הוא סטודנט **ב**אוניברסיטה, והוא גר **ב**מעונות.
7. טלי היא ילדה קטנה. היא הולכת **ל**כיתה א'.

תרגיל 8: השלם את הדיאלוגים. קרא את הדיאלוגים עם חברים.

1. השלם ב: **זה זאת אלה**

רון: מי ....?

יעל: .... אדון בר-נתן.

רון: ומי ....?

יעל: .... גברת בר-נתן.

רון: ומי ....?

יעל: .... הילדים שלהם.

רון: או! זאת מִשְׁפָּחָה גדולה!

2. השלם ב: **שלך שלי מה מי**

דני: .... זה?

טלי: זה הכלב ....

דני: .... שמו?

טלי: שמו זוזי.

דני: [לַכלב] שלום זוזי, ... נשמע?

זוזי: האו האו האו!!

דני: הכלב .... נחמד מאוד.

טלי: תודה.

כֶּלֶב

שאלות:

1. איפה את/ה גר/ה? ....
2. את/ה גר/ה במעונות או בדירה? ....
3. את/ה גר/ה לבד, או עם שותפים/שותפות? ....
4. מי השותף/השותפה שלך? ....

תרגיל 9: השלם במילות היחס: **ב ל מ על-יד עם של** .

רבקה היא .... אמריקה. עכשיו היא גרה .... ישראל, ולומדת .... אוניברסיטה.

היא גרה .... מעונות .... הקמפוס. היא גרה .... שותפה נחמדה.

השם .... השותפה: ענת. ענת היא .... קיבוץ "ברעם". רבקה וענת הן חברות

טובות. .... בוקר הן הולכות ביחד .... שיעורים .... אוניברסיטה, ו.......... ערב

הן הולכות .... חברים .... סרט או .... בית קפה.

עַכְשָׁיו	now
בְּיַחַד ≠ לבד	

ש י ע ו ר 9

השכנה החדשה

do, make	עוֹשֶׂה-עוֹשָׂה
work	עוֹבֵד-עוֹבֶדֶת
know	יוֹדֵעַ-יוֹדַעַת

חגית: מי זאת?

רון: זאת השכנה החדשה.

חגית: מה שמה?

רון: שמה גלית.

חגית: מה היא עושה?

רון: היא עובדת בחנות ספרים.

חגית: היא נחמדה?

רון: אני לא יודֵעַ, היא חדשה ...

Pay attention to the פתח גנובה (furtive patach) under the ע in the verb יודֵעַ .
The furtive patach is discussed in the introductory unit אלף-בית .

The ע (or ח) also alters the feminine form of the verb: it is יוֹדַעַת (two /a/ sounds), unlike לוֹמֶדֶת (two /e/ sounds).

תרגיל 1: שנה את הדיאלוג ל**רבים**.

חגית: ....

רון: ....

חגית: ....

רון: שמם אדון וגברת אלברח'.

חגית: ....

רון: ....

חגית: ....

רון: ....

לעבוד

לַעֲבוֹד / עוֹבֵד - עוֹבֶדֶת - עוֹבְדִים - עוֹבְדוֹת

Note the structure of the infinitive: it is לַעֲבוֹד , and not לִעְבוֹד (as לִלְמוֹד).
The ע (like the other guttural letters, ח ה א) takes a semi-vowel where other letters take a שווא.
Moreover, the /a/ sound of the semi-vowel also affects the pronunciation of the initial ל, transforming it from לְ > לַ; thus -- לַעֲבוֹד.

[Only guttural letters can take the semi-vowels: ֱ ֳ ֲ .]

תרגיל 2: השלם בפועל **לעבוד** .

1. אנחנו לומדים בבוקר ו .... בערב.
2. אתן .... פה? גם אני .... פה!
3. אבא שלי .... בחנות ספרים, ואמא שלי .... באוניברסיטה.

4. רון .... בספרייה, וגם טלי .... שם. הם .... ביחד.

5. א: את ....? ב: לא, אני רק לומדת.

As with גם , the word רק (= only) precedes the element that it solely includes.
אני רק **לומד** means: I only study (and do nothing else);
רק **אני** לומד means: only I study (my friends don't).

לעשות

לַעֲשׂוֹת / עוֹשֶׂה - עוֹשָׂה - עוֹשִׂים - עוֹשׂוֹת

A question containing the verb לעשות (= do) is typically answered with another verb (though the verb לעשות is used in several expressions such as: עושה שיעורי-בית, עושה רעש).

Examples: - מה היא **עושה**? - היא **לומדת** בספרייה. / היא **עובדת**.

The same question can also be answered with a nominal sentence.

For example: - מה היא **עושה**? - היא **סטודנטית**.

[Remember that "מה היא עושה" can mean: "what does she do?" or "What is she doing?".]

תרגיל 3: השלם את השאלות בפועל **לעשות**, ואת התשובות ב:

הולך לאוניברסיטה, סטודנט, לומד, לומד ביולוגיה, הולך לבית ספר, רופא, עושה שיעורי בית, עובד, גר פה, עובד בחנות ספרים

1. מה אתה ....? ....
2. מה רות .... בבוקר? ....
3. מה אתם .... בספרייה? ....
4. מה אתה .... פה?! ....
5. מה הילדים ....? ....
6. מה יעל וחגית .... בערב? ....
7. מה השכנה החדשה ....? ....
8. מה אבא שלך ....? ....

תרגיל 4: כתוב שאלות.

1. ....? שמי דניאל.
2. ....? לא, אני מירושלים.
3. ....? אני סטודנט.
4. ....? באוניברסיטת חיפה.
5. ....? אני לומד ביולוגיה.
6. ....? כן, אני סטודנט טוב מאוד!
7. ....? אני גר במעונות.
8. ....? לא, אני גר לבד.
9. ....? כן, זאת אוניברסיטה מצוינת.

התאמת שם עצם ושם תואר

Adjectives agree with the nouns they modify in gender and number. Moreover, they also agree with the definite article. In other words, when a noun-adjective phrase is definite, both the noun and the adjective take the definite article.

For example:

| | (new books) | ספרים חדשים |
| | (**the** new books) | הספרים החדשים |

When the adjective serves as the predicate of a sentence it does <u>not</u> take a definite article.
Note the difference between הספרים חדשים / **הספרים החדשים** :

הספרים חדשים (= the books are new) is a complete sentence in which the adjective חדשים is the predicate.
הספרים החדשים (= the new books) is a noun phrase, not a sentence. It can be part of a sentence.

For example: הספרים החדשים נמצאים בספרייה.

תרגיל 5: כתוב צירופים של **שם עצם** + **שם תואר**, ביחיד וברבים, עם ה ובלי ה.

שמות עצם: תלמיד/ה, מורה, אוניברסיטה, ספרייה, טלוויזיה, בית, חבר/ה, שיעור, שנה, יֶלד/ה, שֵם

שמות תואר: טוב, טוב מאוד, חדש, יפה, מעניין, נחמד, מצוין, גדול, קטן, רע

רבים	יחיד	
בתים קטנים / הבתים הקטנים	*בית קטן / הבית הקטן*	זכר:
....	....	1.
....	....	2.
....	....	3.
		נקבה:
....	....	4.
....	....	5.
....	....	6.

תרגיל 6: כתוב משפטים עם הצירופים שלמעלה.

אנת גרה על יד הבית הקטן
....

.... 1.

.... 2.

.... 3.

.... 4.

.... 5.

.... 6.

תרגיל 7: השלם את המשפטים לפי הדוגמה.

1. זאת שכנה חדשה. ....השכנה החדשה.......... עובדת בחנות ספרים.
2. אני עובד במשרד יפה. .... נמצא* בקמפוס.
3. זאת עוגה טובה. .... מהסופרמרקט.
4. זאת ספרייה חדשה. .... גדולה מאוד.
5. אלה תלמידים חדשים. .... הולכים לכיתה א'!
6. עינת גרה בבית קטן. .... נמצא שם.
7. רון לומד באוניברסיטה טובה. .... נמצאת בתל אביב.

מִשְׂרָד office

תרגיל 8: שנה למשפטים מיודעים. **שים לב:** הבית הקטן + ב --> בַּבית הקטן

1. סטודנט חדש לומד באוניברסיטה טובה. הסטודנט החדש לומד באוניברסיטה הטובה.
2. בניין גדול נִמצא בקמפוס נחמד. ....
3. ילד קטן הולך לשיעור מעניין. ....
4. שיעור לעברית בכיתה חדשה. ....
5. בחורה נחמדה גרה בדירה יפה. ....

---

* You will learn about the verb נמצא in Chapter 10.

שיעור 10

grandpa	סַבָּא
cell phone	טלפון סֶלוּלרי

אני לא לבד

טלי: הלו ...

סבא: שלום טלי.

טלי: שלום סבא, מה שלומך?

סבא: מצוין. טלי, אמא נמצאת בבית?

טלי: לא, היא בַּסופרמרקט.

סבא: ואבא?

טלי: גם אבא נמצא בסופרמרקט.

סבא: מה זה, טלי, את לבד?! אוי אוי אוי, ילדה קטנה לבד...

טלי: אני לא לבד, סבא. אבא ואמא פה.

סבא: אבא ואמא?! ... אבל ...

טלי: אנחנו נמצאים בסופרמרקט, סבא. זה טלפון סלולרי.

סבא: נכון, זה טלפון סלולרי ...

השלמות:

אבא של טלי לא נמצא ...., וגם ....

טלי נמצאת .... עם ....

להימצא

לְהִימָּצֵא / נִמְצָא - נִמְצֵאת - נִמְצָאִים - נִמְצָאוֹת

The verb להימצא (literally, "be found"), in reference to objects or places, means "is/are located" or simply "is/are" (when the sentence expresses location). For example:

הספרייה נמצאת בקמפוס. (The library is on campus.)

הבית נמצא על יד הפארק. (The house is located by the park.)

In reference to people, it means "is/are present" or "is/are" (when the sentence expresses presence). For example:

המורה לא נמצא בכיתה. (The teacher is not in class.)

The use of נמצא in such sentences is optional.
The subject of a נמצא sentence is in most cases definite, or a proper noun.

In a question, נמצא often precedes the subject. For example:

איפה נמצאים המעונות? (Where are the dorms located?)

תרגיל 1: השלם בפועל **להימצא** .

1. המעונות .... על יד הקמפוס.

2. איפה .... הספרייה?

3. כל הסטודנטים .... בכיתה.

4. חנה ורחל לא .... פה.

5. מי .... במעונות בבוקר?

6. מי לא .... פה?

שאלות:

1. איפה נמצאת הקפיטריה? ....

2. מי לא נמצא היום בכיתה? ....

3. איפה נמצאת ישראל? ....

4. איפה נמצאת קנדה? ....

5. איפה נמצאת האוניברסיטה העברית? ....

6. איפה נמצאים המעונות? ....

תרגיל 2: שנה מזכר לנקבה .

1. אני סטודנט. ....

2. זה ספר. .... טלוויזיה.

3. דוד לומד עברית. עינת ....

4. הוא סטודנט טוב. ....

5. מי זה? ....

6. אתה מתל אביב? ....

7. מה הם עושים פה? ....

תרגיל 3: שנה מיחיד לרבים .

1. מה הוא לומד? ....

2. היא סטודנטית. ....

3. איפה את גרה? ....

4. אני עובדת ולומדת. ....

5. איפה אתה לומד? ....

6. זאת הטלוויזיה החדשה. ....

7. אתה עובד בחנות ספרים? ....

תשבץ: השלם את המשפטים בפעלים. מה המילה בטור האמצעי?

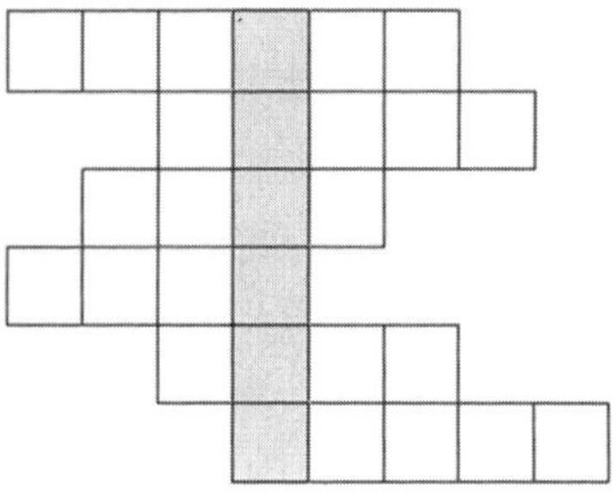

הסטודנטים _____ עברית באוניברסיטה.

טלי תלמידה. היא _____ לכיתה א׳.

בערב, אני _____ שיעורי בית.

המורה לא _____ בכיתה.

הסטודנטים _____ במעונות.

גברת זהבי _____ בבית ספר; היא מורה.

המילה היא: ....

תרגיל 4: השלם במילים: **אנגלית מ מצוין לומד על-יד הולך עושה**

דוד _____ חיפה. הוא סטודנט. הוא _____ באוניברסיטת תל אביב. הוא לומד פילוסופיה, ו_____ . דוד גר _____ הקמפוס. בבוקר הוא _____ לשיעורים, ובערב הוא _____ שיעורי בית. הוא סטודנט _____ .

תרגיל 5: שנה: מרים --> דן.

זאת מרים. היא סטודנטית באוניברסיטה. היא לומדת ביולוגיה. היא סטודנטית טובה מאוד. מרים היא מירושלים. אבא ואמא של מרים גרים בירושלים. אבא של מרים עובד באוניברסיטה. הוא פרופסור. אמא שלה היא רופאה. היא עובדת ב״הדסה״.*

....

....

....

_____

* ״הדסה״ = בית חולים בירושלים

תרגיל 6: סדר את המשפטים.

1. מעונות , נחמדה , בַּ , גרה , שותפה , רחל , עם

2. בוקר , עושים , מה , בַּ , אתם

3. בַּ , לומד , ערב , בוקר , בַּ , ו , עובד , דן

4. אוניברסיטה , בַּ , חדשה , ה , לומדת , שכנה , ה

5. ה , גדול , ה , על-יד , ה , נמצאת , אוניברסיטה , פארק

6. לַ , ה , ספרייה , טובים , ה , הולכים , תלמידים

7. שלי , עובדת , אוניברסיטה , אבא , בַּ , עובד , ו , שלי , אמא , לא

ש י ע ו ר 11

בְּרחוב

- לאן ...?	- ל ...
בִּנְיָן	building
רְחוב	street
נָכוֹן	correct

יעל: לאן אתה הולך, רון?

רון: הביתה.

יעל: הביתה? אתה לא גר במעונות?

רון: לא, אני גר בדירה, עִם שותפים.

יעל: איפה נמצאת הדירה שלך?

רון: שם, בַּבניין הגדול*.

יעל: ברחוב הרצל 3?

רון: נכון.

יעל: גם אני גרה שם!

רון: יופי, אנחנו שכנים.

* הַבניין הַגדול + ב --> בַּבניין הַגדול

נכון או לא נכון?

1. רון ויעל גרים במעונות. — נכון / לא נכון / אנחנו לא יודעים
2. יעל הולכת הביתה. — נכון / לא נכון / אנחנו לא יודעים
3. הבניין הגדול נמצא על יד האוניברסיטה. — נכון / לא נכון / אנחנו לא יודעים
4. רון ויעל שכנים. — נכון / לא נכון / אנחנו לא יודעים
5. רון והשותפים שלו גרים על יד יעל. — נכון / לא נכון / אנחנו לא יודעים
6. יעל גרה לבד. — נכון / לא נכון / אנחנו לא יודעים

רחוב

א: איפה אתה גר?
ב: **ב**רחוב יפו 7.

א: איפה נמצאת חנות הספרים?
ב: **ב**רחוב הרצל, על יד הבית שלי.

א: איפה הילדים?
ב: הם **בָּ**רחוב.

איפה / לאן

The interrogative אֵיפֹה (= where) is used in questions about the location of things, people, or activities. The interrogative לְאָן (= where to) is used in questions about the direction or the final destination of a motion. The two are not interchangeable.

The answers to questions that use איפה and לאן also differ and may include any of the following elements:

- איפה ... ? - ב ... , בַּ ... , על יד , פה , שם
- לאן ... ? - ל ... , לַ ... , לפה , לשם , הביתה

The verb in a question using לאן is dynamic (for example, הולך); it indicates directional movement.

A question with איפה can include any verb, static or dynamic.

תרגיל 1: כתוב שאלות עם המילים **איפה ולאן** .

1. ?... אנחנו גרים ברחוב הרצל.
2. ?... הם הולכים לבית ספר.
3. ?... היא לומדת בבית.
4. ?... הביתה.
5. ?... שם.
6. ?... לשם.
7. ?... הן עובדות בספרייה.
8. ?... על יד הקפיטריה.
9. ?... היא נמצאת בבית קפה.
10. ?... לפארק על יד האוניברסיטה.

שיעור 12

על יד אוטובוס מספר 9 לאוניברסיטה

יעל: זה האוטובוס לַאוניברסיטה?

נחום: כן.

יעל: אתה נוסע לאוניברסיטה?

נחום: כן.

יעל: אתה סטודנט?

נחום: לא.

יעל: אז מה אתה עושה באוניברסיטה?

נחום: אני **עובד** באוניברסיטה.

יעל: אָה ...

שאלות ותשובות:

1. איפה יעל ונחום נמצאים? ....
2. לאן האוטובוס נוסע? ....
3. ....? נחום ויעל נוסעים לאוניברסיטה.
4. מה נחום עושה באוניברסיטה? ....
5. ....? לא, הוא לא סטודנט.
6. מי עובד באוניברסיטה? ....

לנסוע

לִנְסוֹעַ / נוֹסֵעַ - נוֹסַעַת - נוֹסְעִים - נוֹסְעוֹת

Though both הולך and נוסע mean "go," they are not interchangeable. Whereas ללכת implies travel by foot, לנסוע indicates travel by vehicle. This distinction can be further clarified: הולך בָּרֶגֶל (= go by foot), and נוסע במכונית/באוטובוס (= go by car/bus).

לנסוע is also used to express a vehicle's movement. For example: המכוניות נוסעות ברחוב.

The verb ללכת can also be used when talking about attending an event or activity without reference to the method of transportation. For example:

טלי הולכת לכיתה ב'. (Tali goes to 2nd grade.)

אנחנו הולכים לאופרה. (We are going to the opera.)

תרגיל 1: קרא את הדוגמאות עם המילים **הולך** ו**נוסע**. שנה את המשפטים לפי הנושא החדש.

1. רון נוסע ללונדון בראש השנה. ......רון וחגית......
2. - לאן האוטובוס נוסע? - הוא נוסע לחיפה. ......האוטובוסים......
3. אנחנו הולכים עכשיו לסרט. ......נחום......
4. רחל ורבקה נוסעות לחיפה. ......אי......?
5. אתם נוסעים במכונית או באוטובוס? ......אתן......
6. היא הולכת לעבודה ברגל. ......הולכות......

בחגים

ראש השנה

בראש השנה ענת נוסעת הביתה, לתל אביב. אבא ואמא לא עובדים בראש השנה. בַּבוקר המשפחה הולכת לבית כנסת. בערב ענת הולכת עם אמא שלה לַקניון. הן נוסעות לשם בַּמכונית של אמא.

עכשיו ענת ואמא נמצאות בקניון. הקניון גדול מאוד, והן הולכות והולכות והולכות ...

חַג-חַגים	holiday
קַניון	shopping mall
אֵין	there is/are no

יום כיפור

ביום כיפור אני נוסע הביתה, לנהריה. אני הולך עם ההורים שלי לבית כנסת. אנחנו לא נוסעים במכונית. אנחנו הולכים ברגל.

אין ברחוב אוטובוסים, ואין מכוניות. ביום כיפור, אנשים לא נוסעים במכונית ולא נוסעים באוטובוס -- הם הולכים ברגל.

שיעור 13

בַּבוקר

אודי: בוקר טוב יעל, בוקר טוב חגית...

יעל: שלום אודי, מה נשמע?

אודי: טוב. מאין אתן באות?

יעל: אנחנו באות מהספרייה.

אודי: מהספרייה? עכשיו???!!!

חגית: למה לא? אנחנו אוהבות ללמוד בבוקר.

יעל: ולאן **אתה** הולך?

אודי: לבית קפה.

חגית: אתה אוהב קפה?

אודי: ככה ככה ...

יעל: אז למה אתה הולך לשם?

אודי: אני אוהב ללמוד בבית הקפה.

- מֵאַיִן ...?	- מ ...
בָּא-בָּאָה	come

שאלות:

1. מאין יעל וחגית באות? ....
2. לאן אודי הולך? ....
3. איפה אודי אוהב ללמוד? ....
4. איפה יעל וחגית לומדות? ....
5. מי אוהב ללמוד בבוקר? ....
6. איפה את/ה אוהב/ת ללמוד? ....
7. את/ה אוהב/ת ללמוד בבוקר או בערב? ....

מילות שאלה חדשות

- מאין ...? - מ...

Use מאין (= from where) to ask about the origin of an object, animate or inanimate. It can be combined with the verb לבוא (= come; see example # 2) or any other directional verb, such as ללכת, לנסוע or לָרוּץ (= run). Do not confuse מאין with איפה.

Examples:

.1
א: מאין אתם?
ב: אנחנו מחיפה.

.2
א: מאין אתן באות?
ב: מהשיעור לעברית.

.3
א: מאין הקפה?
ב: הוא מברזיל.

.4
א: מאין הספר?
ב: הוא מהספרייה.

- למה ...? - כי / למה לא?! / ככה!

למה (= why) is typically answered with כי... (= because...) plus a reason. However, you can avoid answering such a question by using למה לא?! (= why not?!) or ככה! (= because!).

Examples:

1.
א: למה אתה הולך לאוניברסיטה?
ב: כי אני סטודנט.

2.
א: למה עינת לומדת בַּלילה?
ב: למה לא?!

3.
א: למה את לא הולכת לשיעור?
ב: ככה!

- (הַאִם)...? - כן / לא

האם (= is it the case that...) introduces a כן / לא question*. Its use is more common in formal language than in spoken Hebrew. Since intonation and punctuation can ultimately perform the same function as האם, its use is optional.

Examples:

1.
א: (האם) אתה עובד?
ב: לא, אני רק לומד.

2.
א: (האם) זאת רחל?
ב: לא, זאת אמא שלה!

3.
א: (האם) גדי בבית או בעבודה?
ב: הוא בעבודה.

[In Biblical Hebrew, ה' השאלה (interrogative ה) has the same function as האם.
For example, הֲזאת נעמי? (= Is this Naomi?).]

---

* The question: "Is it x or y?" is obviously not answered with yes/no. See Example 3 above.

מילות שאלה מוכרות

Review the following familiar interrogatives and the typical expressions with which they are answered (on the right). Read the examples (the exchanges on the left), and add your own examples.

איפה	פה, שם, ב, בַּ, על יד	א: איפה המורה?	ב: הוא במשרד שלו.
לאן	ל, לַ, לשם, לפה, הביתה	א: לאן אתם הולכים?	ב: לשיעור.
מה		א: מה אתם עושים?	ב: אנחנו לומדים.
מי		א: מי נמצא בבית?	ב: ענת נמצאת שם.

שים לב:		
	ב + הַ --> בַּ	חגית אוהבת ללמוד **בַּ**בוקר.
	ל + הַ --> לַ	הסטודנטים הולכים **לַ**שיעור.
	מ + ה --> מֵהַ	יעל באה **מֵהַ**ספרייה.

תרגיל 1: השלם את השאלות ב: **איפה, מאין, לאן, למה** ואת התשובות ב: **ב, בַּ, ל, לַ, מ, מהַ, על יד, כי** .

שאלות:		תשובות:	
1.	א: .... אתם גרים?	ב:	.... רחוב הרצל.
2.	א: .... אתה לומד בספרייה?	ב:	.... אני לא אוהב ללמוד במעונות.
3.	א: .... אתם הולכים הערב?	ב:	אנחנו הולכים .... סרט.
4.	א: .... הסנדוויץ'?	ב:	מהקפיטריה.
5.	א: .... אתן?	ב:	אני מתל אביב, ויעל .... ירושלים.
6.	א: .... נמצאת הקפיטריה?	ב:	על יד בניין הספורט.
7.	א: .... היא הולכת?	ב:	היא הולכת .... שיעור.
8.	א: .... אבא ואמא שלך?	ב:	הם .... בית.
9.	א: לאן יעל נוסעת?	ב:	היא נוסעת .... אנגליה.
10.	א: מאין אודי?	ב:	אודי .... חיפה.

לאהוב

לֶאֱהוב / אוהֵב - אוהֶבֶת - אוהֲבִים - אוהֲבות

The verb לאהוב (= love, like) can either precede a noun (שם עצם) or another verb in the infinitive form (שם הפועל). לאהוב describes activities that you enjoy; not activities in which you <u>would</u> like to participate. Examples:

אוהב + שם עצם: דני לא אוהב קפה.

אוהב + שם הפועל: חגית אוהבת ללמוד בבוקר.

Note how the guttural letters א and ה alter the pronunciation of the verb לאהוב and its conjugations:
The infinitive: the א cannot be pronounced with a שווא; rather it takes the semi-vowel /e/, which in turn modifies the initial ל, changing its vowel to /e/: לֶאֱהוב (vs. לִלְמוד).
The plural forms: since the ה cannot be pronounced with a שווא; it takes the semi-vowel /a/: אוהֲבים/אוהֲבות (vs. לומְדים/לומְדות).

תרגיל 2: השלם בשני פעלים.

1. אני **לומד** בספרייה, כי אני לא ....אוהב.... ....ללמוד.... בחדר שלי.
2. רות ורחל **עושות** שיעורי בית בבוקר. הן לא .... שיעורי בית בערב.
3. - למה אתם **הולכים** ברגל? - כי אנחנו .... ברגל.
4. - עינת, למה את **גרה** לבד? - כי אני לא .... עם שותפים.
5. אני **עובדת** במשרד גדול. אני .... שם.
6. אנחנו **נוסעים** במכונית שלנו. אנחנו לא .... באוטובוס.
7. גיל וחנן **גרים** במעונות. הם .... שם.

שיעור 14

הפועל בזמן הווה

There is only one present tense (זמן הווה) in Hebrew. The meaning of the sentence דוד לומד בחדר is therefore dependent on its context. It can mean "David studies in his room," "David is studying in his room," or "David has been studying in his room."

Verbs (verb = פועל) have 4 forms in the present tense, and they agree with the subject of the sentence in gender and number. In addition, every verb has a fixed infinitive form (שם הפועל). When there are two verbs in a sentence, the second one is always conjugated in the infinitive form.

Verbs in Hebrew can be classified into groups. Verbs of the same group share the exact same structure.

The following chart introduces four groups of verbs. The verb structure of each group (infinitive and present tense forms) is given at the top, where Xs symbolize the three root letters (root = שורש) of each verb in the group. Any addition to the three Xs (such as vowels or additional letters) is shared by every verb in the group.

The sub-groups (1.1, 2.1, etc.) reflect variations in pronunciation caused by the guttural letters א and ע.

Complete the missing forms (the infinitive, the root, the present forms, and the translation) based on your knowledge of the verbs or by deduction from the examples.

	שם הפועל	שורש	הווה	תִרגוּם
.1	לִXְXוֹX		XוֹXֵX - XוֹXֶXֶת - XוֹXְXִים - XוֹXְXוֹת	
	לִלְמוֹד	ל.מ.ד.	לוֹמֵד - לוֹמֶדֶת - לוֹמְדִים - לוֹמְדוֹת	learn, study
	לִכְתוֹב	....	כּוֹתֵב - .... - .... -	....
.1.1	[השפעת האותיות א ו-ע]			
	לִקְרוֹא	....	.... - קוֹרֵאת - .... -	....
	לַעֲבוֹד	....	.... - .... - .... -	....
	....	....	.... - נוֹסַעַת - .... -	....
	לֶאֱהוֹב	....	.... - .... - .... -	....

	שם הפועל	שורש	הווה	תִרגוּם
.2	לִXְXוֹת		XוֹXֶה - XוֹXָה - XוֹXִים - XוֹXוֹת	
	לִרְצוֹת	ר.צ.ה.	רוֹצֶה - רוֹצָה - רוֹצִים - רוֹצוֹת	....
	לִהְיוֹת	....		....
.2.1	[השפעת האות ע]			
	לַעֲשׂוֹת	....	.... - .... - .... -	....

.3	לָצֵאת		אוֹצֵא - אוֹצֵאת - אוֹצְאִים - אוֹצְאוֹת	
	לָלֶכֶת	ה.ל.כ.	הוֹלֵךְ - הוֹלֶכֶת - הוֹלְכִים - הוֹלְכוֹת	....
	....	י.ש.ב.	.... - .... - .... -	....

.3.1	[השפעת האות ע]			
	לָדַעַת	....	.... - יוֹדַעַת - .... -	....

.4	לָאוּצ		אָצ - אָצָה - אָצִים - אָצוֹת	
	לָגוּר	ג.ו.ר.	גָר - גָרָה - גָרִים - גָרוֹת	....
	....	....	רָץ - .... - .... -	....

.4.1	[השפעת האות א]			
	לָבוֹא	....	בָּא - .... - .... -	....

The infinitive form always starts with the particle ל (= to), which can be pronounced in several ways:

לִ	/li/	לִלמוד, לִקרוא
לַ/לָ	/la/	לַעֲמוד, לַעֲשות, לַעֲבוד (before ע) לָשבת, לָלכת, לָדעת לָגור, לָבוא
לֶ	/le/	לֶאֱהוֹב (before א)

SUMMARY

Groups 1 and 2:

Do not confuse the structure of the present tense with that of the infinitive! Note the location of the letter ו in the present and infinitive forms of the verb ללמוד:

הווה: לומד (ו אחרי ל)

שם הפועל: ללמוד (ו אחרי מ)

This pattern repeats with many other verbs, including: לעבוד/עובד ; לקרוא/קורא ; לנסוע/נוסע .

Group 3:

The differences between the present and infinitive forms are at times even more apparent. Note the presence, or lack thereof, of the root letter ה and the letter ת in the forms of the verb הולך:

הווה: הולך (יש ה)

שם הפועל: ללכת (אין ה, יש ת)

The same disparity occurs in the verbs: לשבת/יושב ; לדעת/יודע .

Also in this group, notice the similarity between the infinitive and the singular feminine forms:

לשֶבֶת/יושֶבֶת , לדַעַת/יודַעַת

Group 4:

In the verbs לָבוֹא/בָּא ; לָרוּץ/רָץ ; לָגוּר/גָר the root letter ו is omitted in the present tense:

שם הפועל: לגור (יש ו)

הווה: גר (יש רק 2 אותיות שורש; אין ו)

תרגיל 1: השלם את הטבלה.

שם הפועל	שורש	הוא	היא	הם	הן	תרגום
			נוסעת			
						like, love
				רוצים		
					רצות	
לדעת						
	ע.ש.ה.					

שיעור 15

סרט בבוקר

גיל: רוצָה כוס קפה?

שירי: לא.

גיל: את לא אוהבת קפה?

שירי: אני אוהבת, אבל אני לא רוצה קפה עכשיו.

גיל: את רוצה לאכול משהו?

שירי: לא, אני לא אוהבת לאכול בבוקר.

גיל: אז מה את רוצה?

שירי: אני רוצה ללכת לסרט!

גיל: עכשיו?! בבוקר?!

מַשֶׁהוּ	something

שאלות:

1. שירי **אוהבת** / **לא אוהבת** קפה, אבל ....
2. שירי **רוצה** / **לא רוצה** לאכול, כי ....
3. גיל **רוצה** / **לא רוצה** ללכת לסרט, כי ....

רוצה / אוהב

רוצה, like אוהב, can precede a noun or an additional verb, which is always an infinitive.
Note the semantic difference between the two verbs:
אוהב (= like, love) expresses a love for someone or something;
רוצה (= want, would like) expresses a desire for something you would like to have or do.
Examples:

	+ שם עצם	+ שם הפועל
רוצה:	אני רוצה קוקה קולה.	את רוצה לשבת פה?
אוהב:	יהושֻע אוהב מחשבים.	הם אוהבים לנסוע באוטובוס.

מה אתה רוצה להיות?

דן: רוני, מה אתה רוצה להיות?
רוני: אני רוצה משפחה גדולה ...
אני רוצה לגור בבית נחמד ...
אני רוצה חברים טובים ...
אני רוצה לקרוא ספרים ...
דן: יופי, אבל מה אתה רוצה **להיות**?
רוני: שום דבר! אני רק רוצה להיות מאושר. ומה **אתה** רוצה להיות?
דן: אני רוצה לעבוד בַטלוויזיה או בַרדיו.
רוני: אז למה אתה לומד פילוסופיה?
דן: כי אני אוהב פילוסופיה.

רוצה לִהְיוֹת	want to be
שוּם דָבָר	nothing
מְאוּשָר-מְאוּשֶרֶת	happy
עָשִיר-עֲשִירָה	rich

שאלה:

1. מה את/ה לומד/ת, ומה את/ה רוצה להיות (כתוב 4 - 6 משפטים)?

....

....

....

אני רוצה להיות אַסטרונָאוּט/ית ?? אני רוצה להיות עשיר/ה ?? אני רוצה להיות מאושר/ת ?? אני רוצה להיות אבא טוב / אמא טובה ??

להיות

The verb להיות (= to be) has no present tense conjugation in Hebrew, but it does have an infinitive form. להיות is typically preceded by a verb, such as רוצה or אוהב.
Note that the question "מה את/ה רוצה להיות?" can be answered with להיות + noun, or with a different verb (akin to questions with the verb לעשות).
For example:

- מה אתה רוצה להיות? - אני רוצה להיות אסטרונאוט. / - אני רוצה לעבוד בנאס"א.

4 סטודנטים

דינה לומדת באוניברסיטה. היא בחורה אינטליגנטית, וסטודנטית טובה. דינה לומדת ספרות ופסיכולוגיה. היא אוהבת לעבוד עם אנשים. היא רוצה להיות פסיכולוגית או רופאה.

אחֲרֵי	after
עוֹד לא יודע	doesn't know yet

ערן לומד מתמטיקה ופיזיקה. הוא אוהב ילדים, והוא אוהב מתמטיקה, אז הוא רוצה להיות מורה למתמטיקה ופיזיקה.

חנה לומדת ספרות אנגלית באוניברסיטה. אחרי האוניברסיטה היא רוצה לנסוע לאנגליה. היא רוצה ללמוד שם לדוקטורט. היא רוצה להיות דוקטור לספרות אנגלית. היא רוצה להיות אקדמאית. היא רוצה לעבוד באוניברסיטה.

נדב לומד פילוסופיה, ספרות, אסטרונומיה, ופוליטיקה. הוא אוהב אֶת השיעורים שלו. הוא אוהב את האוניברסיטה. הוא אוהב ללמוד. מה נדב רוצה להיות? הוא עוד לא יודע. נדב לא יודע מה הוא רוצה להיות.

שאלות:

1. מי רוצה להיות מורה למתמטיקה? למה? ....
2. איפה חנה רוצה לעבוד? ....
3. מה דינה רוצה לעשות? ....
4. האם נדב יודע מה הוא רוצה להיות? ....
5. לאן חנה רוצה לנסוע? ....
6. מי אוהב לעבוד עם אנשים? ....
7. מה את/ה אוהב/ת? ....
8. מה את/ה רוצה להיות? ....
9. מה את/ה אוהב/ת לעשות? ....
10. איפה את/ה אוהב/ת להיות? ....

יודע + מילת שאלה

"נדב לא יודע מה הוא רוצה להיות."

The object of a sentence that uses לדעת can by itself be a complete sentence introduced by an interrogative. The sentence indicates what the subject knows (or doesn't know). This knowledge can be about location (using: איפה), reason (using: למה), etc.

תרגיל: קרא משפטים מהטבלה.

התלמידים השכן שלי אתם הילד הקטן הסטודנטית החדשה מי סליחה, אתה	(לא) יודע	איפה נמצאת הספרייה מי עובד פה למה המורה לא נמצא פה מה לעשות בערב לאן אבא הולך מי המורה של הכיתה מאין אני באה עכשיו

שיעור 16

סמיכות

Examine the difference between the following two phrases:

"New house" is a noun-adjective phrase. בַּיִת חדש (שם עצם + שם תואר)

"School (house of the book)" is a noun-noun phrase. בֵּית ספר (שם עצם + שם עצם)

A noun-noun phrase (with no preposition linking them) is called סְמִיכוּת . A סמיכות is a new word whose meaning is not necessarily the combined meaning of the two original nouns. In some texts the סמיכויות are hyphenated: בית-ספר.

Examine these examples of סמיכות: בית-סֵפֶר ; בית-קָפֶה ; בית-כְּנֶסֶת ; בית-חוֹלִים

Though each one of the examples above is a house, there are distinct differences between the four. The core of the סמיכות is the first noun, which in these examples is בית, since the actual object in question is a house (and not a book, or coffee). The second noun adds information, specifying the type of house. The second noun of a סמיכות essentially functions as an adjective, though it is a noun.

The first noun of the סמיכות determines the gender and number of the whole סמיכות . For example:

בית is singular masculine; therefore, בית-כנסת is singular masculine.

מעונות is plural masculine; therefore, מעונות-סטודנטים is plural masculine.

Examples:

זה **בית** גדול. --> זה **בית כנסת** גדול.

אלה **מעונות** חדשים. --> אלה **מעונות סטודנטים** חדשים.

When a סמיכות is definite, only the second noun takes a ה (as opposed to noun adjective phrases in which both elements take a ה). Examples:

בית קפה ---> בית **ה**קפה

שם משפחה ---> שם **ה**משפחה

מעונות סטודנטים ---> מעונות **ה**סטודנטים

The following changes occur to a noun when it is the first noun in a סמיכות:

- Changes in pronunciation. For example: בַּיִת ---> בֵּית (בֵּית חולים)
- When the first noun is feminine singular and ends with a ה, the ה converts to a ת:
  אוניברסיטה ---> אוניברסיטַת (אוניברסיטַת חיפה)
- When the first noun has the plural suffix ִים, it changes to ֵי :
  שיעוּרים ---> שיעוּרֵי (שיעוּרֵי בית)

תרגיל 1: סמן בקו כל שם עצם + שם תואר. [מסגר] כל סמיכות.

שלום. שמי נועם. שם המשפחה שלי להב. אני סטודנט חדש. אני לומד באוניברסיטת חיפה, ואני גר במעונות הסטודנטים.

גם החברים שלי גרים במעונות. אלה חברים חדשים, מהאוניברסיטה.

מה אנחנו עושים באוניברסיטה? אנחנו הולכים לשיעורים מעניינים, ואנחנו עושים שיעורי בית. בבוקר אנחנו לומדים. אבל בערב אנחנו אוהבים ללכת לבית קפה או לסרט טוב.

תרגיל 2: סדר את המשפטים.

1. איפה יודע מי מורה ה

2. בית אוהבים שיעורי האם לעשות אתם

3. אנגלית להיות מורה רוצה אנגלית דן כי לומד ל הוא

4. יושבים החברים הסטודנטים עם ה קפה בית ב שלהם

5. ללכת במכונית לא אני אוהבת ברגל לנסוע אוהבת אני ;

6. האוניברסיטה נמצאים האוניברסיטה הם המעונות ב על-יד לא נמצאים ;

תרגיל 3: השלם במילות היחס: **ב   ל   מ   על-יד   עם   של**

1. שמי גייל. שמי .... עברית גילה.

2. אדון זהבי מורה .... מתמטיקה.

3. יעל יושבת .... מיכאל .

4. אני אוהבת תֵה .... לימון.

5. אנחנו לומדים .... אוניברסיטה טובה.

6. אני .... אמריקה; עכשיו אני גר .... ישראל.

7. עינת עובדת .... ספרייה .... האוניברסיטה.

8. אודי גר במעונות .... שותף.

9. תל אביב נמצאת .... ישראל.

10. א: המעונות נמצאים .... אוניברסיטה?   ב: לא, הם .... האוניברסיטה.

11. א: אתה .... תל אביב?   ב: לא, אני .... חיפה.

12. א: איפה אתם גרים?   ב: .... ירושלים.

13. א: אתה לומד .... רינה ודן?   ב: לא, אני לומד לבד.

מילים ליחידה 1

שמות עצם	NOUNS
אָב (ז) אָבוֹת	father
אַבָּא (ז)	dad
אָדוֹן (ז) אֲדוֹנִים	Mr.
אוֹטוֹ (ז)	auto
אוֹטוֹבּוּס (ז) אוֹטוֹבּוּסִים	bus
אוּנִיבֶרְסִיטָה (נ) ~טָאוֹת	university
אוֹפֶּרָה (נ) אוֹפֶּרוֹת	opera
אֵם (נ) אִמָּהוֹת	mother
אִמָּא (נ)	mom
אֲמֶרִיקָה (נ)	America
אַנְגְלִיָּה (נ)	England
אַנְגְלִית (נ)	English
אַנְטֶנָה (נ) אַנְטֶנוֹת	antenna
אֲנָשִׁים (ז"ר) [יחיד: איש]	people
אַסְטְרוֹנָאוּט, ~נָאוּטִית	astronaut
אַסְטְרוֹנוֹמְיָה (נ)	astronomy
אֲקָדֶמַאי, אֲקָדֶמָאִית	academic
בּוֹקֶר (ז) בְּקָרִים	morning
בָּחוּר, בַּחוּרָה	young person
בִּיוֹלוֹגְיָה (נ)	biology
בֵּיצָה (נ) בֵּיצִים	egg
בַּיִת (ז) בָּתִּים	house, home
בֵּית־חוֹלִים	hospital
בֵּית־כְּנֶסֶת	synagogue
בֵּית־סֵפֶר	school
בֵּית־קָפֶה	coffee house
בִּנְיָין (ז) בִּנְיָינִים	building
בַּנְק (ז) בַּנְקִים	bank
בְּרָזִיל (נ)	Brazil
גְבֶרֶת (נ) גְבָרוֹת	Ms.
דוּגְמָה (נ) דוּגְמָאוֹת	example
דוֹקְטוֹר (זו"נ) דוֹקְטוֹרִים	Doctor
דוֹקְטוֹרָט (ז)	doctorate
דִיאָלוֹג (ז) דִיאָלוֹגִים	dialog
דִירָה (נ) דִירוֹת	apartment
ד"ר [דוקטור] (זו"נ)	Dr.
הֲדַסָּה (נ)	Hadassa
הוֹרִים (ז"ר)	parents
הִיסְטוֹרְיָה (נ)	history
הַכּוֹל (ז)	everything
הַשְׁלָמָה (נ) הַשְׁלָמוֹת	completion
חָבֵר, חֲבֵרָה	friend
חַג (ז) חַגִּים	holiday
חֶדֶר (ז) חֲדָרִים	room
חֵיפָה (נ)	Haifa
חָלָב (ז)	milk
חֲנוּת (נ) חֲנוּיוֹת	shop
חֲנוּת סְפָרִים (נ)	book store
טֶלֶוִויזְיָה (נ) טֶלֶוִויזְיוֹת	television
טֶלֶפוֹן (ז) טֶלֶפוֹנִים	telephone
טֶקְסְט (ז) טֶקְסְטִים	text
יוֹם (ז) יָמִים	day
יוֹם־כִּיפּוּר (ז)	Yom Kippur
יְחִידָה (נ) יְחִידוֹת	unit
יֶלֶד (ז) יְלָדִים	boy
יַלְדָּה (נ) יְלָדוֹת	girl
יְרוּשָׁלַיִם (נ)	Jerusalem
יִשְׂרָאֵל (נ)	Israel
כּוֹס (נ) כּוֹסוֹת	cup, glass
כִּיתָּה (נ) כִּיתּוֹת	classroom
כִּיתָּה א'	1st grade
כֶּלֶב, כַּלְבָּה	dog
לוֹנְדוֹן (נ)	London
לַיְלָה (ז) לֵילוֹת	night
לִימוֹן (ז) לִימוֹנִים	lemon
מוּזֵיאוֹן (ז) מוּזֵיאוֹנִים	museum
מוֹרֶה, מוֹרָה	teacher
מַחְשֵׁב (ז) מַחְשְׁבִים	computer
מְכוֹנִית (נ) מְכוֹנִיּוֹת	car
מִסְפָּר (ז) מִסְפָּרִים	number
מְעוֹנוֹת (ז"ר) [יחיד: מָעוֹן]	dorms
מַשֶּׁהוּ	something
מִשְׁפָּחָה (נ) מִשְׁפָּחוֹת	family
מִשְׂרָד (ז) מִשְׂרָדִים	office
מָתֶמָטִיקָה (נ)	math
נָאסַ"א	NASA
נַהֲרִיָּה (נ)	Nahariya (city)
נְיוּ יוֹרְק (נ)	New York
סַבָּא (ז)	grandpa
סוּפֶּרְמַרְקֶט (ז)	supermarket
סְטוּדֶנְט, סְטוּדֶנְטִית	student
סֶנְדְוִויץ' (ז) סֶנְדְוִויצ'ים	sandwich
סְפּוֹרְט (ז)	sport
סֵפֶר (ז) סְפָרִים	book
סִפְרוּת (נ)	literature
סִפְרִיָּיה (נ) סִפְרִיּוֹת	library
סֶרֶט (ז) סְרָטִים	film
עֲבוֹדָה (נ) עֲבוֹדוֹת	work
עִבְרִית (נ)	Hebrew
עוּגָה (נ) עוּגוֹת	cake
עִיתּוֹן (ז) עִיתּוֹנִים	newspaper
עֶרֶב (ז) עֲרָבִים	evening
פַּארְק (ז) פַּארְקִים	park
פּוֹלִיטִיקָה (נ)	politics
פִיזִיקָה (נ)	physics
פִילוֹסוֹפְיָה (נ)	philosophy
פְּסִיכוֹלוֹג, פְּסִיכוֹלוֹגִית	psychologist
פְּסִיכוֹלוֹגְיָה (נ)	psychology
פְּרוֹפִיל (ז) פְּרוֹפִילִים	profile
פְּרוֹפֶסוֹר (זו"נ) פְּרוֹפֶסוֹרִים	professor
קוֹקָה קוֹלָה (נ)	Coca Cola
קִיבּוּץ (ז) קִיבּוּצִים	kibbutz
קַמְפּוּס (ז) קַמְפּוּסִים	campus
קָנָדָה (נ)	Canada
קַנְיוֹן (ז) קַנְיוֹנִים	shopping mall
קָפֶה (ז)	coffee
קָפֶיטֶרְיָה (נ) קָפֶיטֶרְיוֹת	cafeteria
רֹאשׁ הַשָּׁנָה (ז)	Rosh Hashana
רַדְיוֹ (ז)	radio
רוֹפֵא, רוֹפְאָה	physician
רְחוֹב (ז) רְחוֹבוֹת	street
רַעַשׁ (ז)	noise
שְׁאֵלָה (נ) שְׁאֵלוֹת	question

nothing	שוּם דָבָר
roommate	שוּתָף, שוּתָפָה
class, lesson	שִיעוּר (ז) שִיעוּרִים
homework	שִיעוּרֵי־בַּיִת (ז"ר)
neighbor	שָכֵן, שְכֵנָה
peace, well-being	שָלוֹם (ז)
one's, my shalom...	שְלוֹם־, שְלוֹמִי ...
name	שֵם (ז) שֵמוֹת
my, your name	שְמִי, שִמְךָ ...
last name	שֵם־מִשְפָּחָה (ז)
year	שָנָה (נ) שָנִים
tea	תֵה (ז)
Tel Aviv	תֵל־אָבִיב (נ)
student	תַלְמִיד, תַלְמִידָה
exercise	תַרְגִיל (ז) תַרְגִילִים
crossword puzzle	תַשְבֵּץ (ז) תַשְבְּצִים
answer	תְשוּבָה (נ) תְשוּבוֹת

ADJECTIVES — שמות תואר

intelligent	אִינטֶלִיגֶנְטִי, אִינטֶלִיגֶנְטִית
big	גָדוֹל, גְדוֹלָה
new	חָדָש, חֲדָשָה
good	טוֹב, טוֹבָה
pretty	יָפֶה, יָפָה
green	יָרוֹק, יְרוּקָה
happy	מְאוּשָר, מְאוּשֶרֶת
interesting	מְעַנְיֵין, מְעַנְיֶינֶת
excellent	מְצוּיָן, מְצוּיֶנֶת
nice	נֶחְמָד, נֶחְמָדָה
correct	נָכוֹן, נְכוֹנָה
pleasant	נָעִים, נְעִימָה
cellular	סֶלוּלָרִי, סֶלוּלָרִית
rich	עָשִיר, עֲשִירָה
small	קָטָן, קְטַנָה
bad	רַע, רָעָה

VERBS — פעלים

like, love	אוֹהֵב, לֶאֱהוֹב
eat	אוֹכֵל, לֶאֱכוֹל
come	בָּא, לָבוֹא
live	גָר, לָגוּר
go, walk	הוֹלֵךְ, לָלֶכֶת
know	יוֹדֵעַ, לָדַעַת
sit	יוֹשֵב, לָשֶבֶת
write	כּוֹתֵב, לִכְתוֹב
to be	לִהְיוֹת
learn, study	לוֹמֵד, לִלְמוֹד
go (by vehicle)	נוֹסֵעַ, לִנְסוֹעַ
located, present	נִמְצָא, לְהִימָצֵא
work	עוֹבֵד, לַעֲבוֹד
do, make	עוֹשֶה, לַעֲשוֹת
read	קוֹרֵא, לִקְרוֹא
want	רוֹצֶה, לִרְצוֹת
run	רָץ, לָרוּץ

ADVERBS — תארי פועל

then, so	אָז
at home	בַּבַּיִת
together	בְּיַחַד
fine, in order	בְּסֵדֶר
at work	בַּעֲבוֹדָה
aloud	בְּקוֹל רָם
by foot	בָּרֶגֶל
homeward	הַבַּיְתָה
today	הַיוֹם
tonight	הָעֶרֶב
alone	לְבַד
very	מְאוֹד
else, more, yet	עוֹד
now	עַכְשָיו
here	פֹּה
there	שָם

PREPOSITIONS — מילות יחס

after	אַחֲרֵי
in, at	בְּ...
without	בְּלִי
for	לְ...
from	מִ...
by	עַל־יַד
with	עִם
of	שֶל
of mine, of yours...	שֶלִי, שֶלְךָ...

PRONOUNS — שמות הגוף

I	אֲנִי
you (s.m.)	אַתָה
you (s.f.)	אַת
he	הוּא
she	הִיא
we	אֲנַחְנוּ
you (p.m.)	אַתֶם
you (p.f.)	אַתֶן
they (m.)	הֵם
they (f.)	הֵן

INTERROGATIVES — מילות שאלה

where	אֵיפֹה
is it true that	הַאִם
where to	לְאָן
why	לָמָה
where from	מֵאַיִן
what	מָה
who	מִי

EXPRESSIONS — ביטויים

Sir	אֲדוֹנִי (ז)
good morning	בּוֹקֶר טוֹב
bye	בַּיי [אנגלית]
here is	הִנֵה
everything's fine	הַכּוֹל בְּסֵדֶר
great!	יוֹפִי!
because!	כָּכָה!
so so	כָּכָה כָּכָה
see you later	לְהִתְרָאוֹת
good night	לַיְלָה טוֹב
what's up	מַה נִשְמַע?
how are you	מַה שְלוֹמְךָ/שְלוֹמֵךְ?
nice to meet you (literally, It's very pleasant)	נָעִים מְאוֹד
excuse me, pardon	סְלִיחָה
thank you	תוֹדָה

שונות	MISC.
אֲבָל	but
או	or
אָז	so
אֵין	there is no
אֵלֶה/אֵלוּ	these
גַם	also
הַ...	the
וְ (וּ..., וָ..., וִ...)	and
זֹאת/זו	this (f.)
זֶה	this (m.)
כִּי	because
כֵּן	yes
לֹא	no
רַק	only

מונחים	TERMINOLOGY
אות (נ) אוֹתִיות	letter
ה' הַידִיעָה	the definite article Hey (ה)
הוֹוֶה	present
זָכָר	masculine
זְמַן (ז) זְמַנִים	time, tense
יָחִיד, יְחִידָה	singular
מִילָה (נ) מִילִים	word
מִין (ז) מִינִים	gender
מִשפָּט (ז) מִשפָּטִים	sentence
נוֹשֵׂא (ז) נוֹשְׂאִים	subject
נְקֵבָה (נ) נְקֵבוֹת	feminine
סְמִיכוּת (נ) ~כוּיוֹת	noun-noun phrase
פּוֹעַל (ז) פְּעָלִים	verb
רַבִּים, רַבּוֹת	plural
שוֹרֶש (ז) שוֹרָשִים	root
שֵם־גוּף (ז) שְמוֹת־גוּף	pronoun
שֵם־עֶצֶם (ז) שְמוֹת־עֶצֶם	noun
שם־פּוֹעַל (ז) שְמוֹת־פּוֹעַל	infinitive
שֵם־תוֹאַר (ז) שְמוֹת־תוֹאַר	adjective

י ח י ד ה 2

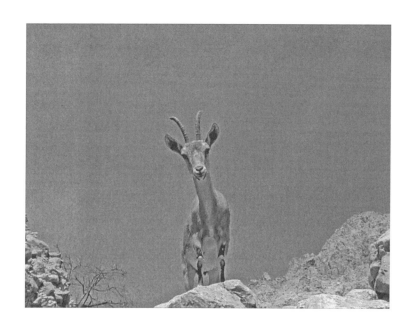

יעל בנחל ערוגות

שיעור 17

תמונה של המשפחה שלי

רון: זאת המשפחה שלי ... הִנֵה אמא שלי ...

יעל: מה היא עושה?

רון: אמא שלי היא מנהלת בית ספר.

יעל: וזה אבא שלך?

רון: כן. הוא נחמד, נכון? אבא שלי הוא רופא.
הוא עובד בבית החולים "הדסה".

יעל: וזה אתה?!

רון: כן, זה אני.

יעל: ומי הילדה הזאת? האחות שלך?

רון: כן. שמה חגית. היא מאוד חמודה.

יעל: היא הולכת לבית ספר?

רון: לא, היא עוד קטנה. היא הולכת לגַן ילדים.

יעל: והילד הזה?

רון: זה טל. טל הוא החבר של חגית.
הוא תמיד נמצא בבית שלנו. חגית וטל תמיד ביחד.

יעל: והכלב הזה?

רון: אני לא יודע מי הכלב הזה. הוא לא שלנו...

תְמוּנָה	picture
מְנַהֵל-מְנַהֶלֶת	principal
חָמוּד-חֲמוּדָה	cute
תָמִיד	always
אָח-אַחִים	brother
אָחוֹת-אֲחָיוֹת	sister

איפה אנחנו לומדים?

גַן ילדים	(6-4)
בית ספר יְסוֹדִי	(14-6)
בית ספר תיכון	(18-14)
אוניברסיטה	(-21)

נכון או לא נכון:

1. ההורים של רון עובדים.
2. חגית היא האחות של רון.
3. רון הוא האח של חגית.
4. חגית היא תלמידה בבית ספר.
5. חגית וטל הם חברים.
6. רון וטל הם אחים.

שאלות ותשובות:

1. .... כן, הם עובדים.
2. האם אמא של רון מורה? ....
3. .... הוא עובד בבית החולים "הדסה".
4. .... כי היא עוד ילדה קטנה.
5. מי נמצא תמיד ביחד? ....
6. סמן את הסמיכויות בטקסט. שנה כל סמיכות למיודעת ולרבים. **דוגמה:** בית ספר / בית הספר / בתי ספר
7. כתוב/ספר על המשפחה שלך לפי תמונה. השתמש במילים: **הנה, זה/זאת/אלה, ההורים שלי, האח/ות הקטן/ה שלי, האח/ות הגדול/ה שלי, הכלב/החתול שלי**

הנה / פה / זה

Though both הנה and פה mean "here," they are used differently, and have slightly different meanings.
פה refers to the *location* or *presence* of some object or entity. It generally follows the subject (in nominal sentences) or the verb (in verbal sentences).

Examples:

אדון תָּבורי עובד **פה**.

כולם **פה**?

א: איפה האחות שלך? ב: היא לא **פה**.

הנה is used at the beginning of a sentence to present an object or a person. In this respect, it is similar to the word זה . However, whereas זה relates a new fact (for example: **זה** המשרד החדש, **זאת** המורה לפיזיקה), הנה presents something previously discussed or familiar.

Examples:

[בכיתה] א: איפה המורה?
ב: **הנה** הוא.

[בבית הקפה] א: **הנה** הקפה **והנה** העוגות.
ב: תודה רבה.

הִנֵּה מַה טּוֹב וּמַה נָּעִים שֶׁבֶת אַחִים גַּם יָחַד תהילים קל״ג, א

תרגיל 1: השלם במילים: **הנה פה זה** .

1. א: .... אמא שלך?
ב: לא, ... הבייבי סיטר;
אמא שלי לא .... היום.

2. א: .... החדר שלי.
ב: החדר כל כך קטן...
א: אני גרה .... לבד.

3. א: סליחה, הספר שלי ....?
ב: כן, ... הוא.
א: תודה.

4. א: איפה דן?
ב: .... הוא.
א: ....?! .... לא דן,
.... גדי!
ב: סליחה.

האוגד

The words הוא / היא / הם / הן function as אוֹגֵד (copulative), which links the subject with the complement in nominal sentences, and, in effect, clarifies the relationship between the subject and the predicate. Their function is similar to that of the verb BE in English.
For example, the sentence אדון זהבי רופא expresses identification of the subject with the predicate (אדון זהבי = רופא). Use the copulative הוא in such sentences to emphasize the identification, further clarifying the relationship between the parts of the sentence: אדון זהבי **הוא** רופא

Using the אוגד is most useful in longer sentences, as it enables you to easily determine the subject (what's right of the אוגד) and the predicate (what's left of it).

The אוגד agrees with the subject in gender and number:

דינה **היא** בחורה נחמדה. (דינה = נקבה)
ההורים שלי **הם** החברים שלי. (ההורים שלי = רבים)
עינת וחגית **הן** השכנות שלנו. (עינת וחגית = רבות)

Always use an אוגד when the predicate is a noun: רועי הוא <u>ילד</u> גדול.
Use an אוגד optionally when the predicate is an adjective: הסרט החדש (הוא) <u>מצוין</u>.

Do not use an אוגד when:
1. The sentence contains a verb: האח של דוד <u>הולך</u> לגן ילדים.
2. The subject is a pronoun: <u>אנחנו</u> סטודנטים.

The verb להימצא is also an אוגד. It means "be," but only when referring to location or presence.
Example: יעל ומשה נמצאים בספרייה.

תרגיל 2: הוסף אוגד (**הוא** או **נמצא**) במקום שצריך.

1. הכלב שלנו חמוד.
2. חגית הולכת לגן ילדים.
3. ההורים שלה נחמדים מאוד.
4. המעונות על-יד הקמפוס.
5. יעל סטודנטית מצוינת.
6. אתה האח של רונן?
7. הילדות הקטנות חמודות.
8. התלמידים נמצאים בכיתה.

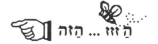

הַזזז ... הַזה

- מה זה? — What is this?
- <u>זאת תמונה</u> של המשפחה שלי. — <u>This is a picture</u> of my family.
- <u>התמונה **הזאת**</u> מצוינת! — <u>This picture</u> is excellent!

"זה כלב" (= This is a dog) is spoken when you gesture toward a dog and identify it as such. It is a complete sentence in which זה is the נושא (subject) and כלב is the נשוא (predicate). Simply put, זה is what you are discussing, while כלב is what you are saying about זה (that it is a dog, not a cat or pencil).

Remember: זה at a beginning of a sentences means: "This <u>is</u>..."; never just "This..."!

"הכלב הזה" (= This dog) is a different structure altogether. It is used to distinguish one dog from many. It is not a complete sentence, because what you are *saying* about this dog is not mentioned. This phrase can be used in a sentence such as: הכלב הזה הוא שלי (= This dog is mine). This example implies that it is *this* dog (as opposed to the little dog, the gray dog, the mean dog, and all the others) that is mine. In this sentence, הכלב is the subject, זה functions as an adjective, and the predicate is your comment about this dog (that it's mine, it likes to run, it eats a lot, etc.).

The sentences הכלב הזה הוא שלי and: הכלב הנחמד הוא שלי share the same structure. Just like the adjective נחמד , הזה follows the noun, with which it agrees in gender, number, and the definite article.
Examples:

הבתים **האלה** יפים מאוד.
האישה **הזאת** עובדת בבנק.
אנחנו גרים בַּבית **הזה**.

תרגיל 3: תרגם לעברית. שים לב להבדל בין "**זה...**" ובין "**... הזה**".

1. This young lady works here. 2. Is this class interesting? 3. These pictures are my roommate's.
4. This is not your TV! 5. These are beautiful children. 6. My mom lives on this street.

תרגיל 4: 1. השלם את המשפטים מימין ב: **זה, זאת, אלה.** 2. השלם את המשפטים משמאל ב: **הזה, הזאת, האלה,**
וב: **הוא של המורה שלי, עובדת בבוקר ובערב, הוא מקולומביה, ~~נחמד מאוד~~, היא חדשה ומודרנית, ~~עוד עובד?~~,**
היא אוהבת לקרוא ב..., טלי ואני לומדים עם, הוא שלי ושל אח שלי, אתם אוהבים את השיעורים של...

1. זה הכלב של דוד.	הכלב הזה נחמד מאוד
2. זה רדיו ישן מאוד, ממש עַנתיקָה.	הרדיו הזה עוד עובד?
3. זאת המורה החדשה.	המורה הזאת ....
4. אלה סטודנטים מהכיתה לעברית.	.... הסטודנטים האלה.
5. .... ספר לעברית.	הספר הזה ....
6. .... קפה מצוין.	....
7. .... המורים שלכם?!	....
8. .... הספרייה שלנו!	....
9. .... מחשב חדש.	....
10. .... הספרים של המורה.	....

מַמָּשׁ (it is) really

תרגיל 5: השלם במילים: **ביחד עם חמוד אח הורים גן-ילדים תמיד עוד**

1. אני תלמיד בבית ספר. אני אוהב ללכת ברגל, ואני .... הולך ברגל לבית ספר.
2. ה............ שלי, רן, הוא ילד .... רן לא הולך לבית ספר. הוא .... ילד קטן. הוא הולך ל............ .
3. רן לא הולך ברגל. הוא נוסע במכונית .... אבא או עם אמא. הוא אוהב לנסוע .... עם ה............
שלנו. הוא אוהב מכוניות!

תרגיל 6: סדר את המשפטים.

1. ל שלי הולך חברים אני ה עם סרט ביחד ....
2. קטן הוא ילד אח ה שלי דן עוד ....
3. לבד הורים גר ה אתה שלך עם או ? ....
4. ה בית תמיד אלה ה שיעורי עושים תלמידים ....

שיעור 18

חגית סופרת

לִספור/סופֵר	count
נָבון-נְבונָה	clever
כָּל היום	all day

חגית היא בת 3. היא ילדה חמודה ונבונה. היא יודעת לספור מ-1 עד 3. היא רוצה לספור עד 10, והיא לומדת. כל היום היא סופרת. היא סופרת ביחד עם אמא, היא סופרת ביחד עם אבא, והיא סופרת ביחד עם האח שלה, ערן.

חגית וערן סופרים: אַחַת (1) שְתַיִים (2) שָלוש (3) אַרבַּע (4) חָמֵש (5) שֵש (6) שֶבַע (7) שְמונֶה (8) תֵשַע (9) עֶשֶׂר (10)

מ ... - עד ...

When counting or referring to periods of time, the preposition עַד (= to, until) is the opposite of ...מ . Do not use the preposition ...ל to refer to time.

Examples:

אדון מזרחי עובד מ-8 עד 4.

ענת לומדת עד 1 בלילה.

אנחנו יודעים לספור מ-1 עד 10.

עד can also be used in sentences that express movement instead of ...ל to emphasize distance.

The sentence: גברת אֵיתָן הולכת כל בוקר מהבית עַד הפארק.

means: Ms. Eitan walks every morning from her house all the way to the park.

תרגיל 1:

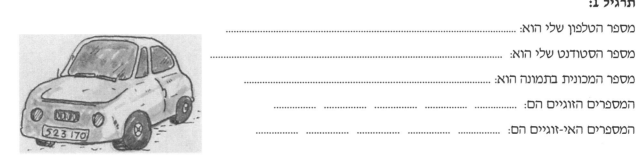

מספר הטלפון שלי הוא: ....

מספר הסטודנט שלי הוא: ....

מספר המכונית בתמונה הוא: ....

המספרים הזוגיים הם: ....

המספרים האי-זוגיים הם: ....

ערן עושה חשבון

אֶפֶס	ø
מִספָּר זוגי	even number
מִספָּר אִי-זוּגִי	odd number
חֶשבּון	calculation, simple math
לִשְאול/שואֵל	ask
לַעֲנות/עונֶה	answer

ערן הוא בן 6, והוא הולך לכיתה א׳. הוא ילד נחמד ואינטליגנטי. הוא אוהב ללמוד והוא תלמיד טוב. הוא לומד לקרוא ולכתוב. הוא לומד גם חשבון. הוא יודע חשבון טוב מאוד. הוא אוהב תרגילים בחשבון.

תרגיל 2:

1. ערן שואל, ואני עונה -- ענה על השאלות של ערן.

כַּמָה זֶה שתיים וְעוד שתיים? שתיים ועוד שתיים שָוֶוה ארבע. [2 + 2 = 4]

כמה זה שלוש ועוד ארבע? ....

כמה זה שש ועוד שלוש? ....

כמה זה תשע פָּחות אחת? תשע פחות אחת שווה שמונה. [9 - 1 = 8]

כמה זה עשר פחות חמש? ....

כמה זה שש פחות שתיים? ....

2. אני שואל וערן עונה -- שאל את ערן. בדוק ותקן את התשובות שלו אם צריך.

....? ארבע ועוד ארבע שווה שמונה. נכון!!

....? חמש פחות שתיים שווה ארבע.

....? עשר פחות תשע שווה שמונה.

....? שבע ועוד שלוש שווה עשר.

....? שמונה פחות חמש שווה שלוש.

כמה

The interrogative כמה means "how much" or "how many."

For example:

- כמה אנשים עובדים פה? - אני עובד פה לבד.

The phrase ...כמה זה (how much is...) is used in math questions.

For example:

- כמה זה אחת ועוד אחד? - הממממ... שתיים, נכון?

The question ?כמה זה means "How much is it?" It is very useful when shopping.

The phrase ...בן/בת כמה is used to ask about someone's age.

Examples:

- בת כמה חגית? - ערן, בן כמה אתה?
- היא בת שלוש. - אני בן שש.

שאלות:

1. האם את/ה יודע/ת לספור בעברית? .... מ- .... עד ....
2. מה מספר החדר שלנו? ....
3. מה מספר הטלפון של ההורים שלך? ....
4. למה ילדים קטנים אוהבים לספור? ....

תרגיל 3: סדר את המשפטים.

1. הוא זוגי מספר ה שתיים מספר
2. טלפון שלה מספר ענת אבא לא מה ה של יודעת
3. לכתוב לומדים גם כיתה ו תלמידים ב א' לקרוא חשבון לומדים ו
4. עשר ה לספור ילד עד ה יודע זה מ אחת

שיעור 19

החדר של אהוד

אהוד גר בחדר קטן.

יש בחדר סטריאו,

יש שם טלפון,

יש גם מַחשֵב,

אבל אין בחדר טלוויזיה.

אהוד לא רוצה טלוויזיה בחדר. הוא לא אוהב לראות טלוויזיה. הוא אוהב לקרוא ספרים.

יש ≠ אין

The literal meaning of the verb לראות is "to see." Note that the expression לראות טלוויזיה (literally, "to see TV") is the common equivalent of "to watch TV." Similarly, while the verb לשמוע means "to hear," לשמוע רדיו means "to listen to the radio."

[In the expression לשמוע רדיו, the word רדיו is the direct object of the verb לשמוע, and as such, does <u>not</u> warrant the preposition ...ל.]

שאלות:

1. מה אהוד אוהב לעשות, ומה הוא לא אוהב לעשות? ....
2. האם יש טלוויזיה בחדר של אהוד? למה? ....
3. מה יש בחדר שלך, ומה אין? ....
4. את/ה אוהב/ת לראות טלוויזיה? ....
5. את/ה קורא/ת ספרים? ....
6. מה את/ה אוהב/ת לעשות בשבת? ....

מוסיקה

יעל: את אוהבת מוסיקה?

חגית: מאוד!

יעל: איזו מוסיקה את אוהבת?

חגית: מוסיקה קלאסית וג׳אז.

יעל: אבל אין סטריאו בחדר שלך!

חגית: נכון. אני שומעת רדיו במכונית.

which, what אֵיזוֹ

שאלות:

1. איפה חגית שומעת מוסיקה? ....
2. האם חגית אוהבת מוסיקה? ....
3. איזו מוסיקה את/ה אוהב/ת? ....
4. איזה ספר את/ה אוהב/ת? ....

רדיו בַמכונית

נדב: יש רדיו במכונית שלך?

אהוד: לא.

נדב: מה, אֵין לך רדיו במכונית?

אהוד: לא, אני לא אוהב לשמוע מוסיקה במכונית.

אין לך	you do not have

שאלות:

1. האם יש רדיו במכונית שלך? ....

2. את/ה שומע/ת מוסיקה בסטריאו או במחשב? ....

איזה / איזו / אילו

The interrogative אֵיזֶה (which, what) is used when inquiring further about a noun whose general type is known. For example, in the question רות, איזה ספר את קוראת? it is known that Ruth is reading a book (the type of noun); the question asks which particular book. Answers to this question may vary: הספר החדש (the new book), "מִלחָמָה ושלום" (*War and Peace*), or הספר של דן (Dan's book) -- all are possible answers.
The word איזה derives from the word זה, and like זה has three forms: אֵיזֶה (masculine), אֵיזו (feminine), and אֵילוּ (plural). All agree with the word that follows in gender and number.
Examples:

זכר	נקבה	רבים
- איזה שיעור זה?	- איזו מוסיקה את שומעת?	- אילו עוגות אתה אוהב?
- זה שיעור לפיסיקה.	- אני שומעת מוסיקה של מוצרט.	- עוגת שוקולד ועוגת גבינה.

"איזה יופי!" (literally, "What a beauty!") means "It's great!" "It's so nice!"

תרגיל 1: השלם במילים **איזה איזו אילו**, וענה על השאלות. קרא את השאלות והתשובות בקול רם.

1. .... ספר זה? — זה **ספר** לעברית.
2. .... סרטים את אוהבת? — אני אוהבת **סרטים** מוסיקאליים.
3. .... בניין זה? — זה **בניין** משרדים.
4. .... יום היום? — היום **יום** שלישי.
5. .... עיתון את/ה קורא/ת? ....
6. .... מוסיקה את/ה אוהב/ת לשמוע? ....
7. .... ספרים יש בחדר שלך? ....
8. .... חַיָה את/ה אוהב/ת? ....
9. .... צֶבַע את/ה אוהב/ת? ....
10. .... שַׂחקָן/שַׂחקָנית את/ה אוהב/ת? ....

יש / אין

The expressions יש (= there is/are) and אין (= there is/are no) precede a noun to indicate its existence or non-existence. They have only one form, regardless of the number and gender of the noun that follows. The word order in sentences including these expressions is flexible, as in the following example:

בחדר שלי אין מחשב.   או: אין מחשב בחדר שלי.   או: אין בחדר שלי מחשב.

Note how יש and אין relate to כן and לא. The answer to the question: "האם יש רעש במעונות?" may be "כן, יש שם רעש" or: "לא, אין שם רעש".

It is important to understand that even though יש and אין precede the subject, they function as the predicate of the sentence. In the sentence בירושלים יש אוניברסיטה גדולה, the נוֹשֵׂא (subject) is אוניברסיטה, the נשׂוּא (predicate) is יש, and בירושלים is תיאור מקום (description of place).

תרגיל 2: מה יש / מה אין בחדר שלך? מצא את המילים החדשות במילון.

מיטה ...בחדר שלי יש מיטה גדולה...

כיסְאות ....

שולחַן כְּתיבה ....

מַחשֵב ....

תמונות של המשפחה ושל חברים ....

שָטיחַ ....

טלוויזיה ....

טלפון ....

וידיאו ....

מיקְרו-גַל ....

ספרים ....

רַעַש ....

תרגיל 3: שאל שאלות וקבל תשובות לפי הדוגמאות הבאות. השתמש במילים מתרגיל 2.

- מה יש בחדר שלך?   - יש בחדר שלך ....?   - מה יש על-יד/על ה...
- בחדר שלי יש... אבל אין...   - כן, בחדר שלי יש... / לא, בחדר שלי אין...   - על-יד/על ה... יש ...

תרגיל 4: מה יש ומה אין ב...

במעונות, ברחוב, באוניברסיטה, בספרייה, בקפיטריה, במשרד, על יד הבית שלי

....

....

....

שיעור 20

פעלים חדשים: לשמוע לראות לקרוא

לִשְׁמוֹעַ / שׁוֹמֵעַ - שׁוֹמַעַת - שׁוֹמְעִים - שׁוֹמְעוֹת
לִרְאוֹת / רוֹאֶה - רוֹאָה - רוֹאִים - רוֹאוֹת
לִקְרוֹא / קוֹרֵא - קוֹרֵאת - קוֹרְאִים - קוֹרְאוֹת

Note that the א in the verb לקרוא is silent in infinitive and singular conjugations, but it is pronounced in the plural conjugation.

תרגיל 1: קרא משפטים עם מילה מכל טור. שנה את סדר המילים אם צריך.

הילדים אדון זהבי את יעל וחגית	לשמוע לקרוא לראות	ספר טלוויזיה מוסיקה	עכשיו בבוקר לפעמים היום

לִפְעָמִים sometimes

תרגיל 2: השלם בפועל **לשמוע**.

1. רות: אתה אוהב .... רדיו?
גיל: מאוד, אני .... רדיו כל היום!
רות: מה אתה ....?
גיל: מוסיקה, חדשות -- הכול!

2. חנן: את רואה חֲדָשׁוֹת בטלוויזיה?
יעל: לא, אני .... חדשות בְּרדיו.

3. - הלו...
- פססס ....קחחחח ...
- הלו ...? מי זה?!
- טססס .... טשששששש ...
- הלו, הלו, אני לא ....!

הלו ...? מי זה?!

תרגיל 3: השלם בפועל **לראות** .

1. עינת .... טוב בַּיום, אבל היא לא .... טוב בלילה.
2. נדב לא הולך .... סרטים בקולנוע. הוא .... סרטים בווידיאו.
3. א: אני לא .... את דן; איפה הוא? ב: הנה הוא, שם, על יד חגית.

The word טוב functions here as an adverb, not an adjective (it describes the action; not the noun). Adverbs have only one form (unlike adjectives which have four) and do not relate to the number and gender of the verb they modify. Examples:

אנחנו מדברים עברית **טוב.**

יש רעש; אני לא שומעת **טוב.**

[Using the word טוב as an adverb (meaning "well") is not considered standard, yet it is very common. The standard word is הֵיטֵב .]

תרגיל 4: השלם בפועל **לקרוא** .

1. דן לומד עברית באוניברסיטת חיפה. הוא יודע .... בעברית.
   הוא .... עיתון בעברית כל יום.
2. רות אוהבת .... ספרֵי היסטוריה. עכשיו היא .... על הֶרצל.

תרגיל 5: השלם בפעלים: **לקרוא לשמוע לראות** .

1. מיכל אוהבת .... ספרים.
2. ערן יושב בחדר ו.................. עיתון.
3. הם נוסעים במכונית ו.................. מוסיקה קלאסית.
4. בערב אנחנו .... טלוויזיה, או .... ספר.
5. עינת .... כל יום עיתון, וגם .... חדשות בטלוויזיה.
6. סַבָּא יוסף הוא זָקֵן. הוא לא .... טוב, והוא לא .... טוב.

תרגיל 6: בכל משפט יש **יש / אין** ואחד מהפעלים **לראות לשמוע לקרוא** .

הַרְבֵּה a lot

1. יש בחדר שלי טלוויזיה, כי ....
2. בדירה של דוד וחנה יש הרבה ספרים, אבל ....
3. במכונית של שירי יש רדיו, כי ....
4. ...., אז אנחנו הולכים לסופרמרקט ברחוב הרצל.
5. בספרייה יש הרבה ספרים, ו ....
6. ...., כי אנחנו אוהבים לראות סרטים בבית.
7. ...., כי הוא אוהב לשמוע חדשות.
8. ...., אבל היא לא יודעת לקרוא בעברית.
9. ...., אז אני קורא חדשות בעיתון.
10. בבית של אדון וגברת זהבי יש הרבה אנשים, והם ....

שיעור 12

תמונות מהחדר

לָשֶׁבֶת/יוֹשֵׁב	sit
רְצִינִי-רְצִינִית	serious
לִשְׁכַּב/שׁוֹכֵב בַּמִיטָה	lie in bed
לְדַבֵּר/מְדַבֵּר	talk
הטלפון מְצַלְצֵל	the phone rings
"מַבָּט"	the nightly news program on TV Channel 1

אילן

עכשיו ערב. אילן יושב ורואה טלוויזיה. הוא רואה את החדשות. הוא אוהב את החדשות בטלוויזיה. אילן הוא בחור רציני. הוא רואה חדשות בטלוויזיה כל ערב. הוא רואה את החדשות בסי. אן. אן., והוא גם רואה את "מבט".

רותי

גם רותי נמצאת עכשיו בחדר. היא יושבת וקוראת ספר. רותי מאוד אוהבת לקרוא ספרים, ובחדר שלה יש הרבה ספרים. עכשיו היא קוראת ספר מהספרייה. זה ספר ממש מעניין. רותי רוצה רק לשבת בחדר ולקרוא את הספר.

אורי וחנן

אורי וחנן נמצאים בחדר שלהם. חנן שוכב בַּמיטה וקורא עיתון. אורי יושב וקורא ספר. עכשיו הם מדברים:

חנן: מה אתה קורא?

אורי: ספר מהספרייה.

חנן: איזה ספר?

אורי: את הספר החדש של עמוס עוז.

חנן: הוא טוב?

אורי: טוב מאוד! אני מאוד אוהב את הספרים של עמוס עוז.

חנן: גם אני.

עמוס עוז (Amos Oz) is an acclaimed Israeli novelist and essayist. Many of his books are available in English translation. Among them are:
מיכאל שלי (My Michael);
סיפור על אהבה וחושך
(A Tale of Love and Darkness);
פה ושם בארץ ישראל (In the Land of Israel).

תרגיל 1: כתוב דיאלוגים וקרא אותם עם חבר/ה.

1. ענת ושירי נמצאות בחדר שלהן. ענת יושבת על המיטה שלה ולומדת. שירי רואה סרט בטלוויזיה. הן מדברות:
2. דוד שוכב על המיטה בחדר שלו ושומע קונצרט ברדיו. הטלפון מצלצל. זאת רות. היא רוצה ללכת עם דוד לסרט:

מילת היחס אֶת

The preposition את precedes a definite direct object.

What is the difference between direct and indirect objects? Take a look at the following sentences:

1. אורי אוהב אבוקדו. 2. ערן מדבר עם אמא שלו.

In the first sentence, אבוקדו is the direct object, since it is the immediate object of the action. It answers the question: What does Uri like? It is linked to the verb directly; no preposition is needed.

In the second sentence, אמא שלו is the indirect object. It is not what Eran speaks; it is with whom he speaks. An indirect object is linked to the verb with a preposition (in this case, עם).

When is a noun considered "definite?"

1. when it is preceded by a definite article (הילד, העיתון הזה);
2. when it is a definite סמיכות (ראש-השנה, מעונות-הסטודנטים);
3. when it is a proper noun (חגית, ירושלים);
4. when it has a pronoun suffix (שמי, שלומך);
5. lastly, the words אבא and אמא, are considered definite even though they do not take the definite article.

Note: Languages, as well as other fields of study are not considered definite.

Take a look at the following examples:

דליה שותה קפה.	[the object is direct, but not definite; there is no את.]
אתה קורא את העיתון.	[the object (העיתון) is direct and definite.]
אני גר בבית קטן.	[the object is indirect (ב); there is no את.]
דוד פוגש את דליה.	[the object is direct and definite (proper noun).]
יעל לומדת עם חגית.	[the object is definite but not direct; there is no את.]

The following verbs typically take an את when followed by a definite direct object:

לאהוב, לאכול, לכתוב, ללמוד, לספור, לעשות, לפגוש, לקרוא, לראות, לרצות, לשמוע

תרגיל 2: את / ∅

1. דוד שומע .... רדיו.
2. אני רואה .... החדשות בטלוויזיה.
3. מאיר עושה .... שיעורי בית. הוא לומד .... המילים החדשות.
4. אני מדבר עם .... המורה שלי.
5. אתם מדברים .... צרפתית?
6. אני רוצה .... העוגה הזאת!
7. היום רחל לא עושה .... שיעורי הבית.
8. הם הולכים הביתה אחרי .... הסרט.
9. אהובה לא אוהבת .... הקפיטריה. היא אוהבת לאכול .... בבית הקפה.
10. רונן אוהב .... אבא ואמא.
11. עודד אוכל .... המבורגר.
12. איפה אתה פוגש .... החברים שלך?

13. המורה הולך .... הביתה אחרי .... השיעור.

14. .... מי את פוגשת בחנות הספרים?

15. הוא לא יודע .... שמי, ואני לא יודע .... שמו.

תרגיל 3: קרא משפטים עם מילה מכל טור.

המורה שלנו האורחות שלי גברת זהבי אני והחבר/ה שלי	רואה פוגש קורא רוצה אוהב שומע	(את)	פלאפל וצ׳יפס החדשות אבא ואמא שלי ירושלים בית הכנסת החדש שקט השכנים החדשים וודי אלן

לדבר

לְדַבֵּר / מְדַבֵּר - מְדַבֶּרֶת - מְדַבְּרִים - מְדַבְּרוֹת **שורש:** ד.ב.ר.

Note the relationship between the present tense conjugation and the infinitive form of the verb לדבר. The two are nearly identical, except for the ל in the infinitive form as opposed to the מ in the present tense.

תרגיל 4: השלם בפועל **לדבר**.

1. יונתן הוא סטודנט לעברית. הוא .... עברית. הוא .... עברית טוב מאוד.
2. אנחנו .... על הקורסים שלנו ועל הפרופסורים שלנו.
3. רחל אוהבת .... היא .... הרבה. היא .... כל היום!
4. אני .... בטלפון עם אמא שלי.
5. יעל אוהבת את האחות שלה, חגית. הן .... בסקַייפ כל יום.
6. האנשים בישראל תמיד .... על פוליטיקה.

ש י ע ו ר 22

מילות יחס

הפעלים: **לשמוע לראות לקרוא לדבר** ומילות היחס: **את (∅) ב על**

All four verbs can take a direct object, which may be definite (recall that definite direct objects require את) or indefinite.

Examples:

דן שומע חדשות / דן שומע **את** "בחצי היום".*

רחל קוראת ספר מעניין / רחל קוראת **את** הספר שלי.

אהוד לא מדבר צרפתית.

The phrases שומע רדיו (= listen to the radio) and רואה טלוויזיה (= watch TV) are fixed expressions, and as such they do not acquire the definite article or the preposition את .

For example:

אנחנו לא רואים טלוויזיה; אנחנו שומעים רדיו או קוראים (את ה)עיתון.

Note that the phrase שומע את הרדיו does in fact exist, but it means "hear the radio," not "listen to the radio."

For example:

אני שומע את הרדיו של השכנים.

The preposition ...ב is usually used when describing the means of communication.

Examples:

אני רואה תוכנית מעניינת **ב**טלוויזיה.

למה אתה מדבר **ב**טלפון עם אמא שלך כל יום?

The preposition על (= about, on), on the other hand, is used to tell what you are reading or speaking <u>about</u>.

Examples:

עינת קוראת בעיתון **על** העלייה מרוסיה.

רונית מדברת כל היום **על** החבר שלה.

about, on	עַל
program	תוֹכְנִית-תוֹכְנִיוֹת
immigration	עֲלִיָּה
every day	כָּל יוֹם
all day long	כָּל הַיּוֹם

* "בחצי היום" הוא מגזין חדשות ברדיו, ב"קול ישראל", כל יום ב-12:00.

תרגיל 1: השלם במילות היחס. מחק את ה-ה' אם צריך.

לקרוא (על / את / ב / ∅)

1. אתה קורא עכשיו .... העיתון?
2. דן קורא .... קולומבוס .... ספר היסטוריה.
3. גברת זהבי אוהבת לקרוא .... ספרים .... ההיסטוריה של ישראל.

לדבר (ב / עם / על / Ø)

1. בערב אני מדברת .... אמא שלי .... הטלפון.
2. עינת רוצה לדבר .... המורה .... שיעורי הבית.
3. בשיעור הם מדברים רק ....עברית.

לשמוע (את / Ø / ב)

1. למה אתם שומעים .... מוסיקה עכשיו?
2. בלילה אני שומעת .... הכלב של השכנים.
3. הן שומעות .... חדשות .... הרדיו.

לראות (את / ב / Ø)

1. אני לא רואה .... טלי. איפה היא?
2. הערב אנחנו יושבים בבית ורואים .... סרט .... הטלוויזיה.
3. אהוד לא רואה .... החברה שלו. היא לא נמצאת בעיר.

in town בָּעִיר

תרגיל 2: השלם במילות היחס: **את, ב, מ, על, על יד, ל, עם, Ø** . מחק את ה-ה' אם צריך.

1. נחום אוהב סרטים. הוא רואה סרטים .... הטלוויזיה וגם .... הקולנוע.
2. עינת לא אוהבת לקרוא .... ספרים. היא אוהבת לקרוא .... העיתון.
3. יגאל מדבר .... עברית .... החברים שלו, אבל הוא מדבר .... ספרדית .... ההורים שלו.
   למה? כי ההורים שלו הם .... ארגנטינה, והם מדברים ספרדית.
4. בערב, מרדכי מדבר .... החברים שלו. הם מדברים .... פוליטיקה וגם .... ספורט.
5. יונה מדברת .... הטלפון. היא מדברת גם .... החברות שלה וגם*.......... ההורים שלה.
6. א: איפה הספר? ב: הוא .... השולחן.
7. אתם רואים .... הספרייה? היא שם, ... הבניין הגדול.
8. אפריים הוא סטודנט .... ספרות אנגלית. הסטודנטים .... החוג לאנגלית קוראים ספרים .... הבית.
   הם מדברים .... הספרים .... הכיתה.

the English Department החוג לאנגלית

---

* The structure ... גם ... וגם, the equivalent of the English structure "both ... and ...", is very common in Hebrew.

Examples:

רחל גם לומדת וגם עובדת.

אני שומע מוסיקה גם במחשב וגם באי-פוד.

גם אורי וגם חנן אוהבים לקרוא.

The fixed slang expression גם וגם can be used as a short answer.

For example:

- אתם הולכים לסרט או לבית קפה?
- גם וגם.

ש י ע ו ר 23

שורשים ובניינים

Every verb in Hebrew consists of a שורש (root) and a בניין (structure, conjugation pattern).
A שורש is a combination of consonants (often three) that carry the general meaning. The letters of the שורש appear in the same order in all the verbs (and words) that share the same שורש.
For example, the words כותב , מכתב , כתיבה (שולחן) , לכתוב , and כותבים share the same root: כ. ת. ב. .
Accordingly, these letters appear in identical order in each word. The root כ. ת. ב. indicates "writing," and all of the above examples deal in some manner with writing.

The first root letter in all verbs is called פ׳ הפוּעַל (the פ of the verb);
the second is ע׳ הפועל (the ע of the verb);
and the third is ל׳ הפועל (the ל of the verb).
The terms derive from the word פֹּעַל (= verb), in which פ is the first letter, ע is second, and ל is third.
In the verb לכתוב, פ׳ הפועל is כ ; ע׳ הפועל is ת ; and ל׳ הפועל is ב .

A בניין is a fixed structural formula of vowels and consonants through which the שורש is applied and conjugated.

בניין פעל

The verbs לכתוב , ללמוד, and לפגוש (= meet) all belong to the same בניין -- בניין פָּעַל (קַל) . Apart from their different roots, they share the same structure in the present, past, and future tenses, as well as in the infinitive form. The present conjugation of בניין פָּעַל verbs can be described as follows (the three Xs stand for the three root letters):

שם הפועל: לִxְxוֹx   **הווה:** xוֹxֵx - xוֹxֶxֶת - xוֹxְxִים - xוֹxְxוֹת

Knowing this structure allows us to conjugate any given verb of בניין פעל, known or unknown.

תרגיל 1: השלם את הטבלה.

תרגום	רבות	רבים	נקבה	זכר	שם הפועל	שורש
write	כּוֹתְבוֹת	כּוֹתְבִים	כּוֹתֶבֶת	כּוֹתֵב	לִכְתּוֹב	כ. ת. ב.
						ל. מ. ד.
					לִפְגּוֹשׁ	
dance			רוֹקֶדֶת			

האותיות: א, ה, ח, ע

In many cases, the letters א ה ח ע cause variations in pronunciation. The guttural sounds produced by these letters are not easily pronounced without a prominent vowel, so where other consonants take a שווא, these letters take semi-vowels. ע and ח tend to take an /a/ sound, while א and ה are apt to take an /e/ sound in some cases and /a/ in others.

When the first root letter of a פעל verb is ע or ח, it takes the vowel /a/ in the infinitive form. The preceding ל also takes this vowel: לַעֲשׂות, לַעֲבוד .
Similarly, when the first root letter of a פעל verb is א, the א and the preceding ל take the vowel /e/ in the infinitive form: לֶאֱכול, לֶאֱהוב .

When א ה ח or ע are in the second position, they take an /a/ sound in the present plural conjugation: נוֹהֲגים, אוֹהֲבוֹת (= drive).

When ע or ח are in the third position, the following changes occur:
1) When they are the last letter of the word (as is the case in infinitive and singular masculine), they are preceded by an additional /a/ sound: לשמוֹעַ , יודֵעַ, לפתוחַ (= open).
[Note that even though the additional vowel is marked as a פתח under the last letter, its pronunciation precedes it.]
2) In the feminine singular, they take the vowel /a/, as does the preceding letter: פותַחַת, שומַעַת, יודַעַת.

When א is in the third position it is silent both at the end of a word (לקרוא, קורא) and in the singular feminine conjugation: קוֹרֵאת.

תרגיל 2: הטה את הפעלים באותיות ה**מודגשות**. קרא את המשפטים בקול רם.

1. עינת **עובדת** בספרייה. היא אוהבת .... שם.
2. אהוד **אוכל** במסעדה. הוא לא רוצה .... בבית.
3. אנחנו לא **יודעים** איפה השיעור. סיגל, את ....?
4. אנחנו **שומעות** עכשיו חדשות. אתן גם רוצות ....?
5. בבקשה **לפתוח** את הספרים ... רבקה, למה את לא .... את הספר?
6. אני **אוהב** את המסעדה הזאת. גם אתם .... לאכול פה?

גזרה

Other variations to the conjugation of בניין פעל go beyond pronunciation, and consist in sub-groups (גְזָרות) of the בניין. Once again, the variations occur as a result of specific root letters. The גִזְרָה is defined by the position (first, second, or third) of the root letter that leads to the change.

גזרת פ״י (namely verbs in which the first root letter (פי הפועל) is י)
Example: **י.ש.ב.** לָשֶבֶת / יושֵב - יושֶבֶת - יושְבים - יושְבות
In the infinitive form, the root letter י is omitted, and ת is added to the end. לָשֶבֶת, לָדַעַת and also לָלֶכֶת (even though its first root letter is ה, not י) are all verbs of בניין פעל, גזרת פ״י.

גזרת ע״ו - ע״י (namely verbs in which the second root letter (ע׳ הפועל) is either ו or י)

Examples: (sing =) **ש.י.ר.** לָשִׁיר / שָׁר - שָׁרָה - שָׁרִים - שָׁרוֹת **ג.ו.ר.** לָגוּר / גָּר - גָּרָה - גָּרִים - גָּרוֹת

In these verbs the ו/י is only present in the infinitive form as a vowel. Only two root letters, with the vowel /a/, are conjugated in the present tense. Additionally, the feminine form takes a ה rather than a ת. Other verbs in this group are: לָבוֹא and לָרוּץ .

גזרת ל״ה (namely, verbs in which the third root letter (ל׳ הפועל) is ה)

Example: **ר.צ.ה.** לִרְצוֹת / רוֹצֶה - רוֹצָה - רוֹצִים - רוֹצוֹת

In the infinitive, the ה changes to ת ; the feminine form is identical to the masculine, except that it ends with the vowel /a/ (and not /e/); in the plural, the ה is omitted.

Other verbs in this group are: לִשְׁתּוֹת , לַעֲשׂוֹת , לִרְאוֹת , and לִהְיוֹת .

Regular verbs, with no variations, belong to גזרת השְׁלֵמים (= whole verbs).

Some of the verbs you have learned so far clearly don't fit in any of the above categories, as they belong to different בניינים . Among them are לדבר, להימצא, and להתראות.

תרגיל 3: הטה את הפעלים שכתובים באותיות **מודגשות** .

1. אני **בא** לשיעור, הסטודנטים ...., עינת ...., אבל אתם לא רוצים ....
2. רינה **הולכת** לקניון, אנחנו ...., גם חגית ועופרה ...., רק דן לא רוצה ....
3. גדי **רואה** טלוויזיה, גם אמא שלו ...., גם השכנים שלו ...., כולם אוהבים .... טלוויזיה.
4. אדון זהבי **רץ** בפארק, הרבה ילדים ...., גם אתן ...., אבל מיכל לא ....
5. הם **יודעים** עברית, הוא ...., וגם היא ...., כולם רוצים .... עברית.
6. אתה **שותה** מים, נורית ...., הם ...., הן ...., אבל גיל רוצה .... קולה.

תרגיל 4: השלם את הטבלה.

שורש-גזרה	שם הפועל	זכר	נקבה	רבים	רבות	תרגום
ר.צ.ה., ל״ה						
	לרוּץ					
		יוֹשֵׁב				
			קוֹנָה			buy
				הולכים		

שיעור 24

בניין פיעל

The verbs: לְסַפֵּר (= tell), לְדַבֵּר, and לְטַיֵּיל (= travel, walk about) belong to a different בניין : בניין פִּיעֵל.
Examples:

שורש: ד. ב. ר.	שם הפועל: לְדַבֵּר	הווה: מְדַבֵּר - מְדַבֶּרֶת - מְדַבְּרִים - מְדַבְּרוֹת
שורש: ט. י. ל.	שם הפועל: לְטַיֵּיל*	הווה: מְטַיֵּיל - מְטַיֶּילֶת - מְטַיְּילִים - מְטַיְּילוֹת

Unlike בניין פעל, verbs in בניין פיעל have no additional ו in the present or infinitive conjugations. They are characterized by an introductory מ in the present tense.

The second root letter of בניין פיעל verbs is doubled and marked with a דגש (a dot in the letter) in vocalized texts. This means that when the second root letter is either ב , כ , or פ it is pronounced /b/, /k/, or /p/ (and not /v/, /ch/, or /f/) in all forms of the conjugation (see, for example, the verbs לדבר and לספר).

The conjugation of בניין פִּיעֵל verbs is as follows:

שם הפועל: לְXַXֵּX **הווה:** מְXַXֵּX - מְXַXֶּXֶת - מְXַXְּXִים - מְXַXְּXוֹת

Note the relationship between the infinitive and singular masculine forms: they share the exact same structure, specifically the same vowel sequence: /e-a-e/: לְסַפֵּר - מְסַפֵּר ; לְדַבֵּר - מְדַבֵּר

---

* The letter י is doubled to indicate that it is the consonant /y/, not a vowel /i/. מטייל (me-ta-yel) vs. מטיל (me-til). Similarly, the letter ו is doubled when it functions as the consonant /v/, not a vowel /o/ or /u/. However, י and ו are not doubled when they are the first or last letter of a word.

בניין פעל לעומת בניין פיעל

The same root can be realized in more than one בניין . The result is two different verbs, with two different, yet related, meanings. For example:

בניין פעל		בניין פיעל
	שורש: **ל. מ. ד.**	
לִלְמוֹד (learn)		לְלַמֵּד (teach)
לוֹמֵד - לוֹמֶדֶת - לוֹמְדִים - לוֹמְדוֹת		מְלַמֵּד - מְלַמֶּדֶת - מְלַמְּדִים - מְלַמְּדוֹת
	שורש: **ס. פ. ר.**	
לִסְפּוֹר (count)		לְסַפֵּר (tell)
סוֹפֵר - סוֹפֶרֶת - סוֹפְרִים - סוֹפְרוֹת		מְסַפֵּר - מְסַפֶּרֶת - מְסַפְּרִים - מְסַפְּרוֹת

תרגיל 1: השלם את המשפטים.

לדבר

1. דוד .... עברית טוב מאוד.
2. עינת .... עם ההורים שלה.
3. רבקה ורחל יושבות בחדר ו.......................... .
4. אני לא רוצה .... עם ענת.

לטייל

1. הרבה אנשים .... ברחוב הזה.
2. רות ויעל .... בישראל.
3. אתם אוהבים ....?
4. בבוקר היא .... בפארק.

לספר

1. הוא .... לנו על האוניברסיטה.
2. אמא .... סיפור לרוני.
3. מה הם ....?
4. הן .... לנו הכול.

The verb לספר uses the preposition ...ל in order to communicate to whom the story/news/etc. is being told.
For example:
טלי מספרת **לאהוד** על העבודה שלה.
(Tali is telling [**t o**] Ehud about her job).

Like של, the preposition ...ל can take pronoun suffixes: ... לי, לך, לו (to me, to you, to him...).
For example: רן מספר **לי** על הסרט.
(Ran is telling [**t o**] **me** about the movie).

ללמד

1. אדון איתן .... מתמטיקה באוניברסיטה.
2. המורה הזאת .... טוב מאוד.
3. היום המורים לא רוצים ....!
4. איפה אתם ....? באוניברסיטה?

תרגיל 2: השלם בפעלים **לדבר לספר לטייל ללמד** .

יעל מספרת:

הנה החברה שלי. שמה דבורה. דבורה היא עולה חדשה מרוסיה. היא לא .... עברית טוב, אבל אנחנו .... כל הזמן. אני .... את דבורה עברית. דבורה היא תלמידה טובה מאוד, והיא לומדת מהר. בשבת בבוקר אנחנו .... ברחוב או בפארק. דבורה .... לי סיפורים על רוסיה, ואני .... לה על ישראל. אנחנו חברות טובות מאוד.

עוֹלֶה חדש-עוֹלָה חדשה	new immigrant
מַהֵר	quickly

תרגיל 3: שנה את הסיפור שבתרגיל 2. יעל ---> גדי וטל דבורה ---> יצחק

גדי וטל..........................

....

....

....

....

....

ש י ע ו ר 2 5

עיר גדולה ועיר קטנה

sea	יָם
place	מָקוֹם-מְקוֹמוֹת
main street	רחוב רָאשִׁי

שלום. שמי אריה כַּרמְלִי. אני גר בנַהֲרִיָה. **זאת** עיר קטנה בַּגָלִיל, על יד חיפה. **היא** נמצאת על יד הים. אני אוהב לגור בעיר קטנה. יש **פה** שקט, והאנשים פה נחמדים. נהריה היא מקום טוב לגור. ברחוב הראשי, רחוב געתון, יש חנויות, קולנוע, בתי קפה, ומסעדות. גם החנות שלי נמצאת **שם**. אני גר על יד הרחוב הראשי, ובבוקר אני הולך ברגל לעבודה.

לפעמים אני נוסע לחיפה עם האישה והילדים. חיפה היא עיר גדולה ומעניינת. **היא** נמצאת על הכַּרמֶל, על יד הים. **אנחנו** אוהבים לטייל ברחובות של חיפה. יש **שם** אנשים, נשים וילדים, יש מכוניות ואוטובוסים, ויש הרבה רעש!

אני אוהב את חיפה, אבל אני לא רוצה לגור **שם**. אני אוהב שקט, ואני אוהב לגור **פה**. אני אוהב את נהריה.

שאלות:

1. סמן בטקסט למה מתייחסות המילים ב**אותיות מודגשות** .
2. נהריה לא נמצאת על יד תל אביב; היא ....
3. אין בנהריה רעש; יש ....
4. אריה לא נוסע באוטובוס לעבודה, הוא ....
5. בחיפה יש רעש, כי ....
6. אריה אוהב את חיפה, אבל ....

סיומות הרבים בשמות עצם

All adjectives have four forms: singular-masculine, singular-feminine, plural-masculine, and plural-feminine. For example: נָבוֹן - נְבוֹנָה - נְבוֹנִים - נְבוֹנוֹת . The plural suffixes are ִים for masculine and וֹת for feminine.

Nouns that represent animate objects share these same four forms.

For example: רוֹפֵא - רוֹפְאָה - רופאים - רופאות.

The majority of nouns, however, only have two forms. They are <u>either</u> masculine <u>or</u> feminine, and have simply one singular form and one plural form. For example: שיעור - שיעורים (שיעורה or שיעורות do not exist). For these nouns, the plural suffix, whether it is ִים or וֹת, is arbitrary, and is unrelated to the noun's gender.

For example, the noun רחוב is masculine; the plural is: רחובות .

You can determine a noun's gender by inspecting its singular form. Generally, nouns that end with ה or ת are feminine; those that end with any other letter are masculine. You <u>cannot</u>, however, ascertain the gender of a noun by its plural form.

If you combine the noun רחובות with an adjective (for example: מעניין), the two have different plural suffixes: רחובות מעניינים . The plural suffix of רחוב is רחובות . The adjective, however, agrees with the gender of the noun it describes (in this case: masculine), and takes the plural-masculine suffix ִים.
A similar conflict may occur between a noun and a verb. For example, המעונות נמצאים על יד הפארק.
The verb נמצאים agrees with the gender (masculine) of the noun מעונות .

Unfortunately, there is no rule concerning the choice of plural suffixes in nouns; you merely have to learn the plural form of each noun.
The following chart lists some standard nouns whose plural suffixes do not agree with their gender. They are presented in singular form, plural form, and in conjunction with an adjective.

נקבה:	מילה / מילים	מילה חדשה / מילים חדשות
	שנה / שנים	שנה טובה / שנים טובות
	אישה / נָשים	אישה חכמה / נשים חכמות
זכר:	רחוב / רחובות	רחוב ראשי / רחובות ראשיים
	שולחן / שולחנות	שולחן גדול / שולחנות גדולים
	כיסא / כיסְאות	כיסא ישן / כיסאות ישנים
	מעון / מעונות	מעון מודרני / מעונות מודרניים
	מקום / מקומות	מקום מעניין / מקומות מעניינים

intelligent, smart חָכָם-חֲכָמָה

שמות עצם יוצאי דופן

The following nouns are considered "irregular" since their singular form does not reflect their gender. For example, the word בית ends with ת, yet it is masculine. The words עיר and ארץ are feminine even though their singular form does not end with ה or ת.
Note that here, too, the plural suffix is independent of the noun's gender. For example: both ארץ and עיר are feminine. Yet in plural ארץ takes the feminine suffix (ארצות), whereas עיר takes the masculine suffix (ערים).

The words עיר and ארץ are feminine, as are all cities and countries. Though נהריה and צרפת appear to be feminine, תל אביב and הולנד appear to be masculine, and שדרות as well as ארצות-הברית possess the plural suffix, all are feminine singular.

נקבה:	עיר / עָרים	עיר מעניינת / ערים מעניינות
	אֶרֶץ / אֲרָצוֹת	ארץ חדשה / ארצות חדשות
	כוס / כוסות	כוס יְקָרָה / כוסות יקרות
	שֶמֶש / (שְמָשות)	שמש אֲדוּמָה
זכר:	בית / בָּתים	בית קטן / בתים קטנים
	לילה / לילות	לילה נעים / לילות נעימים

country	אֶרֶץ
sun	שֶמֶש
USA	אַרצות הַבְּרית

תרגיל 1: השלם בשמות תואר כרצונך. הוסף **ה** אם צריך.

1. ירושלים ותל אביב הן ערים ....
2. אהוד יושב ולומד את המילים ....
3. ברחובות .... יש הרבה אוטובוסים.
4. הכוס .... נמצאת על השולחן.
5. אין בתים .... ברחוב שלנו.
6. יעל אוהבת לנסוע לארצות ....
7. בחדר שלי יש כיסאות ....
8. בַּבוקר יש שמש ....
9. ברזיל היא ארץ .... מאוד.
10. זה לילה ...., והרבה אנשים מטיילים ברחוב.

תרגיל 2: שנה מיחיד לרבים.

1. זה רחוב יפה מאוד.
2. הכיסא נמצא על יד השולחן.
3. האישה הזאת עובדת בספרייה.
4. הכוס נמצאת על השולחן.
5. יש שולחן קטן בחדר.

תרגיל 3: שנה מרבים ליחיד.

1. בערים הגדולות יש רחובות מעניינים.
2. הכוסות האלה הן מִפְּלַסטיק?
3. אלו בתים חדשים; הם מודרניים מאוד.
4. ישראל ומצריים הן ארצות מעניינות.

מִצרַיים Egypt

יש / נמצא

While יש refers to an object's existence, נמצא concerns the location or presence of an object whose existence has already been determined. For example:

יש מיטה גדולה בחדר. (There's a big bed in the room.)

המיטה נמצאת על יד החלון. (The bed is by the window.)

In general, the subject of a נמצא sentence is definite, while the subject of a יש sentence is indefinite.

תרגיל 4: השלם ב: **יש / אין / נמצא**.

1. ברחוב הראשי .... בית קפה קטן. הוא .... על יד הקולנוע.
2. .... בקמפוס ספרייה. היא .... על יד בניין הספורט. .... שם הרבה ספרים.
3. א: .... פה טלפון? ב: לא, ... פה טלפון. הטלפון .... שם.
4. א: איפה .... נהריה? ב: על יד הים.
5. הנשים .... עכשיו בעבודה.
6. א: איפה .... השמש? ב: בשמים.

שָמַיִם (זכר, רבים) sky

שאלות:

1. את/ה גר/ה בעיר גדולה או קטנה? 2. איפה נמצאת העיר שלך? 3. האם העיר שלך נמצאת על יד הים?
4. מה יש ברחוב הראשי של העיר שלך? 5. יש בעיר שלך מקומות מעניינים? 6. איפה את/ה אוהב/ת לטייל בעיר?

שיעור 26

כולם הולכים הערב לסרט

[משה הולך בקמפוס, על יד הקפיטריה הוא פוגש את עינת.]

everyone	כּוּלָם (ר.)
I have	יֵשׁ לִי
be sorry	לְהִצְטַעֵר/מִצְטַעֵר
too bad	חֲבָל

עינת: שלום משה, מה שלומך?

משה: טוב. מה נשמע?

עינת: מצוין. משה, אנחנו הולכים הערב לסרט. רוצה גם לבוא?

משה: מי זה "אנחנו"?

עינת: אני, יעל, רונן, ערן -- כולם. רוצה לבוא?

משה: לא, אני מצטער ... יש לי הרבה שיעורי בית ... יש לי הרבה עבודה.

עינת: חבל.

השלמות:

עינת, יעל, רונן, וערן .... לסרט. לְ.................... יש שיעורי בית. יש לו ....

.... הולכים לסרט, אבל משה .... הולך. משה ...., וגם .... מצטערת.

כרטיסים לאופרה

א.

נגה: בוקר טוב, עינת, מה שלומך?

עינת: טוב מאוד. מה שלומך, נֹגַה?

נגה: מצוין. עינת, יש לי כרטיסים לאופרה. רוצה לבוא?

עינת: מתי, הערב?

נגה: כן.

עינת: לא, אני מצטערת, הערב אני הולכת לסרט.

> הערב in this context means "this evening." Similarly, היום means "today;" הלילה means "tonight;" הבוקר means "this morning;" etc.

ticket	כַּרְטִיס
tickets for the opera	כרטיסים לאוֹפֶּרָה
when	מָתַי
time	זְמַן
hour	שָׁעָה
at 7 o'clock	בְּשעה 7
a 3-hour opera	אופרה של 3 שָׁעוֹת
patience	סַבְלָנוּת

ב.

נגה: היי משה, מה שלומך?

משה: טוב מאוד, מה שלומך?

נגה: טוב. רוצה ללכת הערב לאופרה? יש לי כרטיסים.

משה: מצטער, נגה, אין לי זמן הערב. יש לי הרבה שיעורי בית.

נגה: חבל.

ג.

דן: מה נשמע, נגה?

נגה: טוב. מה שלומך?

דן: מצוין. מה את עושה הערב?

נגה: אני הולכת לַאופרה! רוצה לבוא? יש לי כרטיסים.

דן: לא, תודה, נגה ... אני לא אוהב אופרה.

ד.

נגה: שלום אֵילַת, מה שלומך?

אילת: הכול בסדר. מה נשמע נגה?

נגה: טוב. אילת, את אוהבת אופרה?

אילת: כן ... למה לא?

נגה: יש לי כרטיסים לאופרה, הערב ב-7. רוצה לבוא?

אילת: בשָעָה 7?!?

נגה: כן. זאת אופרה של 3 שעות!

אילת: שלוש שעות?! לא תודה. אין לי סבלנות!

שאלות:

1. נגה מדברת עם ...., עם .... עם ...., ועם ....

2. עינת לא הולכת לאופרה, כי: א. אין לה כרטיסים

                   ב. היא הולכת לסרט עם החברים שלה

                   ג. היא לא אוהבת אופרה

3. משה אוהב אופרה: א. נכון

                   ב. לא נכון

                   ג. אנחנו לא יודעים

4. דן **רוצה / לא רוצה** ללכת לאופרה, כי ....

5. אילת .... ללכת לאופרה .... נגה. זו אופרה .... 3 שעות, ו................ לה סבלנות.

יש ל... / אין ל...

יש ל... and אין ל... are used to express possession since there is no Hebrew equivalent for the verb "have." The sentence לְדוד **יש** מכונית / **יש** לְדוד מכונית means "David has a car" (literally, "There's a car to David / To David there's a car").

The sentence לרחל **אין** זמן / **אין** לרחל זמן means "Rachel does not have time" or "Rachel has no time." Beginning these sentences with the object (לדוד, לרחל) is very common.

The following sentences all share an identical structure. They only differ in prepositions (על יד / ב / ל).

לַשותף שלי יש הרבה שיעורי בית.

בחדר יש הרבה תמונות.

על יד הבית שלי יש פארק גדול.

The phrase ..יש/אין ל is normally used in sentences concerning <u>animate objects</u>. The sentence "Tel Aviv has beautiful shops" is equivalent to .יש **ב**תל אביב חנויות יפות (not ...יש **ל**).

תרגיל 1: תרגם לעברית.

1. Eitan has no patience. ....
2. Shiri has a large family. ....
3. Does Moshe have a dog? ....
4. Tal and Dina have a lot of homework. ....
5. Mom doesn't have a lot of time today. ....

תרגיל 2: קרא משפטים עם מילה מכל טור.

הרבה עבודה חברים טובים פארק נחמד סטודנטים רציניים אנשים	בבוקר עכשיו כל היום בשעה 5 היום	יש/אין	רבקה ספרייה כולם הכיתה שלנו האח שלי	ב ל על יד

יש לי

The preposition ...ל can take the standard pronoun suffixes and mean: to me, to you, to him, etc.

[All of the prepositions in Hebrew can take the standard pronoun suffixes. For example: שלי (= of mine), בָּךְ (= in you), על-ידו (= by him), etc.]

	לָנוּ		לִי	
לָכֶן	לָכֶם		לָךְ	לְךָ
לָהֶן	לָהֶם		לָהּ	לוֹ

As you probably have guessed, the phrases ...יש לי, יש לך mean "I have," "you have..."

These phrases are fixed idioms. As a general rule the יש/אין begins the sentence.

Examples:

למרים יש טלוויזיה. = יש **לה** טלוויזיה.

אין **לסטודנטים** זמן. = אין **להם** זמן.

תרגיל 3: שנה את המשפטים לפי הדוגמה.

1. **לדוד** אין הרבה סבלנות. אין לו הרבה סבלנות.
2. יש **לרבקה** שותפה נחמדה. ....
3. **לאבא שלי** יש מכונית גדולה. ....
4. אין **ליעל** הרבה חברים. ....
5. יש **לרותי ואלי** כרטיסים לסרט? ....
6. **לסטודנטיות** אין היום זמן. ....

תרגיל 4: השלם ב: **יש ל... / אין ל...** .

1. רן אוהב לקרוא; יש לו הרבה ספרים.
2. שירי היא סטודנטית חדשה באוניברסיטה; ....
3. הם עובדים וגם לומדים; ....
4. לגברת זהבי יש היום הרבה עבודה; ....
5. אנחנו גרים בחדר קטן מאוד; ....
6. אתם הולכים עכשיו לסרט? ....?
7. עינת ויעל אוהבות מוסיקה קלאסית; ....
8. אני רוצה לנסוע לברזיל, אבל ....

תרגיל 5: תרגם לעברית.

1. Galya, do you have today's newspaper? ....
2. We don't have tickets for the concert. ....
3. Rami, Gil, do you have time? ....
4. They have no work. That's not good. ....
5. My neighbor has a nice room, but she has no table or chairs.

....

תרגיל 6: השלם במילות היחס **ל...** / **של**, עם או בלי סיומות שם הגוף.

שמי דן. המשפחה .... גרה בתל אביב. אמא .... היא אישה רצינית. היא מורה .... ספרות בבית ספר תיכון. יש .... הרבה עבודה, והיא עובדת גם בבוקר וגם בערב. .... אבא .... יש חנות ספרים. החנות .... אבא פופולָרית מאוד. אבא ואמא אוהבים את העבודה ....

יש .... גם אח קטן. שמו ערן. .... ערן יש הרבה חברים. החברים .... תמיד נמצאים בבית .... יש .... בבית גם כלב קטן, ושמו מוקי. אנחנו אוהבים את הכלב .... הוא חמוד.

יש .... משפחה נחמדה מאוד.

יצחק אלתרמן:

יש לנו תיש

יֵשׁ לָנוּ תַּיִשׁ
לַתַּיִשׁ יֵשׁ זָקָן
וְלוֹ אַרְבַּע רַגְלַיִם
וְגַם זָנָב קָטָן.
לָה לָה לָה...

We have a billy goat
The billy goat has a beard
and he has four legs
and a little tail too.
la la la ...

שיעור 27

משה צריך מחשב

משה: ... לילה טוב, עינת. אני צריך ללכת עכשיו.

עינת: אתה הולך הביתה?

משה: לא, לספרייה.

עינת: עכשיו? בערב?

משה: כן, אני הולך לעבוד שם. אני צריך לכתוב עבודה.

עינת: למה אתה לא כותב בחדר שלך?

משה: כי אין לי מחשב בחדר.

עינת: אתה עובד הרבה במחשב?

משה: כן, כל יום.

עינת: משה, אתה צריך מחשב!

משה: נכון, עינת. אני צריך מחשב!

עֲבוֹדָה paper

השלמות:

1. .... כי אין לו מחשב בחדר.
2. משה הולך לספרייה, כי ....
3. .... כי הוא עובד הרבה במחשב.
4. .... כי יש שם מחשב.
5. משה עובד הרבה במחשב, אבל ....
6. עינת לא עובדת בספרייה, כי ....

צריך

צָרִיךְ (= need) can be followed by a שם עצם (noun): אתה צריך מחשב (= you need a computer), or by a שם פועל (infinitive): אני צריך ללכת (= I need to go).

Even though צריך functions as a verb, it is in fact an adjective. Its four forms are:

צָרִיךְ - צְרִיכָה - צְרִיכִים - צְרִיכוֹת

Do not confuse צריך with ...יש ל. Though both can be translated as "have," they have different meanings.

תרגיל 1: השלם את המשפטים.

1. אין לדן אוכל בבית; הוא צריך ....
2. אנחנו לא הולכים הערב לסרט; אנחנו צריכים ....

3. רינה, אין לי ספר; אני צריך ....

כֶּסֶף	money

4. אין להן כסף לאוטובוס; הן צריכות ....
5. יש לכן הרבה שיעורי בית? אתן צריכות ....
6. בבוקר הוא צריך ....

תרגיל 2: תרגם את המשפטים לעברית. שים לב להבדל בין **יש ל...** ובין **צריך**.

1. Anat has a lot of homework tonight. ....
2. She has to do her homework tonight. ....
3. It's OK. You don't have to leave (go). ....
4. Do they have a car? ....
5. Gila, you have to talk about this with your mother. ....
6. Do you have to go now? It's a pity. ....
7. I need a cup of coffee now! ....
8. I don't want these books. I don't need more books. ....
9. You have to sit quietly (in quiet). ....
10. She has no time to talk now; she has to work. ....

בעיות

קרא את דיאלוג 1. השלם את דיאלוגים 2 ו-3. השתמש במילים **יש, אין, צריך**.

[1]

רון: יש לי בעיה.

יעל: מה הבעיה?

רון: אין לי אוכל בדירה, אני צריך ללכת לחנות.

יעל: נו?

רון: אין לי מכונית...

יעל: זאת באמת בעיה!

[2]

א: יש למשה בעיה.

ב: ....

א: המשפחה שלו באה לביקור; ....

ב: ו..?

א: ....

ב: זאת ממש לא בעיה!

[3]

א: יש לי בעיה.

ב: ....

א: יש לי מבחן בעברית, ...

ב: אז מה?

א: ....

ב: זו בעיה רצינית!

בֶּאֱמֶת	really
מִבְחָן	test
בִּיקוּר	visit

מילות שאלה חדשות וישנות

	שאלה	תשובה
איך	- איך אדון זהבי נוסע לעבודה?	- באוטובוס.
מתי	- מתי אתם הולכים לסרט?	- בערב.
כמה	- כמה מכוניות יש למשפחת טל?	- יש להם רק מכונית אחת.
איזה	- איזו מוסיקה אתה רוצה לשמוע?	- מוסיקה שקטה.
האם	- האם יש להם זמן?	- כן, הם לא עובדים.
מה	- מה את אוכלת לארוחת בוקר?	- אני לא אוכלת. אני רק שותה קפה.
מי	- מי נמצא בחדר של אהוד?	- החברה שלו.
איפה	- איפה אתם אוהבים לאכול?	- ב"מקדונלד'ס".
לאן	- לאן את הולכת?	- לחנות.
מאין	- מאין אתם באים?	- מהקניון.
למה	- למה את לא עובדת היום?	- כי היום שבת.

אֲרוּחַת בֹּוקֶר breakfast

תרגיל 1: שאל שאלות על המשפטים הבאים.

1. בבוקר דן וענת נוסעים לעבודה ביחד.

מי ....

לאן ....

מתי ....

2. גברת כרמלי באה הביתה בשעה 6, אחרי העבודה.

מאין ....

לאן ....

מתי ....

3. רון מנהריה. המשפחה שלו גרה שם.

מאין ....

איפה ....

מי ....

4. שירי נוסעת לאוניברסיטה באוטובוס מספר 9.

איך ....

האם ....

לאן ....

5. הם אוהבים את המסעדה החדשה ברחוב הרצל.

איזו ....

מה ....

מי ....

6. רותי פותחת את הספר, כי היא צריכה ללמוד.

מה ....

למה ....

מי ....

בטלפון

[אהוד מדבר בטלפון. השותף שלו, חגי, נכנס לחדר.]

אהוד:　כן .... כן ... לא ... אני לא יודע...

　　　כן ... מה? ... בסדר ... טוב ...

　　　איפה? ... אה ... טוב ...

חגי:　עם מי אתה מדבר?

אהוד:　עם אמא שלי.

חגי נכנס לחדר

שאלות:

1. מי נמצא בחדר? ....

2. מה אהוד עושה? ....

3. עם מי הוא מדבר? ....

הוא חמוד. אני מאוד אוהבת אותו...

[יעל וחגית יושבות ומדברות. אורי נכנס לחדר, אבל הן לא רואות אותו.]

יעל:　... הוא נחמד, נכון?

חגית:　כן, הוא חמוד. אני מאוד אוהבת אותו.

יעל:　גם אני. הוא חכם, וגם יפה ...

חגית:　והוא גדול וחזק ... ויש לו עיניים יפות ...　[רואה את אורי] או, שלום אורי!

אורי:　שלום. על מי אתן מדברות???

יעל:　על מי? על גורו, הכלב של אלון!

enter	להיכָּנֵס/נכנס ל...
him	אותו
eye	עַין-עֵינַיים
strong	חָזָק-חֲזָקָה

שאלות ותשובות:

1. עם מי יעל מדברת? ....

2. ....?　הן מדברות **על גורו.**

3. למי יש עיניים יפות? ....

4. ....?　גורו הוא הכלב **של אלון.**

Pay attention to the structure of the following questions: the preposition combines with the interrogative, with the preposition first, and the two together introduce the question.

א: **עם מי** את מדברת?

ב: אני מדברת **עם** דני. את מדברת **עם** [?] << את מדברת **עם** [מי] ? << **עם מי** את מדברת?

א: **לאן** אתם נוסעים?

ב: אנחנו נוסעים **ל**ירושלים. אתם נוסעים **ל** [?] << אתם נוסעים **ל** [אן] ? << **לאן** אתם נוסעים?

א: **את מי** סיוון אוהבת?

ב: היא אוהבת **את** ניר. סיוון אוהבת **את** [?] << סיוון אוהבת **את** [מי] ? << **את מי** סיוון אוהבת?

תרגיל 1: ענה על השאלות. השתמש במילים שבצד שמאל.

1. **על יד מי** את יושבת? ....
2. **עם מי** הוא מדבר? הוא מדבר עם הסטודנט החדש   הספרייה
3. **של מי** הספר הזה? ....   קונצרט   ~~הסטודנט החדש~~
4. **על מה** אתה רוצה לדבר? ....   שיעורי הבית
5. **מאין** אתן באות? ....   מיכאל   אח שלי
6. **לאן** עינת הולכת? ....

תרגיל 2: כתוב שאלות

1. ....? אנחנו נוסעים **לאילת**.
2. עם מי הם מדברים? הם מדברים **על הפרופסורים שלהם**.
3. ....? הבית הזה הוא **של משפחת זהבי**.
4. ....? ערן מדבר **עם השותף שלו**.
5. ....? **ליעל** יש מכונית יפאנית.
6. ....? אני פוגשת **את החברים שלי** הערב.

שיעור 30

שכנים

מיכל: מאין אתה?

דוד: מירושלים.

מיכל: מירושלים? גם אני!

דוד: באמת? באיזה רחוב את גרה?

מיכל: ברחוב הַבַּנַּאי. באיזה רחוב **אתה** גר?

דוד: גם אני גר ברחוב הבנאי!

מיכל: מה, באמת?!

השלמות:

.... רחוב גרים דוד ומיכל?

גם דוד וגם מיכל .... הם ....

איזה + מילת יחס

As the following examples illustrate, the interrogative איזה can also combine with a preposition to mean: "to which," "on which," etc. Remember that איזה has three forms (איזה - איזו - אילו) that agree with the noun that follows in gender and number.

א: **באיזו** שעה הקונצרט?

ב: הקונצרט **ב**שעה 8:00. הקונצרט **ב**שעה [?] << הקונצרט **ב** [איזו שעה] ? << **באיזו** שעה הקונצרט?

א: **לאיזה** שיעור את הולכת?

ב: אני הולכת **ל**שיעור אנגלית. את הולכת **ל**שיעור [?] << את הולכת **ל** [איזה שיעור] ? << **לאיזה** שיעור את הולכת?

תרגיל 1: שאל שאלות.

1. א: באיזו שעה השיעור? ב: השיעור **ב**שעה 12:00.
2. א: .... ספר אתם מדברים? ב: אנחנו מדברים **על** "אנה קרנינה" של טולסטוי.
3. א: .... ימים אתה עובד? ב: אני עובד **ב**יום שלישי **וב**יום חמישי.
4. א: .... קוֹמָה הם גרים? ב: הם גרים **ב**קוֹמָה ב'.
5. א: .... סרט את הולכת? ב: אני הולכת **לַ**סרט "קפה בַּגְדָד".

קוֹמָה	floor

שאלות:

1. על יד מי את/ה יושב/ת בשיעור לעברית? ....
2. עם מי את/ה אוהב/ת לדבר? ....
3. על מה אתם מדברים/אתן מדברות? ....
4. באיזה רחוב את/ה גר/ה? ....
5. באיזו קומה הדירה שלך? ....
6. עם מי את/ה גר/ה? ....
7. באיזו אוניברסיטה את/ה לומד/ת? ....
8. באיזה בניין ובאיזה חדר השיעור לעברית? ....
9. באיזו שעה את/ה הולך/ת לאוניברסיטה? ....
10. עם מי את/ה מדבר על הבעיות שלך? ....
11. עם מי את/ה אוהב/ת ללכת לקניון? ....
12. באיזו שעה את/ה הולך/ת לישון? ....

הולך לישון go to sleep

תרגיל 2: השלם את הדיאלוגים

1

אורי: שלום מיכל.

מיכל: שלום אורי, ...?

אורי: טוב. ....?

מיכל: אני הולכת לשיעור שלי.

אורי: ....?

מיכל: לשיעור פיזיקה.

אורי: ....?

מיכל: כן, זה שיעור מצוין!

3

יעל: גדי, ... בסוף השבוע?

גדי: אני נוסע לקיבוץ.

יעל: ....?

גדי: לקיבוץ גַּעַשׁ.

יעל: קיבוץ געש? ....?

גדי: על יד תל אביב, על יד הים.

יעל: ....?

גדי: ההורים שלי גרים שם.

2

גיל: יש הערב קונצרט מצוין!

סיוון: ....?

גיל: של אביב גפן.

סיוון: אתה הולך?

גיל: ....

סיוון: ....?

גיל: עם אורי וגדי. ....?

סיוון: כן, למה לא?!

4

ערן: ....?

טלי: הסרט בשעה 9:00.

ערן: ....?

טלי: כן.

ערן: ....?

טלי: אני הולכת לבד.

ערן: ....?

טלי: כי אני אוהבת ללכת לסרטים לבד.

חיבור: כתוב חיבור בשם: **ביחד ולבד**.

1. כתוב 5 משפטים בעזרת הטבלה שלמטה.

דוגמאות: בסוף השבוע, אני נוסע הביתה ביחד עם האח שלי.

בערב, אני והחברים שלי הולכים ביחד לבית קפה.

2. בחר משפט אחד או יותר, והרחב אותו לפיסקה.
3. השתמש במילה **אבל** לפחות פעם אחת בחיבור.
4. למד לקרוא את החיבור.

1. Write five sentences using the chart below.
2. Take one or more of the sentences you wrote, and develop it/them into an essay. The title of the essay is ביחד ולבד (together and alone). It should focus on yourself and the things you enjoy doing with others or by yourself. It should be a nice coherent essay (Focus! Don't just list things.)
3. It should include the word אבל .
4. Practice reading your essay.

מתי	מי	מה	עם מי
כל יום	אני	אוכל	ביחד
בשבת	אני ו...	אוהב ל...	לבד
בבוקר	השכנים שלי	הולך	עם ...
בסוף השבוע	אמא/אבא שלי	נוסע	ביחד עם ...
בערב	החבר/ה שלי	פוגש	בלי ...
בלילה	החברים/החברות שלי	רואה	
בקַיִץ	השותף/ה שלי	רוקד	
עכשיו	המורה שלי	שומע	
אחרי השיעור	האח/ות שלי	שותה	
לפעמים		עושה	
		כותב	
		קורא	
		מדבר	

מילים ליחידה 2

שמות עצם	NOUNS
אֲבוֹקָדוֹ (ז)	avocado
אוֹכֶל (ז)	food
אוֹרֵחַ, אוֹרַחַת	guest
אָח (ז) אַחִים	brother
אָחוֹת (נ) אֲחָיוֹת	sister
אֵילַת (נ)	Eilat (city)
אִי־מֵייל (ז)	e-mail
אַי־פּוֹד (ז)	iPod
אִישׁ (ז) אֲנָשִׁים	person
אִישָּׁה (נ) נָשִׁים	woman, wife
אַרְגֶנְטִינָה (נ)	Argentina
אֲרוּחָה (נ) אֲרוּחוֹת	meal
אֲרוּחַת־בּוֹקֶר (נ)	breakfast
אֶרֶץ (נ) אֲרָצוֹת	country
אַרְצוֹת־הַבְּרִית (נ)	USA
בֵּייבִּי־סִיטֶר,סִיטֶרִית	babysitter
בִּיקּוּר (ז) בִּיקּוּרִים	visit
בֵּית־סֵפֶר יְסוֹדִי (ז)	elem. school
בֵּית־סֵפֶר תִּיכוֹן (ז)	high school
בֵּן (ז) בָּנִים	son
בִּנְיַין־מִשְׂרָדִים (ז)	office bldg.
בְּעָיָה (נ) בְּעָיוֹת	problem
בַּעַל (ז) בְּעָלִים	husband
בַּת (נ) בָּנוֹת	daughter
גָ'אז (ז)	Jazz
גְבִינָה (נ) גְבִינוֹת	cheese
(הַ)גָלִיל (ז)	Galilee
גַן־יְלָדִים (ז) גַנֵי־יְלָדִים	kindergarten
דוּגְמָה (נ) דוּגְמָאוֹת	example
הַכּוֹל (ז)	everything
הַמְבּוּרְגֶר (ז) הַמְבּוּרְגֶרִים	hamburger
וִידֵיאוֹ (ז)	video, VCR
זְמַן (ז) זְמַנִים	time
זָנָב (ז) זְנָבוֹת	tail
זָקָן (ז) זְקָנִים	beard
חֲדָשׁוֹת (נ"ר)	news
חוּג (ז) חוּגִים	department (circle)
חִיבּוּר (ז) חִיבּוּרִים	essay
חַיָּה (נ) חַיּוֹת	animal
חַלּוֹן (ז) חַלּוֹנוֹת	window
חֶשְׁבּוֹן (ז) חֶשְׁבּוֹנוֹת	calculation
חָתוּל, חֲתוּלָה	cat
טוּר (ז) טוּרִים	column
יוֹם חֲמִישִׁי (ז)	Thursday
יוֹם שְׁלִישִׁי (ז)	Tuesday
יָם (ז) יַמִּים	sea
כּוּלָּם (ז"ר)	everybody
כִּיסֵא (ז) כִּיסְאוֹת	chair
כָּל (ז)	every
כָּל הַ...	all
כֶּסֶף (ז) כְּסָפִים	money
כַּרְטִיס (ז) כַּרְטִיסִים	ticket
(הַ)כַּרְמֶל (ז)	Carmel (mountain)
מִבְחָן (ז) מִבְחָנִים	test
מַבָּט (ז) מַבָּטִים	glance
מָגָזִין (ז) מָגָזִינִים	magazine
מוּסִיקָה (נ)	music
מִיטָּה (נ) מִיטּוֹת	bed
מִילָּה (נ) מִילִּים	word
מַיִם (ז"ר)	water
מִיקְרוֹ־גַל (ז)	microwave
מִלְחָמָה (נ) מִלְחָמוֹת	war
מְנַהֵל, מְנַהֶלֶת	principal
מְסִיבָּה (נ) מְסִיבּוֹת	party
מִסְעָדָה (נ) מִסְעָדוֹת	restaurant
מִצְרַיִם (נ)	Egypt
מָקוֹם (ז) מְקוֹמוֹת	place
מִשְׁפָּחָה (נ) מִשְׁפָּחוֹת	family
מִשְׁפַּחַת־כֹּהֵן	the Cohens
סַבְלָנוּת (נ)	patience
סַבְתָּא (נ)	grandmother
סוֹף־שָׁבוּעַ (ז) סוֹפֵי־שָׁבוּעַ	weekend
סוֹפֵר, סוֹפֶרֶת	writer
סְטֶרֵיאוֹ (ז)	stereo system
סִיפּוּר (ז) סִיפּוּרִים	story
סְפָרַדִית (נ)	Spanish
עֲבוֹדָה (נ) עֲבוֹדוֹת	paper, essay
עוּגַת־גְבִינָה (נ)	cheese cake
עוּגַת־שׁוֹקוֹלָד (נ)	chocolate cake
עוֹלֶה חָדָשׁ, עוֹלָה חֲדָשָׁה	new immigrant
עַיִן (נ) עֵינַיִים	eye
עִיר (נ) עָרִים	city
עֲלִייָה (נ) עֲלִיּוֹת	immigration
עַנְתִּיקָה (נ) עַנְתִּיקוֹת	antique (slang)
פָלָאפֶל (ז)	falafel
פְּלַסְטִיק (ז)	plastic
צֶבַע (ז) צְבָעִים	color
צִ'יפְּס (ז)	fries
צָרְפָתִית (נ)	French
קוֹלָה (נ)	Coke
קוֹלוֹמְבִּיָה (נ)	Columbia
קוֹלְנוֹעַ (ז)	movie theater
קוֹמָה (נ) קוֹמוֹת	floor, story, level
קוֹנְצֶרְט (ז) קוֹנְצֶרְטִים	concert
קוּרְס (ז) קוּרְסִים	course
קַיִץ (ז) קֵיצִים	summer
רֹאשׁ (ז) רָאשִׁים	head
רֶגֶל (נ) רַגְלַיִים	foot, leg
רוּסְיָה (נ)	Russia
רְחוֹב רָאשִׁי (ז)	main street
שַׁבָּת (נ) שַׁבָּתוֹת	Sabbath
שׁוּלְחָן (ז) שׁוּלְחָנוֹת	table
שׁוּלְחַן־כְּתִיבָה (ז)	desk
שׁוֹקוֹלָד (ז)	chocolate
שַׂחְקָן, שַׂחְקָנִית	player, actor
שָׁטִיחַ (ז) שְׁטִיחִים	rug
שִׁיר (ז) שִׁירִים	song, poem
שָׁמַיִים (ז"ר)	sky
שֶׁמֶשׁ (נ)	sun
שָׁעָה (נ) שָׁעוֹת	hour
שֶׁקֶט (ז)	silence
תּוֹכְנִית (נ) תּוֹכְנִיּוֹת	plan, program
תִּירְגּוּם (ז) תִּירְגּוּמִים	translation

English	Hebrew
which (f.)	אֵיזוֹ
how	אֵיךְ
which (p.)	אֵילוּ
how much/many	כַּמָה
when	מָתַי

EXPRESSIONS ביטויים

English	Hebrew
It's great!	אֵיזֶה יוֹפִי!
I'm ... old	אֲנִי בֶּן/בַּת ...
please, you're welcome	בְּבַקָשָׁה
How old...	בֶּן/בַּת כַּמָה...
both ... and ...	גַם ... וְגַם ...
go to bed	הוֹלֵךְ לִישׁוֹן
Too bad!	חֲבָל!
How much is...	כַּמָה זֶה...
Well...?	נוּ...?
Thanks a lot	תוֹדָה רַבָּה (נ)

MISC. שונות

English	Hebrew
perhaps	אוּלַי
(reverse prefix) -un	אִי־
there is no	אֵין
don't have	אֵין ל...
here	הִנֵה
plus (in math)	וְעוֹד
there is	יֵשׁ
have	יֵשׁ ל...
minus (in math)	פָּחוֹת

TERMINOLOGY מונחים

English	Hebrew
copula	אוֹגֵד (ז) אוֹגְדִים
conjugation pattern	בִּנְיָן (ז) בִּנְיָינִים
Paal conjugation	בִּנְיָן פָּעַל (קַל)
Piel conjugation	בִּנְיָן פִּיעֵל
sub-group, section	גִזְרָה (נ) גְזָרוֹת
whole verbs	גִזְרַת־הַשְׁלֵמִים
preposition	מִילַת־יַחַס (נ) מִילוֹת־
interrogative	מִילַת־שְׁאֵלָה (נ) מִילוֹת־
predicate	נָשׂוּא (ז)
description	תֵיאוּר, תֵאוּר (ז)

English	Hebrew
open	פּוֹתֵחַ, לִפְתוֹחַ
buy	קוֹנֶה, לִקְנוֹת
see	רוֹאֶה, לִרְאוֹת
dance	רוֹקֵד, לִרְקוֹד
ask	שׁוֹאֵל, לִשְׁאוֹל
lay	שׁוֹכֵב, לִשְׁכַּב
hear	שׁוֹמֵעַ, לִשְׁמוֹעַ
drink	שׁוֹתֶה, לִשְׁתוֹת
sing	שָׁר, לָשִׁיר

ADVERBS תארי פועל

English	Hebrew
afterwards	אַחַר־כָּךְ
really	בֶּאֱמֶת
outside	בַּחוּץ
together with	בְּיַחַד עִם
at ... o'clock	בְּשָׁעָה ...
a lot	הַרְבֵּה
all day long	כָּל הַיוֹם
sometimes	לִפְעָמִים
fast	מַהֵר
really	מַמָשׁ
still	עוֹד
less, minus	פָּחוֹת
always	תָמִיד

PREPOSITIONS מילות יחס

English	Hebrew
(precedes direct objects)	אֶת
to, for	לְ...
to me, to you...	לִי, לְךָ...
up to	עַד
on, about	עַל

NUMBERS מספרים

אֶפֶס (0), אַחַת (1), שְׁתַּיִם (2)
שָׁלוֹשׁ (3), אַרְבַּע (4), חָמֵשׁ (5),
שֵׁשׁ (6), שֶׁבַע (7), שְׁמוֹנֶה (8)
תֵשַׁע (9), עֶשֶׂר (10)

INTERROGATIVES מילות שאלה

English	Hebrew
which (m.)	אֵיזֶה

English	Hebrew
billy goat	תַיִשׁ (ז) תְיָישִׁים
picture	תְמוּנָה (נ) תְמוּנוֹת

ADJECTIVES שמות תואר

English	Hebrew
red	אָדוֹם, אֲדוּמָה
odd (number)	אִי־זוּגִי, אִי־זוּגִית
many, much	הַרְבֵּה
even (number)	זוּגִי, זוּגִית
old (≠ young)	זָקֵן, זְקֵנָה
strong	חָזָק, חֲזָקָה
smart, intelligent	חָכָם, חֲכָמָה
cute	חָמוּד, חֲמוּדָה
Japanese	יָפָאנִי, יָפָאנִית
expensive	יָקָר, יְקָרָה
old (≠ new)	יָשָׁן, יְשָׁנָה
emphasized	מוּדְגָשׁ, מוּדְגֶשֶׁת
modern	מוֹדֶרְנִי, מוֹדֶרְנִית
musical	מוּסִיקָאלִי, מוּסִיקָאלִית
clever	נָבוֹן, נְבוֹנָה
popular	פּוֹפּוּלָרִי, פּוֹפּוּלָרִית
in need of	צָרִיךְ, צְרִיכָה
classical	קְלָאסִי, קְלָאסִית
main	רָאשִׁי, רָאשִׁית
serious	רְצִינִי, רְצִינִית
equal	שָׁוֶוה, שָׁוָוה
quiet, calm	שָׁקֵט, שְׁקֵטָה

VERBS פעלים

English	Hebrew
say	אוֹמֵר, לוֹמַר
talk	מְדַבֵּר, לְדַבֵּר
hike	מְטַיֵיל, לְטַיֵיל
teach	מְלַמֵד, לְלַמֵד
tell	מְסַפֵּר, לְסַפֵּר
be sorry	מִצְטַעֵר, לְהִצְטַעֵר
ring	מְצַלְצֵל, לְצַלְצֵל
drive	נוֹהֵג, לִנְהוֹג
enter	נִכְנָס, לְהִיכָּנֵס
count	סוֹפֵר, לִסְפּוֹר
answer	עוֹנֶה, לַעֲנוֹת
meet	פּוֹגֵשׁ, לִפְגוֹשׁ

יחידה 3

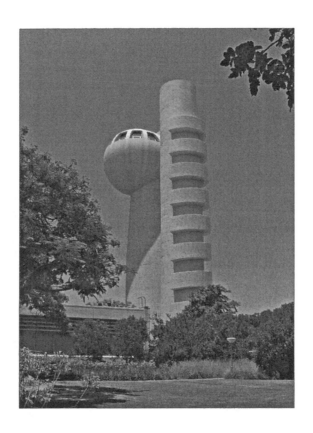

מכון וייצמן ברחובות: מגדל המאיץ

שיעור 31

האחות שלי, סיוון, מדברת עם אמא

סיוון: אמא, את אוהבת את אבא?

אמא: כן, סיוון, אני מאוד אוהבת אותו.

סיוון: גם אני. את אוהבת את סָבְתָא מִרְיָם?

אמא: מאוד מאוד.

סיוון: גם אני אוהבת אותה. ואת דוד גיל ודודה מִיכָל?

אמא: אני אוהבת אותם מאוד.

סיוון: ואותִי?

אמא: אותָךְ, סיוונִי, אני אוהבת מאוד מאוד!

סיוון: גם אני אוהבת אותך, אמא!

דוד-דודָה	uncle/aunt

את

Like any other preposition, אֶת can take the standard pronoun suffixes and mean: "me, him, us," etc. With the exception of second person plural (אֶתְכֶם/אֶתְכֶן), note the change to the word את when combined with a suffix: it is ...אוֹת (not ...אֶת).

אוֹתִי		אוֹתָנוּ	
אוֹתְךָ	אוֹתָךְ	אֶתְכֶם	אֶתְכֶן
אוֹתוֹ	אוֹתָהּ	אוֹתָם	אוֹתָן

תרגיל 1: ענה על השאלות. השתמש במילת היחס **את** עם סיומות שם הגוף.

1. סיגל אוהבת את **אמא שלה**? .... כן, היא אוהבת אותה
2. עינת אוהבת את **השכנות החדשות שלה**? ....
3. מתי אבנר פוגש את **החברים שלו**? .... בשעה 6
4. אתם שומעים את **האוטובוסים** ברחוב? ....
5. אתה לא רואה את **תוכנית הטלוויזיה הזאת**? ....

תרגיל 2: השלם במילת היחס **את** עם סיומות שם הגוף.

1. המורה שלנו מצוינת. אנחנו אוהבים .... מאוד.

2. איפה השכנים? אני לא רואה ....

3. העוגה טובה מאוד. אני רוצה לאכול .... עכשיו!

4. א: מתי את עושה את שיעורי הבית? ב: אני עושה .... בבוקר.

5. ילדים, איפה אתם?! אני שומע .... אבל אני לא רואה ....

תרגיל 3: הפכים

1. היא לא אוהבת אותי. *אני לא אוהב אותה.*

2. אתם פוגשים אותם הערב? ....

3. את לא רואה אותו? ....

4. אנחנו לא שומעים אותךָ! ....

5. אני מאוד אוהב אתכן. ....

6. הם מלמדים אותה עברית. ....

עץ המשפחה

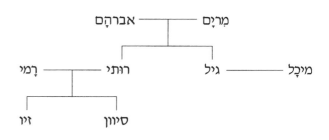

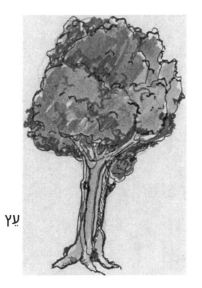

עֵץ

son	בֵּן-בָּנִים
daughter	בַּת-בָּנוֹת
husband	בַּעַל
wife	אִשָׁה

תרגיל 4: השלם לפי עץ המשפחה.

1. זיו הוא .... של סיוון. .... היא האחות הקטנה שלו.

2. ל................ אין בנים ובנות.

3. גיל הוא .... של רותי, ומיכל היא ....

4. לזיו יש .... השמות שלהם: מרים ואברהם.

5. רותי היא .... של סיוון וה................ של מרים ואברהם.

6. מרים היא ה................ של אברהם.

7. רותי היא אמא של ...., ורמי ....

8. למרים ואברהם יש .... : גיל ורותי.

9. האח של .... הוא הדוד של ....

10. ....

תרגיל 5: היקשים

1. דב הוא האח של יעקב. יעקב הוא אבא של אבנר. דב הוא .... של אבנר.
2. נועם הוא הבן של אהרון. רני הוא הבן של נועם. אהרון הוא .... של רני.
3. חנה היא האישה של נוֹעם. נועם הוא אבא של יעל. יעל היא .... של חנה.
4. נרי הוא האח של הראל. הראל הוא הבן של עמרי וירדנה. עמרי וירדנה הם .... של נרי.
5. הילה ורמה הן הבנות של דב. זהרה היא אמא של הילה ורמה. דב הוא .... של זהרה.

תרגיל 6:

1. צייר את עץ המשפחה שלך. כתוב 10 משפטים על קְשָׁרים במשפחה.
2. ספר על אחד מבני המשפחה שלך.

שיעור 32

ערן מדבר עם החברים שלו על...

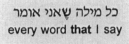

כל מילה שֶׁאני אומר
every word **that** I say

נגה היא חברה טובה שלי. אני מדבר איתה על הבעיות שלי. אני אוהב לדבר איתה, כי היא לא מדברת הרבה, אבל היא שומעת כל מילה שאני אומר.

אורֶן ואַלון הם חברים שלי מבית ספר. אני הולך איתם לסרטים או לבית קפה. לפעמים עוד חברים באים ביחד איתנו. אנחנו מדברים על ספורט, על סרטים, ועל בחורות.

חַגַי הוא השותף שלי במעונות. הוא מאוד חכם ומעניין. אנחנו מדברים על החדשות, על פוליטיקה, ועל הקורסים שלנו. אני מאוד אוהב לדבר איתו.

רותֶם לומדת איתי בחוג למחשבים. היא בחורה רצינית. אנחנו אוהבים לדבר על מחשבים וגם על מִשׂחקֵי מחשב. אני מדבר איתה בשיעור וגם באי-מֵייל.

אבא שלי הוא באמת חבר טוב שלי. אני מדבר איתו על הכול.

אני מדבר איתו על הכול.

השלמות:

1. ערן מדבר על הבעיות שלו עם .... ; הוא מדבר על מחשבים עם .... ;
   עם .... הוא מדבר על פוליטיקה; ועם .... הוא מדבר .... הכול.
2. ערן מדבר .... אורן ואלון על ....
3. נגה היא חברה טובה של ערן, והוא מדבר .... על ....
4. לפעמים עוד חברים הולכים לבית קפה עם ....

תרגיל 1: ספר על 3 חברים שלך. מה אתה עושה <u>איתם</u>? מצא את המילים החדשות במילון.

דוגמה: דוד הוא חבר טוב שלי. כל יום אני אוכל <u>איתו</u> בקפטריה. אני גם עושה <u>איתו</u> שיעורי בית. אני מדבר <u>איתו</u> על השיעורים שלי. לפעמים אני הולך <u>איתו</u> לקולנוע, או למסעדה.

אוכל	בקפיטריה, בחדר
הולך	לקְניות, למֶרכַּז העיר, למסעדות, לקולנוע, למועדון, להצגות, לאופרה, לבלט
מדבר	על דברים חשובים, על בעיות, על הקורסים, על חברים // בטלפון, באי-מייל
מְשַׂחֵק	טניס, כַּדורֶגֶל, כַּדורסַל, מִשְׂחֲקֵי וידיאו, משחקי מחשב, שַׁחמָט
נוסע	לטיולים
עושה	שיעורי בית
רואה	טלוויזיה
רץ	בפארק או ברחוב

עם

The preposition עִם does not take the pronoun suffixes in modern Hebrew, except in very formal instances. Instead, the particle ...אִית is used to express "with me," "with you," etc. In the speaker's mind, ...אִית is an automatic variant of the preposition עִם.

As with other prepositions (...של, את, ל), you either use עם with a noun, <u>or</u> with the pronoun suffix without a noun. For example, you could say either: ערן מדבר עם נגה <u>or</u> ערן מדבר איתָה. However, you cannot use both נגה and איתה in the same sentence (since the suffix אָ ה refers to נגה).

These words are often spelled without a י (...אתי, אתך) in order to stress their relation to the preposition אִת.

Do not confuse the different forms of אֶת (...אותי, אותך) with those of עִם (...איתי, איתך) .

איתי		איתָנו	
איתָך	איתָך	איתְכֶם	איתְכֶן
איתוֹ	איתָה	איתָם	איתָן

תרגיל 2: השלם במילת היחס **עם** עם סיומות שם הגוף.

1. עופר: נדב, אבא רוצה לדבר ....
   נדב: אני יודע. אני לא רוצה לדבר ....!

2. דן: מי רוצה ללכת לקמפוס ביחד ....?
   טלי: אני רוצה ללכת ....!

3. רחל: אני נוסעת עם שירי לאילת. רוצה לבוא ....?
   סיגל: אני מתה לנסוע ....!

I'm dying אני מֵתָה

תרגיל 3: כתוב את מילות היחס **עם** ו**של** עם סיומות שם הגוף.

1. אני גר **עם יגאל**. ....אני גר איתו!........
2. רינה לומדת **עם אהוד ועם דוד**. ....
3. זה הכלב **של נורית**. ....
4. רבקה יושבת בכיתה **עם הסטודנט החדש**. ....
5. זאת האחות **של ניר**. ....
6. ההורים **של הילדים** לא בבית. ....
7. אני מדברת **עם סיוון** כל היום. ....
8. אנחנו אוכלים ביחד **עם הסטודנטיות**. ....
9. אבא **של שרונה וגליה** עובד בבנק. ....

תרגיל 4: הרחב את המשפטים בנושאים שלמטה, ובמילת היחס **עם** (או: ביחד **עם**).

~~חגית~~, החברה שלי, ההורים שלהם, מי עוד, כל הסטודנטים, אנחנו, אדון מזרחי, הרבה אנשים, ~~גם מרים~~, השותף שלי

1. אני לומד בחדר, וחגית לומדת ביחד איתי.
2. הילדים הולכים לקולנוע,
3. אתם באים למסיבה?
4. אנחנו אוכלים בבית,
5. דוד מטייל ברחוב,
6. הם שומעים מוסיקה,
7. את הולכת לספרייה? גם מרים...
8. גברת מזרחי נוסעת באוטובוס,
9. אתן עובדות בבנק?
10. אתה גר במעונות?

תרגיל 5: הפכים

1. אני לא מדבר איתם.   הם לא מדברים איתי.
2. אנחנו נוסעים עם הילדים לאילת.   הילדים ....
3. את גרה עם רינה ודליה?   ....
4. עם מי אתה הולך לסרט?   מי ....
5. אתם רוצים לשבת איתנו.   ....
6. אתן עובדות עם השכנים שלי?   ....
7. הוא לומד איתנו כל יום.   ....
8. מי הולך איתך לספרייה?   עם מי ....

תרגיל 6: 1. השלם ב: **את (אותי...)** ו**עם (איתי...)**. 2. השלם את הסיפורים.

[1]

אודי אוהב את דליה. הוא אומֵר לה:

דליה, אני אוהב ....! אני רוצה להיות .... כל הזמן.

אני רוצה לגור ....! את אוהבת ....?

ודליה אומרת:

אודי, אתה בחור נחמד. אני אוהבת ...., ואני גם ....

.... אבל..............................!

[2]

ענת מספרת:

השותפות שלי, יעל וחגית, נחמדות מאוד. אני אוהבת לשבת ולדבר .... בערב. לפעמים הן גם נוסעות .... הביתה. ההורים שלי אוהבים .... מאוד. יעל אוהבת לעשות .... שיעורי בית, וחגית תמיד רוצה לדבר .... על החבר שלה.

יעל מספרת:

השותפה שלנו, ענת, ...

....

[3]

נמרוד מספר:

בשבת אני פוגש .... החברים שלי. אני הולך .... למרכז העיר. אני מדבר .... על ספורט ועל האוניברסיטה. אני יושב .... בפָּאבּ, ואנחנו שותים בירה. אני מאוד אוהב ...., ואני אוהב להיות ....!

החברים של נמרוד מספרים:

....

....

שיעור 33

במשרד החוג לפילוסופיה

[המזכירה, זהבה, יושבת ועובדת. דוקטור גת נכנס למשרד.]

ד"ר גת: שלום זהבה.

זהבה: שלום פרופסור גת. מה נשמע?

ד"ר גת: תודה לאל, הכול בסדר. מה שלומך, זהבה?

זהבה: יש לי יום משוגע. כל היום סטודנטים נכנסים ויוצאים.

ד"ר גת: נו, כן. יש עכשיו מבחנים, אז יש להם שאלות.

זהבה: כן, אבל **לי** אין כוח! כל הזמן אנשים נכנסים ויוצאים.
מה זה פה -- משרד או תחנת אוטובוס?!

[אלון דופק בדלת (אלון הוא סטודנט בחוג).]

זהבה: בבקשה לְהִיכָּנֵס!*

[אלון נכנס.]

אלון: שלום זהבה, מה שלומך?

זהבה: יהיה טוב. מה שלומך אלון? איך הלימודים?

אלון: בסדר. דוקטור דהאן נמצאת פה היום?
אני צריך לדבר איתה.

זהבה: לא. ביום שלישי היא נמצאת רק בבוקר.
היא לא נשארת פה אחרי הצהריים.

the department office	מִשְׂרַד החוג
secretary	מַזכּיר-מַזכּירָה
thank God	תודה לָאֵל
crazy	מְשוּגָע-מְשוּגַעַת
go out	לָצֵאת/יוֹצֵא מ...
power, strength	כּוֹחַ
bus station	תַּחֲנַת אוטובוס
knock	לִדפּוֹק/דוֹפֵק
(things) will be good	יִהְיֶה טוב
studies	לימוּדים
stay	לְהִישָּׁאֵר/נִשְׁאָר
(in the) afternoon	אחרֵי הַצָּהֳרַיִים

* The word בבקשה (or נָא) often precedes an infinitive to indicate a request.
Examples:

בבקשה להיכנס.	(Please come in.)
נא לשבת.	(Please sit down.)
נא לא לדבר.	(No talking, please.)
בבקשה לא לאכול בספרייה.	(Please, no eating in the library.)

השלמות:

1. זהבה עובדת באוניברסיטה. היא ה........................ של ה........................ לפילוסופיה.
2. לזהבה אין כוח, כי ....
3. גם במשרד וגם בתחנת אוטובוס ....
4. אלון בא ל................, כי .... עם דוקטור דהאן.
5. דוקטור דהאן .... באוניברסיטה רק בבוקר. היא לא ....

להיכנס ל...

לְהִיכָּנֵס / נִכְנָס - נִכְנֶסֶת - נִכְנָסִים - נִכְנָסוֹת

תרגיל 1: השלם בפועל **להיכנס**.

1. ד״ר גת .... בבוקר למשרד.
2. המורה ענת .... לכיתה בשעה 9.
3. הילדים משחקים על יד הבית הם לא רוצים .... הביתה.
4. כל הסטודנטים .... לכיתה בשעה 11.
5. בשעה 7, אבא .... למכונית ונוסע לעבודה.
6. רותי .... הביתה בשקט; אבא ואמא לא שומעים אותה.
7. אורן לא רוצה .... איתנו למועדון, כי הוא לא אוהב לרקוד.
8. בבקשה ....

לצאת מ...

לָצֵאת / יוֹצֵא - יוֹצֵאת - יוֹצְאִים - יוֹצְאוֹת

חוֹלֶה-חוֹלָה sick

תרגיל 2: השלם בפועל **לצאת**.

1. היום יעל חולה. היא לא .... מהבית.
2. אתם רוצים .... הערב?
3. מֵירב, את רוצה .... איתי הערב?
4. באיזו שעה השבת ....?
5. דן יושב ולומד. הוא לא .... מהחדר.
6. אנחנו רוצים .... מפה כי השיעור לא מעניין.
7. גדי .... עם חגית. הוא מאוד אוהב אותה.

הם כבר .... שנה!

> No preposition is used to indicate the duration of an activity.
> For example: אני לומד שלוש שעות. (I study for three hours.).
>
> Examine how the word כבר (= already) is used to emphasize the duration of an activity as a substitute for the present perfect tense, which does not exist in Hebrew.
> Examples: (They have been dating for a year now.) הם כבר יוצאים שנה.
> (She has been sitting there for a long time.) היא כבר יושבת שם הרבה זמן.

תרגיל 3: השלם בפעלים **להיכנס ולצאת** ובמילות היחס **מ..** ו-**ל...** . מחק את ה-**ה** אם צריך.

1. אלון ועירית הם חברים. הם כבר .... הרבה זמן.
2. חגי אוהב את החדר שלו. הוא לא אוהב ....
3. למה אתם לא .... השיעור? עכשיו כבר 12!
4. אנחנו לא רוצים .... המסעדה הזאת. אנחנו לא אוהבים אותה!

5. כל היום סטודנטים .... המשרד ו .... המשרד.

6. אהוד לא .... הערב, כי יש לו הרבה עבודה.

7. ילדים, בבקשה .... עכשיו. אני צריך לעבוד.

8. ענת לא .... הביתה, כי אין לה מפתח.

מַפְתֵחַ

בניין נפעל

The verbs נכנס, נמצא, נשאר and נגמר (= end) belong to בניין נִפְעַל.
The נ in the present tense of בניין נפעל is not a root letter; rather, it is a characteristic of the בניין (as the name of the בניין suggests). The infinitive form of בניין נפעל is distinguished by הִי between the initial ל and the root letters.
The present conjugation of בניין נפעל can be described as follows:

שם הפועל: לְהִיXָּXֵX **הווה:** נִXְXָX - נִXְXֶXֶת - נִXְXָXִים - נִXְXָXוֹת

תרגיל 4: השלם את הטבלה.

שורש	שם הפועל	הוא	היא	הם	הן	תרגום
כ. נ. ס.	לְהִיכָּנֵס	נִכְנָס	נִכְנֶסֶת	נִכְנָסִים	נִכְנָסוֹת	enter
מ. צ. א.	לְהִימָּצֵא	נִמְצָא	נִמְצֵאת			
ש. א. ר.						
				נִגְמָרִים		

תרגיל 5: השלם בפעלים: **להיכנס להימצא להישאר להיגמר**

להיגמר indicates the end of an <u>event</u> (the class ends, the show ends). It cannot be used as a transitive verb. For example, you cannot use it in the sentence: "I finish my work".

1. השעה כבר 10. אנחנו צריכים .... לכיתה.
2. סליחה, איפה .... הספרייה?
3. אבא ואמא הולכים לסרט, והילדים .... לבד בבית.
4. העבודה .... בשעה 5.
5. אחרי השיעור, עינת וסיוון .... בכיתה ועובדות שם.
6. כבר מאוחר. אני לא יוצאת. אני .... בבית.
7. כשהמורָה .... לכיתה, כל הסטודנטים כבר .... שם.
8. הכלב של דני לא אוהב .... לבד בבית.
9. השיעורים .... מוקדם ביום שישי.
10. אתה .... איתנו, או הולך הביתה?

late	מְאוּחָר
it's already late	כבר מאוחר
early	מוּקְדָם

שאלות:

1. אני נכנס/ת למשרד באוניברסיטה. מה אני רואה? אילו דברים יש שם? מי נמצא שם? למה?
2. מה העבודה של מזכירה במשרד? מה היא צריכה לעשות כל יום?
3. למה אנשים באים למשרד?
4. מה זה "יום משוגע"? מתי אני אומר/ת: "יש לי יום משוגע!"?

דָבָר-דְבָרִים	thing

תרגיל 6: סדר את המשפטים.

1. כל נגמר כיתה השיעור כבר התלמידים בָּ נשארים

   אבל ...., ...

2. היום לו ערב עובד בָּ כל כוח אין הוא

   אז ...., ...

3. כיתה בבקשה מתחיל לַ השיעור להיכנס

   ....; ....

4. הרבה נשאר יש עבודה המורה היום לו כל משרד בַּ

   כי ...., ...

5. מאוחר המזכירה כבר לא עכשיו נמצאת משרד בָּ עכשיו

   כי ...., ...

6. אוכל שלי הלימודים איתם החברים אחרי מדבר ו עם

   אני ....

תרגיל 7: כתוב דיאלוגים לפי הסיפורים.

1. אדון רבין גר בירושלים. היום הוא נמצא בחיפה. יש לו בעיה במכונית. הוא לא יכול לחזור לירושלים. הוא צריך להישאר הלילה בחיפה. הוא מדבר עם גברת רבין בטלפון:

   - הלו ...

2. אבא ואמא הולכים הערב להצגה. סיוון היא ילדה קטנה. היא לא הולכת איתם. היא נשארת בבית. חגית היא הבֵּייבִּי-סִיטֶר שלה. חגית נשארת עם סיוון עד שאבא ואמא חוזרים. סיוון וחגית מדברות:

3. אדון וגברת מזרחי נמצאים בבית של משפחת כרמלי. הם אורְחים. עכשיו 10 בלילה, והם כבר רוצים ללכת. הם לא רוצים להישאר. גברת כרמלי לא רוצה שהם ילכו. יש לה קפה ועוגה מצוינת. היא מדברת איתם:

יָכוֹל-יְכוֹלָה	can
לַחֲזוֹר/חוֹזֵר	return
אוֹרֵחַ-אוֹרַחַת	guest
היא לא רוצה שהם יֵלְכוּ	she doesn't want them to leave

שיעור 34

אלון מספר על הכלב שלו, גורו

אני אוהב את הכלב שלנו, גורו. בבוקר אני מטייל עם גורו ברחוב. אחר כך אני הולך לאוניברסיטה, אמא ואבא הולכים לעבודה, וסיוון הולכת לבית ספר. רק גורו לא הולך. הוא נשאר בבית. כל היום גורו נשאר לבד בבית.

כְּשֶׁאני בא הביתה מהאוניברסיטה, גורו כבר עומד על יד הדלת. אני אומר לו: "גורו, רוצה ללכת החוצה?" גורו מאוד שמח. הוא רוצה לצאת. איך אני יודע? אני רואה את הזנב שלו!

גורו אוהב להיות בחוץ. אנחנו הולכים ביחד לגן על יד הבית. גורו אוהב לרוץ בגן, והוא גם פוגש שם את החברים שלו: את מימי, הכלבה של גברת גיל, את אמיץ, הכלב של משפחת אהרוני, ואת הבוקסר הגדול רקס. כשגורו משחק עם החברים שלו, אני יושב על ספסל בגן. לפעמים אני קורא ספר, ולפעמים אני סתם יושב.

אחרי שעה אני כבר רוצה לחזור הביתה. אבל גורו לא רוצה. הוא רוצה להיות בגן, עם החברים שלו, כל היום.

כְּשֶׁ...	when
לִשְׂמוֹחַ/שָׂמֵחַ	be happy
גַּן	פארק קטן
סַפְסָל	bench
סְתָם	just (like that)

שאלות:

1. מתי אלון מטייל עם גורו ברחוב? ....
2. איפה גורו עומד כשאלון בא הביתה? ....
3. מה אלון יודע כשהוא רואה את הזנב של גורו? ....
4. לאן אלון הולך עם גורו? ....
5. מה גורו עושה כשאלון יושב על הספסל? ....
6. מתי אלון רוצה לחזור הביתה? ....
7. ספר/י על פארק על יד הבית שלך. האם הוא גדול/קטן? מה יש שם? מי בא לשם? מה אנשים עושים שם?
8. ספר/י על הכלב או החתול שלך.

כש...

The conjunction ...כש indicates two actions that occur simultaneously. It connects two disparate sentences. Do not confuse ...כש with the interrogative מתי , which asks about the timing of an action.

...כש can introduce the sentence or occur in the middle of a sentence. The meaning remains the same.

כשדני נכנס הביתה, הילדים שלו שמחים. = הילדים של דני שמחים, כשהוא נכנס הביתה.

Two sentences that are connected by ...כש can have the same subject or two different subjects:

Examples:

כשה**שותף** שלי שומע מוסיקה, **אני** יוצא מהחדר.

הוא לא מדבר הרבה, כש**הוא** אוכל.

...כש is entirely interchangeable with the conjunctive כַּאֲשֶׁר .

תרגיל 1: השלם ב**כש...** או ב**מתי** .

1. .... אתם רוצים לבוא?
2. .... המורה מדברת, כל הילדים יושבים בשקט.
3. .... גורו נמצא בגן, הוא שמח.
4. עינת לא יודעת .... הסרט נגמר.
5. אהוד אוהב לשמוע מוסיקה .... הוא לומד.
6. מה אתם אוהבים לעשות .... אתם נמצאים בחדר?
7. .... את חוזרת מהאוניברסיטה?
8. אתם הולכים לאוניברסיטה גם .... אין לכם שיעורים?

תרגיל 2: השלם את המשפטים.

1. כשיש לי מבחן, ...
2. ...., כשאבא ואמא באים הביתה.
3. כשאני רוצה לאכול, ...
4. כשאין לנו סבלנות, ...
5. כש..., כל הסטודנטים חוזרים למעונות.
6. אנחנו נכנסים לכיתה, כש..
7. כש..., הוא יושב ולומד כל הלילה.
8. כש..., אני מדבר/ת בטלפון עם אמא.

בבית ובחוץ

The expressions הביתה (= home) and החוצה (= out/outside) indicate direction: to the house, to the outside. The ה at the end does not apply to gender; rather, it is equivalent to the directional ל . Thus הביתה = לַבית . There is a difference, however, between לַבית and הביתה. הביתה is a fixed expression that means: "to *one's* house" (or: "home", as in: "I'm going home"), whereas לַבית means "to the house."

אורי הולך הביתה. means: "Uri goes home (to his house);"

אני הולך לַבית של אורי. means "I'm going to Uri's house (literally, to the house of Uri)."

Note that הביתה is not followed by של or an adjective and is never preceded by a preposition.

Similarly, בַּבית has two meanings: "in the house" and "in one's house (at home)."

בַּבית הזה יש 10 חדרים. means "There are 10 rooms in this house."

אני לא יוצא, אני נשאר בַּבית. means "I'm not going out; I'm staying at home (in the house)."

Directional verbs (הולך, בא, נוסע, רץ, נכנס, יוצא, חוזר) typically pair with הביתה and החוצה .
On the other hand, non-directional verbs pair with בבית and בחוץ.

Directional action: אחרי הסרט כולם הולכים הביתה.
Non-directional action: אני יושב בבית וקורא ספר.

The sentence דוד רץ החוצה implies that David is presently at home, but is rushing out.
On the other hand, the sentence דוד רץ בחוץ implies that David is outside, running (he is not running *to* the outside).

While in Biblical Hebrew the directional ה (ה' המגמה) can be affixed to almost any noun of location (for example, אנחנו הולכים לירושלים = אנחנו הולכים ירושלַיְמָה), in Modern Hebrew it is restricted to several expressions: הביתה, החוצה, קדימה (= forward), as well as others.

תרגיל 3: השלם ב: **בית הבית מֵהבית לַבית בְּבית בַּבית הביתה** וב: **בַּחוץ החוצה** .

1. יש להם .... גדול ויפה על יד העיר.
2. היום יום יפה, והרבה אנשים נמצאים ....
3. אבא עובד כל היום. הוא בא .... בערב.
4. ענת אוהבת לשבת .... ולקרוא ספרים.
5. אחרי השיעור כולם הולכים ....
6. אני מאוד אוהב את ....שלי.
7. בשעה 5 המורים הולכים ....
8. הסטודנטים לא במעונות, הם ....
9. כשאני .... אני רוצה להיות ...., וכשאני .... אני רוצה להיות ....!
10. מאין אתה בא עכשיו? ....?
11. את צריכה להיכנס ....? חבל!
12. משפחת ירקוני גרה .... גדול.
13. הערב אני לא יוצא. אני נשאר .... ורואה טלוויזיה.
14. אנחנו אוכלים .... כל ערב. אנחנו לא אוהבים לאכול ....
15. כל השכנים באים הערב .... של משפחת מזרחי.

תרגיל 4: סדר את המשפטים.

1. שם נכנסים עד 11 אנחנו לַכיתה ב-10 ונשארים
2. נגמרים כל הסטודנטים כש לַ מעונות השיעורים חוזרים
3. הרבה יוצאים יפה היום אז החוצה אנשים יום
4. בַּגן כבר שעות על היא שלוש ספסל יושבת
5. מאוחר כל לחזור צריכים כבר הביתה הילדים כי
6. אז מבחן בַּבית להישאר באנגלית צריכה לעינת יש וללמוד היא

שיעור 35

מוקדם ומאוחר

early	מוּקְדָם
late	מְאוּחָר
get up	לָקוּם/קָם
and a half	וָחֵצִי
begin	לְהַתחיל/מַתחיל

עינת: אתה קם מוקדם?

משה: מוקדם מאוד. אני קם כל בוקר ב-7.

עינת: למה?

משה: אני אוהב ללמוד בבוקר. באיזו שעה **את** קמה?

עינת: בעשר, עשר וחצי...

משה: באמת? מתי השיעורים שלך מתחילים?

עינת: באחת עֶשְׂרֵה.

משה: באחת עשרה? ואת קמה בעשר וחצי? מתי את אוכלת ארוחת בוקר?!

עינת: אני לא אוכלת ארוחת בוקר! אין לי זמן.

שאלות:

1. למה משה קם מוקדם בבוקר? ....
2. מה משה רוצה לדעת? ....
3. מתי עינת מתחילה ללמוד? ....
4. למה לעינת אין זמן לאכול בבוקר? ....
5. את/ה קם/ה מוקדם או מאוחר? למה? ....
6. באיזו שעה את/ה קם/ה בבוקר? ....

השלמות:

לפעמים עינת .... בעשר, ולפעמים היא ....

היא .... מוקדם; היא קמה ....

.... אין זמן לאכול .... , כי .... מאוחר, והשיעורים שלה .... בשעה ....

מוקדם ומאוחר

מוּקְדָם (= early) and מְאוּחָר (= late) are often used as adverbs. They follow and modify verbs, with which they do <u>not</u> necessarily agree in number and gender.

For example: היום אנחנו קמים מוקדם.

They may also serve as adjectives when referring to the noun שעה. In such cases they agree with the noun.

For example: דן הולך לישון בשעה מְאוּחֶרֶת.

Note that a person cannot be מאוחר or מוקדם. For example, the sentence: "Ruth is late for class" is equivalent to: רות באה מאוחר לכיתה.

Here are two useful expressions that use the words מוקדם and מאוחר:

כבר מאוחר (It's already late.)

עוד מוקדם (It's still early.)

להתחיל

לְהַתחיל / מַתחיל - מַתחילָה - מַתחילים - מַתחילות

The verb להתחיל (= start) can refer to either the start of an event or the start of an action.
When referring to an event (מסיבה, סרט, שיעורים, עבודה), להתחיל is followed by a time expression.

Examples: השיעור מתחיל בשעה אחת עשרה. (class starts at 11.)

תוכנית הטלוויזיה מתחילה מאוחר. (The TV program starts late.)

A time expression does not need to be included if the time is implicitly understood.

For example: שקט! הסרט מתחיל! (Quiet! The movie is starting (now)!)

When referring to an action, להתחיל is followed by another verb in the infinitive form.

Examples: אדון רוזנברג מתחיל ללמוד עברית. (Mr. Rosenberg starts studying Hebrew.)

אנחנו מתחילים לעבוד מוקדם בבוקר. (We start working early in the morning.)

להתחיל belongs to בניין הִפְעִיל. Like בניין פיעל, the present tense of בניין הפעיל is characterized by a מ (recall that this מ is not a root letter).

Examine the relationship between the infinitive form and the present form. The two are nearly identical, aside from the מַ in present tense vs. לְהַ in the infinitive.

תרגיל 1: קרא וכתוב 6 משפטים עם מילים מכל טור.

הסרט מִשְׂחָק הכדורגל אדון זהבי המסיבות באוניברסיטה השיעורים שלי הלימודים באוניברסיטה השותפה של עינת	מתחיל	ללמוד לעבוד לראות טלוויזיה לעשות שיעורים עבודה חדשה	בספטמבר מתי? מאוחר בערב אחרי החדשות בשעה 11 מוקדם בבוקר עכשיו

1. .... 4. ....

2. .... 5. ....

3. .... 6. ....

תרגיל 2: השלם במשפטים. השתמש בפועל **להתחיל** .

1. רונית אוכלת ארוחת בוקר, ואחר כך ....
2. .... אחרי החדשות בטלוויזיה.
3. הילדים יושבים בשקט, כש ....
4. כשהפרופסור נכנס לכיתה, ...
5. .... כשאמא יוצאת מהבית.
6. אני לא רוצה .... בשעה מאוחרת.

לָקום

קָם - .... - .... - ....   (**שורש:** .... **בניין:** .... **גזרה:** ....)

תרגיל 3: השלם בפועל **לקום** .

1. הילדים ...., ויושבים לאכול ארוחת בוקר.
2. המורה יושבת בשיעור, אבל היא .... כשהיא רוצה לכתוב משהו על הלוח.
3. כשפרופסור עזורי נכנס לחדר, כולם ....
4. היום אני לא רוצה .... אני רוצה לישון כל היום!
5. א: למה אתן לא ....? ב: כי אנחנו עייפות!
6. א: באיזו שעה אתה ....? ב: אני .... כשאני רוצה ....!

לוּחַ blackboard

עָיֵיף-עֲיֵיפָה = רוצה לישון

שיעור 36

אני עייף, אני רוצה לישון

עָיֵף-עֲיֵפָה	רוצה לישון
כָּל כָּךְ	so

משה: מה השעה?

עינת: עשר וחצי.

משה: כבר מאוחר. אני עייף. אני צריך ללכת הביתה. אני רוצה ללכת לישון.

עינת: כבר?! מתי אתה הולך לישון?

משה: באחת עשרה.

עינת: כל כך מוקדם?! אתה יודע מתי אני הולכת לישון? בְּאחת בַּלילה!

משה: כל כך מאוחר?! למה?

עינת: אני אוהבת ללמוד בלילה, כשיֵש שקט.

משה: ואני אוהב ללמוד בבוקר, כי אז אני לא עייף.

The word אז (= then) is used to refer to a particular time in the same way as פה/שם are used to refer to a particular location.
Examples:
אני לומדת בספרייה, כי יש **שם** שקט. (שם = בספרייה)
אני לומדת בלילה, כי יש **אז** שקט. (אז = בלילה)

שאלות:

1. מה משה רוצה לעשות עכשיו? ....
2. מה עינת עושה בלילה? ....
3. למה עינת אוהבת ללמוד בלילה? .... אז ....
4. מתי משה אוהב ללמוד? למה? ....
5. האם את/ה קם/קמה מוקדם? ....
6. באיזו שעה את/ה קם/קמה בבוקר? ....
7. מתי את/ה קם/קמה בשבת? ....
8. מתי השיעורים שלך מתחילים? ....
9. מתי את/ה הולך/ת לישון? ....
10. את/ה הולך/ת לישון מוקדם? למה? ....

מספרים 11 - 20

אַחַת עֶשְׂרֵה	שֵׁשׁ עֶשְׂרֵה
שְׁתֵּים עֶשְׂרֵה	שְׁבַע עֶשְׂרֵה
שְׁלוֹשׁ עֶשְׂרֵה	שְׁמוֹנֶה עֶשְׂרֵה
אַרְבַּע עֶשְׂרֵה	תְּשַׁע עֶשְׂרֵה
חֲמֵשׁ עֶשְׂרֵה	עֶשְׂרִים

Numbers 11-19 are formed by combining the numbers 1-9 with the particle עֶשְׂרֵה-.
Note the changes in pronunciation of the following numbers when they are linked with עֶשְׂרֵה-:

שְׁתַּיִים --> שְׁתֵּים-　　שָׁלוֹשׁ --> שְׁלוֹשׁ-　　שֶׁבַע --> שְׁבַע-　　תֵּשַׁע --> תְּשַׁע-

תרגיל 1: ענה על השאלות.

1. בן/בת כמה את/ה?
2. בן כמה האח הקטן שלך?
3. בת כמה האחות הקטנה שלך?
4. שירי בכיתה י'. בת כמה היא?
5. גיל הוא בר-מִצווה. בן כמה הוא?

תרגיל 2: שאלות בחשבון

1. כמה זה תשע ועוד שלוש?
2. כמה זה שמונה עשרה פחות שתיים?
3. כמה זה אחת עשרה ועוד שש?
4. כמה זה עשרים פחות חמש?
5. כמה זה שלוש ועוד ארבע עשרה?

מה השעה?

<u>שאלה:</u> מה השעה? / מה השעה עכשיו?

<u>תשובה:</u> 6 / השעה 6 / עכשיו 6 בערב / השעה עכשיו (היא) 6.

<u>שאלה:</u> מתי השיעור מתחיל?/באיזו שעה השיעור מתחיל?

<u>תשובה:</u> ב-9 / בשעה 9 / הוא מתחיל ב-9 / הוא מתחיל בשעה 9.

איך הזמן רץ!

The 24-hour clock (military time) is commonly used in written Hebrew and is the standard denotation of time in official documents, such as time tables.
In military time, 8:00 is 8:00 a.m. whereas 20:00 is 8:00 p.m.
In spoken Hebrew, the expressions בבוקר, אחרי הצהריים, בערב, בלילה indicate the time of day.
Thus, 9:00 is תשע בבוקר ; 14:00 is שתיים אחרי הצהריים ; 21:00 is: תשע בערב ; and 1:00 is אחת בלילה .

תרגיל 3: שאלות ותשובות

1. מה השעה? .... (11:00)
2. באיזו שעה הקונצרט מתחיל? .... בערב. (20:00)
3. אתם יוצאים? .... אחרי הצהריים. (14:00)
4. ....? היא הולכת לישון .... בלילה. (1:00)
5. ....? הם נגמרים .... (17:00)
6. ....? עכשיו כבר .... (2:00)
7. ....? היא מתחילה לעבוד .... (8:30)
8. באיזו שעה יש חדשות בטלוויזיה? .... (21:00)

הכול על כל

When כל precedes a *definite* noun it means "all". If that noun is countable, it is in the plural form. Examples:

כל הילדים הולכים עכשיו לישון.	(All the children go to bed now.)
למה אתה מדבר כל הזמן?	(Why do you talk all the time?)
היא לומדת כל הערב.	(She studies all evening long.)

When כל precedes a *non-definite* singular noun it means "every":

דן קם מוקדם כל בוקר.	(Dan gets up early every morning.)
לכל איש יש שם.	(Every person has a name.)
כל דבר צריך להיות במקום.	(Every thing must be in its place.)
כל אחד יודע מה הוא צריך לעשות?	(Every one knows what they have to do?)

Other expressions that use כל include: הכול (= everything), כּוּלם (= everybody. Note that כולם is plural, as the suffix ם suggests), זה הכול (= that's all), כל כך (= so), and סוף טוב -- הכול טוב! (all's well that ends well).

אני מדבר איתה על הכול.	(I talk with her about everything.)
כולם נשארים הערב בבית.	(Everybody stays home tonight.)
אני שמח להיות פה. זה הכול.	(I'm happy to be here. That's all.)
למה הוא אוכל כל כך הרבה?	(Why is he eating so much?)

תרגיל 4: השלם ב: **כל** ; **הכול** ; **כולם** ; **זה הכול** ; **כל כך**

[1] א: מתי אתה מתחיל לעבוד?
ב: בשש בבוקר.
א: .... מוקדם?!

[2] א: איפה .... הסטודנטים?
ב: .... יושבים בחוץ.

[3] א: כמה זה שתיים ועוד שתיים?
ב: נו, באמת! .... ילד יודע
כמה זה שתיים ועוד שתיים.

[4] א: אתה שומע חדשות?
ב: כן, אני שומע חדשות .... שעה!

[5] א: מה נשמע?
ב: .... בסדר. מה שלומך?
א: אין חדש. .... הזמן אני לומד.

[6] א: מה אתה רוצה לארוחת ערב?
ב: רק סנדוויץ'. ....

[7] א: למה אתה .... עייף?
ב: כי אני קם מוקדם .... בוקר,
ועובד .... היום.

[8] א: אמא, אני צריך כסף ללכת לסרט.
ב: הנה, רוני, 50 שקלים.
א: ....?!

תרגיל 5: כתוב דיאלוגים.

1

....

....

....

כי כבר מאוחר, ואתה צריך ללכת לישון!

2

....

....

....

כי אני לא אוהבת לקום בבוקר!

תרגיל 6: השלם את הסיפור.

כל בוקר אני ....

....

....

אבא בשבת ....

....

....

שיעור 37

השבוע של עינת

ביום ראשון עינת קמה בשעה תשע וחצי. השיעורים שלה באוניברסיטה מתחילים רק באחת אחרי הצהריים. היא אוכלת ארוחת בוקר טובה, ושותה כוס קפה. אחר כך היא יושבת בחדר שלה ולומדת. בשתים עשרה היא יוצאת לאוניברסיטה.

בְּיָמים שני שלישי ורביעי עינת עובדת בבוקר. היא צריכה לקום מוקדם, כי היא צריכה להיות בעבודה בשעה תשע. היא קמה בשמונה וחצי, שותה כוס קפה, ורצה לעבודה. היא אוכלת את ארוחת הבוקר שלה בעבודה.

ביום חמישי היא קמה בתשע וחצי. השיעור הראשון שלה מתחיל באחת עשרה. היא באה לאוניברסיטה בעשר, עשר וחצי, ואוכלת ארוחת בוקר בקפיטריה, ביחד עם החברים שלה.

ביום שישי ובשבת עינת לא עובדת ולא לומדת. היא לא צריכה לקום מוקדם. היא אוהבת להישאר במיטה עד שעה מאוחרת.

שאלות:

1. באיזו שעה עינת מתחילה לעבוד? ....
2. באילו ימים עינת עובדת? ....
3. איפה עינת אוכלת ארוחת בוקר ביום שלישי? ....
4. מתי עינת מתחילה ללמוד ביום חמישי? ....
5. באילו ימים עינת לא עובדת ולא לומדת? ....
6. כל בוקר ....، אבל לא כל בוקר ....

יְמֵי השבוע

יום רִאשון　יום שֵׁני　יום שְׁלישי　יום רְביעי　יום חֲמישי　יום שישי　שַׁבָּת

The words ראשון, שני, ... שישי mean "first, second, ... sixth."
Thus, the literal meaning of יום ראשון is "first day," יום שני is "second day," etc.

You have most likely noticed the relationship between שלישי and the number שלוש; רביעי and ארבע; etc.
The י suffix in these words is typical of adjectives, as the following examples illustrate:

שם עצם:	חמש	ישראל	אמריקה	סוף
שם תואר:	חמישי	ישראלי	אמריקאִי	סופי

Note that ראשון derives from רֹאש (= head).

In written Hebrew it is common to label the days of the week with the letters of the alphabet:

יום א׳   יום ב׳   יום ג׳   יום ד׳   יום ה׳   יום ו׳   שבת

שאלות:

1. מתי את/ה קם/קמה?

2. מתי את/ה אוכל/ת ארוחת בוקר?

3. מתי השיעורים שלך מתחילים בכל אחד מימי השבוע?

each one of	כל אחד מ...

4. באילו ימים את/ה קם/קמה מוקדם, ובאילו ימים את/ה קם/קמה מאוחר?

5. האם את/ה עובד/ת? מתי?

6. מה יש בטלוויזיה ביום שני בערב? אילו תוכניות יש בטלוויזיה בבוקר?

שיעור 38

ארוחת בוקר

[סוזי היא מאילינוי, בארצות הברית. היא לומדת באוניברסיטת תל אביב. אלון הוא מקיבוץ געש, על יד תל אביב. גם הוא סטודנט באוניברסיטה. אלון וסוזי מדברים עכשיו על ארוחת הבוקר.]

סוזי: מה אתה אוכל לארוחת בוקר?

אלון: אני אוהב ארוחת בוקר גדולה. אני אוכל ביצה, לחם, גבינה, וסלט.

סוזי: סלט לארוחת בוקר?

אלון: בטח! כל הישראלים אוכלים סלט לארוחת בוקר. זה טוב. ומה את אוכלת?

סוזי: אני שותה כוס קפה ואוכלת טוסט.

אלון: זה הכול? רק קפה וטוסט? את בדיאטה?

סוזי: אני לא בדיאטה. אני פשוט לא אוהבת לאכול הרבה בבוקר.

bread	לֶחֶם
salad	סָלָט
Sure!	בֶּטַח
diet	דִיאֶטָה
simple, simply	פָּשׁוּט

שאלות:

1. מה אלון אוכל לארוחת הבוקר? ....
2. מי אוכל סלט לארוחת בוקר, סוזי או אלון? ....
3. מי עוד אוכל סלט לארוחת בוקר? ....
4. מה סוזי אוכלת ומה היא שותה לארוחת הבוקר? ....
5. האם סוזי בדיאטה? ....
6. למה סוזי לא אוכלת ארוחת בוקר גדולה? ....

מה הם אוכלים?

מה אוכלים בישראל לארוחת בוקר? בישראל אוכלים: ביצים, סלט, לחם, גְבִינָה, זֵיתִים.

ומה אוכלים באמריקה? ....

מה אוכלים בישראל לארוחת צהריים? בישראל אוכלים: מָרָק, בָּשָׂר, עוֹף, דָגִים, יְרָקוֹת, סלט, חומוס, פלאפל.

ומה אוכלים באמריקה? ....

הסתמי

In English, we say "You shouldn't dive in shallow water," "They say that he is handsome," and "One can never tell when it will rain". These are impersonal expressions. Simply put, we do not have anyone specific in mind when we say "you" or "they;" rather, we are referring to people in general.

Impersonal (סתמי) expressions also exist in Hebrew. One way to express the סתמי in Hebrew is to use the third person plural masculine form of the verb without a pronoun.

As a general rule, in such sentences the verb is not the first element; it is preceded by a description of time or place, or by an interrogative.

Examples:

מה אוכלים בישראל?	(What do they eat in Israel? / what does one eat in Israel?)
איך קוראים לך?	(What (how) do they call you? [a common way to ask for one's name.])
בספרייה לא אוכלים ולא שותים!	(You don't eat or drink in the library!)

תרגיל 1: כתוב שאלות ותשובות. השתמש **בסתמי**.

1. ....? בישראל אוכלים פלאפל.
2. מה עושים במסיבה? ....
3. ....? בבוקר אומרים "בוקר טוב".
4. ....? רואים שם סרט ואוכלים פופקורן.
5. ....? קוראים לי נֶרי, אבל שמי אבנר.
6. מה אומרים כשפוגשים חברים? ....
7. איך אומרים בעברית olives? ....

שאלות אישיות:

1. מה את/ה אוכל/ת לארוחת בוקר? ....
2. את/ה אוהב/ת ארוחת בוקר גדולה? ....
3. איפה את/ה אוכל/ת ארוחת צהריים? ....
4. מה את/ה אוכל/ת לארוחת צהריים? ....
5. את/ה אוהב/ת את האוכל של אמא? ....

תרגיל 2: סדר את המשפטים.

1. הוא הרבה לא דיאטה דן אוכל ב כי

....

2. שלו אודי כל שמו קוראים לו החברים אהוד אבל

....

3. גם ארוחת-הבוקר ל בישראל סלט וגם אוכלים ארוחת-הערב ל

....

שיעור 39

ארוחת צהריים בבית

[השעה היא שתים עשרה וחצי בצהריים. אמא ויוּבַל בן ה-3 מדברים.]

אמא: יובל, מה אתה רוצה לארוחת צהריים?

יובל: פיצה.

אמא: פיצה זה לא אוכל, יובל. אתה רוצה מרק?

יובל: לא!

אמא: אתה רוצה עוף?

יובל: לא רוצה עוף!

אמא: אולי קצת ירקות?

יובל: אני לא אוהב ירקות!

אמא: אז מה אתה רוצה?

יובל: פיצה!!

אמא: בסדר.

קְצָת ≠ הרבה	
בַּסוֹף	in the end
מִטְבָּח	kitchen
זה רַעיוֹן!	that's a (good) idea
וָרֶבַע	and a quarter

שאלות:

1. עם מי אמא מדברת? ....
2. על מה הם מדברים? ....
3. מה יובל **לא** רוצה לארוחת צהריים? ....
4. מה הוא רוצה לאכול? ....
5. מה הוא אוכל בסוף? ....

ארוחת צהריים בבית (הֶמשֵך)

[השעה אחת ורבע. רוני, האח הגדול של יובל, חוזר מבית ספר. רוני הוא בן שבע.]

רוני: היי אמא. איפה יובל ואבא?

אמא: יובל נמצא במטבח, הוא אוכל ארוחת צהריים; ואבא עוד בעבודה. מה שלומך רוני?

רוני: טוב ... מה יש לארוחת צהריים?

אמא: מה אתה רוצה?

רוני: אני לא יודע ... מה יש?

אמא: יש מרק, יש עוף, יש ירקות ...

רוני: מה **עוד** יש?

אמא: יובל אוכל פיצה. אולי גם אתה רוצה פיצה?

רוני: פיצה? זה רעיון!

שאלות:

1. באיזו שעה רוני בא הביתה? ....
2. מאין הוא בא? ....
3. איפה אבא של רוני ויובל נמצא? ....
4. מי נמצא במטבח? ....
5. האם רוני רוצה מרק, עוף, וירקות? ....
6. איך את/ה יודע/ת? ....
7. מה רוני רוצה לאכול? ....
8. מי עוד אוכל פיצה לארוחת צהריים? ....

תרגיל 1: השלם במילים: **אוכל , אחר-כך , אחרי , החוצה , חוזרת , וחצי , ל , מאוחר , כולם , ביחד , בשׂר , בבית**

חגית .... מגן הילדים בשעה 12. היא אוכלת ארוחת צהריים .... עם אמא, ו..................... היא יוצאת .... לשחק עם החברים שלה.

אלון בא מבית ספר בשעה אחת .... הוא אוכל ארוחת צהריים גדולה: הוא אוכל מרק, ..., וירקות .... ארוחת צהריים. .... הארוחה הוא הולך לחדר שלו לעשות שיעורי בית.

אבא לא אוכל ארוחת צהריים .... הוא חוזר מהעבודה .... בערב. הוא אוכל .... מהמיקרוגל. אחר כך הוא יושב לקרוא את העיתון.

רק ביום שישי ....אוכלים ביחד.

ש י ע ו ר   4 0

ארוחת ערב בערב שבת - סיפור ב-7 פרקים

פרק א: ארוחה משפחתית

[יום שישי בבוקר. סוזי וערן יושבים בקפיטריה באוניברסיטת תל אביב ומדברים.]

ערן: איפה את אוכלת הערב?

סוזי: בַּחדר; למה?

ערן: רוצה לבוא איתי הביתה לארוחת ערב?

סוזי: אתה אוכל עם המשפחה ביום שישי?

ערן: כן. תמיד. אנחנו אוכלים ארוחת ערב גדולה כל ערב שבת.

סוזי: מי זה "אנחנו"?

ערן: רק המשפחה: אבא ואמא שלי, אחי יואב, ואישתו מיכל. זאת ארוחה משפחתית.

סוזי: ומה אתם אוכלים?

ערן: אוכל של שבת: דגים, בשר, סלטים, חלה ...

         אנחנו גם שותים יין ...

         אמא שלי מבשלת הכול. היא מבשלת מצוין! ...

         ... נו? רוצה לבוא?

סוזי: טוב.

ערב שבת	יום שישי בערב
משפַּחְתי-משפַּחַתית	של המשפחה
אָחי	האח שלי
אישתו	האישה שלו
לְבַשֵל/מְבַשֵל	לעשות אוכל

שאלות:

1. איפה ערן אוכל הערב? ....

2. האם ערן אוכל עם המשפחה שלו כל יום שישי? ....

3. מי בא כל ערב שבת לארוחת הערב בבית של ערן? ....

4. האם מיכל היא דודה של ערן? ....

5. מי מבשל את האוכל? ....

6. מה היא מבשלת לארוחת הערב של יום שישי? ....

7. האם סוזי רוצה לבוא עם ערן לארוחת הערב של המשפחה? איך את/ה יודע/ת?
....

8. האם המשפחה שלך אוכלת ביחד בערב שבת?   מה אתם אוכלים?   מי מבשל?   יש הרבה אנשים בארוחה?
....
....
....
....

137   י ח י ד ה   3

שמות תואר שגזורים משמות עצם

As you will recall, adding a י suffix to a noun creates an adjective, whose meaning is directly related to the noun. This link can either be explicit (for example, סוף (= end) / סופי (= final)) or more abstract (for example, ראש (= head) / ראשי (= main)). Like all adjectives, those that derive from nouns have four forms. Note the double י in the plural masculine form.

When a י suffix is affixed to a noun that ends with ה, that ה converts to ת. For example, שנה / שנתי.

Note that a י suffix may also express possession (in the first person singular). For example, שמי means השם שלי. As a result, words occasionally have double meanings. For example, the word יומי can mean "my day" or "daily." In such cases, use the context to determine the appropriate meaning of the word.

שמות עצם		שמות תואר			
אמריקה		אֲמֶרִיקָאִי	אֲמֶרִיקָאִית	אֲמֶרִיקָאִיִּים	אֲמֶרִיקָאִיּוֹת
	או:	אֲמֶרִיקָנִי	אֲמֶרִיקָנִית	אֲמֶרִיקָנִיִּים	אֲמֶרִיקָנִיּוֹת
יום		יומי	יומית	יומִיים	יומִיות
ישראל		יִשְׂרְאֵלִי	יִשְׂרְאֵלִית	יִשְׂרְאֵלִיִּים	יִשְׂרְאֵלִיּוֹת
מרכז		מֶרְכָּזִי	מֶרְכָּזִית	מֶרְכָּזִיִּים	מֶרְכָּזִיּוֹת
משפחה		מִשְׁפַּחְתִּי	מִשְׁפַּחְתִּית	מִשְׁפַּחְתִּיִּים	מִשְׁפַּחְתִּיּוֹת
סוף		סופי	סופית	סופִיים	סופִיות
ראש		רָאשִׁי	רָאשִׁית	רָאשִׁיִּים	רָאשִׁיּוֹת
שנה		שְׁנָתִי	שְׁנָתִית	שְׁנָתִיִּים	שְׁנָתִיּוֹת

תרגיל 1: הסבר את הביטויים בעברית.

ארוחה משפחתית ארוחה של המשפחה / כל המשפחה אוכלת ביחד

בחור ישראלי ....

מכוניות אמריקאיות ....

רחוב ראשי ....

עיתון יומי ....

תחנה מרכזית ....

כף סופית ....

תחנה סופית ....

פרק ב: אוטובוס לרחובות

סוזי: ... אז איפה ההורים שלך גרים?

ערן: בִּרְחוֹבוֹת.

סוזי: רחובות? איפה זה, זה רחוק?

ערן: לא רחוק, אבל גם לא קרוב. אנחנו צריכים לנסוע לשם.
אפשר לנסוע לשם באוטובוס, ואפשר לנסוע במונית.

סוזי: אני אוהבת לנסוע באוטובוס.

ערן: יש אוטובוס לרחובות בתחנה המרכזית.
אנחנו צריכים לצאת מוקדם.

סוזי: למה?

ערן: כי היום יום שישי. האוטובוס האחרון יוצא בארבע וחצי.

סוזי: ואחר כך?

ערן: אחר כך אין אוטובוסים עד מוצאי שבת!

סוזי: אין אוטובוסים?! ערן, אני צריכה לחזור לתל אביב **הערב**!

ערן: אין בעיה. יואב ומיכל גרים בתל אביב. אנחנו יְכולים לחזור איתם. חוץ מזה, תמיד אפשר לקחת מונית.

רָחוק	far
קָרוב	רחוק ≠
אֶפְשָׁר	it is possible
מונית	taxi cab
התַחֲנָה המֶרְכָּזִית	the central station
אַחֲרון	ראשון ≠
מוצָאֵי שבת	שבת בערב
יָכול-יְכולָה	can
חוץ מזה	aside from this
לָקַחַת/לוקֵחַ	take

תמיד אפשר לקחת מונית
you can always take a cab

שאלות:

1. ערן רוצה לחזור באוטובוס לתל אביב. נכון / לא נכון
2. אי אפשר לחזור באוטובוס לתל אביב. נכון / לא נכון
3. ממתי עד מתי אין אוטובוסים? ....
4. למה אין אוטובוסים? ....
5. עם מי ערן רוצה לחזור לתל אביב? ....

השלמות:

1. רחובות היא עיר קטנה ושקטה. היא נמצאת לא רחוק מתל אביב.
ברחובות נמצאת הפקולטה לחקלאות של האוניברסיטה העברית.
גם מכון וייצמן נמצא ברחובות.
רחובות נמצאת .... מתל אביב, אבל גם לא ....
אי אפשר ללכת לשם ברגל. ערן וסוזי .... לנסוע לשם.

הַפָּקולְטָה לְחַקְלָאוּת	faculty of agriculture
אי אפשר	אפשר ≠
מָכון וַייצְמַן	The Weizmann Institute

אפשר ללמוד על מכון וייצמן באתר הבא:
<http://www.weizmann.co.il>

אפשר .... באוטובוס. הם גם .... לָקַחַת ...., אבל סוזי אוהבת לנסוע באוטובוסים.

ביום שישי , האוטובוס ה .... יוצא מ.............. בשעה ארבע וחצי.

2. ערן וסוזי .... מהקמפוס של אוניברסיטת תל אביב. הם .... באוטובוס לתחנה המרכזית.

מהתחנה המרכזית הם .... לרחובות. זה אוטובוס ישיר. הוא .... מ.............. של תל

אביב לַתחנה המרכזית של ....

| direct | יָשִיר-יְשִירָה |

מתחנת האוטובוסים ׳של רחובות הם הולכים ברגל לבית של ערן.

3. ערן וסוזי .... לחזור הערב לתל אביב. הם .... לחזור עם יואב ומיכל.

קרוב ורחוק

קָרוֹב - קְרוֹבָה - קְרוֹבִים - קְרוֹבוֹת   /   רָחוֹק - רְחוֹקָה - רְחוֹקִים - רְחוֹקוֹת

קרוב (= close) and רחוק (= far) may be used as adverbs as well as adjectives.
As adverbs, קרוב and רחוק in their singular masculine forms follow a verb with which they do <u>not</u>
necessarily agree in number and gender.

Examples:

הם לא גרים <u>רחוק</u>.
הספרייה נמצאת <u>קרוב</u>.

As adjectives, they follow a noun with which they agree in gender and number.

Examples:

הבתים <u>רחוקים</u> מאוד (= הבתים נמצאים <u>רחוק</u> מאוד).
עינת וחגית הן חברות <u>קרובות</u>.

To express relative proximity, use   קרוב ל... / רחוק מ... .

Examples:

רחובות לא רחוקה **מ**תל אביב.
אנחנו גרים קרוב **לַ**קמפוס.

תרגיל 1: השלם ב: **קרוב (ל...)   רחוק (מ...)** . קרא את המשפטים בקול רם.

1. אילת .... תל אביב.

2. רחובות לא נמצאת ...., אבל צריך לנסוע לשם באוטובוס.

3. אתם גרים .... הפארק? איזה יופי!

4. הקולנוע .... מאוד; אי אפשר ללכת לשם ברגל.

5. עינת יושבת .... דוד. הם חברים טובים.

6. אנחנו לומדים ביחד, אבל אנחנו לא חברים ....

7. מרקו פולו נסע לארצות ....

8. האוטו שלנו גדול וירוק / האוטו שלנו נוסע ....

9. החדר שלי .... החדר של דן. החדרים שלנו ....

10. א: תל אביב .... ירושלים?   ב: לא, הן ....

יכול

יָכוֹל יְכוֹלָה יְכוֹלִים יְכוֹלוֹת

The verb יכול (= can) is always followed by an infinitive. For example, הוא לא יכול לקום, כי הוא עייף.
The verb יכול itself has no infinitive form; the phrase להיות יכול (= be able) can be used instead.

תרגיל 2: השלם בפועל **יכול** . שנה את המשפט לפי הנושאים החדשים. קרא את המשפטים בקול רם.

[1] דני לא .... לבוא היום לשיעור.
סיגל ....
הן ....

[2] היא כל כך עייפה; היא לא .... לקום!
אנחנו ....!
ערן ....!

[3] איפה אני .... לשבת?
..................אנחנו ....?
.... אחותי ....?

תרגיל 3: השלם ב: **יכול / רוצה / אוהב / צריך** .

1. הפארק לא רחוק; אתם .... ללכת לשם ברגל.
2. עינת לא .... לדבר כשהיא שומעת מוסיקה.
3. הם לא .... לבוא איתנו הערב. הם .... לעשות שיעורים.
4. לרבקה יש בעיה. היא .... לדבר עם מישהו.
5. א: רוני, אתה .... ללכת איתנו לסרט?
ב: אני לא .... יש לי הרבה עבודה. אני .... להישאר בבית.
6. אני לא .... לדבר עכשיו. אני .... לעבוד.
7. יש לי בעיה. עם מי אני .... לדבר?
8. אנחנו לא .... לשמוע שום דבר. יש פה כל כך הרבה רעש!
9. א: למה אתם אוכלים במסעדה כל ערב?
ב: כי אנחנו לא .... לבשל.
10. אני לא .... לחזור הערב. אני .... להישאר בחיפה, כי אני .... להיות פה מחר בבוקר.
11. כבר מאוחר, ואין אוטובוסים. אנחנו .... לקחת מונית.
12. אהוד רץ לשיעור, כי הוא לא .... להיכנס אחרון לכיתה.

שיעורים = שיעורי בית	
מישֶׁהוּ	someone
שׁוּם דָּבָר	nothing

אפשר / אי-אפשר

אפשר (= it is possible) begins an impersonal sentence and is followed by an infinitive. The opposite of אפשר is אי-אפשר (= it is impossible).
For example: אפשר לנסוע לאילת באוטובוס, ואפשר גם לטוס לשם, אבל אי אפשר ללכת לשם ברגל.

Though sentences with אפשר are generally impersonal, they are often used when making a personal request, as in the dialogues below.

בטלפון

א: שלום, אפשר לדבר עם רונן?

ב: רונן?? איזה מספר אתה רוצה?

א: 657 8809.

ב: אני מצטערת. אין פה "רונן".

א: סליחה.

בבית הקפה

א: סליחה, אפשר לשבת פה?

ב: לא, אי אפשר. זה הכיסא של אישתי.

א: סליחה. .... סליחה, גברת, אפשר לשבת פה?

ג: בבקשה.

א: תודה רבה.

Unlike English, Hebrew does not personalize אפשר (for example, "It is possible <u>for them</u> to..."). The personal implication of אפשר is expressed with the verb יכול.

אי אפשר לנסוע ברחוב הזה. (It's impossible to go on this street.)

אנחנו לא יכולים לנסוע ברחוב הזה. (It's impossible for us to (we cannot) go on this street.)

The English "It is possible that..." is rendered "...יכול להיות ש" in Hebrew.

תרגיל 4: שנה ממשפטים עם נושא (עם **יכול**) למשפטים סתמיים (עם **אפשר**), ולהיפך.

1. סוזי ורון .... | אפשר לנסוע לרחובות באוטובוס או במונית.
2. בשבת כולם יכולים לישון עד שעה מאוחרת. | ....
3. התלמידים לא יכולים לשמוע את המורה. | ....
4. .... | אי אפשר לבשל במעונות.

תרגיל 5: השלם במשפטים עם **אפשר** או **אי אפשר**.

1. אי אפשר.................., כי יש שם הרבה רעש.
2. יש הרבה אוטובוסים בתחנה המרכזית, ו.................... .
3. החדר שלי הוא בקומה ט', אז ....
4. ...., כי השכנים רוצים שקט.
5. [בטלפון] ערב טוב, שמי אהוד, אני חבר של ענת; ....?

תרגיל 6: כתוב 3-2 משפטים עם **אפשר** / **אי אפשר** על כל נושא.

1. מה אפשר לעשות בירושלים?
2. אסף לא אוהב ללמוד בספרייה, כי אי אפשר ...
3. מה אפשר ומה אי אפשר לעשות בשבת?
4. היום יום יפה. אפשר ...

שיעור 42

פרק ג: מודיעין

מודיעין (שורש: י.ד.ע.)	info desk
האוטובוס הַבָּא	the next bus
יָשִיר-יְשִירָה	direct

[השעה 3:20. סוזי וערן באים לתחנה המרכזית והולכים למודיעין.]

ערן: שלום, מתי יש אוטובוס לרחובות?

פקיד: האוטובוס הבא יוצא ב-3:35.

סוזי: ואחר כך?

פקיד: אחר כך יש אוטובוס ישיר כל רבע שעה. האוטובוס האחרון יוצא ב-4:20.

סוזי: איפה אפשר לקנות כרטיסים?

פקיד: אתם יכולים לקנות כרטיסים פה או באוטובוס.

סוזי: אפשר לקנות כרטיסים עכשיו, ולנסוע אחר כך?

פקיד: אין בעיה.

ערן: את לא רוצה לנסוע עכשיו?

סוזי: לא, יש לנו זמן. אני רוצה לראות את התחנה, ואולי לשתות כוס קפה.

שאלות:

1. למה ערן וסוזי הולכים למודיעין? ....
2. האם יש אוטובוס לרחובות בשעה 4:05 אחרי הצהריים? ....
3. איפה קונים כרטיסים? ....
4. מה סוזי רוצה לעשות בתחנה המרכזית? ....

פרק ד: מה סוזי רואה בתחנה המרכזית

הָאָרֶץ	ישראל ("the land")
עֲנָקִי	giant
דוֹאַר	post office
אֲפִילוּ	even
לַעֲבוֹר/עוֹבֵר	pass through

התחנה המרכזית של תל אביב נמצאת ברחוב לֶוִינְסְקִי. זאת תחנת אוטובוסים גדולה מאוד מאוד. תל אביב נמצאת במרכז הארץ, ומהתחנה המרכזית יוצאים אוטובוסים לכל מקום בארץ. הבניין של התחנה המרכזית הוא בן שבע קומות, אבל לא בכל קומה יש אוטובוסים. בניין התחנה הוא קניון ענקי. יש בו חנויות, מסעדות, בתי קפה, בנקים, דואר, בתי קולנוע, ואפילו סופרמרקט. אפשר לקנות בתחנה המרכזית הכול. הרבה מאוד אנשים עוברים בתחנה המרכזית כל יום. הם יוצאים מתל אביב, או באים לתל אביב.

שאלות:

1. כמה קומות יש בבניין של התחנה המרכזית? ....

2. למה כל כך הרבה אוטובוסים יוצאים מתל אביב? ....

3. למה יש כל כך הרבה אנשים בתחנה המרכזית? ....

4. מה אפשר לעשות בתחנה המרכזית (5 דברים)? ....

5. מצא בטקסט 5 סמיכויות ו-3 צירופים של שם עצם + שם תואר.

        סמיכויות: ....

        שם + תואר: ....

תרגיל 1: השלם במילים: **המרכזי   במרכז   למרכז   המרכזית**

1. במוצאי שבת אנחנו נוסעים .... העיר.

2. התחנה .... של ירושלים נמצאת ברחוב יפו, וגם הדואר .... של ירושלים נמצא ברחוב יפו.

3. הספרייה נמצאת .... הקמפוס.

4. הבעיה .... היא שאין לנו מכונית.

שיעור 43

פרק ה: יושבים בחדר האורחים ומדברים

[בבית של משפחת זהבי. ההורים של ערן, יואב, ומיכל יושבים בחדר האורחים ומדברים. ערן וסוזי נכנסים הביתה.]

ערן: שבת שלום!

כולם: ערב טוב, שבת שלום!

ערן: אמא, אבא, יואב, מיכל -- זאת סוזי, חברה שלי מהאוניברסיטה. היא מארצות הברית.

אבא: שלום סוזי, נעים מאוד. את עולה חדשה?

סוזי: לא. אני סטודנטית, ועכשיו אני לומדת באוניברסיטת תל אביב.

מיכל: מתי באת לישראל?

סוזי: באתי בספטמבר.

אמא: את אוהבת את ישראל?

סוזי: מאוד! הייתי פה עם המשפחה שלי לפני שלוש שנים.
היינו בכל המקומות המעניינים.

יואב: מאין את בארצות הברית?

סוזי: מאילינוי.

יואב: אילינוי? באמת? יש לי חברים טובים בשיקאגו.

סוזי: באמת? והיית שם?

מיכל: כן, היינו שם בקיץ. זה היה טיול מעניין מאוד. היינו בארצות הברית ובקנדה.

חֲדַר אוֹרְחִים (סָלוֹן)	living room
לִפְנֵי ≠ אחרי	
לפני שלוש שנים	three years ago

שאלות ותשובות:

1. ....? לא, היא רק לומדת באוניברסיטה בישראל.
2. ....? היא באה לישראל בספטמבר.
3. איפה סוזי הייתה לפני שלוש שנים? ....
4. למי יש חברים בשיקאגו? ....
5. מי היה בארצות הברית בקיץ? ....

השלמות:

1. "..............." הם אנשים שבאים לגור בישראל. סוזי לא ...., היא באה ללמוד בישראל. היא לא .... -- היא סטודנטית.
2. .... שלוש שנים, סוזי והמשפחה שלה .... הם היו ב.................................... .... השנה .... עוד פעם.

עוֹד פַּעַם	once again

הפועל להיות בזמן עבר

הָיִיתִי		הָיִינוּ	
הָיִיתָ	הָיִית	הֱיִיתֶם	הֱיִיתֶן
הוא הָיָה	היא הָיְתָה	הם הָיוּ	הן הָיוּ

While the verb להיות is not used in the present tense, it is used in the past tense in all nominal sentences (sentences without verbs).

Unlike the present tense conjugations, which consist of four forms, the past tense conjugation is complete, with different forms for 1st, 2nd, and 3rd persons, masculine and feminine, and singular and plural. The verb always agrees with the subject of the sentence.

Examples:

הווה	עבר
דוד הוא סטודנט.	דוד **היה** סטודנט.
הספרים לא בחדר.	הספרים לא **היו** בחדר.
זאת השכנה שלי.	זאת **הייתה** השכנה שלי.

The appropriate pronunciation of the 2nd person plural (אתם/ן) is with a חטף סגול under the first letter: הֱייתם. However, it is very frequently pronounced: הָייתם/ן.

Every form in the past tense is comprised of a stem and a pronoun suffix. The suffixes are תִי for אני, תָ for אתה, ת for את, etc.

3rd-person singular masculine is the fundamental form of the past conjugation. It consists of the stem only, with no suffix.

Since the pronoun suffixes are affixed to the verb, there is no need to include the pronouns when speaking or writing in the past tense (see the first example below). However, you should <u>always</u> include the pronouns in 3rd person, הוא, היא, הם, הן (see the second example) when there is no other subject in the sentence (as is the case in the third example).

Sentences that have אוגד in the present (either הוא or נמצא), lose it in the past in favor of the verb להיות (fourth example).

Examples:

הווה	עבר
אתם לא בבית?	לא הייתם בבית?
בבוקר היא בעבודה.	בבוקר **היא** הייתה בעבודה.
סבא וסבתא פה?	סבא וסבתא היו פה?
המורה לא נמצא בכיתה.	המורה לא היה בכיתה.

תרגיל 1: השלם בפועל **להיות** בזמן עבר.

1. (אני) .... בקפיטריה בשעה 12. למה (אתם) לא .... שם?
2. א: מי .... אתמול בשיעור? ב: כולם ....! למה **אתה** לא ....?
3. א: השיעורים .... טובים? ב: כן, ... מעניינים מאוד.
4. רונית .... ילדה חמודה כש .... קטנה.
5. א: רחל, למה את ויעל לא .... במסיבה שלי? ב: כי .... עייפות!
6. א: עינת, איפה .... לפני השיעור? ב: .... בספרייה.

תרגיל 2: שנה מהווה לעבר.

1. כל הבוקר אני בבית.
2. כל השחקנים בסרט מצוינים.
3. היום אנחנו בספרייה.
4. חגית ויעל הן חברות שלי.
5. גיל, אתה נמצא בעבודה או בבית?
6. איפה הכלב שלך כשאת בעבודה?
7. המסיבה בשעה תשע.
8. בסוף השבוע אנחנו באילת.
9. איפה אתם? במרכז העיר?
10. אתן סטודנטיות באוניברסיטה הזאת?
11. דני הוא בן 6 בנובמבר.
12. אנחנו מאוד עייפים בבוקר.

תרגיל 3: שנה מעבר להווה.

1. לא הייתי בבית, הייתי בחוץ.
2. אחרי המסיבה היינו עייפים מאוד.
3. הייתם בתחנה המרכזית של תל אביב?
4. דן לא היה הבוקר בשיעור להיסטוריה.
5. זאת הייתה המורה שלי.
6. זה היה סרט מצוין!
7. איך הייתה ארוחת הצהריים? טובה?
8. הם לא היו רחוקים ממרכז העיר.
9. לא היית ברחובות? חבל!
10. השיעור הזה היה מצוין.

שיעור 44

פרק ו: האוכל מוכן

ready	מוּכָן-מוּכָנָה
there's nothing like	אֵין כְּמוֹ

אמא: האוכל מוכן. בבקשה לבוא לשולחן ...

... אפשר לשבת ...

... סוזי, את יכולה לשבת פה, על יד ערן ...

... כולם אוכלים מָרָק?

[כולם מתחילים לאכול.]

מיכל: כל כך הרבה אוכל! והשולחן כל כך יפה!

סוזי: הדגים ממש מצוינים.

יואב: אין כמו הגפילטע פיש של אמא שלי!

אמא: תודה, יואבי. סוזי, גם המשפחה שלך אוכלת ביחד בערב שבת?

סוזי: כשהייתי ילדה קטנה - כן. גרנו ביחד, ואכלנו ביחד כל ערב שבת.
אבל עכשיו - לא. אחי, בנימין, גר בקליפורניה, אני באוניברסיטה - פשוט אי אפשר!

אמא: חבל...

סוזי: כן, חבל, אני מאוד אוהבת ארוחות משפחתיות.

פעלי ע״ו-ע״י בזמן עבר: לבוא, לגור, לטוס, לקום, לרוץ, לשיר

As we noted in the previous chapter, every past tense conjugation consists of a stem and a pronoun suffix (except for 3rd person singular masculine that has no suffix).

The stem of בניין פעל, גזרת ע״ו-ע״י verbs is comprised of the first and third root letters (without the ו or י) with the vowel /a/ under the first root letter: גַר.., קַמ.., etc.

The pronoun suffixes of the past tense conjugation are the same for all Hebrew verbs. It is simple to view these suffixes in ע״ו verbs since no changes occur to the stem in this group of verbs.

Remember that the pronoun must be included in third person (הוא, היא, הם, הן) when no other subject is included.

Learn the past tense pronoun suffixes:

....תִי		....נוּ	
....תָ	....תְ	....תֶם	....תֶן
הוא	היא ...ָה	הם ....וּ	הן ....וּ

תרגיל 1: הטה בעבר את הפעלים: **לשיר, לקום, לבוא** לפי הדוגמה.

לגור: גַרְתִי גַרְנוּ גַרְתָ גַרְתְ גַרְתֶם גַרְתֶן הוא גָר היא גָרָה הם גָרוּ הן גָרוּ	לשיר: ....
לרוץ:	לבוא: ....

תרגיל 2: השלם בהטיות של הפעלים.

1. (לטוס) שי .... לאילת בסוף השבוע, גם דליה ...., וגם אני .... ביחד.
2. (לבוא) דוד .... לכיתה בזמן, אתם .... בזמן, כולם .... בזמן!
3. (לרוץ) עינת ואני .... הבוקר בגן. גם **אתן** ....?
4. (לשיר) אתמול במסיבה כולם ...., אבל אני לא ...., כי אני לא אוהב ....
5. (לקום) אלון, מתי .... הבוקר? יעל, מתי **את** ....?

בניין פעל בזמן עבר

לָמַדְתִי   לָמַדְנוּ

לָמַדְתָ   לָמַדְתְ   לְמַדְתֶם   לְמַדְתֶן

הוא לָמַד   היא לָמְדָה   הם לָמְדוּ   הן לָמְדוּ

The stem for בניין פעל past tense conjugation consists of the three root letters with two /a/ vowels under the first and second root letters: ..כָּתַב.. , אָכַל. However, in היא, הם, הן there is only one /a/ vowel (under the first root letter). The second one drops as a vowel (ו or י) is added at the end of the word and the accent shifts to the last syllable.

The appropriate pronunciation of the 2nd person plural (אתם/ן) is with a שווא (no vowel) under the first letter. For example, כְּתבתם . However, it is very frequently pronounced: כָּתַבתם/ן .

This group includes all of the verbs of בניין פעל, גזרת השלמים:

לאהוב, לאכול, לגמור,לדפוק, לומר, לחזור, לכתוב, ללמוד, לנסוע, לספור, לעבוד, לעבור, לעמוד, לפגוש, לפתוח, לרקוד, לשכב, לשמוח, לשאול, לשמוע

it also includes verbs whose third root letter is א (though the א is silent): לקרוא, לצאת

and the verbs of גזרת פ״נ and גזרת פ״י : לשבת, ללכת, לדעת, לישון,לצאת לקחת

תרגיל 3: השלם את הטבלה.

שורש	אני	אתה	את	הוא	היא	אנחנו	אתם	אתן	הם / הן
				הוא פָּגַש					
						קָרָאנוּ			
		אָכַלְתָּ							
י. צ. א.									
									שָׁמְעוּ
					היא חָזְרָה				

תרגיל 4: שנה מיחיד לרבים.

1. עבדתי כל הבוקר.
2. למה לא למדתָ את המילים החדשות?
3. הסטודנט גמר ללמוד בשעה שלוש.
4. פגשתְ את אדון זהבי בחנות?
5. רחל ישבה בבית וקראה ספר.

תרגיל 5: שנה מזכר לנקבה.

1. הוא לא ידע מה לעשות.
2. למה לא אכלתָ את המרק?
3. עמדתם על יד הדלת, אבל לא יצאתם מהבית.
4. שמעתָ את החדשות ברדיו?
5. הילדים כבר חזרו הביתה.

תרגיל 6: שנה מהווה לעבר.

1. דן הולך לעבודה וחוזר הביתה מאוחר.
2. את פוגשת אנשים מעניינים בעבודה?
3. מה אתן אוכלות לארוחת ערב?
4. למה הם עומדים על יד הדלת?
5. אתה יודע שיש מסיבה הערב?
6. אני עובד במשרד גדול ויפה.
7. עינת לא אוכלת בשר, כי היא צמחונית.
8. הן לא יוצאות מהבית אחרי ארוחת ערב.

צִמחוני = לא אוכל בשׂר

שיעור 45

פרק ז: אחרי הארוחה

הוולוו של אבא שלי!

מיכל: כבר מאוחר, אנחנו צריכים ללכת.

ערן: גם אנחנו.

סוזי: הארוחה הייתה נפלאה, גברת זהבי.
הדגים היו ממש מצוינים!

אמא: תודה רבה. את יכולה לבוא גם בַּשבוע הבא!

ערן: יואב, אתם חוזרים עכשיו לתל אביב?

יואב: כן, אתם רוצים טרמפ?

אבא: ערן, אם אתם רוצים, אתה יכול לקחת את המכונית.
אנחנו לא צריכים אותה עד יום ראשון בבוקר.

ערן: תודה רבה, אבא! סוזי, אנחנו חוזרים לתל אביב בַּוולוו של אבא שלי!

wonderful	נִפְלָא-נִפְלָאָה
next week	השבוע הַבָּא
a ride (slang)	טְרֶמְפּ
if	אִם

שאלות:

1. סוזי אהבה את האוכל של גברת זהבי. נכון / לא נכון / אנחנו לא יודעים
2. סוזי רוצה לבוא לארוחת ערב בשבוע הבא. נכון / לא נכון / אנחנו לא יודעים
3. יואב ומיכל נוסעים לתל אביב אחרי הארוחה. נכון / לא נכון / אנחנו לא יודעים
4. ערן וסוזי חוזרים לתל אביב ביחד עם יואב ומיכל. נכון / לא נכון / אנחנו לא יודעים
5. ליואב ומיכל יש וולוו. נכון / לא נכון / אנחנו לא יודעים

חיבור: סוזי מספרת על ארוחת הערב בבית של ערן.

כתוב חיבור בזמן עבר, והשתמש בפעלים: ***לנסוע, לפגוש, לאכול, להיות, לחזור לאהוב*** או בפעלים אחרים.

....

....

....

....

....

....

....

....

מילים ליחידה 3

שמות עצם	NOUNS
אֲרוּחַת־צָהֳרַיִים (נ)	lunch
אֲרוּחַת־עֶרֶב (נ)	dinner
אֲתָר (ז) אֲתָרִים	site
בִּיטוּי (ז) בִּיטוּיִים	expression
בִּירָה (נ) בִּירוֹת	beer
בַּלֶט (ז)	ballet
בֶּן־, בַּת־מִשְׁפָּחָה	family member
בַּר־, בַּת־מִצְוָוה	Bar Mitzvah
בָּשָׂר (ז) בְּשָׂרִים	meat
גַּן (ז) גַּנִּים	garden, park
גֶפִילְטֶע פִישׁ (ז)	gefilte fish
דָּבָר (ז) דְּבָרִים	thing
דָּג (ז) דָּגִים	fish
דוֹאַר (ז)	post (office)
דוֹד, דוֹדָה	uncle/aunt
דִיאֶטָה (נ)	diet
- בְּדִיאֶטָה	on a diet
דֶּלֶת (נ) דְּלָתוֹת	door
הָאָרֶץ	Israel (literally, "the land")
הֶמְשֵׁךְ (ז) הֶמְשֵׁכִים	continuation
הֵפֶךְ (ז) הֲפָכִים	opposite
הַצָּגָה (נ) הַצָּגוֹת	show
זַיִת (ז) זֵיתִים	olive
חֲדַר־אוֹרְחִים (ז)	living room
חוּמוּס (ז)	hummus
חוּץ (ז)	out
- בַּחוּץ	outside
- הַחוּצָה	(to the) outside
חַלָּה (נ) חַלּוֹת	challah
חֵצִי (ז) חֲצָאִים	half
- ... וָחֵצִי	... and a half
חַקְלָאוּת (נ)	agriculture
טוֹסְט (ז) טוֹסְטִים	toast
טִיוּל (ז) טִיוּלִים	journey
טֶנִיס (ז)	tennis
טְרֶמְפּ (ז) טְרֶמְפִּים	ride (slang)
יְמֵי הַשָּׁבוּעַ:	days of the week:
- יוֹם רִאשׁוֹן [א']	Sunday
- יוֹם שֵׁנִי [ב']	Monday
- יוֹם שְׁלִישִׁי [ג']	Tuesday
- יוֹם רְבִיעִי [ד']	Wednesday
- יוֹם חֲמִישִׁי [ה']	Thursday
- יוֹם שִׁישִׁי [ו']	Friday
- שַׁבָּת	Saturday
יַיִן (ז) יֵינוֹת	wine
יֶרֶק (ז) יְרָקוֹת	vegetable
כַּדּוּר (ז) כַּדּוּרִים	ball
כַּדּוּרֶגֶל (ז)	football, soccer
כַּדּוּרְסַל (ז)	basketball
כּוֹחַ (ז)	power, strength
לוּחַ (ז) לוּחוֹת	board
לֶחֶם (ז)	bread
לִימוּדִים (ז"ר)	studies
מוֹדִיעִין (ז)	info desk
מוֹנִית (נ) מוֹנִיּוֹת	taxi cab
מוֹעֲדוֹן (ז) מוֹעֲדוֹנִים	club
מוֹצָאֵי־שַׁבָּת (ז)	Saturday night
מַזְכִּיר, מַזְכִּירָה	secretary
מִטְבָּח (ז) מִטְבָּחִים	kitchen
מֵידָע (ז)	information
מִישֶׁהוּ (ז)	someone
מָכוֹן (ז) מְכוֹנִים	institute
מַפְתֵּחַ (ז) מַפְתְּחוֹת	key
מֶרְכָּז (ז) מֶרְכָּזִים	center
מֶרְכַּז־הָעִיר (ז)	downtown
מָרָק (ז) מְרָקִים	soup
מִשְׂחָק (ז) מִשְׂחָקִים	game
מִשְׂחַק־וִידֵיאוֹ (ז)	video game
מִשְׂחַק־כַּדּוּרֶגֶל (ז)	football game
מִשְׂחַק־מַחְשֵׁב (ז)	computer game
סוֹף (ז) סוֹפִים	end
סָלוֹן (ז)	living room
סָלָט (ז) סָלָטִים	salad
סַפְסָל (ז) סַפְסָלִים	bench
עָבָר (ז)	past
עוֹף (ז) עוֹפוֹת	chicken
עֵץ (ז) עֵצִים	tree
עֵץ־מִשְׁפָּחָה (ז)	family tree
עֶרֶב־שַׁבָּת (ז)	Friday night
פָּאבּ (ז) פָּאבִּים	pub
פִּיצָה (נ) פִּיצוֹת	pizza
פָּקוּלְטָה (נ) פָּקוּלְטוֹת	faculty, school
פֶּרֶק (ז) פְּרָקִים	chapter
צָהֳרַיִים (ז"ר)	noon
קְנִיּוֹת (נ"ר)	shopping
קֶשֶׁר (ז) קְשָׁרִים	connection, relationship
רֶבַע (ז) רְבָעִים	quarter
- ... וָרֶבַע	... and a quarter
רַעְיוֹן (ז) רַעְיוֹנוֹת	idea
שָׁבוּעַ (ז) שָׁבוּעוֹת	week
- הַשָּׁבוּעַ הַבָּא (ז)	next week
שׁוּם־דָּבָר (ז)	anything/nothing
שַׁחְמָט (ז)	chess
שִׁיעוּרִים (ז"ר)	homework
תּוֹכְנִית (נ) תּוֹכְנִיּוֹת	plan, program
תַּחֲנָה (נ) תַּחֲנוֹת	station
תַּחֲנָה מֶרְכָּזִית	central station
תַּחֲנַת־אוֹטוֹבּוּס	bus stop/station

שמות תואר	ADJECTIVES
אַחֲרוֹן, אַחֲרוֹנָה	last
אִישִׁי, אִישִׁית	personal
אֲמֶרִיקָאִי/נִי, אֲמֶרִיקָאִית/נִית	American
הַבָּא, הַבָּאָה	next
חוֹלֶה, חוֹלָה	sick
חֲמִישִׁי, חֲמִישִׁית	fifth
חָשׁוּב, חֲשׁוּבָה	important
יוֹמִי, יוֹמִית	daily
יָשִׁיר, יְשִׁירָה	direct
יִשְׂרְאֵלִי, יִשְׂרְאֵלִית	Israeli
מְאוּחָר, מְאוּחֶרֶת	late
מוּכָן, מוּכָנָה	ready
מוּקְדָּם, מוּקְדֶּמֶת	early

EXPRESSIONS — ביטויים

How time flies!	אֵיךְ הַזְּמַן רָץ!
What do they call you?	אֵיךְ קוֹרְאִים לְךָ?
there's nothing like...	אֵין כְּמוֹ...
Sure!	בֶּטַח!
Blessed is God	בָּרוּךְ הַשֵּׁם
go to bed	הוֹלֵךְ לִישׁוֹן
That's a good idea!	זֶה רַעְיוֹן!
Things will be okay	יִהְיֶה טוֹב
It's already late	כְּבָר מְאוּחָר
each one of...	כָּל אֶחָד/אַחַת מ....
What time is it?	מַה הַשָּׁעָה?
It's still early	עוֹד מוּקְדָּם
they call me	קוֹרְאִים לִי
Thank God	תּוֹדָה לָאֵל

MISC. — שונות

English	Hebrew
if	אִם
even	אֲפִילוּ
it's possible	אֶפְשָׁר
it's impossible	אִי־אֶפְשָׁר
when, while	כַּאֲשֶׁר
as	כְּמוֹ
when, while	כְּשֶׁ...
please	נָא
that, which, who	שֶׁ...

TERMINOLOGY — מונחים

English	Hebrew
Hifil conj	בִּנְיָן הִפְעִיל
Nifal conj	בִּנְיָן נִפְעַל
conjugation	הַטָיָה (נ) הַטָיוֹת
impersonal	סְתָמִי, סְתָמִית
past (tense)	עָבָר (ז) (זְמַן־)

ADVERBS — תארי פועל

English	Hebrew
in the afternoon	אַחֲרֵי־הַצָּהֳרַיִים
sure	בֶּטַח
in the end	בַּסּוֹף
quietly	בְּשֶׁקֶט
homeward	הַבַּיְתָה
(to the) out, outside	הַחוּצָה
besides	חוּץ מִזֶּה
already	כְּבָר
so	כָּל כָּךְ
late	מְאוּחָר
early	מוּקְדָּם
for no reason	סְתָם
once again	עוֹד פַּעַם
simply	פָּשׁוּט
a little	קְצָת
near by	קָרוֹב
far away	רָחוֹק

PREPOSITIONS — מילות יחס

English	Hebrew
(precedes a definite direct object)	אֶת
me, you...	אוֹתִי, אוֹתְךָ...
of (rare)	בֶּן־
before, ago	לִפְנֵי
until	עַד
with	עִם
with me, w/you...	אִיתִי, אִיתְךָ...

NUMBERS — מספרים

English	Hebrew
eleven	אַחַת עֶשְׂרֵה
twelve	שְׁתֵּים־עֶשְׂרֵה
thirteen	שְׁלוֹשׁ־עֶשְׂרֵה
fourteen	אַרְבַּע־עֶשְׂרֵה
fifteen	חֲמֵשׁ־עֶשְׂרֵה
sixteen	שֵׁשׁ־עֶשְׂרֵה
seventeen	שְׁבַע־עֶשְׂרֵה
eighteen	שְׁמוֹנֶה־עֶשְׂרֵה
nineteen	תְּשַׁע־עֶשְׂרֵה
twenty	עֶשְׂרִים

central	מֶרְכָּזִי, מֶרְכָּזִית
crazy	מְשֻׁגָּע, מְשֻׁגַּעַת
familial	מִשְׁפַּחְתִּי מִשְׁפַּחְתִּית
wonderful	נִפְלָא, נִפְלָאָה
final	סוֹפִי, סוֹפִית
tired	עָיֵף, עֲיֵפָה
huge	עֲנָקִי, עֲנָקִית
simple	פָּשׁוּט, פְּשׁוּטָה
vegetarian	צִמְחוֹנִי, צִמְחוֹנִית
close	קָרוֹב, קְרוֹבָה
first	רִאשׁוֹן, רִאשׁוֹנָה
fourth	רְבִיעִי, רְבִיעִית
far, remote	רָחוֹק, רְחוֹקָה
sixth	שִׁישִׁי, שִׁישִׁית
third	שְׁלִישִׁי, שְׁלִישִׁית
second	שֵׁנִי, שְׁנִיָּיה
annual, yearly	שְׁנָתִי, שְׁנָתִית

VERBS — פעלים

English	Hebrew
finish	גּוֹמֵר, לִגְמוֹר
knock	דּוֹפֵק, לִדְפּוֹק
return	חוֹזֵר, לַחֲזוֹר
fly	טָס לָטוּס
go out	יוֹצֵא, לָצֵאת
can	יָכוֹל
sleep	יָשֵׁן, לִישׁוֹן
take	לוֹקֵחַ, לָקַחַת
cook	מְבַשֵּׁל, לְבַשֵּׁל
play	מְשַׂחֵק, לְשַׂחֵק
die	מֵת, לָמוּת
start	מַתְחִיל, לְהַתְחִיל
end	נִגְמָר, לְהִיגָּמֵר
meet	נִפְגָּשׁ, לְהִיפָּגֵשׁ
stay	נִשְׁאָר, לְהִישָׁאֵר
pass	עוֹבֵר, לַעֲבוֹר
stand	עוֹמֵד, לַעֲמוֹד
call	קוֹרֵא, לִקְרוֹא
get up	קָם, לָקוּם
be happy	שָׂמֵחַ, לִשְׂמוֹחַ

י ח י ד ה 4

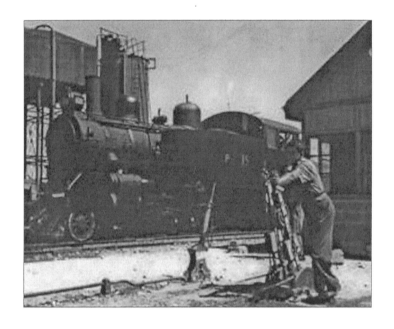

תחנת הרכבת "חיפה מזרח" (1950)

שיעור 46

מה יעל עשתה בסופרמרקט?

פַּעַם-פְּעָמִים	once, time/s
פַּעֲמַיִים	twice
עוד מְעַט	soon
לִגמוֹר/גוֹמֵר	finish
לַחֲשוֹב/חוֹשֵב	think

חגית: יעל, איפה היית הבוקר?

יעל: הלכתי לסופרמרקט.

חגית: ומה עָשִׂית אחרי הצהריים?

יעל: הלכתי לסופרמרקט עוד פעם.

חגית: עוד פעם? הלכת לסופרמרקט פעמיים ביום?

יעל: כן. בפעם הראשונה קניתי הרבה דברים, אבל לא קניתי חלב. אז אחרי הצהריים הלכתי עוד פעם.

חגית: ועכשיו, לאן את הולכת?

יעל: לאן? ... לסופרמרקט ...

חגית: עוד פעם?! שלוש פעמים ביום?!?! ... יעל, מה הסיפור?!

יעל: ... ראיתי שם בחור ממש חמוד ... הוא עובד שם ... עוד מעט הוא גומר לעבוד ...

חגית: אוי, גם אני צריכה ללכת לסופרמרקט!

יעל: לא, חגית! הוא שלי!

השלמות:

היום יעל כבר הלכה לסופרמרקט .... :

ב.............. הראשונה, היא קנתה ...., אבל לא .... חלב.

אחרי הצהריים, היא הלכה לשם ...., כי היא רצתה .... חלב.

עכשיו היא הולכת עוד פעם, כי ...., והיא רוצה לפגוש אותו.

מה הן אומרות? מה הן חושבות?

מה חגית חושבת כשהיא אומרת, "אוי, גם אני צריכה ללכת לסופרמרקט!"

מה יעל חושבת כשהיא אומרת, "לא, חגית! הוא שלי!"

....

....

....

....

....

....

בניין פעל, גזרת ל״ה* בזמן עבר

הפעלים: לעשות, לראות, לקנות, לרצות, לענות, לשתות, להיות.

Verbs that belong to בניין פעל, גזרת ל״ה (namely verbs of בניין פעל whose 3rd root letter is ה) conjugate in the past tense in the same way the verb להיות does.

The 3rd root letter, ה , only exists (though it is silent) in the third person singular masculine (הוא). This form merely consists of the three root letters with two /a/ sounds, just like the שלמים.
For example: רָצָה (same as לָמַד).

The third person singular feminine (היא) has ת, not ה, as the third root letter. The vowel pattern, however, remains consistent with that of the שלמים : עָשְׂתָה** (same as עָבְדָה).

In the third person plural (הם/ן), the ה is dropped, and the conjugation becomes: רָאוּ (vs. כָּתְבוּ in שלמים).

In the first and second persons (אני, אתה, את, אנחנו, אתם, אתן), the third root letter is י (which elicits the sound /i/). Thus the vowel pattern is: /a-i/ as opposed to the /a-a/ pattern of שלמים.
For example: שָׁתִיתִי (vs. פָּגַשְׁתִּי).

---

* Contemporary linguists favor referring to it as גזרת ל״י, for they maintain that the third root letter in these verbs is in actuality י .

**After learning the past conjugation of גזרת ל״ה , students occasionally add an extra ת to the third person singular feminine form of other גזרות . Avoid this error!

תרגיל 1: השלם את הטבלה לפי הדוגמה של הפועל **לעשות** בזמן עבר.

[1]

לַעֲשׂוֹת **בניין:** פעל, ל״ה **שורש:** ע.ש.ה. **תרגום:** do, make

	עָשִׂיתִי		עָשִׂינוּ
עָשִׂיתָ	עָשִׂית	עֲשִׂיתֶם	עֲשִׂיתֶן
הוא עָשָׂה	היא עָשְׂתָה	הם עָשׂוּ	הן עָשׂוּ

[2]

לִקְנוֹת **בניין:** .... **שורש:** .... **תרגום:** ....

	....		....
....	....	....	....
....	....	....	....

[3]

.... **בניין:** .... **שורש:** ר.צ.ה. **תרגום:** want

	....		....
....	....	....	....
....	....	....	....

[4]

....	**בניין:**	**שורש:**	**תרגום:** ....
	....		....
....	....	....	....
....	היא רָאֲתָה	....	....

תרגיל 2: הטה את הפעלים באותיות ה**מודגשות** בזמן עבר. קרא את המשפטים.

1. **ראיתי** אותם, אבל הם לא .... אותי.
2. חנן ויעל הלכו ביחד לחנות הספרים.
   חנן **קנה** ספר, ויעל .... מגזין מעניין.
3. אתם **עושים** שיעורי בית עכשיו?
   למה לא .... אותם בסוף השבוע?
4. כולם **ראו** את התוכנית בטלוויזיה,
   רק את לא .... אותה!
5. לא, תודה. אנחנו לא רוצים **לשתות**. כבר ....
6. תמיד אתה **שותה** קפה בבוקר. למה הבוקר לא ....?
7. כשהיית .... ילדה קטנה היא רצתה **להיות** מורה.
8. ענת, אני .... קפה בבוקר. עכשיו את צריכה **לעשות**.

To place additional emphasis on the subject of a sentence in the past tense, include the appropriate pronoun as well as the pronoun suffix. Cases with such added emphasis include instances of exclusion (with אבל or רק) or inclusion (with גם).
Examples:
כל החברים שלי נסעו הביתה, רק <u>אני</u> נשארתי פה.
גם <u>אתם</u> הייתם הבוקר בחנות? לא ראיתי אתכם!
כולם הלכו לסרט, אבל <u>אנחנו</u> הלכנו לישון.

שעה, פעם, זמן

שָׁעָה/שָׁעוֹת means "hour." For example:
למדנו למבחן שלוש שעות.

However, שעה is also used to tell the time. Examples:
א: מה השעה? ב: השעה שלוש וחצי.
א: באיזו שעה אתה קם? ב: בשעה שמונה.

זְמַן/זְמַנִּים means time (the dimension), and also reflects duration of time.
For example:
בערב יש לדניאל זמן לשבת ולקרוא ספר.

When referring to grammar, זמן means "tense." For example:
בעברית יש 3 זמנים: עבר, הווה, ועָתיד.

פַּעַם/פְּעָמִים (note that פעם is נקבה !) also means "time," but in the sense of instance or occurrence. It is normally coupled with a number (the number of instances/times) or another quantitative expression.
Examples:
כבר אכלנו במסעדה הזאת שלוש פעמים.
קראתי את הפרק הרבה פעמים.

פעם can also mean: "once, at one time", or in questions, "ever."
Examples:
פעם זה היה רחוב שָׁקֵט; היום כבר לא.
א: טסת פעם בהֶליקופטֶר? ב: כן, פעם, כשהייתי ילדה קטנה.

תרגיל 3: השלם במילים **שעה זמן פעם** ביחיד או ברבים.

1. בבוקר יש לי .... לעשות את שיעורי הבית.
2. הם כבר יושבים בספרייה שלוש ....!
3. איזו תוכנית משעממת! אני לא רוצה לראות אותה עוד ....

מְשַׁעֲמֵם ≠ מעניין

4. חגית אוכלת שלוש .... ביום, והכלב שלה אוכל רק .... אחת ביום.
5. באיזו .... אתם יוצאים?
6. צָ'רלי צָ'פּלין עשה את הסרט "............................ מודֶרניים".
7. זה .... טוב לשבת ולקרוא: כולם כבר הלכו לישון, ואין פה רעש.
8. א: מה ה ....? ב: כבר שתיים בלילה!
9. בישראל עובדים שמונה .... ביום.
10. יואב עובד בחנות ספרים. הוא כבר עובד שם הרבה ....
11. רפי אוכל ארוחת בוקר ב .... שמונה, ובשמונה וחצי הוא כבר רוצה לאכול עוד ....!
12. בקורס הזה לומדים עברית חמש .... בשבוע, ... בכל ....

סיומת הזוגי בעברית

The suffix Xַיִים (as in the number שתיים or the word צהריים) indicates the זוגי (doubling) in both masculine and feminine nouns. Words with this doubling suffix are considered plural. Their gender depends on their singular form. Thus נעליים חדשות (= new shoes; נעל is feminine) vs. גרביים חדשים (= new socks; גרב is masculine). When the doubling suffix is added to a noun that ends with a ה, the ה changes to ת.
For example, שנה << שנתיים.

Originally, nouns in Hebrew had three forms: יחיד , זוגי , and רבים . However, Modern Hebrew has retained the זוגי suffix only in several categories of nouns: numbers, periods of times, body parts, articles of clothing, and some other nouns.

Almost every noun that indicates duration of time has three forms.
For example: יום (= day), יומַיִים (= two days), יָמים (= days).

time	פְּעָמים	פַּעֲמַיִים	פַּעַם נקבה
day	יָמים	יומַיִים	יום זכר
week	שָׁבוּעות	שְׁבוּעַיִים	שָׁבוּעַ זכר
hour	שָׁעות	שְׁעָתַיִים	שָׁעָה נקבה
year	שָׁנים	שְׁנָתַיִים	שָׁנָה נקבה

Body parts (those that naturally come in pairs, and not even all of those) have two forms: יחיד and זוגי.
In this category of nouns, the זוגי form indicates both the doubling and the plural.
For example: יָד (= hand), יָדַיִים (= pair of hands/hands).
Note that all of the nouns on this list are feminine!

hand	יָדַיִים	יָד נקבה
leg/foot	רַגְלַיִים	רֶגֶל נקבה
eye	עֵינַיִים	עַיִן נקבה
ear	אוזנַיִים	אוזֶן נקבה

Some articles of clothing have two forms: יחיד and זוגי. For example: נעל (= shoe), נעליים (= pair of shoes/shoes). Others, like מִכְנָסַיִים (= pants) only have one form, and זוג (= pair) is used to indicate the quantity: זוג מכנסיים (= a pair of pants) or זוגות מכנסיים (= pairs of pants).

The same is true of אוֹפַנַיִים (= bicycle) and מִשְקָפַיִים (= eyeglasses).

מים and שמים only have a plural form. For example: המים נעימים (= the water is pleasant), or: שמיים כחולים (= blue sky).

shoe	נַעֲלַיִים	נַעַל נקבה
sock	גַרבַּיִים	גֶרֶב זכר
pants	מִכְנָסַיִים זכר	
eye-glasses	מִשקָפַיִים זכר	
bicycle	אוֹפַנַיִים זכר	
water	מַיִם זכר	
sky	שָמַיִם זכר	

תרגיל 4: כתוב דיאלוגים וקרא אותם עם חבר/ה.

1. ....

....

....

לא, תודה. כבר הייתי שם פעמיים.

2. ....

....

....

אני כבר עומד/ת פה שעתיים!

3. ....

....

....

אני לא רוצה לראות אותו עוד פעם!

4. ....

....

....

שנתיים?! כל כך הרבה זמן?!?!!

חיבור: כתוב חיבור בשם: "סוף השבוע שלי". השתמש בפעלים בעבר ובמילים הזוגיות

איפה הייתי? מה עשיתי? את מי פגשתי? עם מי דיברתי? לאן הלכתי, ועם מי? מה עשיתי פעמיים? איפה הייתי שעתיים?

ש י ע ו ר 7 4

נסיעה ב"רכבת ישראל" - סיפור ב-6 פרקים

פרק א: הרכבת לחיפה

סוזי: איפה היית בסוף השבוע?

אורי: הייתי בחיפה.

סוזי: איך נסעת לשם? במכונית או באוטובוס?

אורי: לא במכונית ולא באוטובוס ... נסעתי ברכבת.

סוזי: ברכבת? יש רכבת מתל אביב לחיפה?

אורי: בטח! יש רכבת ישירה לחיפה אולי עשר פעמים ביום.

סוזי: איפה תחנת הרכבת?

אורי: יש אחת ברחוב ארלוזורוב. לא רחוק מפה.

סוזי: וזה יקר?

אורי: לא. הנסיעה בכלל לא יקרה. וגם יש הנחה לסטודנטים.

סוזי: טוב לדעת! אני רוצה לנסוע לחיפה בסוף השבוע הבא.

אורי: כדאי לך לנסוע ברכבת. זה מאוד נוח.

train	רַכֶּבֶת
expensive	יָקָר
not at all	בִּכְלָל לֹא
discount	הֲנָחָה
it's worth your while	כְּדַאי לְךָ
convenient, comfortable	נוֹחַ

שאלות:

1. לאן אורי נסע בסוף השבוע? ....

2. איך הוא נסע לשם? ....

3. כמה רכבות יוצאות כל יום מתל אביב לחיפה? ....

4. מה יש ברחוב ארלוזורוב? ....

5. האם יש בתל אביב רק תחנת רכבת אחת? ....

6. לאן סוזי רוצה לנסוע בסוף השבוע הבא? ....

השלמות:

1. אחרי שסוזי מדברת עם אורי, היא יודעת שֶׁ...

יש ....; התחנה ....; הנסיעה ....

....

סוזי שמחה לשמוע את זה, כי .... היא אומרת: "........................".

2. למה כדאי לנסוע ברכבת?

- זה מאוד .... : יש רכבת לחיפה .... ביום.
- יש ברכבת מסעדה, אז .... ארוחת בוקר או .... בזמן הנסיעה .
- זאת .... ישירה, והיא נוסעת מהר.
- הרכבת .... על יד הים; .... לשבת, ולהסתכל על הנוף.
- תמיד פוגשים .... ברכבת.
- הנסיעה ברכבת ...., וגם יש .... לסטודנטים.

מַהֵר	fast
לְהִסְתַּכֵּל/מִסְתַּכֵּל (על)	watch
נוֹף	view

יקר או זול

יָקָר - יְקָרָה - יְקָרִים - יְקָרוֹת (expensive) ≠ זוֹל - זוֹלָה - זוֹלִים - זוֹלוֹת (cheap)

When the adjectives זול or יקר refer to <u>an item's</u> value, they agree with the item in gender and number.
Examples:

הארוחה לא הייתה **זולה**, אבל גם לא **יקרה**.

א: למה לא קנית **עגבניות**? ב: כי **הן** היו מאוד **יקרות**.

However, when referring to an <u>action</u>, expressed with an infinitive, the structure זה יקר / זה זול (singular masculine) is used, meaning "It is expensive to... / It is cheap to..."

חגית נוסעת באוטובוס, כי **זה יקר** מאוד **לנסוע** במונית.

[The same structure, though without זה (for example, לא **זול ללמוד** באוניברסיטה!) is discussed later in this unit in the section titled " משפטים בלי נושא." The structure זה יקר/זול ל... (with זה) is <u>not</u> considered standard by purists; however, it is still widely used.]

יקר, which can also mean "dear," "precious," is used in the opening line of personal letters.
For example: אמא ואבא היקרים, ...

תרגיל 1: כתוב משפט עם כל מילה. השתמש ב: **יקר/זול, מאוד יקר/זול, לא כל כך יקר/זול, לא יקר ולא זול, בכלל לא יקר**

שים לב להבדל בין: **משהו יקר / זה יקר ל...** (**דוגמה:** האוכל יקר. / זה יקר לאכול פה.)

לָלוּן	stay overnight

- מכונית ספורט ....
- הלימודים באוניברסיטה הלימודים באוניברסיטה הם לא זולים!
- ללון במלון "שרתון" ....
- הסנדוויצ'ים בקפיטריה ....
- לטוס לישראל זה מאוד יקר לטוס לישראל בקיץ
- מחשבים ....
- ארוחת ערב במסעדה ....
- עיתון יומי ....
- לדבר בטלפון ....
- טלפון סלולרי ....

שעון של רולֶקס ....

פלאפל ....

לאכול בקפיטריה ....

לנסוע באוטובוס ....

האוכל במקדונלד׳ס ....

כרטיסים לקונצרט ....

שם הפעולה

שֵׁם הַפְּעוּלָה (= gerund) is a form that is derived from the verb but functions as a noun. It expresses a generalized action. For example, כתיבה (= writing) and בישול (= cooking). Every verb has a שם פעולה, and those of an analogous בניין share the same structure.

בניין **פעל**   אְ אִ י אָ ה (נקבה)   נסיעה, כתיבה, ישיבה, ידיעה, הֲליכה, קריאה, עֲבוֹדה, אֲכילה, פגישה, פתיחה, קְנִיָּה, שמיעה, יציאה, ריצה, טיסה, שירה, עֲמידה, שתִיָּה

בניין **פיעל**   אִ י א וּ א (זכר)   דיבור, טיול, סיפור, בישול, לימוד, צילצול

בניין **הפעיל**   הַ אְ אָ אָ ה (נקבה)   התחלה, הזמנה

invitation הזמנה

Like all nouns, שם הפעולה can take a definite article (for example, הנסיעה ברכבת הייתה נוחה). It has a plural form (for example, לפרופסור עזורי יש היום שלוש פגישות חשובות.), and it obeys the laws of סמיכות (for example, בהתחלת השיעור המורה קוראת את השמות. הלכנו לראות את האופרה ״סיפורי הופמן.״).

שם הפעולה often has another meaning in addition to the expression of an action. For example, טיסה means "flying" as well as "flight;" סיפור means "telling" as well as "story;" ישיבה is "sitting" as well as "yeshiva;" and ידיעה means "knowing" as well as "news item."

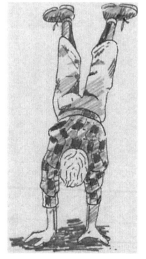

עמידת ידיים

תרגיל 2: השלם בשמות פעולה לפי הפעלים או להיפך. קרא את המשפטים.

1. זה זול .... באוטובוס, אבל **הנסיעה** במונית היא יקרה.
2. נעמי **רצה** כל בוקר. אחרי ה.......................... היא יושבת לאכול ארוחת בוקר.
3. ילדים קטנים אוהבים **לקרוא** ספרים, והם לומדים הרבה מֵהַ.......................... .
4. גדי מאוד אוהב **לבשל**. הוא רוצה לנסוע לפריס ללמוד שם ....
5. ביום חמישי הלכנו **לקְנִיּוֹת**, אבל לא .... הרבה דברים.
6. התנ״ך מספר לנו את סיפור **יציאת**-מִצְרַיִם: איך בְּנֵי-ישראל .... ממצרים.

משפטים בלי נושא

כדאי, (אי-) אפשר, אסור, מותר, צריך (and practically any adjective) introduce impersonal sentences and are followed by an infinitive. These sentences are impersonal and have no subject.

For example: (It's possible to meet interesting people here.) אפשר לפגוש פה אנשים מעניינים.

In contrast to English, sentences without subjects do *not* begin with זה. The word that begins the sentence is always masculine singular, and assumes the meaning "It's ... (+ normal translation)."
For example, in a sentence with a subject, צריך means "must."

(Everyone must sit quietly.) כולם **צריכים** לשבת בשקט.

But when beginning a sentence without a subject, צריך means "It's necessary.":

(It's necessary to sit quietly.) **צריך** לשבת בשקט.

The same is true of other adjectives. For example, טוב means "It is good" (not just "good") when it begins a sentence without a subject; נוח means "It's convenient;" יקר means "It's expensive;" etc.

Adjectives in sentences without subjects can be, but are not always, followed by an infinitive.

With an infinitive: (It's nice to talk with friends.) נחמד לדבר עם חברים.

Without an infinitive: (It's nice in here.) נחמד פה.

תרגיל 3: תרגם את המשפטים לאנגלית.

1. כדאי לנסוע לאילת. ....

2. טוב לדעת. ....

3. לא נוח לנסוע בג'יפ. ....

4. נחמד לשבת בחוץ ביום יפה. ....

5. אפשר לקנות פה הכול. ....

6. מעניין לשמוע את פרופסור עזורי. ....

7. אָסור לאכול חלב עם בשר. ....

8. מותָר לדבר, אבל בשקט. ....

9. לא צריך ללכת היום לאוניברסיטה. ....

אָסור ≠ מותָר

תרגיל 4: כתוב 2 - 3 משפטים על כל נושא.

.... מה כדאי לעשות בירושלים?

.... אילו תוכניות כדאי לראות בטלוויזיה?

.... מה מותר ומה אסור לעשות בספרייה?

.... מה טוב לאכול ומה לא טוב לאכול?

.... מה אפשר לעשות בסוף השבוע?

.... איפה נעים לשבת וללמוד?

.... עם מי נחמד ללכת לקניות?

Similar to sentences with יש/אין, sentences with no subject can be personalized with the preposition ...ל :

משפט סתמי עם מושא	משפט סתמי
אסור לַילדים לאכול. / אסור **להם** לאכול.	אסור לאכול.
כדאי **ל**סטודנטים לנסוע ברכבת. / כדאי **לך** לנסוע ברכבת.	כדאי לנסוע ברכבת.

However, impersonal sentences starting with אפשר and צריך *cannot* be personalized in this manner. The only way these sentences can be made specific is by converting them into sentences with subjects, with יכול and צריך.
For example:

משפט עם נושא	משפט סתמי
אנחנו יכולים לקנות פה משחקי וידיאו.	אפשר לקנות פה משחקי וידיאו.
אתם צריכים לשבת בשקט.	צריך לשבת בשקט.

תרגיל 5: השלם את המשפטים. השתמש ב: **מותר ל...** , **נוח ל...** , **טוב ל...** , **כדאי ל...** , **אסור ל...**

1. אמא ואבא היקרים. אני נמצאת עכשיו בקיבוץ. ....; אני לא רוצה לחזור לאוסטרליה.
2. כבר הייתם במועדון החדש? ...., יש שם מוסיקה מצוינת ואנשים מעניינים.
3. ילדים, ..., אבל רק עד השעה 9. אחר כך אתם צריכים ללכת לישון.
4. אנחנו אוהבים לגור בנהריה. זאת עיר קטנה, אבל ...., כי יש פה הכול.
5. אהוד אוהב עוגות, אבל ...., כי הוא בדיאטה.

תרגיל 6: השלם את הסיפור במילים: **פעמיים מהר נוחים נמצאים להסתכל יוצא יכולים כדאי הנחה יקרים**

אם אתם .... בתל אביב ואתם רוצים לנסוע לאילת, אתם יכולים לטוס, אבל .... לכם לנסוע באוטובוס.
אילת היא רחוקה, אז כדאי לצאת בבוקר. .... כל בוקר יש אוטובוס ישיר מתל אביב לאילת. הוא ....
מהתחנה המרכזית. אפשר לקנות את הכרטיסים שם, אבל אתם גם .... לקנות כרטיסים באתר האינטרנט של
"אגד". הכרטיסים לא ...., ויש .... לסטודנטים.
האוטובוס נעים מאוד: הכיסאות ...., ויש באוטובוס וידיאו. אם אתם לא רוצים לראות סרט, אתם יכולים לקרוא
משהו או סתם לישון. אבל כדאי לכם .... בחלון על הנוף הנפלא של הנגב.
האוטובוס נוסע ...., והזמן רץ; והנה -- אתם כבר באילת.
ברוכים הבאים ל"סוף העולם".

Egged (bus company)	אֶגֶד
welcome	בָּרוּךְ הבא

שיעור 48

פרק ב: נוסעים לחיפה ביחד

רון: את נוסעת בסוף השבוע לחיפה?

סוזי: כן, איך אתה יודע?

רון: אורי סיפר לי. את יודעת, גם אני נוסע לחיפה בסוף השבוע.

סוזי: באמת? אולי אתה רוצה לנסוע ביחד? אני נוסעת ברכבת.

רון: זה רעיון מצוין. אני מאוד אוהב לנסוע ברכבת.

סוזי: למה אתה נוסע לחיפה?

רון: לבקר את המשפחה שלי. ולמה את נוסעת?

סוזי: יש לי חברה טובה שם. שמה ענת מירון.
היא לומדת ארכיטקטורה בטכניון. אני נוסעת לבקר אותה.

רון: ענת מירון? מה את אומרת!

סוזי: אתה מכיר את ענת?

רון: בטח שאני מכיר אותה. למדנו ביחד בבית ספר תיכון!

סוזי: איזה עולם קטן!

לְבַקֵּר/מְבַקֵּר	visit
מה אתה אומר!	No kidding! (Literally, "What are you saying?")
לְהַכִּיר/מַכִּיר	know
עוֹלָם	world

הטכניון

הטֶכניון הוא המָכון הישראלי לטֶכנולוגְיָה (אוניברסיטה לטכנולוגיה). הטכניון נמצא בחיפה, על הר הכרמל.

אפשר ללמוד עֲוד על הטכניון באָתָר הבא:

http://www.technion.ac.il

שאלות:

1. מי נוסע לחיפה בסוף השבוע? ....
2. מה אורי סיפר לרון? ....
3. למי יש משפחה בחיפה? ....
4. מי זאת ענת מירון? ....
5. איפה ענת לומדת? ....
6. האם רון לומד עם ענת? ....
7. איך רון מכיר את ענת? ....
8. למה סוזי אומרת "איזה עולם קטן!"? מתי אומרים את זה? ....
....

השלמות:

1. גם רון .... נוסעים לחיפה. רון רוצה לבקר ....,
וסוזי ....
2. .... היא סטודנטית בטכניון. היא .... ארכיטקטורה.
3. רון .... ענת. .... בבית ספר תיכון.

שאלות: בקר באתר של הטכניון וענה על השאלות.

1. האם הטכניון הוא האוניברסיטה הראשונה בישראל? באיזו שנה הוא קם?
2. כתוב 3 דברים שאפשר ללמוד בטכניון.
3. כמה סטודנטים לומדים בטכניון?
4. כמה בניינים יש בעיר-הטכניון?

לבקר

שורש: .... בניין: .... לְבַקֵּר / ....

Pay attention to the prepositions that are used with לבקר. Visiting people is **את** לבקר, or just לבקר; visiting places is **ב**... לבקר.

Examples:

אני מבקר חברים שלי מבית ספר.
אנחנו הולכים לבקר את המורה בבית.
ההורים שלי מבקרים בַּקמפוס.
גדי רוצה לבקר בניו יורק.

The שם הפעולה of לבקר is, of course, ביקור (= a visit).

תרגיל 1: השלם בפועל **לבקר** ובמילת היחס המתאימה.

1. משפחת לוי .... ישראל כל שנה.
2. בפסח, נסענו .... נהריה.
3. היום סיוון .... אבא שלה בעבודה.
4. כל שנה הן .... אילת.
5. בירושלים, אפשר .... מוזיאון ישראל.
6. נחמד .... גן החיות ביום יפה.
7. .... מי אתן .... פה?
8. בערב, אהוד הולך .... חברים.

גן חַיות zoo

בניין פיעל בזמן עבר

הפעלים: לבשל, לבקר, לדבר, לטייל, ללמד, לנגן, לספר, לשחק

לנגן play (music)

דיבַּרְתִּי		דיבַּרְנוּ	
דיבַּרְתָּ	דיבַּרְתְּ	דיבַּרְתֶּם	דיבַּרְתֶּן
הוא דיבֵּר	היא דיבְּרָה	הם דיבְּרוּ	הן דיבְּרוּ

The מ that signals the present tense conjugation of בניין פיעל does not remain in the past tense conjugation. The stem for the past tense conjugation consists of the three root letters with the vowels /i-a/ under the first two root letters: סִפַּר... , בִּישַׁל...

However, the vowel pattern of third person singular masculine (הוא) in the past tense of בניין פיעל is /i-e/, as the name of the בניין suggests. For example: ניגֵן, ביקֵר

[The names of the בניינים consist of the root פ.ע.ל. structured as the third person singular masculine form (הוא) in past. Thus, בניין פָּעַל (like כָּתַב, קָנָה), בניין פִּיעֵל (like דִיבֵּר, טִיֵּיל), בניין נִפְעַל (like נִכְנַס, נִגְמַר), and בניין הִפְעִיל (like הִתְחִיל, הִזְמִין).]

In addition, in the third person feminine and plural forms, the second root letter drops its vowel due to the stress shift from the second syllable to the final syllable. For example: לִימְדָה, בִּישְׁלוּ, and שִׂיחֲקוּ .

[The י that follows the first root letter throughout the past tense conjugation of בניין פיעל is the only feature that distinguishes this בניין from בניין פעל when the text includes no vowels. For example, היא למדה בבית הספר הזה (= she studied in this school) vs. היא לימדה בבית הספר הזה (= she taught in this school). In Biblical Hebrew, פיעל verbs are written without a י.]

תרגיל 2: שנה את המשפטים לפי הנושא החדש.

1. אמא סיפרה לילד סיפור. אבא .... (אתן) ....
2. יעל, ניגנת יפה מאוד! ילדים, ...! הילדים ....!
3. טיילנו בפארק על יד הבית. גם את ....? מי עוד ....?
4. ביקרנו את החברים שלנו. (אני) .... אמא ואבא ....

תרגיל 3: השלם בפעלים: **לבשל לבקר לדבר לטייל ללמד לנגן לספר לשחק** בזמן עבר.

1. הקונצרט היה נפלא. הגיטריסט .... מוסיקה של באך.
2. בראש השנה דודה חנה .... ארוחה טעימה לכל המשפחה.
3. הילדים ישבו בחדר שלהם ו.............................. במשחקי מחשב.
4. פרופסור עזורי היקר, תודה לך ש.............................. אותנו דברים מעניינים, והיית כל כך נחמד!
5. אתמול בערב הלכנו לבקר את השכנים שלנו. כל הערב ישבנו ו.............................. איתם על ספורט.
6. כשהייתן בתל אביב, ... במוזיאון תל אביב?
7. א: אתה נוסע לאילת בסוף השבוע, נכון? ב: מי .... לך את זה?
8. א: איפה ....? ב: .... בגָליל ובנֶגֶב -- בכל הארץ.

אֶתמול yesterday

להכיר ולדעת

לָדַעַת / יודֵעַ - יודַעַת - יודְעים - יודְעות (שורש: י.ד.ע. בניין: פעל)

לְהַכִּיר / מַכִּיר - מַכִּירָה - מַכִּירים - מַכִּירות (שורש: נ.כ.ר. בניין: הִפְעִיל)

Both להכיר and לדעת mean "to know," but they are not interchangeable.
לדעת deals with the knowledge of facts, and is generally followed by the particle ...שֶׁ (= that), an interrogative, or sometimes the preposition את.

Examples:

טלי לא יודעת **שאני** עובד בספרייה.
סליחה, אתם יודעים **איפה** האוטובוס לירושלים?
מישהו יודע **מה** השעה?
סליחה, אני לא יודע **את** שמך.
מי יודע **את** התשובה?

לדעת may also refer to knowing how to do something.
Examples:

אני לא יודע לבשל.
נחמה יודעת לנגן בגיטרה.
אתם יודעים (לדבר) עברית?

On the other hand, להכיר applies to broader, more holistic knowledge - mainly of people or places - that is based on the knowledge of many facts. להכיר is always followed by a direct object.
Examples:

אהוד הוא סטודנט חדש. הוא עוד לא **מכיר** את הקמפוס.
גברת זהבי, את לא **מכירה** אותי?! אני הבן של זהבה ושמואל. אנחנו השכנים שלכם!!

להכיר is also used to introduce people. When used in this manner, להכיר does not take an object, for the object (generally each other) is already implied. For example:

א: אתם **מכירים**?
ב: בטח שאנחנו **מכירים**. למדנו ביחד בבית ספר.

א: בבקשה להכיר - זה אחי, חיים.
ב: נעים מאוד.

Never use the verb לדעת when you are talking about whether or not you know a person.

תרגיל 4: מכיר או יודע?

א. אני גר בעיר קטנה. אני .... אותה טוב מאוד. אני .... את השמות של כל הרחובות. אני .... איפה הבנק, איפה הדואר, ואיפה הסופרמרקט. אני .... מה אפשר לעשות פה בערב. אני .... את ההיסטוריה של העיר שלי, ואני גם .... פה הרבה אנשים.

ב. אפרת גרה פה רק יומיים. היא עוד לא .... את השכנים שלה. היא רוצה .... אותם. היא רוצה .... את השמות שלהם, היא רוצה .... איפה כל שכן גר, ומה הוא עושה. אפרת אוהבת אנשים, והיא תמיד אוהבת .... אנשים חדשים.

ג. הבחור הנחמד הזה

מירב: מי זה הבחור הנחמד הזה?
רותי: מה, את לא .... אותו?
מירב: לא, אבל אני רוצה .... אותו!

ד. נגה ושי

שי: סליחה, אנחנו לא ....?
נגה: כן, אנחנו לומדים יחד בחוג לספרות . אתה שי, נכון?
שי: נכון מאוד. אני מצטער, אני לא .... מה שמך ...
נגה: נגה. נעים מאוד.
שי: נעים מאוד.

תרגיל 5: המשך את הפיסקה. השתמש ב: **מכיר ויודע**, ב:**שֶ... ואֶת**, ובמילות שאלה (**לאן, מתי, איפה, איזה** ועוד).

אני מכירה את הקמפוס היטב ....

....

....

....

....

הֵיטֵב well

תרגיל 6: סדר את המשפטים.

1. אפשר , נהריה , רכבת , ש , לא , ב , לנסוע , ידעתי , ל

....

2. לאכול , יקרה , כדאי , מאוד , לא , היא , לכם , הזאת , בַּמסעדה , כי

....

3. שנה , זהבי , מאוד , באילת , כל , שָם , משפחת , כי , מבקרת , להם , טוב

....

4. תל אביב , איפה , דן , יודע , רחוב נחמני , הוא , אֶת , טוב , מכיר , אבל , נמצא , לא

....

שיעור 49

איך סופרים דברים

The set of numbers that you have learned thus far (the feminine set) is used to count, or to tell a phone number, address, ID number, etc. When counting *objects*, however, you must select from two sets of numbers: masculine and feminine. The number precedes the object it modifies, agreeing with it in gender. Examples:

זכר: שְׁלוֹשָׁה סטודנטים **נקבה:** שָׁלוֹשׁ חברות

One is the only number that *follows* the object it modifies: **זכר:** בית אֶחָד **נקבה:** דירה אַחַת

The number two loses its ם when it precedes a noun (just as nouns that end with ִים do in סמיכות).
שְׁנַיִים --> שְׁנֵי שְׁתַּיִים --> שְׁתֵּי (as in: שיעורים --> שיעורֵי):

זכר: שְׁנֵי ספרים **נקבה:** שְׁתֵּי מורות

Note that the masculine numbers typically end with the suffix ָה , which is characteristically the feminine suffix in nouns. This phenomenon is not unique to Hebrew. It occurs in all Semitic languages (Hebrew, Arabic, and Aramaic), and is referred to as *The Anomaly of the Numbers.*

זכר	
אֶחָד	שִׁישָּׁה
שְׁנַיִים (שְׁנֵי-)	שִׁבְעָה
שְׁלוֹשָׁה	שְׁמוֹנָה
אַרְבָּעָה	תִּשְׁעָה
חֲמִישָּׁה	עֲשָׂרָה

נקבה	
אַחַת	שֵׁשׁ
שְׁתַּיִים (שְׁתֵּי-)	שֶׁבַע
שָׁלוֹשׁ	שְׁמוֹנֶה
אַרְבַּע	תֵּשַׁע
חָמֵשׁ	עֶשֶׂר

תרגיל 1: כתוב עשרה צירופים של שם עצם ומספר בזכר, ועשרה בנקבה. השתמש במילים הבאות:

רכבת כרטיס עיתון בן בת ~~קופה~~ ~~מחשב~~ מכונית תחנה אתר יום מונית מספר שעון עגבנייה משחק בעיה אֲגוֹרָה שֶׁקֶל מזכירה

	זכר	נקבה
1.	....	....
2.	....	....
3.	....	....
4.	ארבעה מחשבים	....
5.	....	....
6.	....	....
7.	....	שבע קופות
8.	....	....
9.	....	....
10.	....	....

האם את/ה זוכר/ת את שמות העצם הבאים?

- שמות עצם ב<u>זכר</u> עם סיומת וֹת ברבים:

(Masculine nouns that take the plural suffix וֹתX.)

חלון / חלונות	כיסא / כיסְאות	רחוב / רחובות	שולחן / שולחנות
חשבון / חשבונות	מקום / מְקומות	שבוע / שבועות	

- שמות עצם ב<u>נקבה</u> עם סיומת ִים ברבים:

(Feminine nouns that take the plural suffix יםX.)

אישה / נָשים	ביצה / ביצים	מילה / מילים	שנה / שנים

- שמות עצם ב<u>נקבה</u> שנראים כמו זכר (האות האחרונה היא לא ה ולא ת):

(Feminine nouns whose singular form looks masculine (it doesn't end with ה or ת).)

ארץ / ארצות	יד / ידיים	עין / עיניים	פעם / פעמים
דרך / דרכים	כוס / כוסות	עיר / עָרים	רגל / רגליים
שמש / שמשות			

- שמות עצם ב<u>זכר</u> שנראים כמו נקבה (האות האחרונה ה או ת):

(Masculine nouns whose singular form looks feminine (it ends with ה or ת).)

לילה / לֵילות	בית / בתים

תרגיל 2: השלם בצירופים של מספר + שם עצם + שם תואר. השתמש במספרים שבסוגריים ובמילים הבאות:

מילה חדשה, ביצה קָשָה, שנה טובה, אישה יפה, ~~כיסא חדש~~, מקום מעניין, חלון גדול, כוס יקרה, רחוב ראשי, עיר גדולה

1. לארוחת הבוקר אהוד אוכל לחם ו.. (2)
2. לשיעור הבא אנחנו צריכים ללמוד .... (10)
3. בישראל יש .... (3): תל אביב, ירושלים, וחיפה.
4. רַעֲנָנָה היא עיר קטנה. יש ברעננה רק .... (1)
5. .... (5) יושבות על יד השולחן ומדברות.
6. יוסֵף דיבר עם המלך פַּרעֹה על .... (7)
7. בחדר שלי יש שולחן, ו ארבעה כיסאות חדשים (4)
8. נסענו לבקר ב.. (6)
9. בדירה שלנו יש .... (9)
10. אנחנו יושבים לשתות יין. על השולחן יש .... (8)

hard boiled egg	בֵּיצָה קָשָה

שיעור 50

מספרים 11 - 20

Numbers 11-19 are formed by combining the masculine numbers 1-9 with the particle עָשָׂר- (with no ה) for masculine, or the feminine numbers 1-9 with the particle עֶשְׂרֵה- for feminine.

Note the changes in pronunciation of the following masculine numbers when they are linked with עָשָׂר- :

אֶחָד --> אַחַד   שְׁנַיִים --> שְׁנֵים-

and the following feminine numbers when they are linked with עֶשְׂרֵה- :

שְׁתַּיִים --> שְׁתֵּים-   שָׁלוֹשׁ --> שְׁלוֹשׁ-   שֶׁבַע --> שְׁבַע-   תֵּשַׁע --> תְּשַׁע-

עשׂרים means "twenty" in both sets of numbers.

זכר	
אַחַד עָשָׂר	שִׁישָּׁה עָשָׂר
שְׁנֵים עָשָׂר	שִׁבְעָה עָשָׂר
שְׁלוֹשָׁה עָשָׂר	שְׁמוֹנָה עָשָׂר
אַרְבָּעָה עָשָׂר	תִּשְׁעָה עָשָׂר
חֲמִישָּׁה עָשָׂר	עֶשְׂרִים

נקבה	
אַחַת עֶשְׂרֵה	שֵׁשׁ עֶשְׂרֵה
שְׁתֵּים עֶשְׂרֵה	שְׁבַע עֶשְׂרֵה
שְׁלוֹשׁ עֶשְׂרֵה	שְׁמוֹנֶה עֶשְׂרֵה
אַרְבַּע עֶשְׂרֵה	תְּשַׁע עֶשְׂרֵה
חֲמֵשׁ עֶשְׂרֵה	עֶשְׂרִים

סמיכות: חזרה

Recall that a סמיכות is a noun-noun phrase, which forms a new compound word. The relationship between the two nouns of the סמיכות may vary across different סמיכויות.

The first noun is the core of the סמיכות. The second noun adds more information, modifies, or specifies the type of the first noun. Take the סמיכות "בית ספר" . While the first noun, בית , tells us that we are dealing with a house, the second noun, ספר , specifies that this is a house where books are studied.

The first or core noun determines the gender and number of the whole phrase. For example, in the phrase "בֵּית ילדים" (= a children's house in a Kibbutz), בית is singular, whereas ילדים is plural. The whole phrase follows בית, and as a result is singular. Thus, בית ילדים חדש (and not חדשים).

Note that while the first noun can switch from singular to plural or vice versa, the second noun does not, and remains the same (either singular or plural, depending on the particular סמיכות).
For example:

תחנַת רכבת (יחיד) --> תחנות רכבת (רבים)

בניין משרדים (יחיד) --> בנייני משרדים (רבים)

The feminine suffix ה in the first noun of a סמיכות converts to a ת:

אוניברסיטה --> אונברסיטַת חיפה

תחנה --> תחנת רדיו

The plural suffix ִים in the first noun of a סמיכות converts to ֵי:

בתים --> בתֵי כנסת

כרטיסים --> כרטיסֵי סטודנט

The definite article ה is only affixed to the second noun of a סמיכות (if that noun is not proper):

ארוחת הצהריים

תרגיל 1: שנה לרבים והוסף את המספר שבסוגריים.

עיר בירה .... (13)	בית דירות .... (15)
תחנת אוטובוס .... (18)	כוס קפה .... (12)
ארוחת בוקר .... (19)	עיר נמל .... (16)
כרטיס סטודנט .... (11)	רכבת אקספרס .... (14)
גן חיות .... (13)	בית כנסת ....ארבעה עשר בתי כנסת.... (14)
חבר קיבוץ .... (17)	ספר מוסיקה .... (12)

מספרים 10 - 100

The numbers 20-100 (in increments of 10) are the same in masculine and feminine.
For example:

זכר	נקבה
חמישים שבועות	חמישים שנים

However, digits added to these numbers have to agree in gender with the nouns they modify.
Examples:

חמישים ו<u>שניים</u> שבועות	חמישים ו<u>שתיים</u> שנים
עשרים ו<u>אחד</u> תלמידים	שלושים ו<u>חמש</u> מכוניות
שמונים ו<u>שבעה</u> כרטיסים	מאה ארבעים ו<u>חמש</u> שאלות

Note that a ו is added only before the last element. Examples: מאה **ו**עשרים; מאה עשרים **ו**אחת .

עֶשֶׂר/עֲשָׂרָה	שישים
עֶשְׂרִים	שִׁבְעִים
שְׁלוֹשִׁים	שְׁמוֹנִים
אַרְבָּעִים	תִּשְׁעִים
חֲמִישִּׁים	מֵאָה

הַמִּקְרֶה של 2

[Note the 6 variations of the number 2]

נקבה	זכר
א: מה השעה עכשיו? ב: **שְׁתַּיִים.**	א: כמה אחים יש לך? ב: **שְׁנַיִים.**
הלכתי לסרט עם **שְׁתֵּי** חברות שלי.	**שְׁנֵי** כלבים משחקים בחוץ.
ביום יש **שְׁתֵּים** עשרה שעות.	השנה קראתי **שְׁנֵים** עשר ספרים.
בקומה שלנו גרות עשרים **ושְׁתַּיִים** סטודנטיות.	הכרטיס עולֶה שלושים **ושְׁנַיִים** שקלים.

כסף

The שֶׁקֶל (in plural: שְׁקָלִים) is the Israeli unit of currency. One שקל equals 100 אֲגוֹרוֹת (in singular: אֲגוֹרָה). The noun שקל is masculine, whereas אגורה is feminine.

שקל is regularly abbreviated as ש״ח* (**שקל חדש/שקלים חדשים**), while אגורה is abbreviated as א״ח (**אגורה חדשה/אגורות חדשות**). In print, the character ₪ (a clever combination of the letters ש and ח) stands for שקל חדש/שקלים חדשים. Thus, 2.10 ש״ח = 2.10₪ = שני שקלים ועשר אגורות.

---

* In English, NIS stands for "New Israeli Shekel."

אפשר ללמוד עוד על כסף ישראלי באתר של **בנק ישראל**: http://www.bankisrael.gov.il/

חצי שקל חדש (חמישים אגורות)

עשרים שקלים חדשים

תרגיל 2: כתוב במילים.

5.40 ש״ח ....

10.25 ש״ח עשרה שקלים ועשרים וחמש אגורות

54.10 ש״ח ....

12.22 ש״ח ....

20.02 ש״ח ....

18.50 ש״ח ....

16.60 ש״ח ....

15.15 ש״ח ....

32.17 ש״ח ....

49.50 ש״ח ....

פרק ג: בקופה

[בתחנת הרכבת "תל אביב מרכז". רון וסוזי הולכים לקופה לקנות כרטיסים.]

רון: סליחה, כמה עולה כרטיס לחיפה?

קופאי: 26 ש"ח. 47 ש"ח הלוך ושוב.

סוזי: יש הנחה לסטודנטים?

קופאי: יש. 23.50 שקלים לסטודנטים עם כרטיס סטודנט.

רון: טוב. שני סטודנטים בבקשה.

קופאי: אפשר לראות את כרטיסי הסטודנט שלכם? ...
או, תודה. ... הנה הכרטיסים, בבקשה.

רון: באיזו שעה הרכבת יוצאת?

קופאי: הנה לוח הזמנים; אתם יכולים לקרוא פה הכל.

סוזי: יש מסעדה ברכבת?

קופאי: כן, בסוף הרכבת.

סוזי: תודה.

קופאי: נסיעה טובה.

ticket office	קוּפָּה
cashier	קוּפָּאי-קוּפָּאית
cost	לַעֲלוֹת/עוֹלֶה
round trip	הָלוֹךְ וָשׁוּב, הָלוֹךְ וַחֲזוֹר
timetable	לוּחַ זְמַנִים

שאלות:

1. כמה כרטיסים רון קונה? ....

2. אילו כרטיסים רון קונה? ....

3. מה הקופאי רוצה לראות? ....

4. האם הקופאי אומר לרון מתי הרכבת יוצאת? ....

5. למה הקופאי נותן לרון את לוח הזמנים? ....

לָתֵת/נוֹתֵן give

השלמות:

1. רון וסוזי נמצאים .... הם קונים .... ב ....

2. כרטיס לחיפה .... 26 ש"ח. כרטיס .... 47 ש"ח.

3. .... יש .... לסטודנטים: כרטיס סטודנט ....

4. רון רוצה ...., והקופאי רוצה .... את .... של רון וסוזי.

5. הקופאי נותן לרון ...., וגם את ....

6. סוזי רוצה לדעת אם* ...., והקופאי אומר ש ....

---

* Note the relationship between the preposition אִם (if) and the interrogative הַאִם in the following example of direct speech (דִיבּוּר יָשִיר) and reported speech (דִיבּוּר עָקיף). : <u>דיבור ישיר:</u> דן: **הַאִם** יש רכבת לירושלים? <u>דיבור עָקיף:</u> דן שואל **אִם** יש רכבת לירושלים.

כמה זה עולה

לַעֲלוֹת **הווה:** עוֹלֶה - עוֹלָה - עוֹלִים - עוֹלוֹת
עבר: עָלָה - עָלְתָה - עָלוּ

The verb לעלות (= cost) agrees with the item(s) that it refers to in gender and number. לעלות is normally followed by the price, or another indication of monetary value, such as: (כסף) הרבה ≠ or (כסף) מעט; בְּזוֹל ≠ בְּיוֹקֶר .

Examples: המכונית הזאת עולָה הרבה מאוד כסף.
הספרים עלו 95.50 ש״ח.

When inquiring about an item's price, the verb לעלות usually precedes the noun.

Examples: כמה עולים הכיסאות האלה?
כמה עלתה הטלוויזיה?

When לעלות refers to an action, expressed with an infinitive, it is conjugated in singular masculine form.

For example: כמה עולֶה לטוס לאילת?

You can also refer to an action as זה. In such cases, לעלות is still conjugated in singular masculine form.

For example:
א: אתה יכול לנסוע לרחובות גם ברכבת.
ב: וכמה **זה** עולה? (זה = לנסוע לרחובות)

Use the preposition ...ל to refer to the person who paid.

Examples: הספר עלה **לי** 80 שקלים. (I paid 80 NIS for the book.)
הארוחה עלתה **לרון** 25 ש״ח.
הבית שלכם יפה מאוד! כמה הוא עלה **לכם**?

As a general rule, use the verb לעלות in the present tense when you are discussing an item's price. However, when you are discussing the price one paid, use לעלות in the past tense.

For example: השעון הזה **עולה** 50 ש״ח. / השעון **עלה לרו**תי 50 ש״ח.

תרגיל 1: השלם בפועל **לעלות**. שנה את המשפטים לזמן עבר והוסף **ל...**

1. כמה ......עולה...... הספר הזה? ......כמה עלה לכם הספר הזה?......
2. הארוחה מצוינת ולא .... הרבה. ....
3. איזה מחשב יפה. כמה הוא ....? ....
4. העגבניות זולות. הן .... רק 5 ש״ח. ....
5. כמה זה ....? ....
6. הכרטיסים .... 30 ש״ח. זה לא נורא! ....
7. הצלחות יקרות מאוד. כל אחת .... 70 ש״ח. ....
8. כמה .... לנסוע במונית מחיפה לרחובות? ....

צַלַחַת-צַלָחוֹת plate

177 יחידה 4

תרגיל 2: הטה את הפעלים שכתובים ב**אותיות מודגשות**.

1. הספר **עלה** 40 ש״ח, והמחברות .... 8 ש״ח.
2. עינת **מכירה** את אסף מבית ספר. הם כבר .... הרבה שנים.
3. אני נוסעת **לבקר** את סבא וסבתא. אני .... אותם כל שבוע.
4. רון **מסתכל** החוצה. הוא אוהב .... על הנוף.
5. אנחנו **נותנים** לקופאית כסף, והיא .... לנו את הכרטיסים.
6. אהוד **מכיר** הרבה אנשים. הוא תמיד אוהב .... אנשים חדשים.
7. חגית **נותנת** את האי-מייל שלה, אבל היא לא אוהבת .... את מספר הטלפון שלה.

תרגיל 3: הגדרות. התאם בין המילים בשני הטורים.

זול	שקלים ואגורות
קופה	נותן כסף ומקבל דברים
קונה	בא לראות חברים או מקומות
כסף ישראלי	לא עולה הרבה כסף
מבקר	שם קונים כרטיסים

מְקַבֵּל receive

תשבץ: השלם את התשבץ. בטור האפור יש **שם של מקום בחיפה**.

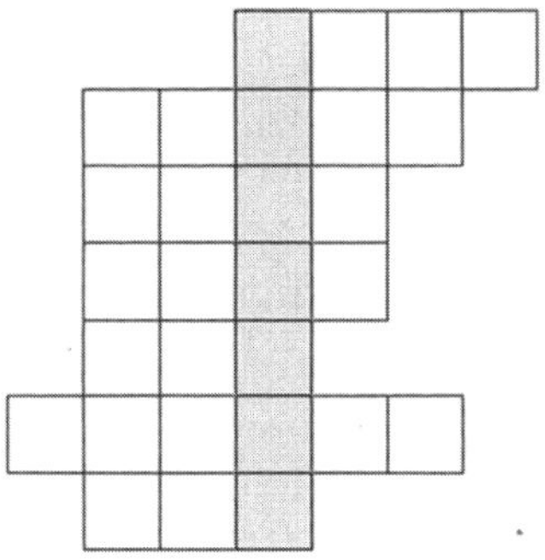

1. שם קונים כרטיסים.
2. אם אתה רוצה לנסוע באוטובוס, אתה צריך ... .
3. אפשר לנסוע לחיפה במונית, או ב ... .
4. כרטיס סטודנט לא עולה הרבה, כי לסטודנטים יש ... .
5. לא זול.
6. בשקל אחד יש מאה ... .
7. אם אני מסתכל מהחלון, אני רואה את ה ... .

שיעור 52

רכבת ישראל

תרגיל אינטרנט: בקר באָתָר של רכבת ישראל: <http://www.israrail.org.il/>.

מצא בדף "רכבות נוסעים" את המידע הבא:

נוֹסֵעַ-נוֹסַעַת	passenger
מַפָּה-מַפּוֹת	map
קַו-קווים	line, route
בַּדֶּרֶךְ	on the way
רכבת יְשִׁירָה	direct (non stop) train
רכבת בֵּין-עירונית	local train

1. כמה תחנות רכבת יש בתל אביב, וכמה תחנות יש בחיפה?
2. באיזה רחוב נמצאת התחנה "תל אביב מרכז"?
3. באיזה רחוב נמצאת התחנה "חיפה מרכז"?
4. האם יש תחנות אוטובוס קרוב לתחנת הרכבת בחיפה?
5. כמה רכבות יוצאות כל יום מתל אביב לחיפה?
6. רון וסוזי נוסעים ביום חמישי. הם קונים את הכרטיסים בשעה 11:45. באיזו שעה הם יכולים לנסוע ברכבת ישירה?
7. את/ה נוסע/ת ברכבת בין-עירונית מתל אביב לחיפה. כמה תחנות יש בדרך? תן/תני שמות של שלוש תחנות.
8. האם אפשר לנסוע ברכבת לנהריה, ירושלים, רחובות, ואילת?
9. מה יש ומה אין בתחנת "תל אביב מרכז" ובתחנת "חיפה מרכז"?

	תל אביב מרכז	חיפה מרכז
קופת כרטיסים	יש	
אוטומָט כרטיסים		
תחנת מוניות		
דואר		
סופרמרקט		
חנויות		
ספרייה		

10. כתוב/כתבי עוד 3 דברים מעניינים שלמדת מהאתר.
11. כתוב/כתבי 3 דברים שלא הֵבַנְתָּ ואת/ה רוצה להבין.

לְהָבִין	understand

הנוסע נוסע

The present tense forms of many verbs may also serve as nouns. More specifically, they function as the person who performs the action. For example: נוסע (= travel) is also האיש שנוסע (= the person who travels, namely the passenger); קונה (= buy) is also a customer; מוכר (= sell) is also a salesperson. Examples:

המוכרות באות לעבודה בשעה 9:00. (The saleswomen come to work at 9:00.)

עובדֵי האוניברסיטה יוצאים לחוּפְשָׁה. (The university employees are going on vacation.)

פרק ד: בקרון המסעדה

[סוזי ורון עולים לַרכבת, ונכנסים לקרון המסעדה.]

סוזי: אני רוצה לשתות. אתה רוצה משהו?

רון: לא, תודה. אני רוצה רק לשבת ולהסתכל על הנוף.

סוזי: אתה יכול להסתכל על הנוף וגם לשתות קולה...

רון: לא, תודה.

[סוזי הולכת למזנון.]

סוזי: דיאט קולה, בבקשה.

מוכר: עוד משהו?

סוזי: מה יש לכם לאכול?

מוכר: יש לנו סנדוויצ׳ים טעימים עם גבינה או ביצה.

סוזי: תן לי בבקשה סנדוויץ׳ עם גבינה ... תודה ... כמה זה?

מוכר: 22.40 ש״ח.

סוזי: יש לי הרבה כסף קטן, זה בסדר?

מוכר: אין בעיה.

סוזי: בבקשה ... 22.50 ש״ח.

מוכר: בבקשה, 10 אגורות עודף. בתיאבון.

סוזי: תודה.

[סוזי ורון יושבים ברכבת, מסתכלים על הנוף בחלון, ומדברים.]

רון: איך הסנדוויץ׳, סוזי?

סוזי: ככה ככה... רוצה קצת?

רון: לא, תודה.

train car	קָרוֹן-קְרוֹנוֹת
get on, board	לַעֲלוֹת/עוֹלֶה
food bar	מִזְנוֹן
cashier (salesperson)	מוֹכֵר-מוֹכֶרֶת
give (imperative)	תֵּן/לָתֵת
small change	כסף קטן
change	עוֹדֶף
Bon appetit!	בְּתֵיאָבוֹן

השלמות:

רון לא רוצה ...., ולא רוצה .... הוא רק רוצה ....

סוזי הולכת לַ ...., כי היא .... משהו. רון .... איתה.

סוזי קונה .... הכול ביחד .... 22.40 ש״ח.

סוזי נותנת לַ .... כסף קטן, כי .... היא .... לו 22.50 ש״ח, והוא נותן לה .... סוזי .... עם הסנדוויץ׳ והקולה, ויושבת .... עם רון.

כשהרכבת נוסעת, סוזי ורון מדברים, וגם ....

ציווי

ציווי, or the imperative form, is used to command (or ask) someone to do something. Every verb can be conjugated in ציווי , in addition to the present, past, and future tenses.

The ציווי has three forms: masculine, feminine, and plural, which all agree with the person(s) addressed. The masculine form is the basic form, the feminine form has a י suffix, while the plural form has a ו suffix.

שם הפועל:	לתת	**הווה:**	נוֹתֵן - נוֹתֶנֶת - נוֹתְנִים - נוֹתְנוֹת	**ציווי:**	תֵּן - תְּנִי - תְּנוּ
שם הפועל:	לשבת	**הווה:**	יוֹשֵׁב - יוֹשֶׁבֶת - יוֹשְׁבִים - יוֹשְׁבוֹת	**ציווי:**	שֵׁב - שְׁבִי - שְׁבוּ
שם הפועל:	ללכת	**הווה:**	הוֹלֵךְ - הוֹלֶכֶת - הוֹלְכִים - הוֹלְכוֹת	**ציווי:**	לֵךְ - לְכִי - לְכוּ

תרגיל 1: השלם את הצורות החסרות, וקרא בקול רם.

זכר	**נקבה**	**רבים**
1. אבא, ...!	אמא, תני לי כסף, בבקשה!	סבא וסבתא, ...!
2. רונן, ...!	עינת, ...!	ילדים, שבו בשקט!
3. רוצה לקרוא? לך לספרייה!	....	....

תרגיל 2: תרגם לעברית.

1. Dasi, please give me your phone number. ....
2. Children, go home. It's already late. ....
3. Sir, please give me a student ticket to Haifa. ....
4. Maya, sit here, by the window. ....
5. Eran, go to the supermarket. We need food! ....
6. Ron, Nira, sit quietly. The movie is starting. ....

תרגיל 3: השלם בפעלים ***ללכת, לתת, לשבת*** בהווה, עבר, שם הפועל, וציווי.

1. ירון, אתה צריך .... לחנות? אז .... לשם היום!
2. עינת, למה את .... שם? .... פה איתנו!
3. אמא, ... לי כסף בבקשה, אבא לא רוצה .... לי!
4. אתמול המורה .... הרבה שיעורי בית, אבל היום הוא לא .... שיעורים.
5. סבתא, בבקשה .... לאט!
6. כשאתם גומרים לקרוא את העיתון .... לי אותו בבקשה.
7. למה אתם לא .... לישון? .... לישון ע-כ-ש-י-ו !
8. אבא, ... לי בבקשה את המכונית הערב.
9. ילדים, ... בשקט, בבקשה. זאת ארוחת ערב.
10. אהוד ושירה .... לקופאית כסף, והיא .... להם את הכרטיסים שלהם.

קונים ומוכרים

[1] עיתון

קונה: ....

מוכרת: איזה עיתון אתה רוצה?

קונה: "הארץ".

מוכרת: ....

קונה: תודה. ....?

מוכרת: 3 שקלים.

קונה: ....

מוכרת: אני מצטערת, אין לי עודף מ-100 שקלים.

קונה: חבל.

גלויה עם בול

[2] פלאפל

קוֹנָה: תן לי בבקשה פלאפל.

מוכר: את רוצה מנה, ...?

קוֹנָה: רק חצי מנה. אני בדיאטה ...

מוכר: ....?

קוֹנָה: כן, דיאט קולה, בבקשה.

מוכר: ....

קונה: תודה רבה. שלום!

[3] גלויות

קוֹנָה: ....?

מוכר: כל גלויה עולה שקל. כמה גלויות את רוצה?

קונה: ....

מוכר: ....?

קונה: את זאת, ואת זאת, ואת זאת, וגם את זאת.

מוכר: הנה הגלויות שלך. את צריכה גם בולים?

קונה: ....

מוכר: ....?

קונה: לאוסטרליה.

מוכר: 14 שקלים בבקשה.

קונה: ....

מוכר: מה זה, אין לך כסף קטן?

קונה: ....

מוכר: זה בסדר. יש לי עודף.

[4] משהו לאכול, משהו לשתות

קוֹנֶה: ....

מוכרת: אין לנו המבורגר.

קונה: ....?

מוכרת: לא, אין לנו פלאפל.

קונה: ו ....?

מוכרת: גם לא.

קונה: מה זה פה?! ....??!!

מוכרת: אדוני, זאת חנות ספרים; המסעדה שם ...

גְלוּיָה-גְלוּיוֹת	postcard
מָנָה-מָנוֹת	(full) portion
חֲצִי מנה	half portion

שיעור 54

פרק ה: מי נמצא בקרון המסעדה?

הרכבת נוסעת. רון וסוזי יושבים בקרון המסעדה. אין הרבה אנשים בקרון המסעדה. לַקרון נכנס חייל נחמד עם כִּיפָּה על הראש. הוא הולך למזנון, ואומר למוכר: "בוקר טוב, משה, מה שלומך?" הוא עומד על יד המזנון, ומדבר עם המוכר. הם מדברים וצוחקים, אבל אי אפשר לשמוע מה הם אומרים, כי הם מדברים בשקט.

במושב על יד רון וסוזי יושבות אישה יפה וילדה קטנה. אפשר לראות שהן אמא ובת. האישה קוראת ספר, והילדה יושבת ואוכלת בַּמְבָּה. לפעמים היא מסתכלת על אחד הנוסעים, ואז היא שוכַחַת לאכול...

על יד הדלת יושבת בחורה צעירה עם כלב. הבחורה שותה כוס קפה ומדברת בפלאפון: "... לא .... כן ... אם אתה רוצה ... אני לא יכולה ... באמת?! ... מה אתה אומר?! ... לא, הם לא סיפרו לי! ..." הכלב יושב על המושב, ומסתכל בחלון. על מה הוא חושב? -- אי אפשר לדעת.

סוזי כבר גמרה לאכול את הסנדוויץ' שלה, ועכשיו היא מדברת עם רון. הוא מספר לה על מקומות מעניינים בחיפה. הוא מספר לה על המקדש הבהאי, ואומר לה שכדאי לה לבקר שם.

הילדה הקטנה קמה, עומדת על המושב, ומסתכלת על רון וסוזי. היא רוצה לשמוע מה הם אומרים. אמא שלה אומרת לה: "סיוון, שבי יפה. זה לא יפה להסתכל על אנשים. למה את לא אוכלת את הבמבה שלך?!"

המבקר נכנס עכשיו לקרון. הוא עומד על יד הדלת, וקורא: "בוקר טוב. כרטיסים בבקשה!"

חַיָּל-חַיֶּלֶת	soldier
לִצְחוֹק/צוֹחֵק	laugh
מוֹשָׁב-מוֹשָׁבִים	seat
בַּמְבָּה	snack (brand name)
אַחַד ה...	one of the
לִשְׁכּוֹחַ/שׁוֹכֵחַ	forget
צָעִיר-צְעִירָה	young
פֶּלֶאפוֹן	טלפון סלולרי
הַמִּקְדָּשׁ הַבָּהָאִי	the Baha'i Shrine
מְבַקֵּר-מְבַקֶּרֶת	conductor

נכון או לא נכון?

1. השם של החייל הוא משה.
2. אמא של סיוון היא אישה יפה.
3. הבחורה הצעירה מדברת עם הכלב שלה.
4. המקדש הבהאי הוא מקום מעניין בחיפה.
5. המבקר רוצה לראות את הכרטיסים של הנוסעים.
6. אמא של סיוון אומרת שהאנשים בקרון לא יפים.
7. אי אפשר לשמוע מה אמא של סיוון אומרת.
8. הבחורה הצעירה לא מדברת עם אמא שלה.

השלמות ושאלה:

1. סוזי מתחילה לדבר עם רון אחרי ש ....
2. סיוון לא אוכלת כש ....
3. הכלב מסתכל בחלון כש ....
4. אמא של סיוון מדברת איתה רק כש ....
5. כדאי לסוזי לבקר ב .... כי ....
6. החייל והמוכר מדברים בשקט, אז ....
7. הילדה הקטנה עומדת על המושב כי ....
8. המבקר רוצה לראות את הכרטיסים של הנוסעים, אז ....
9. מה את/ה יודע/ת על הבהאים ועל המקדש הבהאי בחיפה?

מדבר / מספר / אומר

Pay attention to the different meanings and uses of the following verbs about the act of speaking:

לדבר means "to speak." Examine the following sentences that use לדבר to better understand its many uses. A sentence with לדבר can:

express mutuality:	כל ערב אנחנו יושבים בבית הקפה **ומדברים**.
indicate the specific individual with whom you are speaking:	אני אוהב לדבר **עם** השכנים שלי.
report the content of the conversation:	הם מדברים **על** הסרט החדש של וודי אלן.
include an adverb to describe the qualities of the actual speech:	ליאורה מדברת **מהר**.
be followed by a direct object to report the language:	סליחה, אני לא מדבר **עברית** כל כך טוב.

לספר means "to tell someone about something." Its unmistakable relationship to the word סיפור suggests that what you are talking about is more general than a mere fact. You can use לספר to talk about school, a trip you took, a book you read, etc.

The sentence may include a reference to the person you are addressing:	אני רוצה לספר **לך** משהו מעניין.
The sentence can report the subject of the story:	רונן מספר לנו **על** הטיול שלו לאירופה.
לספר may be followed by a direct object (סיפור, בדיחה, משהו):	אמא מספרת לרוני **סיפור** מעניין.

לספר may be followed by the content of what's being discussed. In such cases, use the particle ...שֶ or an interrogative:

גברת לוי באה לספר לנו **ש**היא נוסעת לספארי בקניה;
היא סיפרה לנו **כמה** היא שְׂמֵחָה!

לומר means "to say" or "tell (a fact)".

It can be followed by a quotation: המורה נכנסת לכיתה, ואומרת ״**שלום**״.

It may be followed by the content of what's being said, in the same manner as לספר:

דן אמר לי **ש**הוא לא בא היום לעבודה, אבל הוא לא אמר לי **למה**.

The sentence may include a reference to the person addressed: אתה יכול לומר **לי** מה השעה?

When לומר is immediately followed by an infinitive, it means "tell someone to do something":

אמא אמרה לי **ללכת** לחנות.

The infinitive לומר is entirely interchangeable with לְהַגִּיד.

Two useful expressions that use the verb לומר: !אמרתי לך (= I told you so.) and !?מה אתה אומר (= No kidding!)

תרגיל 1: השלם במילים: **לומר להגיד לדבר לספר**

1. ערן לא .... ספרדית, אבל הוא יודע .... שלום בספרדית.
2. המורה עומד על יד הכיתה ו.................. עם התלמידים.
3. הוא .... לי על הטיול שלו למטולה.
4. למה עינת לא רוצה .... לי מה היא עשתה בסוף השבוע?
5. כל בוקר אני .... ״בוקר טוב״ לשכנים שלי.
6. אמא .... לילדים לבוא לשולחן.
7. סיוון .... : ״אמא, אני עייפה,״ אז אמא .... לה ללכת לישון.
8. א: אתה נוסע לטורקיה? ב: כן, איך את יודעת? א: ערן .... לי.
9. לא רציתי לאכול איתם, אז .... שאין לי תיאבון.
10. חגית .... מאוד בשקט. פשוט אי אפשר לשמוע מה היא ....
11. אורית לא.................. הרבה, אבל תמיד היא .... דברים מעניינים.
12. ישבנו בחדר האורחים כל הערב ו.................. על החדשות.

תרגיל 2: השלם ב: **ל עם על ש את** עם או בלי סיומות שם הגוף. מחק את ה-ה' אם צריך.

1. חברים, אני רוצה לספר .... המשפחה שלי.
2. אבא אמר .... הילדים לשבת בשקט, ולא לדבר.
3. אני לא יודע מי האישה הזאת, אבל אני תמיד אומר .... ״שלום״.
4. שלום תלמידים. .... מה אתם רוצים לדבר היום?
5. דודה חנה מספרת .... הילדים את הסיפור .... כיפה אדומה והזאב.
6. סליחה, אתה יכול להגיד .... מתי הרכבת יוצאת?
7. אני אוהב לדבר .... החברים שלי, אבל אני לא אוהב לדבר .... החברים שלי; זה לא יפה!
8. אני צריכה להגיד .... רחל, ... אני לא יכולה ללכת איתה לקניון היום.
9. יעל מדברת .... חגית .... הלימודים. היא מספרת .... הקורס לפיסיקה, ואומרת .... זה קורס טוב מאוד.

זְאֵב wolf

שיעור 55

פרק ו: בחיפה

[הרכבת נכנסת לתחנה.]

רון: זהו זה. אנחנו בחיפה.

סוזי: כל כך מהר!

רון: אמרתי לך!

[רון וסוזי יוצאים מתחנת הרכבת, והולכים לתחנת האוטובוס.]

רון: איזה יום יפה היום!

סוזי: מה זה שם?

רון: איפה?

סוזי: שם, על ההָר, אתה רואה את כיפת הזהב?

רון: זה המקדש הבהאי. זוכרת שסיפרתי לך על המקדש הבהאי?

סוזי: איזה יופי! אני חייבת לבקר שם!

רון: אמרתי לך!

זֶהוּ זֶה	that's it
אמרתי לך!	I told you so!
הַר הָרִים	mountain
כִּיפָּה כִּיפּוֹת	dome
זָהָב	gold
חַיָּיב חַיֶּיבֶת	must

המקדש הבהאי בחיפה ביום יפה

השלמות:

1. רון אמר לסוזי שהנסיעה ברכבת ....
2. על ההר נמצא ...., ויש לו ....
3. סוזי רוצה מאוד .... כי ....
4. רון אמר לסוזי ש...

מילים ליחידה 4

שמות עצם	NOUNS
אֲגוֹרָה (נ) אֲגוֹרוֹת	Agora
אוֹזֶן (נ) אָזְנַיִים	ear
אוֹפַנַּיִים (ז"ר)	bicycle
אִינְטֶרְנֶט (ז)	internet
אֵירוֹפָּה (נ)	Europe
אֲכִילָה (נ)	eating
אַרְכִיטֶקְטוּרָה (נ)	architecture
בּוּל (ז) בּוּלִים	stamp
בִּישׁוּל (ז)	cooking
בִּירָה	capital (city)
בַּמְבָּה (נ)	snack (brand)
בְּנֵי־יִשְׂרָאֵל (ז"ר)	people of Israel
בִּנְיַין־מִשְׂרָדִים (ז) בִּנְיְינֵי־	office bldg
גִּיטָרָה (נ) גִּיטָרוֹת	guitar
גִּיטָרִיסְט, גִּיטָרִיסְטִית	guitarist
ג'יפּ (ז) ג'יפִּים	jeep
גְּלוּיָה (נ) גְּלוּיוֹת	postcard
גַּן־חַיּוֹת (ז)	zoo
גֶּרֶב (ז) גַּרְבַּיִים	sock
דִּיבּוּר (ז)	speech
דַּף (ז) דַּפִּים	page
דֶּרֶךְ (נ) דְּרָכִים	way
הַגְדָּרָה (נ) הַגְדָּרוֹת	definition
הַזְמָנָה (נ) הַזְמָנוֹת	invitation
הֲלִיכָה (נ)	walk, walking
הֲנָחָה (נ) הֲנָחוֹת	discount
הַר (ז) הָרִים	mountain
הַתְחָלָה (ז) הַתְחָלוֹת	beginning
זְאֵב, זְאֵבָה	wolf
זָהָב (ז)	gold
זוּג (ז) זוּגוֹת	couple, pair
חָבֵר, חֲבֵרָה	member
חוּפְשָׁה (נ) חוּפְשׁוֹת	vacation
חַיָּיל, חַיֶּילֶת	soldier
טוּרְקִיָּה (נ)	Turkey
טִיּוּל (ז) טִיּוּלִים	journey
טִיסָה (נ) טִיסוֹת	flying, flight

טֶכְנוֹלוֹגְיָה (נ) טֶכְנוֹלוֹגְיוֹת	technology
יָד (נ) יָדַיִים	hand
יְדִיעָה (נ) יְדִיעוֹת	knowledge, news item
יוֹמַיִים (ז"ז)	two days
יְצִיאָה (נ) יְצִיאוֹת	exit
יְשִׁיבָה (נ) יְשִׁיבוֹת	sitting, meeting
כִּיפָּה (נ) כִּיפּוֹת	kippa, dome
כִּיפָּה אֲדוּמָּה	Little Red Riding Hood
כֶּסֶף קָטָן (ז)	small change
כַּרְטִיס־סְטוּדֶנְט (ז)	student card/ticket
כְּתִיבָה (נ)	writing
לוּחַ־זְמַנִּים (ז) לוּחוֹת־	timetable
מְבַקֵּר, מְבַקֶּרֶת	conductor (on train)
מוֹכֵר, מוֹכֶרֶת	salesperson
מוֹשָׁב (ז) מוֹשָׁבִים	seat
מִזְנוֹן (ז) מִזְנוֹנִים	food bar
מַחְבֶּרֶת (נ) מַחְבָּרוֹת	notebook
מִכְנָסַיִים (ז"ז)	pants
מָלוֹן (ז) מְלוֹנוֹת	hotel
מֶלֶךְ, מַלְכָּה	king/queen
מָנָה (נ) מָנוֹת	portion, dish
מַפָּה (נ) מַפּוֹת	map
מִקְדָּשׁ (ז) מִקְדָּשִׁים	temple
מִשְׁקָפַיִים (ז"ז)	eyeglasses
נֶגֶב (ז)	Negev (region)
נוֹסֵעַ, נוֹסַעַת	passenger
נוֹף (ז) נוֹפִים	view
נָמָל (ז) נְמָלִים	port
נְסִיעָה (נ) נְסִיעוֹת	trip, journey
נַעַל (נ) נַעֲלַיִים	shoe
סָפָארִי (ז)	safari
עַגְבָנִיָּיה (נ) עַגְבָנִיּוֹת	tomato
עוֹבֵד, עוֹבֶדֶת	worker, employee
עוֹדֶף (ז)	change
עוֹלָם (ז) עוֹלָמוֹת	world
עַיִן (נ) עֵינַיִים	eye
עִיר־בִּירָה (נ) עָרֵי־	capital city
עִיר־נָמָל (נ) עָרֵי־	port city

עֲמִידָה (נ) עֲמִידוֹת	standing
עֲמִידַת־יָדַיִים	handstand
פְּגִישָׁה (נ) פְּגִישׁוֹת	meeting
פֶּלֶאפוֹן (ז) פֶּלֶאפוֹנִים	cellphone (brand)
פַּעַם (נ) פְּעָמִים	once, time
פַּעֲמַיִים (נ"ז)	twice
פְּתִיחָה (נ)	opening
צַלַּחַת (נ) צַלָּחוֹת	plate
קַו (ז) קַוִּוים	line
קוֹנֶה, קוֹנָה	customer
קוּפַּאי, קוּפָּאִית	cashier
קוּפָּה (נ) קוּפּוֹת	ticket office
קֶנְיָה (נ)	Kenya
קְנִיָּיה (נ) קְנִיּוֹת	purchase
קְנִיּוֹת (נ"ר)	shopping
קָרוֹן (ז) קְרוֹנוֹת	train car
קְרִיאָה (נ)	reading
רִיצָה (נ) רִיצוֹת	running, run
רַכֶּבֶת (נ) רַכָּבוֹת	train
שְׁבוּעַיִים (ז"ר)	two weeks
שׁוּרָה (נ) שׁוּרוֹת	line
ש"ח (ז)	NIS (New Israeli Shekel)
שִׁירָה (נ)	singing, poetry
שָׁמַיִם (ז"ר)	sky
שְׁמִיעָה (נ)	hearing
שְׁנָתַיִים (נ"ז)	two years
שָׁעוֹן (ז) שְׁעוֹנִים	watch, clock
שְׁעָתַיִים (נ"ז)	two hours
שֶׁקֶל (ז) שְׁקָלִים	Shekel
שְׁתִיָּיה (נ)	drink
תֵּיאָבוֹן (ז)	appetite
תַּנַ"ךְ (ז) [תּוֹרָה, נְבִיאִים, כְּתוּבִים]	the Hebrew Bible

שמות תואר	ADJECTIVES
בָּהָאִי, בָּהָאִית	Baha'i
בֵּין־עִירוֹנִי, ־עִירוֹנִית	inter-city
זוּגִי, זוּגִית	even (number)

זול, זולָה	cheap
חַיָיב, חַיֶיבֶת	must
יָקָר, יְקָרָה	expensive, precious
יָשיר, יְשירָה	direct
כָּחול, כְּחוּלָה	blue
מְעַט	small amount
מְשַעֲמֵם, מְשַעֲמֶמֶת	boring
נוֹחַ, נוֹחָה	comfortable, convenient
נורָא, נורָאָה	terrible
צָעיר, צְעירָה	young
קָשֶה, קָשָה	hard

פעלים — VERBS

חושֵב, לַחשוב	think
לְהַגיד	to tell
לָן, לָלוּן	stay overnight
מֵבין, לְהָבין	understand
מְבַקֵר, לְבַקֵר	visit
מוכֵר, לִמכּור	sell
מַכּיר, לְהַכּיר	know
מְנַגֵן, לְנַגֵן	play (music)
מִסְתַכֵּל, לְהִסְתַכֵּל	watch
מְקַבֵּל, לְקַבֵּל	receive
נותֵן, לָתֵת	give
עולֶה, לַעֲלות	cost, go up
צוחֵק, לִצחוק	laugh
שוכֵחַ, לִשכּוחַ	forget

פעלים בציווי

לֵך, לְכי, לְכוּ	go
שֵב, שְבי, שְבוּ	sit
תֵן, תְני, תְנוּ	give

תארי פועל — ADVERBS

אֶתמול	yesterday
בַּדֶרֶך	on the way
בְּזול	cheaply
בְּיוקֶר	expensively, dearly
בִּכְלָל (לא)	(not) at all
בְּשֶקֶט	quietly
הֵיטֵב	well
הָלוך וְחָזור	round (trip)
הָלוך וָשוב	round (trip)
לְמַטָה	down
לְמַעלָה	up
מַהֵר	fast
מְעַט	a little
עוד מְעַט	soon

מספרים (זכר) — NUMBERS (M.)

אֶחָד (1), שְנַיִים (2), שְלושָה (3), אַרבָּעָה (4), חֲמישָה (5), שישָה (6), שִבעָה (7), שמונָה (8), תִשעָה (9), עֲשָׂרָה (10), אַחַד־עָשָׂר (11), שְנֵים־עָשָׂר (12), שלושָה־עָשָׂר (13), אַרבָּעָה־עָשָׂר (14), חֲמישָה־עָשָׂר (15), שישָה־עָשָׂר (16), שִבעָה־עָשָׂר (17), שמונָה־עָשָׂר (18), תִשעָה־עָשָׂר (19), עֶשׂרים (20)

חג״ם — IMPERSONAL

אָסור	it's forbidden
אֶפשָר	it's possible
כְּדַאי	it's worthwhile
מוּתָר	it's allowed
צָריך	it's necessary

ביטויים — EXPRESSIONS

אוי	Oh/Oh my!
אֶחָד הַ־, אַחַת הַ־	one of the...
אֵיזֶה יופִי!	How nice!
אֵיזֶה עולָם קָטָן!	What a small world!
אָמַרְתי לָךְ!	I told you so!
בְּתֵיאָבון!	Bon appetit!
(זֶה) לא נורָא	It's not that bad
זֶהו זֶה	That's it
יְציאַת־מִצְרַיִם	exodus from Egypt
מַה אַתָה אומֵר!	No kidding!
נְסיעָה טובָה!	Have a good trip!
שים, שימי, שימו לֵב	Pay attention!

מונחים — TERMINOLOGY

דיבּור יָשיר	direct speech
דיבּור עָקיף	reported speech
עָתיד (ז)	future
ציווּי (ז)	imperative
שֵם־פְּעוּלָה (ז) שְמות־	gerund

י ח י ד ה 5

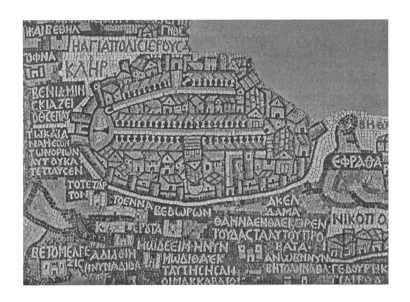

ירושלים במפת מידבא מהמאה ה-6. במרכז: שוק הקרדו

שיעור 56

קניות בסופרמרקט - סיפור בשמונה פרקים

פרק א: הפתעה ליעל

[סוזי מספרת:]

שלום. זוכרים אותי? אני סוזי, משיקאגו. בשנה שעברה למדתי באוניברסיטת תל אביב. זאת הייתה שנה נפלאה: פגשתי הרבה אנשים וביקרתי בהרבה מקומות מעניינים בארץ. עכשיו חזרתי לארץ לביקור, והיום אני נוסעת לירושלים לביקור אצל יעל. יעל היא בת דודה שלי, ואנחנו חברות טובות. זאת הפתעה ליעל: לא צילצלתי להגיד לה שאני באה. היא אפילו לא יודעת שאני בארץ!

הַפְתָּעָה	surprise
לִזכּור/זוכֵר	remember
בת דודה-בן דוד	cousin
אֵצֶל	at
אֲפילו	even
אַהלָן (ערבית)	שלום
איזה כֵּיף (ערבית)	It's great
איך זה ש...	How come?
לְהוֹדיעַ /מודיעַ ל...	inform
כָּכָה עושים?!	You don't do that!
נֶהדָר-נֶהדֶרֶת	marvelous

[סוזי מצלצלת בדלת הבית של יעל. יעל פותחת את הדלת.]

יעל: שלום...? ... סוזי?!!!

סוזי: אהלן יעל. איזה כיף לראות אותך!

יעל: סוזי, לא ידעתי שאת נמצאת בארץ!

סוזי: אני כבר נמצאת בתל אביב שבוע, והיום באתי לירושלים.

יעל: כבר שבוע?! איך זה שלא צילצלת להודיע לי שאת בארץ? ככה עושים?!

סוזי: רציתי לעשות לך הפתעה...

יעל: איזו הפתעה נהדרת!

לְצַלְצֵל (= ring) has a 4-letter root: צ.ל.צ.ל.

הווה: מְצַלצֵל מְצַלצֶלֶת מְצַלצְלים מְצַלצְלות

עבר: צילצַלתי צילצַלתָ צילצַלתְ צילצֵל צילצְלָה
צילצַלנו צילצַלתֶם צילצַלתֶן צילצְלו

The past tense conjugation of 4-letter root פיעל verbs is often spelled without a י: צִלְצַלְתִּי

שאלות:

1. למה סוזי נוסעת לירושלים? ....
2. למה סוזי מבקרת את יעל? ....
3. מדוע זאת הפתעה ליעל? ....
4. כמה זמן סוזי כבר נמצאת בישראל? ....
5. מה סוזי אומרת כשהיא נפגשת עם יעל? ....

מָדוּעַ = למה

השלמות:

1. בשנה שעברה סוזי .... בארץ. היא .... באוניברסיטת תל אביב. היא .... הרבה אנשים ו .... במקומות מעניינים. השנה היא .... לארץ לביקור.
2. סוזי כבר נמצאת ...., והיום היא נוסעת .... את יעל.
   יעל היא .... של סוזי, והן ....
   סוזי לא הודיעה ליעל שהיא בארץ, כי היא ....
3. הביקור של סוזי הוא הפתעה ליעל, כי היא אפילו ....

תרגיל 1: נתח את כל הפעלים בטקסט לפי הדוגמה הבאה:

הפועל	שורש	בניין/גִזרה	זמן	גוף	תרגום
מספרת זוכרים	ס. פ. ר.	פיעל	הווה	היא	tell

שעבר / הבא

When the word שֶׁעָבַר (literally, "that passed") follows a duration of time or event, it means "previous" or "last." Examples: השנה שעברה (= last year; literally, the year that passed), השבוע שעבר, הסמסטר שעבר, etc. Examples:

בַּשנה שעברה רק למדתי; השנה אני גם עובדת. ([In the] Last year I just studied; this year I also work.)

בַּקיץ שעבר ביקרנו אצל המשפחה שלנו בצרפת. ([In the] Last summer we visited our family in France.)

העוגה היא מהשבוע שעבר; היא כבר לא טובה. (The cake is from last week; it's no good any more.)

The opposite of שעבר is: הַבָּא (= that comes*). For example, השנה הַבָּאָה (= next year; literally, the year that comes), השבוע הַבָּא, השיעורים הַבָּאים, etc. Examples:

בַּשבוע הבא יש לי שני מבחנים חשובים. ([In the] Next week I have two important exams.)

ב-3 השנים הבאות דן רוצה לטייל בעולם. (In the next 3 years Dan wants to travel the world.)

לעבור

Other uses of the verb לַעֲבור:

אוטובוס מספר 18 עובר במרכז העיר. (Bus Number 18 goes through the center of the city.)

בדרך לעבודה עברתי על יד הבית שלכם. (On my way to work I passed by your house.)

מאות אנשים עוברים בתחנה המרכזית יום יום. (Hundreds of people pass through the central station every day.)

הם רוצים לעבור לדירה גדולה יותר. (They want to move to a bigger apartment.)

בני ישראל עברו את נהר הירדן. (The Israelites crossed the Jordan river.)

---

* In many cases ...ה can substitute for ...שֶ in the present tense.

תרגיל 2: השלם כרצונך. בכל משפט יש הפועל **בא** או **עבר** .

1. בשבוע הבא, יש לי ....
2. בַּשיעורים שעברו, דיברנו על ....
3. בסמסטר שעבר ....; בסמסטר הבא אני צריך/ה ....
4. בדרך לקמפוס, אני עובר/ת ....
5. בשנה שעברה ...., אז השנה ....
6. יש לי ....מהשנה שעברה.
7. הרכבת עוברת על יד ....
8. בביקור שעבר ....
9. אנשים עוברים דירה, כש...

לעבור דירה   move (relocate)

אצל

אֶצְלִי		אֶצְלֵנוּ	
אֶצְלְךָ	אֶצְלֵךְ	אֶצְלְכֶם	אֶצְלְכֶן
אֶצְלוֹ	אֶצְלָהּ	אֶצְלָם	אֶצְלָן

The preposition אֵצֶל means "at one's place," and it is followed by a person. But while grammatically אצל refers to a person, it actually combines person and place.

For example: אנחנו מבקרים **אצל** דן. (= אנחנו מבקרים **את** דן **ב**בית שלו.)

ילדים אוהבים לישון **אצל** החברים שלהם. (= ילדים אוהבים לישון **עם** החברים שלהם **ב**בית שלהם.)

אצל can combine with a noun (a person) or take the standard pronoun suffixes.

For example:

אתם יכולים ללון **אצלנו** הלילה. (= אתם יכולים ללון בבית שלנו הלילה.)

Similar to the preposition ...ב , אצל cannot be used with a directional verb (directional verbs take אֶל or ...ל)*. It typically follows verbs (or שמות פעולה) that describe things that you do at a place, such as להיות, לבקר, ללון, להימצא, לאכול etc.

An exact location can be specified further by using the preposition ...ב in addition to אצל.

For example: המסיבה הייתה **אצל** הדודה יונה **בַּ**גינה. (= המסיבה הייתה בגינה של הבית של הדודה יונה.)

When the location is unspecified (as in: "המסיבה הייתה אצל הדודה יונה.") it is assumed that you are referring to one's home or work place.

אצל also means: "in one's possession." For example: הכרטיסים אצלך? (= יש לך הכרטיסים?)

It can also mean: "in one's life, or domain." For example: אצלנו הכול בסדר. (= בחיים שלנו הכול בסדר.)

---

* In Biblical and Rabbinic Hebrew אצל can also mean על יד or אל and can follow a directional verb.

תרגיל 3: השלם במילת היחס **אצל** עם או בלי סיומות שם הגוף.

1. היום עינת מבקרת .... אבא שלה במשרד.
2. כשהיינו בחיפה, לַנוּ .... קְרוֹבֵי המשפחה שלנו, וגם אכלנו .... כל יום.
3. אולי אתם רוצים לאכול .... הערב?
4. דוד מבקר .... האחות שלו, אבל הוא לא אוכל ...., כי היא לא שומרת כשרות.
5. רן: נירה, האַי-פוד שלי .... ? נירה: לא, הוא לא ....; הוא .... ערן.
6. כל הספרים שלי נמצאים .... ההורים שלי, כי .... אין מקום.
7. א: מה נשמע .... ? ב: תודה לאל. אין חדש.
8. כל יום שלישי אנחנו אוכלים .... סבתא. תמיד יש .... הרבה אנשים.
9. אתם יכולים ללון .... הלילה. יש .... הרבה מקום.

לִשמור כַּשרוּת	keep kosher

אפילו

אֲפִילוּ (= even) can precede any part of the sentence marking it as an extreme example.

Examples:

אהוד תמיד בא לשיעור מאוחר, אבל <u>אפילו הוא</u> בא אתמול בַּזמן.

היא עובדת יום ולילה. <u>אפילו בשבת</u>.

יורם מאוד אוהב מוסיקה, הוא <u>אפילו כותב</u> שירים.

תרגיל 4: השלם את המשפטים. בכל משפט יש **אפילו** .

1. דן רואה הרבה תוכניות טלוויזיה; הוא רואה אפילו ....
2. בפסח כולם שותים יין. אפילו ....
3. ....; אפילו ילדים קטנים אוהבים אותו.
4. .... אוהב לשמוע את המוסיקה של אֱמִינֶם לפעמים.
5. אפילו בשיעור לעברית ....
6. בכל הלילות אין אנו מַטבּילין* ....

* From the Passover Haggadah: "On all other nights we need not dip our herbs even once."

איזה

The interrogative איזה can function in statements as an intensifier.

For example:

איזה יום יפה היום! (What a nice day it is today!)

איזה סרט נוֹרָא! (What a horrible movie!)

In spoken Hebrew, these sentences often use the singular masculine form "איזה" regardless of the number and gender of the noun modified. You will hear both:

איזה / אילו ילדים חמודים! איזה / איזו בחורה חכמה!

איזה can also pair with the nouns: כיף and יופי. Both איזה יופי (literally, "What a beauty!") and איזה כיף (literally, "What fun it is!") mean "It's great!"

For example: מחר אין לנו שיעור. איזה כיף!

The expressions !איזה יופי! , איזה כיף can be extended using an infinitive, ...ש, or של.

Examples:

איזה כיף **להיות** פה! (It's great to be here!)

איזה כיף **שאתם** באים איתנו! (It's great that you're coming with us!)

איזה יופי **של** תמונה! (What a beautiful picture! (literally, What a beauty of a picture!))

תרגיל 5: כתוב דיאלוגים וקרא אותם עם חבר או חברה.

1

....

....

איזה ילדים מְתוקים!

2

....

....

....

איזה פרופסור מפוזר!

3

איזה יופי של...............................!

אם את/ה רוצה, ...

באמת?! איזה יופי!

4

....

....

באמת?! איזה סטודנט מצוין!

....

5

איזה כיף שיש פה ....

נכון, גם אני רציתי ....

עכשיו אנחנו יכולים ....

מְפוּזָר-מְפוּזֶּרֶת	absentminded

תרגיל 6: השלם את המשפטים בחלקי המשפטים הבאים:

אנחנו לא בבית , בשנה הבאה אני עובר דירה , למדנו ביחד בשיעור לסטטיסטיקה , בשבוע הבא יש אצלה מסיבה , אהרון מדבר על מוסיקה , זכרתם את יום ההולדת שלי , אני אוהב לבקר אצלם , אני לא אוהב לעשות הפתעות לאנשים , היא עייפה , איזה יופי של סרט

1. אני מכיר אותה מהסמסטר שעבר; ....
2. צילצתי להודיע שאני בא, כי ....
3. שושנה הודיעה ש ....
4. טוב ונוח לי אצל הדודים שלי, אז ....
5. הרדיו מנגן אפילו כש ....
6. כדאי לך לראות את "אישה יפה"; ....
7. עירית אוהבת לשבת ולקרוא ספר אפילו כש ....
8. איזה כיף לשמוע את ....
9. לא טוב לי עם השותף שלי, אז ....
10. תודה, תודה רבה! איזה יופי ש ....

שיעור 57

פרק ב: יעל וסוזי מדברות

הדירה הזאת והדירה הקודמת

קוֹדֵם-קוֹדֶמֶת	previous
לא מִזְמַן	not long ago
חֲלוֹם	dream

סוזי: ... ומתי עברת לגור כאן?

יעל: באוקטובר, לא מזמן.

סוזי: אני זוכרת את הדירה שלך ברחוב התבור. זה היה רחוב שקט מאוד, והדירה הייתה נחמדה.

יעל: גם אני אהבתי אותה. היא הייתה קטנה, אבל נוחה מאוד. היה לי מאוד טוב שם.

סוזי: ואֶת הדירה הזאת אַת גם אוהבת?

יעל: הדירה הזאת היא ממש חלום!

השלמות 1:

1. בעבר, יעל .... ועכשיו היא גרה ברחוב גִדעון.
2. הדירה ברחוב התבור .... וגם הדירה החדשה נוחה מאוד.
3. ליעל .... בדירה הקטנה, וטוב לה גם בדירה הזאת.

שכנים

סוזי: אתמול בערב יצאתי לפגישה. הייתי צריכה לנסוע באוטובוס מספר 24, אבל לא ידעתי איפה התחנה.

יעל: אז מה עשית?

סוזי: שאלתי בחור אחד ברחוב. אבל הוא לא הבין מה שאלתי. הוא לא הבין עברית. הוא היה אמריקאי! התחלנו לדבר, ואת יודעת מה? -- גם הוא משיקאגו!

לְהָבִין/הֵבִין	understood

יעל: מה את אומרת!

סוזי: ולא רק משיקאגו -- הוא גר ברחוב אדיסון.

יעל: רחוב אדיסון?! זה לא רחוק מהבית שלכם, נכון?

סוזי: נכון. אנחנו ממש שכנים! אבל זה עוד לא הכול: הוא מכיר את אחי, בן. הם למדו ביחד בבית ספר תיכון!

יעל: איזו הפתעה!

סוזי: ממש!

השלמות 2:

סוזי ...., אבל היא לא ידעה איפה התחנה.

הבחור ...., כי הוא היה אמריקאי, ולא ידע עברית.

גם הבחור וגם סוזי ....

מסיבת הפתעה

יעל: את זוכרת את רונן?

סוזי: רונן??

יעל: רונן שְׁטְרִית ... בחור גבוה ... ג׳ינג׳י ...

סוזי: אה, החבר של עירית...

יעל: כן, הוא. אבל הם כבר לא חברים.

סוזי: באמת? למה?

יעל: זה סיפור ארוך ... יש לו עכשיו חברה חדשה: עינת.
אז בשבוע שעבר עינת עשתה מסיבת יום הולדת לרונן. זאת הייתה מסיבת הפתעה. עינת הזמינה את כל החברים של רונן לדירה שלו. היו שם הרבה אנשים. ישבנו בשקט, וכשרונן נכנס, קמנו וקראנו: ״מזל טוב!!״

סוזי: הייתה לו הפתעה...

יעל: הפתעה גדולה מאוד! כי עכשיו ינואר, ויום ההולדת שלו הוא באוקטובר!

tall	גָבוהַ-גְבוהָה
redhead	ג׳ינג׳י-ג׳ינג׳ית
long	אָרוך-אֲרוּכָּה
invited	לְהַזמין/הִזמין

שאלות:

1. מה זה ״מסיבת הפתעה״? ....

2. למה הייתה לרונן הפתעה גדולה מאוד? ....

הפועל להיות בזמן עבר

THE VERB להיות IN NOMINAL SENTENCES

The verb להיות is used in all nominal sentences in the past tense. It agrees with the subject of the sentence and precedes the predicate.

The subject of a nominal sentence can be:

	עבר	הווה
a noun:	הספר היה משעמם.	הספר משעמם.
a proper noun:	יואב היה ילד חמוד.	יואב הוא ילד חמוד.
a pronoun:	לא הייתם בבית?	אתם לא בבית?
the pronoun זה :	זאת הייתה שאלה טובה.	זאת שאלה טובה.
or an interrogative:	מי היה שם?	מי שם?

Similarly, the predicate of the sentence can be:

a noun:	רחל הייתה שותפה מצוינת.	רחל היא שותפה מצוינת.
an adjective:	התחנה הייתה רחוקה מאוד.	התחנה רחוקה מאוד.
a description of time or place:	אברהם היה בעבודה.	אברהם נמצא בעבודה.
or an interrogative:	מתי היה השיעור?	מתי השיעור?

Note that in negative sentences the word לא precedes the verb (see example 3 above).

When a sentence in present tense includes an אוגד (copulative), such as הוא or נמצא, the אוגד is replaced by the verb להיות in past tense (see examples 2 and 8 above).

תרגיל 1: שנה את המשפטים לעבר ולעבר-רבים .

דוגמה: דוד לא כאן. --> דוד לא היה כאן. / דוד ומיכאל לא היו כאן.

1. גליה היא סטודנטית באוניברסיטה.

2. אתה בבית הערב? (--> ... אתמול בערב)

3. זה בניין גבוה ויפה.

4. אני לא עייפה בכלל.

5. את לא בעיר השבוע? (--> ... בשבוע שעבר)

6. מי בבית?

7. את צריכה לשבת בבית וללמוד.

8. הסרט לא כל כך טוב.

9. זאת הפתעה גדולה.

10. החייל נמצא באוטובוס.

11. רבקה, איפה את? (--> רבקה ויעקב ...)

12. .... הוא ראש הממשלה של ישראל.

prime minister	רֹאש מֶמְשָׁלָה

THE VERB להיות IN IMPERSONAL SENTENCES

Impersonal sentences with no subject use the 3rd-person singular masculine, היה, in past tense. The verb היה pairs with the impersonal expression, usually (but not necessarily) preceding it.

הווה	עבר	For example:
אסור לנסוע פה מהר.	<u>היה אסור</u> לנסוע פה מהר.	

In negative sentences, לא precedes both the היה and the impersonal expression.

לא כדאי לאכול שם.	<u>לא כדאי היה</u> לאכול שם. (או: לא היה כדאי...)	For example:
אי אפשר לשלם בצ׳ק.	<u>לא היה אפשר*</u> לשלם בצ׳ק.	

If the sentence is personalized with the preposition ל... + pronoun suffix, then the ל... tends to <u>follow</u> the verb היה .

טוב להם במשרד החדש.	<u>היה להם טוב</u> במשרד החדש.	For example:

---

* אי (like אין) is used to negate a sentence only in present tense.

תרגיל 2: שנה לעבר. שים לב: כל משפט בנוי משני משפטים.

1. צריך להיות בשקט, כי הילדים יְשֵנים.

2. אהוד אוהב את המועדון על יד הבית שלו. אפשר שם לשמוע מוסיקה מצוינת.

3. מעניין לשמוע את הסיפורים של סבא יצחק: הם מעניינים ומצחיקים.

therefore	לָכֵן

4. נעים שם מאוד כל השנה, לכן הרבה אנשים באים לבקר שם.

5. ליעל טוב בדירה שלה. זאת דירה נהדרת.

6. לא כדאי לי לקנות מכונית, כי אני גרה קרוב מאוד לקמפוס.

7. לא צריך לקום מוקדם, אפשר להישאר במיטה עד מאוחר.

8. הבית נמצא על הר גבוה. אפשר לראות משם את הים.

9. כדאי לראות את הסרט. השחקנים ממש מצוינים.

10. אסור לנו לאכול בשיעור, אבל מותר לשתות כוס קפה.

THE VERB להיות IN יש/אין SENTENCES

The verb להיות functions as the past tense of יש/אין. It agrees in gender and number with the subject of the sentence: היה is used for singular masculine; הייתה for singular feminine; and היו for plural. The past tense of אין is לא היה, לא הייתה, לא היו .

Examples:

הווה	עבר
יש במסעדה <u>אוכל</u> מצוין.	<u>היה</u> במסעדה <u>אוכל</u> מצוין.
במסיבה <u>אין אנשים</u> שאני מכיר.	במסיבה <u>לא היו אנשים</u> שאני מכיר.

תרגיל 3: שנה לעבר.

1. בשבת יש בטלוויזיה משחק כדורגל.   2. אין שום דבר בבית.   3. יש כאן הרבה אנשים, ולכן יש הרבה רעש.

4. אין ברחוב הזה תחנת אוטובוס.   5. אין עכשיו הרבה מכוניות ברחוב.   6. על יד הים יש שני בתים קטנים.

THE VERB להיות IN יש ל.../אין ל... SENTENCES

Pay attention to יש ל.../אין ל... sentences in the past tense, as they can be very confusing. For example, the subject of the sentence: לרן יש דירה נחמדה (= Ran has a lovely apartment) is דירה (and not רן, which is an indirect object).

In the past tense, the verb להיות agrees with the subject, דירה, which is נקבה ; thus, לרן <u>הייתה</u> דירה נחמדה.

More examples:

הווה	עבר
ליעל <u>יש שעון</u> קוקייה.	ליעל <u>היה שעון</u> קוקייה.
<u>יש</u> לי <u>חברים</u> מעניינים.	<u>היו</u> לי <u>חברים</u> מעניינים.
<u>אין</u> לנו <u>זמן</u> לשבת ולדבר.	<u>לא היה</u> לנו <u>זמן</u> לשבת ולדבר.

תרגיל 4: שנה לזמן עבר. שים לב לנושא המשפט.

1. יש לכם זמן? ....

2. הבוקר אין לי הרבה עבודה. ....

3. יש לרות כלב קטן וחמוד. ....

4. אין לך היום שיעורי בית? ....

5. הם עייפים, ואין להם סבלנות. ....

6. לשכנה שלי יש שני חתולים סיאמיים. ....

7. אין לנו לאן ללכת. ....

תרגיל 5: בהווה ובעבר. השלם את המשפטים.

1. השנה מיכל באוניברסיטה, אבל בשנה שעברה ....

2. הערב אין לנו זמן, אבל אתמול בערב ....

3. השבוע את צריכה לקום מוקדם, אבל בשבוע שעבר ....

4. עכשיו אי אפשר לנסוע ברחוב הזה, אבל בעבר ....

5. עכשיו לא נמצאים כאן אנשים, אבל קודם ....

6. בסמסטר הזה יש לי הרבה שיעורים, אבל בַּסמסטר שעבר ....

תרגיל 6: השלם את הסיפורים בזמן **עבר**. השתמש בפועל **להיות** בדרכים שונות.

דוגמאות למשפטים: הדירה הייתה בבניין גדול. / היה נחמד לגור לבד. / היו לי שכנים נחמדים.

בשנה שעברה גרתי ....

....

....

....

המורה שלי בכיתה א' הייתה ....

....

....

....

שיעור 58

פרק ג: צריך ללכת לסופרמרקט*

[סוזי ממשיכה לספר:]

ישבנו בחדר של יעל ודיברנו. יעל סיפרה לי על החברים שלה, ומה חדש בארץ. אני סיפרתי לה על הטיול שלי: על האנשים החדשים שפגשתי, ועל הדברים שראיתי. דיברנו ודיברנו, קודם על אנשים, ואחר כך על אוכל...

יעל: אין שום דבר בבית. צריך ללכת לסופרמרקט.

סוזי: את יודעת, אף פעם עוד לא הייתי בסופרמרקט.

יעל: אף פעם?!

סוזי: באמריקה -- בטח. אבל לא בארץ.

יעל: יופי, אז בואי נלך...

סוזי: עכשיו?

יעל: למה לא? אני אוהבת ללכת מוקדם, כשאין שם כל כך הרבה אנשים.

סוזי: באמת, למה לא? בואי נצא קצת. כל היום ישבנו בבית.

קֹודֶם ... ואחר כך ...	first ... and then
אין שום דבר	there is nothing
אף פעם (לא)	never
בואי נֵלֵך	let's go
בואי נֵצֵא	let's go/get out

---

* המילה העברית לסופרמרקט היא: מַרכּוֹל

שאלות:

1. על מה סוזי ויעל דיברו? ....
2. מי צריך ללכת לסופורמרקט? ....
3. מדוע צריך ללכת לשם? ....
4. סוזי כבר הייתה בסופרמרקט? ....
5. מתי יעל רוצה ללכת לסופרמרקט? למה? ....

תרגיל 1: השלם בפעלים: **לספר, לדבר, לומר** בזמן **עבר** .

סוזי ויעל ישבו ו.................. . קודם הן .... על אנשים, ואחר כך על אוכל. יעל .... לסוזי מה חדש בישראל, וסוזי .... ליעל על הטיול שלה.

אחר כך, יעל .... לסוזי שאין אוכל בבית, וצריך ללכת לסופרמרקט. סוזי .... לה שהיא אף פעם עוד לא הייתה בסופרמרקט בישראל. יעל .... שהיא אוהבת ללכת לסופרמרקט מוקדם, כי אז אין שם הרבה אנשים.

איך מציעים

יוני, בּוֹא נֵצֵא קצת. (Yoni, let's go outside for a while.)

טלי, בּוֹאִי נֵשֵׁב פה, על יד החלון. (Tali, let's sit here by the window.)

ילדים, בּוֹאוּ נֵלֵךְ לבקר את הדוד מיכה. (Kids, let's go visit uncle Micha.)

In the above sentences, the speaker is making a suggestion. Each sentence includes two verbs. The first one is the imperative form of the verb לבוא: בוא / בואי / בואו , and agrees with the person addressed. The second verb is conjugated in the future tense, first person plural*: נֵלֵךְ (= we will go), נֵשֵׁב (= we will sit), נֵצֵא (= we will go out). Thus, the literal meaning of the expression בואי נלך is "Come, (and) we'll go."

* Verb conjugations in future tense (עתיד) are characterized by prefixes (as opposed to suffixes in the past tense). נ is the prefix of the first person plural form (אנחנו).

תרגיל 2: השלם ב: **בוא נלך** **בוא נצא** **בוא נשב** . קרא את המשפטים בקול.

1. אמא, ... נלך הביתה, אני עייף. אבא, ... נלך הביתה. אמא ואבא, ... נלך כבר.
2. דוד, ... נשב לאכול. רותי, ... נשב לאכול. ילדים, ... לאכול.
3. מירה, ... נצא מכָּאן. שמעון, ... מכאן. חברים, ...
4. רינה, אני רעב. .... למסעדה.
5. אהוד, כל היום ישבנו בבית; .... קצת.
6. א: רוצים לראות סרט? ב: לא, ... להצגה.
7. הלכנו כל היום; .... לנוח.
8. כבר מאוחר; .... לשיעור.
9. יש פה הרבה רעש; .... במקום אחר.

כָּאן	פה
רָעֵב-רְעֵבָה	רוצה לאכול
לָנוּחַ/נָח	rest
אַחֵר-אַחֶרֶת	another

The following are other ways to make a suggestion (לְהַצִּיעַ), accept the suggestion (לְקַבֵּל), or to reject it (לִדְחוֹת).

[Note that בא לך (= do you feel like), בכיף (= happily), and ...בטח ש (= sure) are colloquial expressions.]

איך להציע	איך לקבל	איך לדחות
אולי את רוצָה לנסוע איתי לחיפה?	בשִׂמְחָה / בכֵּיף	אני מצטערת, אין לי זמן.
יש לך חֵשֶׁק ללכת למרכז העיר?	למה לא?	אין לי חשק; אולי בפעם אחרת.
אתה לא רוצה גם עוגה?	בטח שאני רוצה!	לא, תודה; אני בדיאטה.
בָּא לך ללכת לסרט?	מאוד!	לא, לא בא לי; אני עייפה.

תרגיל 3: כתוב דיאלוגים קצרים של הצעה וקבלה או דחייה של הדברים הבאים:

~~לבוא לביקור~~ , לאכול משהו , להיכנס לכוס קפה , ללכת לקונצרט , לעשות שיעורי בית ביחד , לבקר אצל דן ויעל

- בא לכם לבוא הערב לביקור? - ....

- מצטערים; אין לנו בייבי סיטר. - ....

- .... - ....

- .... - ....

- .... - ....

- .... - ....

אף פעם

The expression אף-פעם (literally, "even once") combined with a negative word such as לא , אין , or אי , means "never." It has no meaning without a negative word. אף-פעם is the opposite of תמיד, which is used in positive sentences. Technically speaking, אף-פעם is an adverb that is added to a negative sentence; it normally precedes the negative word.

<u>אף פעם</u> לא הייתי באילת.

אנחנו עובדים הרבה. <u>אף פעם</u> אין לנו זמן.

נֹעה לא מדברת הרבה, ולכן <u>אף פעם</u> אי אפשר לדעת מה היא חושבת.

"אף-פעם" is sometimes used as a short answer without a negative word. In such cases the negative element is only implied.

For example: א: מתי אפשר לדבר עם פרופסור עזורי? ב: אף פעם! (אף פעם <u>אי</u> אפשר לדבר איתו.)

תרגיל 4: השלם במילים: **אף פעם תמיד לפעמים** .

1. רון .... אוכל בקפיטריה של הסטודנטים, כי .... אין לו כסף לאכול במסעדה.
2. דורית .... לא אוכלת ארוחת בוקר, כי .... היא קמה מאוחר.
3. .... הם נוסעים לעבודה ברכבת, ו .... -- במכונית שלהם.
4. .... לא משעמם פה; .... יש משהו מעניין לעשות.
5. .... רציתי לנסוע לבקר באיטליה, אבל .... לא נסעתי.
6. .... דן מדבר בטלפון, ו .... הוא כותב אי-מייל. אבל .... הוא לא כותב מכתבים.

תרגיל 5: השלם במילים: **פעם פעמים לפעמים פעמיים אף-פעם** .

1. .... אהוד לומד בחדר, ו................ בספרייה.
2. מי זה? סטודנט חדש? .... לא ראיתי אותו!
3. .... גרתי עם שותפים. עכשיו אני גר לבד.
4. עינת שומעת רק מוסיקת ג'אז; היא .... לא שומעת מוסיקה אחרת.
5. זה סרט מצוין. כבר ראיתי אותו ....
6. רחל היא צמחונית. .... היא אוכלת דגים, אבל .... היא לא אוכלת בשר.
7. אולי אתם רוצים לבוא .... לכוס קפה?
8. א. אכלת .... חומוס? ב. לא; ....!
9. אין לו זמן לקרוא עיתון כל יום. הוא קורא עיתון רק .... בשבוע.

תרגיל 6: הפכים

1. סיגל לא קמה מוקדם אף פעם. ....
2. דוד תמיד בא לשיעור בזמן. ....
3. תמיד יש משהו מעניין לעשות כאן. ....
4. אף פעם אין ליורם כסף. ....
5. אף פעם אי אפשר לדבר עם המורה. ....
6. אף פעם לא אכלתי במסעדה סינית. ....
7. לא ביקרתם כאן אף פעם? ....
8. פעם היה לי כלב קטן. ....

תרגיל 7: "אף פעם עוד לא...". כתוב דיאלוגים קצרים, קרא אותם עם חבר או חברה.

1

- אתמול הלכתי ....
- באמת? אני אף פעם עוד לא הייתי שם.
- אנחנו יכולים ללכת לשם פעם ביחד.

2

- אף פעם עוד לא פגשתי את השכנים שלנו.
- אולי ....
- ואולי ....

3

- בוא נלך לרקוד במועדון.
- ....
- תמיד יש פעם ראשונה.

4

- איך האוכל פה?
- ....
- ....

שיעור 59

פרק ד: כמו באמריקה

[סוזי ממשיכה את הסיפור:]

ואז הלכנו לסופרמרקט. נכנסנו לסופר, לקחנו עגלה, והתחלנו ללכת - כמו באמריקה.

אני הולכת בסופרמרקט ומסתכלת מסביב, והכול כמו באמריקה! כן, הכול היה כמו באמריקה, אבל לא בדיוק...

כְּמוֹ	just like
עֲגָלָה	cart
מְסָבִיב	around
(לא) בְּדִיוּק	(not) exactly
מַחְלָקָה	department
בְּחַיַּי	[I swear] on my life
לִטְעוֹם/טוֹעֵם	taste
לָשִׂים/שָׂם	put
בְּרֹאשׁ	in front
מֵאָחוֹר	behind
מוּצָר-מוּצָרִים	product/s
לִבְדּוֹק/בּוֹדֵק	check
מה כָּתוּב	what is written

[במחלקת הגבינות]

יעל: יא, תִּרְאִי כמה גבינות יש להם פה ...

סוזי: כמו באמריקה, בחיי ...

יעל: איזו גבינה את אוהבת?

סוזי: אני אוהבת הכול ... לא חשוב ... מה שאת רוצה.

יעל: את אוהבת גבינת פֶּטָה?

סוזי: גבינת פטה? ... אני באמת לא יודעת ...

יעל: זה נורא טוב בסלט. את חייבת לטעום את זה!

יעל שמה גבינת פטה בעגלה (מה זה "גבינת פטה"?!).

סוזי: יעל, רוצה גם יוגורט?

יעל: לא צריך. יש מספיק בבית. בואי נלך עכשיו למחלקת הסלטים.

יעל הולכת בראש, ואני הולכת מאחור עם העגלה, ומסתכלת ביעל. מעניין לראות את יעל בסופרמרקט: היא הולכת לאט לאט; היא מסתכלת על כל מוצר; היא בודקת כמה עולה כל דבר; היא קוראת מה כתוב על המוצרים; ורק אז היא שמה אותם בעגלה.

שאלות:

1. על איזה מַאֲכָל סוזי ויעל מדברות עכשיו?

 ....

2. מה סוזי "לא יודעת"?

 ....

3. מה יעל אוהבת לשים בסלט שלה?

 ....

4. האם הן קונות גם יוגורט? מדוע?

 ....

היא קוראת מה כתוב על המוצרים

השלמות: השלם בזמן **עבר** .

1. יעל וסוזי .... לסופרמרקט, ... עגלה, ו...................... ללכת.

2. יעל .... בראש, וסוזי .... עם העגלה ו.................... על יעל.

3. יעל שמה מוצרים בעגלה רק אחרי שהיא ...., ...

...., ו...

נורא

As an adjective, נורא (= awful) has a negative meaning.

For example: (The movie was really awful.) הסרט היה ממש נורא.

As an adverb, נורא (= awfully) intensifies adjectives as well as the verbs לרצות and לאהוב, much like מאוד and ממש.

(Yael lives awfully far from here.) יעל גרה נורא רחוק מכאן.

(I very much want to go with you.) אני נורא רוצה לנסוע איתכם.

(The cake is awfully good. I *love* carrot cake!) העוגה נורא טובה. אני נורא אוהב עוגת גֶזֶר!

The use of נורא as an adverb is not standard, but it is widespread.

In Biblical Hebrew the adjective נורא (= awesome) is frequently associated with God and His deeds.

For example: "הָאֵל הַגָּדֹל הַגִּבֹּר וְהַנּוֹרָא" (דברים י י״ז)

תראה

The imperative forms of the verb לראות (רְאֵה, רְאִי, רְאוּ) are rarely used in modern Hebrew*. Instead, the 2nd-person future form, תִּרְאֶה, תִּרְאִי, תִּרְאוּ** is used for the imperative.

תראה can be used in its literal meaning (look, see), as in the following examples:

(Look, Maya, here's the cake you like.) מאיה, תראי, הנה העוגה שאת אוהבת.

(See what a pretty rug I bought in Jerusalem.) תראו איזה שטיח יפה קניתי בירושלים.

It can also be used to get someone's attention. For example:

(Look at Nadav: he's a big boy now!) תראו את נדב -- הוא כבר ילד גדול!

(Look, Ma'am, I have no time now. Please call tomorrow.) תראי, גברת, אין לי זמן עכשיו. נא לצלצל מחר.

---

* This is the case with most verbs in modern Hebrew. The proper imperative is used only in very formal circumstances; usually the future tense expresses both future and imperative.

** You can deduce from this example that ת is the prefix of the 2nd person in future tense.

תרגיל 1: תרגם לעברית.

1. Children, look, here's uncle Dov. ....
2. Look, sir, you can't eat in here. ....
3. Dina, see what a handsome guy he is! ....
4. Look how much food they buy! ....

מספיק

מַספיק (= enough) is a quantitative adjective (as is הרבה). It precedes the noun it quantifies.

For example: (I don't have enough time today.) אין לי מספיק זמן היום.

Like הרבה, מספיק can follow a verb functioning as an adverb.

For example: (You worked enough; you can go home now.) עבדת מספיק; את יכולה ללכת עכשיו הביתה.

מספיק is also a verb of בניין הִפעיל . It means "have enough time."

(I didn't have the time to do my shopping...) לא הִספַּקתי לעשות קניות, כי גמרתי לעבוד מאוחר .

כמו

The preposition כְּמוֹ (= like) is used for comparison. It can refer to any part of speech (nouns, verbs, adverbs, etc.) and is usually followed by a noun or noun phrase.

(This bread is like a rock.) הלחם הזה הוא **כמו** אֶבֶן.

(She's as pretty as an angel.) היא יפה **כמו** מלאך.

(This car rides like an old tractor.) המכונית הזאת נוסעת **כמו** טרקטור ישן.

(There's nothing like the oranges of Israel.) אין **כמו** התפוזים של ישראל.

(This computer is not like the computer you bought.) המחשב הזה הוא לא **כמו** המחשב שקנית.

Following כמו with a clause requires the use of the particle ...שֶ .

(Anat cooks like her mom taught her.) ענת מבשלת **כמו שאמא** שלה לימדה אותה.

תרגיל 2: השלם את המשפטים. השתמש במילה **כמו** .

1. היא מדברת ....
2. נדב מנגן בגיטרה ....
3. ירושלים היא לא ....
4. המסיבה הייתה ....
5. .... כמו אחים.
6. .... לא כמו מורים אחרים.

כמו also means "such as." It is followed by example(s) of the object that precedes it.

For example: קנינו הרבה מוּצרֵי חלב, **כמו** יוגורט וגבינות.

תרגיל 3: השלם לפי הדוגמה.

1. אני אוהב פירות קַיִץ, כמו ענבים ושזיפים.
2. דפנה אוהבת לנסוע ל.........................., כמו לונדון ופריז.
3. אהוד אוכל אוכל בָּריא, כמו ....
4. ...., כמו "סִינְפֶלד", "אני אוהב את לוסי", ו"חברים".
5. .... הכנסת, מוזיאון ישראל, ורחוב בן-יהודה.

בניין נפעל בזמן עבר

The past conjugation of בניין נִפעל is characterized by the נ , which is <u>not</u> a root letter. As suggested by the בניין's name, the stem of past conjugation is -נִפְעַל . For example, -נִכְנַס . Note how the /a/ vowel in the second root letter is omitted in third-person feminine (היא נכנְסה) and plural (הם, הן נכנְסו).

לְהִיכָּנֵס שורש: כ. נ. ס.

נִכְנַסְתִי		נִכְנַסְנוּ	
נִכְנַסְתָ	נִכְנַסְתְ	נִכְנַסְתֶם	נִכְנַסְתֶן
הוא נִכְנַס	היא נִכְנְסָה	הם נִכְנְסוּ	הן נִכְנְסוּ

The verbs: להישאר, להיגמר, להימצא, להיפגש, להיפרד are conjugated the same way.
Note that the 1st- and 2nd-person conjugations of the verb להימצא are: -נמצֵא because of the silent א.
Also note the semi vowel in the 3rd person feminine and plural of the verb להישאר: הם נשאֲרו , היא נשאֲרה , also as a result of the א.

תרגיל 4: יחיד --> רבים

1. באיזו שעה השיעור נגמר?
2. היא נכנסה למשרד בשעה תשע.
3. נשארתי אצל החברים שלי בירושלים.
4. נפגשתְ עם קרובֵי המשפחה שלך בישראל?

תרגיל 5: הווה --> עבר

1. ההצגה נגמרת מוקדם.
2. הערב אנחנו נשארים בבית.
3. איפה את נפגשת איתם?
4. הילדים נכנסים הביתה לאכול.

תרגיל 6: זכר --> נקבה

1. שלושה קונים נכנסו לחנות.
2. הוא לא נשאר עד סוף הסרט.
3. נפגשתָ עם החברים שלך בחופשה?
4. באיזו שעה נפרדתם מהאורחים שלכם?

תרגיל 7: עבר --> הווה

1. נפגשנו על יד הקולנוע.
2. יעל וסוזי נפרדו בתחנת האוטובוס.
3. השיעור נגמר לפני 5 דקות. (--> ... בעוד ...)
4. נשארתי בחוץ שלוש שעות.

להיפרד מ... separate, part

שיעור 60

פרק ה: מחלקת הסלטים

חָציל	eggplant
אָפוּי	baked
חָרִיף	spicy hot
אוֹרֶז	rice
עֲדָשִׁים	lentil
בָּצָל	onion

במחלקת הסלטים סוזי ראתה סלטים שהיא מכירה, כמו: חומוס, טחינה, סלט ביצים, וסלט פסטה, וגם הרבה סלטים חדשים, כמו: סלט חצילים, סלט טורקי, ומג׳דרה.

סלט חֲצילים: חצילים אפויים עם טְחינָה או מָיונֶז (או: מָיונית).

סלט טורקי: סלט אדום וחריף. אוכלים אותו עם לחם.

מַגֶ׳דָרָה: אורז עם עדשים ובצל.

תרגיל 1: כתוב דיאלוג/ים בין סוזי, יעל, והמוכר במחלקת הסלטים. השתמש בשמות הסלטים, ובמילים:

לטעום, תראי, לשים, כתוב, זה נורא טוב, לא חשוב, בחיי, כמו, עגלה, מספיק, בואי נלך, הפתעה, תמיד יש פעם ראשונה

תרגיל 2: בקר באתרים של חֶברַת תְנוּבָה (http://www.tnuva.co.il) ושל חברת צַבָּר (http://www.hummus.co.il).

1. אילו מוצרי חלב יש ב״תנובה״? מה עוד הם מוכרים?
2. אילו סלטים יש ל״צבר״? איזה מֵידע (אינפורמציה) יש באתר שלהם?

תרגיל 3: השלם את הסיפור במילים: **שֵם, קניות, תראה, צריך, הפתעה, מאחור, איזה, בואי, לבדוק, עולה, עגלה, הלך, על, לא**

הפתעה בסופרמרקט

חיים בא היום מוקדם מהעבודה ואישתו, ברכה, אמרה לו: ״חיים, ... ללכת לעשות .... בסופרמרקט. אולי אתה רוצה לבוא איתי?

״בסדר,״ אמר חיים, ״מתי את רוצה ללכת?״

״לא חשוב,״ אמרה לו ברכה, ״אפשר ללכת עכשיו או אחר כך. איך שאתה רוצה.״

״אז .... נלך עכשיו. עוד מוקדם, ואין שם הרבה אנשים,״ אמר חיים.

הם נסעו לסופרמרקט במכונית. הם נכנסו לסופרמרקט, לקחו ...., והתחילו ללכת. חיים אף פעם .... הולך לסופרמרקט, אז הייתה לו .... גדולה.

״לא ידעתי שהסופרמרקט כל כך גדול!״

״נו, בטח,״ אמרה לו ברכה, ״יש כאן כל כך הרבה מוצרים.״

חיים .... בראש עם העגלה, וברכה הלכה .... חיים הלך מהר, ו......................... דברים בעגלה.

״חיים, לא כל כך מהר!״ ביקשה ברכה. ״צריך לקרוא מה כתוב .... המוצרים; צריך .... כמה הם עולים.

אבל חיים אמר, ״זה לא חשוב. הכול .... ביוקר.״

כשהם יצאו מהסופרמרקט והלכו למכונית, ברכה אמרה, ״חיים, ... מי נמצא פה! דני ואביבה, השכנים שלנו!״

״........................ יופי!״ שׂמח חיים, ״הם יכולים לעזור לנו לשים את הדברים במכונית!״

תרגיל 4: השלם את הטבלה.

	שם הפועל	שורש	בניין-גזרה	זמן	גוף	תרגום
בישלת						
		י. צ. א.	פעל	עבר	אתם	
שותות						
נכנסו						
		ט. י. ל.	פיעל	הווה	הן	
						they begin
הִזמַנתָ						
	לשים			עבר	אני	
						we stayed

תרגיל 5: השלם בפעלים בזמן עבר.

1. [לטעום] דליה .... את הסלט, וגם גיל .... אותו.
2. [להיכנס] .... למשרד, ואחר כך כולם ....
3. [לשים] א: איפה .... את הכסף? ב: .... אותו על השולחן.
4. [לעלות] העגבניות .... 10 שקלים, והבצל .... רק 2 שקלים.
5. [לבשל] .... ארוחת ערב ביחד. אני .... מרק, וטלי .... עוף.
6. [לצלצל] רותי .... אֶל רונן, אבל הוא לא היה בבית. הוא .... אֵלֶיהָ כשהוא חזר.
7. [לעשות] א: .... כבר את שיעורי הבית? ב: לא, עוד לא ....
8. [להיגמר] כל השיעורים כבר .... רק השיעור לכימיה לא ....
9. [לרצות] לא .... ללכת לחתונה, אבל אישתי ....

חֲתוּנָה wedding

10. [לנוח] אנחנו .... בצהריים. גם אתם ....?
11. [לקנות] אבא .... ירקות, ואמא .... לחם ולחמניות.

לַחמָנִיָּה dinner roll

12. [לקבל] א: .... מתנות ליום הולדת? ב: כן, ... שני ספרים מעניינים.

תרגיל 6: השלם בפועל בזמן **עבר** לפי המילה שבאותיות מודגשות .

1. המכוניות בישראל **עולות** הרבה כסף. המכונית שלי .... 180,000 שקלים.

2. הילדים .... את העוגה. היא הייתה נורא **טעימה**.

3. המורה אמרה: בואו **נשב**, וכולם ....

4. תמיד אני **שם** את הספר על השולחן, אבל הבוקר .... אותו על המיטה.

5. אחרי שהם ...., **נכנסנו** גם אנחנו.

6. רחל .... בישראל בקיץ ה**ביקור** היה נהדר.

7. אנחנו אוהבים **לצאת** . השבוע .... כל ערב!

8. אמרתי לך **לקנות** עגבניות, ואת .... מלפפונים!

9. דניאלה .... שוקולד, אבל אבא לא **רצה** לקנות לה שוקולד.

10. יובל .... על דיאטה, כי הרופא אמר לו **לשמור** על דיאטה.

שיעור 61

פרק ו: לעמוד בתור

[אחרי חצי שעה בסופרמרקט.]

תור	line, queue
מה עם...?	What about...?
טָרִי-טְרִיָּה	fresh
לְשַׁלֵּם/מְשַׁלֵּם	pay
מה איתך?	What's (wrong) with you?

יעל: אני חושבת שזהו זה. יש לנו כל מה שאנחנו צריכות.

סוזי: כן, באמת קנינו הרבה. אבל מה עם פירות וירקות?

יעל: מחר נלך לקנות פירות וירקות טריים בַּשוק. כבר היית בשוק?

סוזי: לא, אף פעם. אבל שמעתי הרבה על השוק.

יעל: עכשיו צריך לשלם ... הנה, בקופה הזאת אין תור.

סוזי: מה איתך, יעל?! זאת קופת אקספרס. יש לנו כל כך הרבה דברים.

השלמות 1:

1. אחרי ש.., הן הולכות לקופה.
2. ...., כי הן הולכות מחר לשוק.
3. סוזי אף פעם ...., אבל היא .... השוק.
4. יש להן הרבה מוצרים, ולכן ....
5. הייתי בשוק בירושלים, ואני יודע ש... / אף פעם לא הייתי בשוק, אבל שמעתי ש... ....

....

....

פרק ז: בקופה

לְהָבִיא/נָבִיא	we will bring
כְּלוּם	nothing

[סוזי ממשיכה לספר:]

עמדנו בתור לקופה. אבל באמת לא הרבה זמן. הכול הלך מהר מאוד.

יעל: הכול אוטומטי, הכול דיגיטלי, הכול הולך כל כך מהר ...

סוזי: בדיוק כמו באמריקה!

יעל: אפשר לשלם בוויזה?

קופאי: אפשר.

סוזי: ממש כמו באמריקה ...

קופאי: רוצות משלוח?

יעל: מה זה "משלוח"?

קופאי: אנחנו נָבִיא לך הביתה את כל מה שקנית.

סוזי: וכמה זה עולה?

קופאי: כלום.

עכשיו אני מֵבין!

- למה קוראים לזה "**מִשְׁלוֹחַ**"?
- כי הסופרמרקט **שוֹלֵחַ** את האוכל הביתה.
- **שׁוֹלֵחַ**?!
- כן. אפשר **לִשְׁלוֹחַ** הרבה דברים:
  דליה **שׁוֹלַחַת** מכתב לאח שלה,
  אנחנו **שׁוֹלְחִים** פאקס לאוניברסיטה,
  המוֹרָה כבר **שָׁלְחָה** את הילדים הביתה,
  שָׁלַחְתִּי לה פְּרָחים ליום ההולדת...
- אָהּ, עכשיו אני מבין!

סוזי: זה -- אפילו באמריקה אין!

קופאי: נו, רוצות משלוח או לא?

יעל: בטח רוצות, איזו שאלה?!

שאלות:

1. למה הכול הלך מהר? ....
2. מה אין באמריקה? ....
3. מה זה "משלוח"? ....
4. יעל רוצה משלוח? למה? ....
5. מי יָבִיא ליעל את הדברים הביתה? ....

השלמות 2:

1. גם בסופרמרקט באמריקה וגם בסופרמרקט בישראל, הכול ....
2. .... אפשר לשלם בוויזה.
3. ב.......................... אפשר לבקש "משלוח". .... אמריקה .... משלוח.

כלום , שום דבר

The expressions כְּלוּם and שום-דבר (literally, "a thing/anything") combined with a negative word, such as לא, אין, אי, or בלי, mean "nothing". They have no meaning without a negative word in modern Hebrew. כלום and שום-דבר are interchangeable.

Examples:

אהוד לא אכל שום דבר כל היום.

אי אפשר לשמוע כלום. יש כאן כל כך הרבה רעש.

אין שום דבר בבית. צריך ללכת לסופרמרקט.

הם יצאו עם הרבה כסף וחזרו בלי כלום...

As with אף-פעם, כלום and שום-דבר are sometimes used as a short, elliptic answer, with the negative element only implied. For example:

א: מה אתן רוצות לארוחת צהריים?

ב: שום דבר! (אנחנו לא רוצות שום דבר.)

Note the relationship between כלום / שום-דבר and the expressions משהו and הכול: whereas משהו and הכול function in positive sentences, כלום and שום דבר only function in negative sentences.

אני רוצה לקרוא משהו. / אני רוצה לקרוא הכול. ≠ אני לא רוצה לקרוא שום דבר.

The relationship between הכול / משהו / כלום, שום דבר
is the same as the relationship between תמיד / לפעמים / אף פעם .

תרגיל 1: השלם במילים: **שום-דבר כלום משהו הכול**.

1. המשלוח לא עולה ....
2. א: אתה רוצה לשתות ....? ב: לא, ...
3. אני לא רוצה ....; אני רוצה רק שקט!
4. .... בסדר?
5. אנחנו עוד לא אכלנו ...., ו......................... עוד לא שתינו.
6. יש עכשיו .... מעניין בטלוויזיה?
7. א: מה עשיתם באילת? ב: .... כל היום ישבנו בשמש ולא עשינו ....
8. א: סיגל, רוצה לאכול ....? ב: רק .... קטן.
9. א: מה קנית בקניון? ב: .... א: למה? ב: כי .... כל כך יקר!
10. רוני וההורים שלו מאוד קרובים. הוא מספר להם ....
11. אנחנו הולכים עכשיו לסופרמרקט. את צריכה ....?
12. אחרי המִלחמה, הרבה יהודים באו לארץ ישראל בלי ....

אפילו לא

Notice how אפילו functions in negative sentences:

אפילו באמריקה **אין** משלוח!
האוכל ממש נורא, **אפילו** הכלב **לא** רוצה אותו!
הסלט כל כך טוב, **אפילו** במסעדה **אי** אפשר לאכול סלט כל כך טעים!

תרגיל 2: השלם את המשפטים.

1. ברחוב שלנו יש כל כך הרבה רעש; אפילו ב......................... אין ....
2. הירקות כאן כל כך זולים; אפילו ב......................... אין ....
3. בישראל יש הרבה טלפונים סלולריים; אפילו ב......................... אין ....
4. האוכל חריף נורא; אפילו .... לא ....
5. יש לי המון עבודה; אפילו ל......................... אין ....

הָמון = הרבה מאוד

מה ש...

When modifying the interrogative מה (or any other interrogative), you must include the particle ...שֶ .
Examples:

יש הרבה אוכל, וכל אחד יכול לאכול מה שהוא אוהב. (... everyone can eat what he likes.)
אני מצטער: זה מה שיש! (I'm sorry; that's what there is.)

Pay special attention to the structures ...כל מה ש and ...כל מי ש . Unlike English, in Hebrew you cannot modify the words הכול or כולם. The equivalent of the English "everything that..." is ...כל מה ש ; "everyone who..." is ...כל מי ש . Both expressions are singular.

Examples:

סיפרתי לכם את כל מה שאני יודע. (I told you everything that I know.)

כל מי שהיה סטודנט של פרופסור ליבני, בא למסיבה. (Everyone who has been Livny's student...)

תרגיל 3: כתוב 7 משפטים מחצאי המשפטים הבאים:

אתם יכולים לעשות	סיגל אוכלת	מה שאתם רוצים	אנחנו לא יכולים לשמוע	יש בחנות
כל מה שאתם צריכים	את כל מה שקניתי בסופרמרקט	אני קונה	את מה שהמורה אומרת	
את יכולה לדבר	את כל מה שיש בצלחת	על מה שבא לך	רק מה שאני צריכה	שַׂמתי במקרר

תרגיל 4: השלם כרצונך. בכל משפט צריך להיות **מה ש...** או **מי ש....**

1. .... מה שהיא סיפרה לנו אתמול.
2. מותר לכם לקנות ....
3. .... מי שהיה אתמול במסיבה .
4. אני עושה רק ....
5. מעניין לראות מה ש ....
6. .... מה שאתם רוצים.
7. כל מי שאני מכירה ....

תרגיל 5: השלם בפעלים: **לקנות לשלם לעלות** .

1. רותי, איזה מכנסיים יפים! איפה .... אותם?
2. הארוחה לא .... לנו ביוקר -- רק 80 שקלים.
3. היום בכל סופרמרקט אפשר .... בכרטיס אשראי. זה מאוד נוח.
4. הלכתי עם אמא לקניות. .... הרבה דברים, והיא ....!
5. הלכנו לחנות, אבל לא .... שום דבר, כי הכול .... ביוקר.
6. אורית .... את כל מה שהיא צריכה באינטרנט, ו..................... בכרטיס האשראי שלה.

כרטיס אַשְׁרַאי credit card

שיעור 62

פרק ח: המשלוח

[סוזי מספרת:]

הלכנו הביתה. עשר דקות אחרי שחזרנו, שמענו צילצול בדלת.

פתחתי את הדלת. עמד שם נער גבוה עם ארגז פלסטיק גדול על הכתף.

נער: משלוח מהסופר!!

סוזי: או, יופי, תודה.

נער: גברת, איפה לשים את הדברים?

יעל: שים אותם על השולחן במטבח ... הנה, פה.

הוא שם את הארגז על השולחן, הוציא את הדברים מהארגז, ושם אותם על השולחן, אחד אחד. כל מה שקנינו היה שם: לחם, ספגטי, ביצים, טוּנה, זֵיתים, מיונז, קטשופ, טחינה, גבינה, קולה, עוגה -- מה לא?! אחרי שהוא גמר, כבר לא ראו את השולחן!

הנער חייך ואמר, "זהו זה." אמרנו, "תודה רבה," יעל נתנה לו טיפ (כמה? אני באמת לא יודעת), ואז הוא הלך.

minute	דַּקָּה-דַּקּוֹת
youngster	נַעַר
box	אַרְגָּז
shoulder	כָּתֵף-כְּתֵפַיִים
took out	לְהוֹצִיא/הוֹצִיא
one by one	אחד אחד
smile	לְחַיֵּיךְ/מְחַיֵּיךְ

שאלות:

1. מי צילצל בדלת? ....
2. מה הנער שם על השולחן? ....
3. מדוע לא ראו את השולחן? ....
4. מה אמר הנער לפני שהוא הלך? ....

השלמות:

1. יעל וסוזי .... צילצול בדלת. סוזי ...., וראתה ....
2. הנער רצה לדעת ...., ויעל אמרה לו ....
3. קודם הנער .... על השולחן, ואחר כך הוא .... מהארגז, ושם אותם על השולחן ....
4. אחרי שהנער גמר, הוא ...., ו............................, "זהו זה."

בניין הִפעיל בזמן עבר

The infinitive and the present forms of בניין הִפעיל have an identical vowel pattern: /a-i/. For example: לְהַתחִיל / מַתחִיל . The past tense is different, and has two different vowel patterns, one for the 1st- and 2nd-persons, and another one for the 3rd-person. The 3rd-person has the pattern /i-i/, the same as the name of the בניין: הִפעִיל . For example: הִתחִיל, הִתחִילה, הִתחִילוּ (stress on the חִי).

1st- and 2nd-persons have the pattern /i-a/, as in הִתחַלתִי, הִתחַלנו , and they lack the י which otherwise is a strong characteristic of בניין הפעיל .

The verbs: להתחיל, להמשיך (= continue), להפסיק (= stop), להרגיש (= feel), להזמין (= invite, order things), and להספיק (= have enough time) all conjugate as shown below.

לְהַתְחִיל שורש: ת. ח. ל.

הִתחַלתִי		הִתחַלנו	
הִתחַלתָ	הִתחַלת	הִתחַלתֶם	התחלתֶן
הוא הִתחיל	היא הִתחילָה	הם הִתחילו	הן הִתחילו

תרגיל 1: שנה לעבר.

1. אני יושב במסעדה ומזמין עוף ואורז.
2. דוד לא ממשיך לעבוד כי הוא מרגיש לא טוב.
3. השיעורים שלי מתחילים ב-10 בבוקר.
4. איך את מרגישה? טוב?
5. אתם לא מספיקים לגמור את שיעורי הבית?
6. אתה מזמין אֶת המורה למסיבה שלך?
7. יעל מפסיקה ללמוד, אוכלת משהו, ואז ממשיכה.
8. אנחנו לא מספיקים לאכול לפני השיעור.
9. אתן מפסיקות לרוץ אחרי קילומטר אחד?
10. רות וחגית לא מפסיקות לדבר!

Other הפעיל verbs that you know are of different גזרות , and conjugate somewhat differently. You will learn their conjugation in a later chapter.
Among them are (גזרת פ״נ) להכיר, להגיד ; (גזרת ע״ו) להבין, להביא ; and (גזרת פ״י) להוציא .

Many הפעיל verbs have a causal meaning; namely, causing someone or something to do something.
Examine the relationship between בניין פעל and בניין הפעיל in the following examples:

שורש	בניין פעל		בניין הפעיל	
י. ד. ע.	לדעת	(know)	להודיעַ	(inform (make someone know))
ב .ו. א.	לבוא	(come)	להביא	(bring (make something come))
ר. א. ה.	לראות	(see)	להראות	(show (make someone see))
י. צ. א.	לצאת	(go out)	להוציא	(take out (make something go out))

שאלה: מה זה ״לְהַאֲכִיל״, ״לְהַכְתִיב״?

שם הפועל במשפט

In the following cases, the infinitive is the only verb in a sentence.
1. With בבקשה or נא , or following a clause with the verb לְבַקֵש (= request).

Examples:

נא לשבת.	(Please sit down.)
בבקשה לטעום את הסלט שעשיתי.	(Please taste the salad I made.)
אני **מבקשת** לדבר בשקט!	(I'm asking you to speak quietly.)
אנחנו **מבקשים** לא לְעַשֵן כאן.	(We ask that you don't smoke in here.)

2. Following an interrogative.

For example:

(Where shall I put it?)	‏**איפה** לשים את זה?‏
(When should I/we come?)	‏**מתי** לבוא?‏
(What shall I/we do now?)	‏**מה** לעשות עכשיו?‏

This structure is elliptical (i.e., an element is missing), as demonstrated in the following example:

‏איפה [**אפשר/צריך/ אני יכול**] לשבת? --‹ איפה לשבת?‏

‏**תרגיל 2:** השלם את הדיאלוגים. השתמש בשם הפועל כמו בדוגמאות למעלה.‏

‏1. א: ....! ב: אבל אמא, אני לא עייף.‏

‏2. א: ....? ב: תן אותו למורה.‏

‏3. א: ....! ב: אבל אני אוהבת לאכול כשאני רואה טלוויזיה.‏

‏4. א: ....! ב: בסדר, אנחנו יושבים בשקט.‏

‏5. א: ....? ב: שימי אותם על יד המיטה.‏

‏6. א: ....? ב: חמש פעמים!‏

שיעור 63

שוק "מחנה יהודה"

שוק "מחנה יהודה" הוא שוק פירות וירקות. זהו השוק הגדול ביותר בירושלים. השוק נמצא במרכז העיר, בין רחוב יפו לרחוב אגריפס, בשכונת "מחנה יהודה". השכונה נוסדה בשנת 1887 בידי יהודים ספרדים; שוק "מחנה יהודה" הוקם בשנות העשרים.

בשוק יש מאות חנויות ודוכנים, והרבה מאוד אנשים באים לקנות שם, במיוחד בסוף השבוע, בימים חמישי ושישי.

רחובות השוק נקראים בשמות פירות, כמו: רחוב התפוח, רחוב האגוז, רחוב השזיף, ועוד.

בשוק, ועל ידו, נמצאים: בית הכנסת "זָהֳרֵי חָמָּה", ישיבת "עץ חיים", ותחנת המשטרה, "מִשְׁטֶרֶת מחנה יהודה". בשוק גם נמצאת המסעדה של רַחְמוֹ. החומוס של רחמו ידוע בכל הארץ! כל אוהב חומוס צריך לטעום את החומוס של רחמו.

הגדול בְּיוֹתֵר	the largest
בֵּין	between
שְׁכוּנָה	neighborhood
נוסַד/הוּקַם בִּידֵי	founded by
שְׁנוֹת ה-20	1920-1929
דוּכָן	vendor stand
בְּמְיוּחָד	especially
מִשְׁטָרָה	police
יָדוּעַ	known

נכון או לא נכון?

1. "מחנה יהודה" זה השם של השוק וגם של השכונה. **נכון / לא נכון**
2. שוק מחנה יהודה נוסד בשנת 1887. **נכון / לא נכון**
3. שוק מחנה יהודה פתוח רק בימים חמישי ושישי. **נכון / לא נכון**
4. "התפוח" הוא שם של רחוב בשוק. **נכון / לא נכון**
5. במסעדה של רחמו יש חומוס מצוין. **נכון / לא נכון**

שאלות:

1. אילו מקומות מעניינים יש בשוק ועל יד השוק? ....
2. למה הרבה אנשים באים לשוק בסוף השבוע? ....
3. מה אוהבֵי החומוס צריכים לעשות? ....
4. האם היית פעם בשוק "מחנה יהודה"? ספר/י איך היה שם.

....

....

אוהֵב = מישהו שאוהב

כל האוהבים

כל אוהב חומוס חייב לטעום את החומוס של רחמו.

כל אוהב ספורט צריך ....

כל אוהבי המוסיקה חייבים לבקר ב ....

כל אוהב שוקולד ....

שיעור 64

סוזי ויעל בשוק

goods	סְחוֹרָה
for (you)	בִּשְׁבִילְ(ךָ)
What do you mean?	מה זאת אומרת?
cheeky	חָצוּף
actually	דַוְוקָא
really something	משהו-משהו
enjoy (literally, be healthy for me)	תִּהְיֶה לי בָּרִיא

סוזי: תראי, יעל, איזה עגבניות יפות!

יעל: כמה עולות העגבניות?

מוכר: 10 שקלים לקילו. כמה את רוצה?

יעל: רק חצי קילו.

מוכר: אני לא מוכר חצי קילו.

סוזי: אז אנחנו לא קונות!

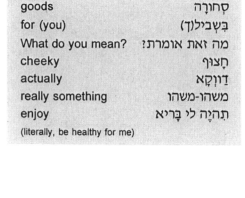

סוזי: המלפפונים מהיום?

מוכר: בטח מהיום. כל הסחורה טרייה.

יעל: כמה עולה קילו?

מוכר: בשבילך -- 8 שקלים.

יעל: מה זאת אומרת "בשבילי"?! אתה לא מכיר אותי!

מוכר: נעים מאוד, שמי דורון.

יעל: [לסוזי] שמעת אותו? איזה חצוף!

סוזי: אני דווקא חושבת שהוא חמוד...
[למוכר] טוב, תן לנו קילו מלפפונים, בבקשה.

מוכר: בבקשה.

יעל: אוי, תראי איזה זיתים יפים!

סוזי: אבל כבר קנינו זיתים בסופר.

יעל: כן, אבל הזיתים בשוק הם משהו-משהו!
[למוכר] אפשר לטעום מהזיתים השחורים?

מוכר: בבקשה, גברת. תני אחד גם לחברה שלך.

סוזי: תודה רבה.

מוכר: תִּהְיוּ לי בְּרִיאוֹת.

סוזי: לאן עכשיו?

יעל: עכשיו לתחנה של אוטובוס מספר 18. צריך לחזור הביתה.

סוזי: יש לנו כל כך הרבה אוכל... אולי כדאי לנסוע במונית?!

יעל: למה לא? האוכל היה כל כך זול, אנחנו יכולות לקחת מונית.

סוזי: יופי!

בינוני פעול

בינוני פָּעוּל is a form of בניין פעל. It is an adjective that describes the state of an object as a result of an action. For example:

סגרתי את הדלת (action: I <u>closed</u> the door) --> הדלת סְגוּרָה (result: the door <u>is closed</u>).

As an adjective, בינוני פָּעוּל :

a. has 4 forms that agree in gender and number with the noun it modifies:

הספר <u>פתוח</u>, וגם המחברת <u>פתוחה</u>. (= The book is open and the notebook is also open.)

b. can function in impersonal sentences:

<u>חשוב</u> לקרוא מה כתוב על המוצרים. (= It's important to read what's written on the products.)

c. has no past form; instead, it uses the verb להיות:

החנות <u>הייתה סגורה</u> הבוקר. (= The shop was closed in the morning.)

The following are some standard בינוני פעול adjectives. Learn them, paying attention to their relationships with the active פעל verbs.

written	כְּתוּבוֹת	כְּתוּבִים	כְּתוּבָה	כָּתוּב	(לכתוב)
important	חֲשׁוּבוֹת	חֲשׁוּבִים	חֲשׁוּבָה	חָשׁוּב	(לחשוב)
cheeky	חֲצוּפוֹת	חֲצוּפִים	חֲצוּפָה	חָצוּף	
cute	חֲמוּדוֹת	חֲמוּדִים	חֲמוּדָה	חָמוּד	(לחמוד)
open	פְּתוּחוֹת	פְּתוּחִים	פְּתוּחָה	פָּתוּחַ	(לפתוח)
closed	סְגוּרוֹת	סְגוּרִים	סְגוּרָה	סָגוּר	(לסגור)
(well) known	יְדוּעוֹת	יְדוּעִים	יְדוּעָה	יָדוּעַ	(לדעת)
simple	פְּשׁוּטוֹת	פְּשׁוּטִים	פְּשׁוּטָה	פָּשׁוּט	(לפשוט)

תרגיל 1: השלם בתארים שלמעלה.

1. השמות שלנו .... על הדלת.
2. הכלב שלי קטן ו........................ .
3. המסעדה .... עכשיו; היא .... רק בשעות הערב.
4. איזה ילדים ....; אין להם נימוסים!
5. דוד כותב במחברת שלו כל מה ש........................ על הלוח.
6. דני הוא ילד ....; הוא לא מדבר יפה עם אמא שלו.
7. השכנה שלנו היא אישה ....; כולם מכירים אותה.
8. בת דודה שלי, שירה, היא בת 3. היא נורא ....
9. בעיתון היה .... שהיום יהיה יום יפה.
10. היום אני צריך לעשות שני דברים ....
11. לא .... לנו באיזו שעה השיעור מתחיל.
12. .... בעיתון שהקניון יִהְיֶה .... אחרי הצהריים.
13. השאלה "מי אני?" היא לא שאלה ....

manners נימוסים

ציווי

The following are examples of old and new ציווי forms of verbs of בניין פעל.
Numbers 1-4 are פ״י or פ״נ verbs.
Numbers 5-8 are ע״ו-ע״י verbs. [With these verbs there is a strong relationship between the infinitive and the imperative forms: drop the ל of the infinitive for the basic imperative form.]
Numbers 9-10 are future forms of פעל, ל״ה verbs that are used for the imperative.

Complete the missing forms according to the examples.

1.	לתת	תֵּן	תְּנִי	תְּנוּ
2.	ללכת	לֵךְ	לְכִי	לְכוּ
3.	לשבת	....	....	....
4.	לצאת	....	....	....
5.	לבוא	בּוֹא	בּוֹאִי	בּוֹאוּ
6.	לשים	שִׂים	שִׂימִי	שִׂימוּ
7.	לקום	....	....	....
8.	לרוץ	....	....	....
9.	לראות	תִּרְאֶה	תִּרְאִי	תִּרְאוּ
10.	להיות	....	....	....

תרגיל 2: כתוב דיאלוגים. השתמש בפעלים בציווי.

1

- אמא, ... (לתת) לי את האוטו הערב.
- בסדר, אבל .... (להיות) ....
- ....

2

- ....
- ....
- .... (לרוץ)! הם באים!!

3

- .... (לראות), הנה ....
- ....
- .... (לבוא) נֵצֵא מפה מהר!

4

- .... (לקום), כבר מאוחר!
- ....
- ....

מילים ליחידה 5

שמות עצם	NOUNS
אֶבֶן (נ) אֲבָנִים	stone, rock
אֱגוֹז (ז) אֱגוֹזִים	nut
אוֹהֵב, אוֹהֶבֶת	lover
אוֹקטוֹבֶּר (ז)	October
אוֹרֶז (ז)	rice
אַרְגָּז (ז) אַרְגָּזִים	box
אַשְׁרַאי (ז)	credit
בֶּן־דוֹד (ז) בְּנֵי־דוֹדִים	cousin
בָּצָל (ז) בְּצָלִים	onion
בַּת־דוֹדָה (נ) בְּנוֹת־דוֹדוֹת	cousin
גֶּזֶר (ז) גְּזָרִים	carrot
גִּינָּה (נ) גִּינּוֹת	garden, lawn
דּוּכָן (ז) דּוּכָנִים	stall, stand
דְּחִיָּיה (נ) דְּחִיּוֹת	rejection
דַּקָּה (נ) דַּקּוֹת	minute
הַפְתָּעָה (נ) הַפְתָּעוֹת	surprise
הַצָּעָה (נ) הַצָּעוֹת	suggestion
וִיזָה (נ) וִיזוֹת	visa
חֲלוֹם (ז) חֲלוֹמוֹת	dream
חָצִיל (ז) חֲצִילִים	eggplant
חֵשֶׁק (ז)	desire
חֲתוּנָּה (נ) חֲתוּנּוֹת	wedding
טַבְלָה (נ) טַבְלָאוֹת	table
טוּנָה (נ)	tuna
טְחִינָה (נ)	tehina
טִיפ (ז) טִיפִּים	tip
טְרַקְטוֹר (ז) טְרַקְטוֹרִים	tractor
יְהוּדִי, יְהוּדִיָּיה	Jew
יוֹגוּרְט (ז)	yogurt
יָנוּאָר (ז)	January
כִּימְיָה (נ)	chemistry
כֵּיף (ז) [ערבית]	fun
(לא) כְּלוּם (ז)	nothing
(הַ)כְּנֶסֶת (נ)	Knesset
כַּרְטִיס־אַשְׁרַאי (ז)	credit card
כַּשְׁרוּת (נ)	kashruth
כָּתֵף (נ) כְּתֵפַיִים	shoulder
לַחְמָנִיָּיה (נ) לַחְמָנִיּוֹת	roll, bun
מַאֲכָל (ז) מַאֲכָלִים	food item
מוּצָר (ז) מוּצָרִים	product
מַזָּל (ז)	luck
מַחְלָקָה (נ) מַחְלָקוֹת	department
מָיוֹנֶז (ז) / מָיוֹנִית (נ)	mayonnaise
מִכְתָּב (ז) מִכְתָּבִים	letter
מַלְאָךְ (ז) מַלְאָכִים	angel
מְלָפְפוֹן (ז) מְלָפְפוֹנִים	cucumber
מֶמְשָׁלָה (נ) מֶמְשָׁלוֹת	government
מְקָרֵר (ז) מְקָרְרִים	refrigerator
מַרְכּוֹל (ז) מַרְכּוֹלִים	supermarket
מִשְׁטָרָה (נ)	police
מִשְׁלוֹחַ (ז) מִשְׁלוֹחִים	delivery
מַתָּנָה (נ) מַתָּנוֹת	gift
נָהָר (ז) נְהָרוֹת	river
נִימּוּס (ז) נִימּוּסִים	manner, courtesy
נַעַר, נַעֲרָה	youngster
סְחוֹרָה (נ) סְחוֹרוֹת	goods
סְטָטִיסְטִיקָה (נ)	statistics
סֶמֶסְטֶר (ז) סֶמֶסְטְרִים	semester
סְפָּגֶטִי (ז)	spaghetti
עֲגָלָה (נ) עֲגָלוֹת	cart
עֲדָשִׁים (נ"ר; יחיד: עֲדָשָׁה)	lentil
עֲנָבִים (ז"ר; יחיד: עֵנָב)	grapes
פַּאקְס (ז) פַּאקְסִים	fax
פֶּסַח (ז)	Passover
פַּסְטָה (נ) פַּסְטוֹת	pasta
פֶּרַח (ז) פְּרָחִים	flower
פְּרִי (ז) פֵּירוֹת	fruit
פָּרִיז (נ)	Paris
צִילְצוּל (ז) צִילְצוּלִים	ring
צֶ'ק (ז)	check
קַבָּלָה (נ) קַבָּלוֹת	acceptance
קֶטְשׁוֹפּ (ז)	ketchup
קִילוֹ (ז)	kilo
קִילוֹגְרַם (ז) קִילוֹגְרַמִּים	kilogram
קִילוֹמֶטֶר (ז) קִילוֹמֶטְרִים	kilometer
קָרוֹב קְרוֹבָה	relative
קְרוֹב־מִשְׁפָּחָה, קְרוֹבַת־	relative
רֹאשׁ־מֶמְשָׁלָה (זו"נ)	prime minister
שׁוּם־דָּבָר (לא) (ז)	nothing
שׁוּק (ז) שְׁוָוקִים	market
שָׁזִיף (ז) שְׁזִיפִים	plum
שְׁכוּנָה (נ) שְׁכוּנוֹת	neighborhood
שִׂמְחָה (נ) שְׂמָחוֹת	joy
שְׁנוֹת־ה-20 (נ"ר)	the twenties
שְׁעוֹן־קוּקִיָּיה (ז)	cuckoo clock
תּוֹר (ז) תּוֹרִים	line, queue
תַּפּוּז (ז) תַּפּוּזִים	orange
תַּפּוּחַ (ז) תַּפּוּחִים	apple

תארי שם	ADJECTIVES
אוֹטוֹמָטִי, אוֹטוֹמָטִית	automatic
אַחֵר, אַחֶרֶת	other, different
אָפוּי, אֲפוּיָה	baked
אָרוֹךְ, אֲרוּכָּה	long
בָּרִיא, בְּרִיאָה	healthy
גָּבוֹהַּ, גְּבוֹהָה	tall, high
ג'ינְג'י, ג'ינְג'ית	redhead (colloquial)
דִּיגִיטָלִי, דִּיגִיטָלִית	digital
הָמוֹן	plenty of (colloquial)
חָצוּף, חֲצוּפָה	cheeky
חָרִיף, חֲרִיפָה	spicy hot
טוּרְקִי, טוּרְקִית	Turkish
טָעִים, טְעִימָה	tasty
טָרִי, טְרִיָּיה	fresh
יָדוּעַ, יְדוּעָה	known
כָּתוּב, כְּתוּבָה	written
מַסְפִּיק, מַסְפִּיקָה	enough
מְפוּזָּר, מְפוּזֶּרֶת	absentminded
מַצְחִיק, מַצְחִיקָה	funny
נֶהְדָּר, נֶהְדֶּרֶת	wonderful
סָגוּר, סְגוּרָה	closed

סִיאָמִי, סִיאָמִית	Siamese
סְפָרַדִי, סְפָרַדִית	Sephardic
פָּתוּחַ, פְּתוּחָה	open
קוֹדֵם, קוֹדֶמֶת	previous
רָעֵב, רְעֵבָה	hungry
שֶׁעָבַר, שֶׁעָבְרָה	last, passed

פעלים VERBS

<u>פעל</u>

בּוֹדֵק, לִבְדוֹק	check
דוֹחֶה, לִדְחוֹת	reject
זוֹכֵר, לִזְכּוֹר	remember
חוֹמֵד, לַחְמוֹד	covet
טוֹעֵם, לִטְעוֹם	taste
נָח, לָנוּחַ	rest
סוֹגֵר, לִסְגּוֹר	close
עוֹבֵר, לַעֲבוֹר	pass (by)
שׁוֹלֵחַ, לִשְׁלוֹחַ	send
שׁוֹמֵר, לִשְׁמוֹר	keep, watch
שָׂם, לָשִׂים	put

<u>נפעל</u>

נוֹסָד, לְהִיוָּסֵד	be founded
נִפְרָד, לְהִיפָּרֵד	separate, part

<u>פיעל</u>

מְבַקֵּשׁ, לְבַקֵּשׁ	ask
מְחַיֵּךְ, לְחַיֵּךְ	smile
מְעַשֵּׁן, לְעַשֵּׁן	smoke
מְקַבֵּל, לְקַבֵּל	receive, accept
מְשַׁלֵּם, לְשַׁלֵּם	pay

<u>הפעיל</u>

מַאֲכִיל, לְהַאֲכִיל	feed
מֵבִיא, לְהָבִיא	bring
מֵבִין, לְהָבִין	understand
מוֹדִיעַ, לְהוֹדִיעַ	inform
מוֹצִיא, לְהוֹצִיא	take out
מַזְמִין, לְהַזְמִין	invite, order
מַטְבִּיל, לְהַטְבִּיל	dip
מַכְתִּיב, לְהַכְתִּיב	dictate
מַמְשִׁיךְ, לְהַמְשִׁיךְ	continue
מַסְפִּיק, לְהַסְפִּיק	have enough time
מַפְסִיק, לְהַפְסִיק	stop
מַצִּיעַ, לְהַצִּיעַ	suggest
מַרְאֶה, לְהַרְאוֹת	show
מַרְגִּישׁ לְהַרְגִּישׁ	feel

<u>הופעל</u>

מוּקָם, (לְהָקִים)	be established

<u>פעלים בציווי</u>

בּוֹא, בּוֹאִי, בּוֹאוּ	come
צֵא, צְאִי, צְאוּ	get out
קוּם, קוּמִי, קוּמוּ	get up
רוּץ, רוּצִי, רוּצוּ	run
שִׂים, שִׂימִי, שִׂימוּ	put
תִּהְיֶה, תִּהְיִי, תִּהְיוּ (עתיד)	be
תִּרְאֶה, תִּרְאִי, תִּרְאוּ (עתיד)	see

תארי פועל ADVERBS

אֶחָד אֶחָד, אַחַת אַחַת	one by one
אַף פַּעַם (לא)	never
בְּדִיּוּק	exactly
בְּיוֹתֵר	the most
בְּכֵיף	with pleasure (slang)
בְּמְיוּחָד	especially
בָּרֹאשׁ	in front
בְּשִׂמְחָה	gladly
דַּוְוקָא	actually
כָּאן	here
לְאַט	slowly
מֵאָחוֹר	behind
(לֹא) מִזְּמַן	(not too) long ago
מִסָּבִיב	around
מַסְפִּיק	enough
נוֹרָא	terribly
קוֹדֶם	earlier, first

מילות יחס PREPOSITIONS

אֶל	to
אֵצֶל	at one's place/possession
אֶצְלִי, אֶצְלְךָ...	at my place...
בִּידֵי	by
בֵּין	between, among
בִּשְׁבִיל	for
כְּמוֹ	as, like, such as

שונות MISC.

אַף	even
אֲפִילוּ	even
בִּשְׁנַת־	in the year ...
לָכֵן	therefore
מַדּוּעַ	why

ביטויים EXPRESSIONS

אַהְלָן (ערבית)	Hi
אֵיזֶה כֵּיף!	It's great!
אֵיךְ זֶה שֶׁ...	how come
בָּא לִי	I feel like
בּוֹא, בּוֹאִי, בּוֹאוּ	let's
- בּוֹא נֵלֵךְ	let's go
- בּוֹא נֵצֵא	let's go out
- בּוֹא נֵשֵׁב	let's sit
בְּחַיַּי	(I swear) on my life
זֶה מַה שֶׁיֵּשׁ	That's all there is
יֵשׁ לִי חֵשֶׁק	I feel like
כָּכָה עוֹשִׂים?!	You don't do that!
מַה אִיתְּךָ?!	What's with you?!
מַה זֹאת אוֹמֶרֶת	What do you mean?
מַה עִם	what about
מַזָּל טוֹב	Congratulations, good luck
מַשֶּׁהוּ־מַשֶּׁהוּ	really something
עוֹבֵר דִּירָה	move (relocate)
שׁוֹמֵר כַּשְׁרוּת	keep kosher
תִּהְיֶה לִי בָּרִיא	Enjoy! (literally, be healthy for me)

תָּמִיד יֵשׁ פַּעַם רִאשׁוֹנָה

There's a first time for everything

מונחים TERMINOLOGY

בֵּינוֹנִי (ז)	present tense
בֵּינוֹנִי פָּעוּל (ז)	passive form of Paal

י ח י ד ה 6

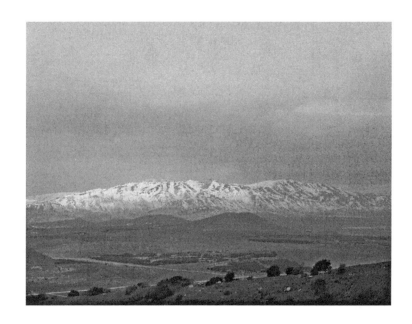

הר החרמון

שיעור 65

נראה טוב

כל השכנים יודעים מתי רון מִתְקַלֵּחַ.
הם שומעים אותו שר.
רון אוהב לשיר כשהוא מִתקַלֵּחַ.

נִרְאֶה-נִרְאֵית טוב	(it) looks good
תינוֹק-תינוֹקֶת	baby
אַמְבַּטְיָה	bath (tub)
חוּלצַת-טי	T-shirt

כל השבוע עינת לובשת רק חולצת-טי ומכנסֵי-ג'יינס.
אבל ביום שישי היא אוהבת לְהִתלַבֵּש יפה.

עידו הוא קטן קטן. הוא תינוק. הוא עוד לא יכול לְהִתרַחֵץ לבד,
לכן אבא רוחץ אותו באמבטיה. עידו אוהב לְהִתרַחֵץ.
הוא אוהב להיות במים. זה כיף!

אני לא אוהב לְהִתגַלֵּחַ כל בוקר.
אני מִתגַלֵּחַ רק שלוש פעמים בשבוע. זה מספיק.

גברת מזרחי היא מאוד פֶּדַנטית.
היא תמיד נִרְאֵית טיפ-טופ.
היא מִתאַפֶּרֶת אפילו לפני שהיא הולכת לחנות.

בניין התפעל

The verbs להתלבש, להתרחץ, להתקלח, להתגלח, and להתאפר, belong to בניין הִתְפַּעֵל .

בניין הִתְפַּעֵל is characterized by the syllable -הִת (in the infinitive and past forms) or -מִת (in present) that precedes the root. For example: **לְהִתְ**גלח, **מִתְ**לבשים, **הִתְ**רחצו .

Here are the present and past conjugations of the verb להתלבש (= get dressed):

לְהִתְלַבֵּשׁ **שורש:** ל. ב. ש. **בניין:** התפעל

הווה: מִתלַבֵּשׁ מִתלַבֶּשֶׁת מִתלַבְּשִׁים מִתלַבְּשׁוֹת

עבר: הִתלַבַּשׁתי הִתלַבַּשׁתָ הִתלַבַּשׁת הוא הִתלַבֵּשׁ היא הִתלַבְּשָׁה
הִתלַבַּשׁנו הִתלַבַּשׁתֶם הִתלַבַּשׁתֶן הם הִתלַבְּשׁו הן הִתלַבְּשׁו

Note that while the stem of the past conjugation is -התלבַּש (/a/ under the 2nd root letter; for example, התלבַּשתי, התלבַּשנו), the third-person singular masculine form (הוא) is התלבֵּש (/e/ under the 2nd root letter). This phenomenon should not be new to you, as the same thing happens with בניין פיעל.

For example: דיבַּרתי vs. הוא דיבֵּר.

In addition, in the third person feminine and plural forms, the second root letter drops its vowel due to the stress shift to the final syllable. For example: התלבְּשו, התאפְּרה, and התרחֲצו .

The second root letter of התפעל verbs (as well as פיעל verbs) is doubled. Though the letter itself is not written twice, vocalized texts mark it with דגש (a dot in the letter). For example: מתקלח.

This means that:

1. if the second root letter is ב, כ or פ, it is pronounced throughout the conjugation /b/, /k/, or /p/ (and not /v/, /ch/, or /f/),
2. the structures of בניין התפעל and בניין פיעל allow conjugation of four letter roots.

For example: **שורש:** ב. ל. ב. ל. **בניין:** התפעל -- לְהִתבַּלבֵּל / מִתבַּלבֵּל / הִתבַּלבֵּל
שורש: צ. ל. צ. ל. **בניין:** פיעל -- לְצַלצֵל / מְצַלצֵל / צילצֵל

תרגיל 1: השלם את המשפטים בפעלים ש**באותיות מודגשות**. שנה אותם לזמן עבר.

1. דוד **מתרחץ** לפני שהוא הולך לישון. רונית .... בבוקר. גם אנחנו .... בבוקר.

....

2. סיגל **מתלבשת** בחמש דקות. גם עינת וחגית .... צ'יק צ'ק. גם אתם .... מהר?

....

3. השותף שלי **מתגלח** פעם ביומיים. כל כמה זמן אתה ....? הם .... כל יום?

....

4. בקיץ היא **מתקלחת** במים קרים. גם אתן .... במים קרים? אני .... במים חמים בחורף ובקיץ!

....

תרגיל 2: השלם כל משפט בעוד 3-2 משפטים.

1. כשאני קם/קמה בבוקר, ...

2. כל ערב לפני שאני הולך/הולכת לישון, ...

227 יחידה 6

3. לפני שאני הולך/הולכת למסיבה, אני ....

4. מה?! אתה מתאפר?!!! ....

רואה ונִראה

The verbs לִראות and לְהֵירָאוֹת have the same root: ר.א.ה. . While לראות belongs to בניין פעל, להיראות belongs to בניין נפעל .

Learn the present tense conjugation of the verb להיראות:

שם הפועל: לְהֵירָאוֹת **שורש:** ר.א.ה. **בניין:** נפעל **גזרה:** ל״ה

הווה: נִרְאֶה נִרְאֵית נִרְאִים נִרְאוֹת

Unlike לִראות, which means to see *something* (a direct object), the verb לְהֵירָאוֹת refers to the *appearance* of things. It is followed by a description, which can be a comparison.

הספר נִראֶה מעניין מאוד. (The book seems very interesting.)

שרה, את נִראֵית עֲצוּבָה. מה קרה? (Sara, you look sad. What happened?)

ערן וסיוון נִראים בדיוק כמו אבא שלהם. (Eran and Sivan look just like their dad.)

סבתא שלי בת שמונים, אבל היא נראית נפלא. (My grandma is 80, but she looks great.)

The expression נִראֶה שֶ... means "It seems that..."

נִראֶה שכולם אהבו את הסרט. (It looks like everybody liked the movie.)

נראה לי ש... (= it seems to me that) is widely used as an alternative to אני חושב ש... .

נִראֶה לי שכדאי לצאת מפה. (I think we should get out of here.)

(זה) לא נִראֶה לי means "I don't like it;" "I don't approve;" "I don't think so!"

א: אנחנו רוצים לעשות מסיבת הפתעה לאלון.

ב: זה לא נראה לי! אלון לא אוהב מסיבות.

כַּנִּרְאֶה means "apparently," "seemingly."

רחל לא באה היום. כַּנִראֶה היא חולָה.

תרגיל 3: השלם ב: **נראה ש... נראים נראית לא נראה לי נראה להיראות ראיתי ראו כנראה נראות לראות**

1. כבר שבוע לא .... את השכנים שלי. .... הם נסעו.
2. .... הרבה אנשים .... אתמול את משחק הכדורגל בטלוויזיה, כי כולם מדברים עלָיו.
3. איילת, את .... חולה. אולי תלכי .... את הרופא?
4. היא רוצה .... כמו בָּארבִּי, ולכן היא עושה דיאטה.
5. הירקות בשוק .... היום טריים וטובים.
6. - בנות, אתן .... יופי! - תודה, אבא, גם אתה .... לא רע!
7. - את באה הערב לביקור? - .... ; יש לי הרבה עבודה.

שיעור 66

אנחנו הולכים הערב לקונצרט

arrive	לְהַגִּיעַ/מַגִּיעַ
totally	לְגַמְרֵי
face	פָּנִים
bathroom, shower	מִקְלַחַת
almost	כִּמְעַט
at last	סוֹף-סוֹף
clothes	בְּגָדִים
shirt	חוּלְצָה
white	לָבָן-לְבָנָה
on time	בַּזְּמַן

[השעה 7:00 בערב. אבי מגיע הביתה מהעבודה.]

אבי: ערב טוב ...

אסתי: אבי, למה אתה בא כל כך מאוחר?

אבי: מאוחר? עכשיו רק שבע.

אסתי: נכון, אבל אנחנו הולכים הערב לקונצרט, שכחת?

אבי: הערב?! לגמרי שכחתי! באיזו שעה הקונצרט?

אסתי: ב-8:00! אין לנו הרבה זמן. אתה בטח רוצה להתרחץ ...?

אבי: לא. התקלחתי בבוקר. אני רוצה רק לרחוץ את הפנים והידיים.

אסתי: ואתה צריך גם להתגלח ...

אבי: נכון. אז אני נכנס עכשיו למקלחת. ומה איתך, אסתי? את כבר מוכנה?

אסתי: אני כמעט מוכנה. התקלחתי כשחזרתי מהעבודה. אני צריכה רק להתלבש ולהתאפר.

[אבי יוצא מהמקלחת. אסתי כבר מוכנה.]

אבי: את נראית יופי!

אסתי: כן? תודה!

אבי: אני הולך עכשיו להתלבש.

אסתי: שמתי בשבילך בגדים על המיטה: את החולצה הלבנה והמכנסיים החדשים.

אבי: יופי! זה בדיוק מה שרציתי ללבוש!

[אבי מתלבש ויוצא.]

אסתי: גם אתה נראה יופי!

אבי: אז סוף-סוף אנחנו יוצאים ...

אסתי: ואפילו בזמן!

שאלות:

1. באיזו שעה אבי מגיע הביתה? ....
2. מה אבי שכח? ....
3. אבי רוצה להתקלח עכשיו? למה? ....
4. מה אבי צריך לעשות לפני הקונצרט? ....
5. מה אבי רוצה ללבוש? איפה נמצאים הבגדים האלה? ....
6. מה אסתי עושה לפני הקונצרט? ....

7. אסתי מספרת מה קרה:

היום חזרתי הביתה מוקדם...

....

....

....

פעלים חוזרים

Many of the verbs in בניין התפעל are reflexive; namely, they describe actions that the agent does to himself/herself. The subject of the sentence is also its direct object. For example, דוד מתרחץ means "David washes (himself)."

As the direct object of the action is built in the verb, התפעל verbs NEVER take a direct object. Consequently, in describing an action that *does* take a direct object (for example: Dafna washes her dog) you cannot use a התפעל verb. Instead, use a transitive verb; in this case, לִרחוץ (= wash):

דפנה רוחצת את הכלב שלה.

The following are examples of the transitive verb לרחוץ (= wash someone/something) vs. the reflexive verb להתרחץ (= wash, bathe (oneself)), as well as the transitive verb ללבוש (= wear/put on something) vs. the reflexive verb להתלבש (= get dressed):

חגי רוחץ את הידיים, רוחץ את הפנים, רוחץ את המכונית שלו, ורוחץ את הכלב שלו.
חגי מתרחץ כל בוקר. הוא מתרחץ במים חמים. בקיץ הוא אוהב להתרחץ בים או בבריכה.

בְּרֵיכָה pool

חנה לובשת מכנסי ג׳ינס וחולצת טי. היא לובשת את הסוודר של השותפה שלה.
חנה מתלבשת בחדר שלה. היא מתלבשת מהר מאוד.

תרגיל 1: בחר בין הפועל היוצא והפועל החוזר.

ללבוש / להתלבש

1. רן .... את החולצה שקנינו לו.
2. אין לי מה ....!
3. למה הזֶבְּרָה .... פיג׳מָה?
4. רינה בחדר. היא ....
5. כבר ....? אתם מוכנים?

לרחוץ / להתרחץ

6. הם .... בבוקר או בערב?
7. לפני שיושבים לאכול, צריך .... את הידיים.
8. אני לא אוהב.............................. במים קרים.
9. לא היו מים חמים, לכן לא .... הבוקר.
10. אמא .... את התינוק עידו.

פעלים נוספים בבניין התפעל

Not *all* התפעל verbs are reflexive. Some denote a mutual action (doing something to each other); others express emotions.

The following are התפעל verbs of mostly known roots. Do you know, or can you guess, their meaning?

פעולה הדדית (mutual action): להתחתן (עם)   להתכתב (עם)   להתראות (עם)   להתנשק (עם)

רגשות (feelings, emotions): להתפלל   להתחשב (ב..)   להתרגש   להתאהב (ב..)

תרגיל 2: השלם בפעלים מלמעלה.

1. הרבה אנשים נמצאים עכשיו בבית הכנסת. הם ....

2. אני מקווה .... איתכם עוד פעם בקיץ הבא.

> לקוות/מְקַוֶּה   hope

3. רותי ואני חברים קרובים. כשאני נפגש איתה, אנחנו תמיד ....

4. בשנה שעברה ביקרנו בצפת. .... בָּמקום, ואנחנו רוצים לעבור לגור שם.

5. כבר 5 שנים לא התראֵיתי עם דן. עכשיו הוא מבקר בארץ, ומחר אנחנו נפגשים. אני .... מאוד.

6. רבקה מדברת עם ההורים שלה בטלפון וגם .... איתם באי-מייל.

7. יוסף .... בשכנים שלו ולא שומע מוסיקה בקול רם אחרי אחת עשרה בלילה.

8. חגית .... ברונן בפעם הראשונה שהיא ראתה אותו.

9. המוסלמים .... חמש פעמים ביום.

10. הם גרים בחיפה, ואנחנו -- בבאר שבע; אבל אנחנו .... כמעט כל שבוע.

לְהַגִּיעַ   **שורש:** נ. ג. ע.   **בניין:** הפעיל   **גזרה:** פ"נ

הווה: מַגִּיעַ   מַגִּיעָה   מַגִּיעִים   מַגִּיעוֹת

עבר: הִגַּעְתִּי   הִגַּעְתָ   הִגַּעַת   הוּא הִגִּיעַ   הִיא הִגִּיעָה
   הִגַּעְנוּ   הִגַּעְתֶם   הִגַּעְתֶן   הם הִגִּיעוּ   הן הִגִּיעוּ

הוא רוצה להגיע לרצפה

The verb להגיע means "to arrive."
For example:

האוטובוס מגיע לתחנה בשעה 13:45.
המשלוח מהסופרמרקט הגיע 10 דקות אחרי שחזרנו הביתה.

It is often used instead of לבוא :

הגעתי הביתה מאוחר מאוד; כולם כבר ישנו.

להגיע also means "to reach."
For example:

הוא רוצה להגיע לראש ההר הגבוה.

The expression ...מגיע ל means "one deserves something (positive or negative);" "it serves one right."
For example:

מגיע לאמא לנוח קצת; היא עבדה כל כך קשה כל היום.   (Mom deserves some rest...)

- אף אחד לא רוצה לדבר איתנו.   - מגיע לכם!   (- Nobody wants to talk with us.   - Serves you right!)

The verb להגיע is of פ"נ גזרת ,בניין הפעיל . In this group of verbs the first root letter, נ , is omitted in <u>all</u> forms of the verb. Technically speaking, the consonant /n/ assimilates with the following consonant (in this case /g/), and doubles it: /man-gia/ --> /mag-gia/. In vocalized texts, the 2nd root letter (in our example, the ג) is marked with דגש to indicate the fact that it is doubled: מגיע .

One result of the doubled second root letter is that when that letter is ב , כ , or פ , it is pronounced /b/, /k/, or /p/ (and not /v/, /ch/, or /f/). For example, להכיר, להפיל, להביט.

Except for the omitted נ, the conjugation of פ״נ verbs in בניין הפעיל is identical to that of the שלמים . Compare the conjugation of להגיע (פ״נ) with that of להתחיל (שלמים) .

Other verbs in this group include: להכיר (= know) and להגיד (= tell).

Remember that להכיר means to know *people*, *places*, or other complex things (unlike לדעת which means to know facts or how to do something).

The verb להגיד has the exact same meaning as לומר. However, in modern Hebrew להגיד is only used in its infinitive and future forms, never in present or past.

תרגיל 3: השלם בפועל **להגיע** בהווה. שנה לעבר.

1. אבי .... הביתה מאוחר.

2. אני קמה מאוחר ולא .... לשיעור בזמן.

3. הרכבות תמיד .... מאוחר.

4. כמה זמן לוקח לך .... לקמפוס?

5. חוה, באיזו שעה את .... לחיפה?

6. הם עבדו קשה כל השנה; .... להם ציון טוב.

7. העוגה נמצאת על השולחן, אבל דני הוא ילד קטן, והוא לא ....

תרגיל 4: חבר 6 משפטים מחצאי המשפטים. קרא אותם בקול. בכל משפט צריך להיות פועל בהפעיל פ״נ.

| הוא עשה דיאטה | כל החנויות היו סגורות | כי למדתם כל כך קשה | לא הכרתי אף אחד במסיבה |

| ולא רוצה להגיד לי למה | טיילתי הרבה בירושלים | רן לא מדבר איתי | כי הגענו אחרי כניסת השבת |

| אז עכשיו ממש אי אפשר להכיר אותו | ולכן היה לי משעמם | אז אני מכיר אותה טוב מאוד | מגיע לכם ציון טוב |

בִּשְׁבִיל

בִּשְׁבִילֵנוּ		בִּשְׁבִילִי	
בִּשְׁבִילְכֶן	בִּשְׁבִילְכֶם	בִּשְׁבִילֵךְ	בִּשְׁבִילְךָ
בִּשְׁבִילָן	בִּשְׁבִילָם	בִּשְׁבִילָה	בִּשְׁבִילוֹ

The preposition בְּשְׁבִיל (= for) typically precedes a person or another living thing that benefits from the action in question. Do not use בְּשְׁבִיל in other instances.
Examples:

קניתי כרטיסים לקונצרט גם בשבילי וגם בשביל רחל.   (I bought tickets for myself and for Rachel.)

זאת לא בעיה בשבילנו.   (It's not a problem for us.)

בשביל is commonly used at the restaurant. For example:

המלצר: מה בשבילכם?

(What [can I get] for you?)

אהרון: בשבילי חומוס ופיתות וקולה, ובשבילה רק כוס קפה.

(For me hummus and pitas and Coke,

and for her just a cup of coffee.)

תרגיל 5: 1. השלם ב: **בשביל.** 2. כתוב דיאלוגים עם המשפטים.

1. בבקשה לא לאכול את העוגה -- היא .... האורחים.

2. ילדים, יש לי הפתעה ....!

3. המלצר: .... מי הטחינה? ....?

4. כן, אדוני, מה אני יכול לעשות ....?

5. זה בסדר, ... כסף זו לא בעיה!

תרגיל 6: מה לא בסדר במשפטים הבאים? שנה מילה אחת בכל משפט, כך שהמשפט יהיה הגיוני.

1. אהוד מתלבש לפני שהוא מתקלח.

2. לא קניתי לרבקה מתנה, כי זכרתי שהיום יום ההולדת שלה.

3. הוא לא ישן כל הלילה, ולכן הוא נראה יופי.

4. אני לגמרי מוכן; אני צריך רק להתגלח.

5. השיעור מתחיל ב-12, אבל המורה באה ב-12:15. עוד פעם היא מגיעה בזמן!

הוא רוצה להגיע לראש ההר

שיעור 67

לִפשוט/פּושֵט	take off
אַךְ	אבל
מרוּצֶה-מרוּצָה	contented
הִתעַמלוּת	gymnastics
מַחֲלָה	disease
עַצלוּת	laziness
לִטרוֹחַ/טוֹרֵחַ	לעבוד קשה
בֶּגֶד ים	swimsuit
לְהִתרַגֵל/מִתרגל	get used to

מַדּוּעַ וְלָמָּה לוֹבֶשֶׁת הַזֶּבְּרָה פִּיגָ'מָה?

ע' הלל

מִי יוֹדֵעַ
מַדּוּעַ וְלָמָּה
לוֹבֶשֶׁת הַזֶּבְּרָה
פִּיגָ'מָה?

כִּי:

בְּבֹקֶר יוֹם א' הַזֶּבְּרָה קָמָה,
פָּשְׁטָה אֶת הַפִּיגָ'מָה,
לָבְשָׁה מִן הַסְּתָם מִכְנָסַיִם וְחֻלְצָה.
אַךְ מִיָּד הִרְגִּישָׁה שֶׁאֵין הִיא מְרֻצָּה,
מַהֵר וְלָבְשָׁה --
פִּיגָ'מָה, פִּיגָ'מָמָה...

בְּבֹקֶר יוֹם ב' הַזֶּבְּרָה קָמָה,
פָּשְׁטָה אֶת הַפִּיגָ'מָה,
לָבְשָׁה בְּשִׂמְחָה אֶת בִּגְדֵי הַהִתְעַמְּלוּת.
אַךְ אוֹי, דָּבְקָה בָּהּ מַחֲלַת הָעַצְלוּת,
מַהֵר וְלָבְשָׁה --
פִּיגָ'מָה...

בְּבֹקֶר יוֹם ג' הַזֶּבְּרָה קָמָה,
פָּשְׁטָה אֶת הַפִּיגָ'מָה,
טָרְחָה וְטָרְחָה וּמָדְדָה לָהּ סַרְבָּל.
אַךְ הָיָה זֶה בֶּגֶד חַם וּמְסֻרְבָּל,
מַהֵר וְלָבְשָׁה --
פִּיגָ'מָה...

בְּבֹקֶר יוֹם ד' הַזֶּבְּרָה קָמָה,
פָּשְׁטָה אֶת הַפִּיגָ'מָה,
לָבְשָׁה בְּשִׂמְחָה בֶּגֶד-יָם, בֶּגֶד-יָם.
אַךְ אוֹי וַאֲבוֹי הִיא קִבְּלָה מַחֲלַת-יָם
מַהֵר וְלָבְשָׁה --
פִּיגָ'מָה...

בְּבֹקֶר יוֹם ה' הַזֶּבְּרָה קָמָה,
פָּשְׁטָה אֶת הַפִּיגָ'מָה,
עָמְדָה וּמָדְדָה לָהּ שִׂמְלַת מַלְמָלָה לָהּ.
מִיָּד עוֹד בְּטֶרֶם, בְּטֶרֶם הִתְרַגְּלָה לָהּ,
מַהֵר וְלָבְשָׁה --
פִּיגָ'מָה!

בְּעֶרֶב שַׁבָּת הַזֶּבְּרָה קָמָה,
אַךְ בְּטֶרֶם פָּשְׁטָה אֶת הַפִּיגָ'מָה --
יָשְׁבָה וְחָשְׁבָה
אִם כְּדַאי לְיוֹם אֶחָד בִּלְבַד
לִטְרֹחַ וְלִלְבֹּשׁ אֶת שִׂמְלַת הַשַּׁבָּת?
יָשְׁבָה וְחָשְׁבָה, וְחָשְׁבָה, וְחָשְׁבָה
עַד מוֹצָאֵי-שַׁבָּת.

מֵאָז אִישׁ אֵינוֹ שׁוֹאֵל מַדּוּעַ וְלָמָּה
לוֹבֶשֶׁת הַזֶּבְּרָה פִּיגָ'מָה!

שאלות:

1. מה הדבר הראשון שהזברה עשתה כל יום כשהיא קמה? למה? ....

2. כשהזברה לבשה מכנסיים וחולצה, היא **הייתה שמחה / לא הייתה שמחה**, אז היא ....

3. אילו עוד בגדים הזברה לבשה? ....

4. אילו מחלות היו לזברה? האם גם לך היו המחלות האלה? מתי? ....

....

5. הזברה פשטה את הפיג'מה גם ביום שישי? **נכון / לא נכון**

6. הזברה חשבה שאולי לא כדאי ללבוש את שמלת השבת, כי ....

7. איך זה כתוב בטקסט? מצא את המילה ברשימה הבאה:

בטרם , ~~בערב שבת~~ , אין היא מרוצה , איש אינו שואל , מן הסתם , דבקה בה מחלת העצלות , מיהרה , יום אחד בלבד

עשתה את זה מהר = ... לא הייתה לה אנרגייה = ...

בלי לחשוב = ... רק יום אחד = ... לפני ש... = ...

ביום ו' = בערב שבת אף אחד לא שואל = ... היא לא שמחה = ...

8. ספר/י במילים שלך מה קרה כל יום.

לִקרות/קָרָה happened

מילות זמן חדשות וישנות

In most cases, the timing of an event is defined in relation to another event which precedes it, occurs at the same time, or follows it.

The following define the time in relation to an event that is expressed by a *noun*. The time expression precedes that noun:

לפני (= before) ; ב (= in/at), בִּזמן (= during), בְּמֶשֶׁך (= during) ; אחרי (= after).

אני שותה כוס מים לפני השיעור.

בסוף השבוע ביקרנו אצל סבא וסבתא בקיבוץ.

אנחנו לא מדברים בטלפון בזמן העבודה.

במשך השבוע אין לה זמן לראות טלוויזיה.

אחרי הלימודים דן רוצה לטייל בעולם.

When the event is expressed by a *clause* (rather than a noun) it is preceded by one of the following:
לפני ש... or בְּטֶרֶם (= before) ; כְּשֶׁ.../כַּאֲשֶׁר (= when), בִּזמן ש... (= while) ; אחרֵי ש... (= after).

[Note: as a rule, a clause is preceded by the particle ...ש . בטרם is an exception to the rule.]

לפני שבאתם, שיחקנו כדורסל בחוץ.

התרחצתי בטרם לבשתי את הבגדים החדשים.

כשהגעתי לחדר, השותף שלי אכל ארוחת ערב.

כאשר הייתי ילד קטן, אהבתי לראות את אבא מתגלח.

עינת אוהבת לשמוע מוסיקה קלאסית בזמן שהיא קוראת.

אחרי שלמדנו, יצאנו לטייל קצת ברחוב.

When the timing is defined in relation to an event that has been mentioned earlier in the text, one of the following is used:

לפני זה/לפני כן (= before that, first), קוֹדֶם (= earlier, first) ; אז (= then) ; אחר כך (= after that, later).

[Note that כך , כן , and זה typically make reference to something that occurred earlier in the text.]

היא צריכה לעבוד; אבל קודם היא יושבת לשתות כוס קפה ולקרוא את העיתון.

שמתי מוצרים בעגלה, אבל לפני כן בדקתי מה כתוב עליהם.

הם הלכו לסרט, ואחר כך ישבו בבית קפה.

קודם and אחר כך are often used together to indicate the order of two actions.

קודם גרנו בחיפה, ואחר כך עברנו לגור בירושלים.

לפני (= ago) and בעוד (= in) express the period between the present point in time and an event in the past or future.

[Note that the word לפני has two different meanings: it is the opposite of אחרי and the opposite of בעוד.]

לפני שנתיים ביקרתי בישראל עם המשפחה. (Two years ago, I visited Israel with my family.)

בעוד שבועיים אני יוצא לחופשה. איזה כיף! (In two weeks I'm going on a break. That's great!)

The prepositions ...מ (= from, since) and עד (= until) indicate the starting and ending points of a time period.

אדון לוין נמצא בעבודה יום יום משמונה עד חמש.

...מ and עד can easily pair with אז (= then):

רון ומיכל נפגשו ביום הראשון של הלימודים. מאז הם חברים טובים.

המבחן בשבוע הבא. עד אז אני צריך לקרוא ארבעה ספרים.

The following indicate to what degree the action is complete:

כבר (= already) and its opposite עוד לא (= not yet); עוד (= still) and its opposite כבר לא (= no longer); כִּמְעַט (= almost); עוד מְעַט (= soon); and סוף-סוף (= finally).

[כבר typically indicates completion, whereas עוד indicates continuation.]

כבר קראנו את הטקסט, אבל עוד לא עשינו את התרגילים.

הוא עוד גר במעונות, אבל אנחנו כבר לא שותפים.

אסתי כמעט מוכנה; היא רק צריכה להתאפר.

נורית: אמא, אני רְעֵבָה! אמא: עוד מעט אנחנו יושבים לאכול.

סוף סוף נגמר השיעור!

The following adverbs describe the timing, frequency, or speed of an action: מִיָּד (=immediately); מוקדם (= early) and its opposite מְאוּחר (= late); בַּזמן (= on time); מַהֵר (= fast) and its opposite לְאַט (= slow); תָּמיד (always); אף-פעם (= never); לִפעמים (= sometimes).

היא קמה ומייד נכנסה למקלחת.

יצאנו מוקדם, כי לא רצינו להגיע מאוחר להצגה.

הקונצרט לא התחיל בזמן, כי הגיטריסט לא הגיע.

אל תֵּלכו כל כך מהר, לכו לאט בבקשה!

אף פעם היא לא לובשת שִׂמלה; תמיד היא לובשת מכנסיים.

תרגיל 1: כתוב את אותו המידע עם מילת זמן אחרת.

1. דן רואה קצת טלוויזיה, ואחר כך יושב לעבוד. .... לפני ש ....
2. רות קוראת עיתון כשהיא אוכלת. בזמן ה ....
3. אני מתקלח לפני שאני מתלבש. קודם ....
4. ההצגה נגמרת בעוד 5 דקות. ....כמעט ....
5. סוף סוף גמרתי לקרוא את הספר! כבר ....
6. יצאנו לטיול קטן לפני ארוחת הבוקר. אחרי ש ....
7. השעה עכשיו 3. ב-4 אני סוף סוף גומר ללמוד. בעוד ....

תרגיל 2: השלם במילים:

כבר , קודם , סוף-סוף , בעוד , לפני , אחר-כך , במשך , לפני ש... , אחרי , אחרי ש... , עוד לא , מוקדם , אחרי זה

1. רחל קמה .... בבוקר. .... היא שותה כוס קפה, ורק .... היא יושבת לעבוד.
2. דן הוא בן 18. .... חודש הוא .... גומר את הלימודים בבית ספר תיכון, וחודשיים .... הוא הולך לצָבָא. .... הוא גומר ללמוד, ו.................. הצבא הוא רוצה לטייל בארץ ולפגוש חברים.
3. .... השיעור אסור לאכול. יש סטודנטים שאוכלים .... השיעור מתחיל, וסטודנטים אחרים אוכלים .... השיעור.
4. נמרוד .... גר פה חצי שנה, אבל הוא .... מכיר את המקום טוב.

תרגיל 3: כתוב סיפורים קטנים שנגמרים ב:

מאז אנחנו חברים טובים. מייד הרגשתי כמו בבית. סוף סוף הוא יצא! עוד מעט, חמודי, עוד מעט...

בדיחה

יום שישי אחרי הצהריים בתל אביב. הרבה מכוניות נוסעות ברחוב.

והנה, איש אחד מטייל ברחוב, בין המכוניות, עם שני פינגווינים.

נהג אחד צועק לו: "משוגע! קח אותם לגן החיות!"

עונה האיש: "כבר היינו בגן החיות; עכשיו אנחנו הולכים לסרט..."

נֶהָג-נַהֶגֶת driver

שיעור 68

איך היה בירושלים

הַתְחָלָה	beginning
מֶזֶג הָאֲוִויר	the weather
יָרַד שֶׁלֶג	it snowed
כְּדֵי	in order to

[רונית רואה את איתי בקמפוס של אוניברסיטת תל אביב.]

רונית: איתי, איזו הפתעה, חשבתי שאתה בירושלים ...

איתי: **הייתי** בירושלים, אבל חזרתי הבוקר.

רונית: למה חזרת כל כך מוקדם? לא היה נחמד בירושלים?

איתי: היה נחמד ... בהתחלה. ביקרתי במקומות מעניינים, פגשתי חברים שלי שלומדים באוניברסיטה העברית ...

רונית: לנת אצל החברים שלך?

איתי: לא, לנתי אצל הדודים שלי, בשכונת בֵּית הַכֶּרֶם.

רונית: ולא היה לך נעים בבית שלהם?

איתי: היה לי טוב מאוד אצלם. אני מאוד אוהב אותם.

רונית: אז מה קרה?

איתי: מזג האוויר לא היה טוב. ביום ראשון התחיל לרדת שלג. כל הזמן ירד שלג, והיה קר.

רונית: אז מה?

איתי: אז הכול היה סגור: לא היו אוטובוסים, לא היו מכוניות ברחוב. פשוט לא היה לי מה לעשות שם!

רונית: אז מה עשית?

איתי: כלום. ישבתי בבית כל הזמן. בבית היה חם ונעים ...

רונית: כדי לשבת בבית לא צריך לנסוע לירושלים ...

איתי: נכון מאוד!

יום שלג בירושלים

השלמות:

1. .... היה נחמד, אבל אחר כך .... לרדת שלג והיה קר.
2. הכול היה סגור, כי ....
3. הכול היה סגור, ולכן ....
4. רונית חושבת שלא כדאי .... אם רק ....

שאלות:

1. איפה היה איתי ומתי הוא חזר משם? ....
2. מה איתי עשה בירושלים? ....
3. איפה איתי לן בירושלים? ....

4. מה איתי עשה כשירד שלג בירושלים? ....

5. מה אפשר לראות בתמונה?

....

....

מילות שאלה במשפטי יש / אין

The examples below demonstrate how an interrogative can be used in a יש/אין sentence instead of a noun, most commonly in negative sentences or questions.

אין מה לעשות בירושלים. (= אין שום דבר לעשות בירושלים.)
יש לכם איך להגיע למסיבה? (= יש לכם דרך להגיע למסיבה?)
אין ליעל איפה להיות בפסח. (= אין ליעל מקום להיות בפסח.)

The subject in these sentences is a clause (for example, in the sentence אין מה לעשות, the subject is מה לעשות ; the predicate is אין). This clause is a question with an infinitive as its only verb (this structure is discussed in Unit 5):

מה לעשות בירושלים? (What can I/we/one do in Jerusalem?)
איך להגיע למסיבה? (How can I/we/one get to the party?)
איפה להיות בפסח? (Where can I/we/one go on Passover?)

The expression אין מה לומר/אין מה להגיד means "there's nothing to say (to the contrary);" "there's no denying that..." For example:

אין מה להגיד -- עשיתם עבודה נהדרת! (There's no denying that you've done a great job!)

תרגיל 1: 1. השלם במילות שאלה. 2. שנה לעבר.

1. כבר מאוחר, ואין ...לאן... ללכת. ...כבר היה מאוחר, ולא היה לאן ללכת...
2. אנחנו עובדים יום ולילה, ואין לנו .... לדבר. ....
3. אני שמח שיש לי .... לשבת. להרבה אנשים אין! ....
4. החברים של דני נסעו; אין לו .... לשחק. ....
5. אין .... לאכול בבית, ואני רעבה מאוד. ....
6. אחרי ארבע שנים ביחד, עוד יש לכם .... לדבר?! ....
7. אין .... לומר -- רחל נראית נפלא! ....

תרגיל 2: כתוב דיאלוגים עם המשפטים הבאים:

אין לי מה ללבוש. אין לה איפה לשבת. אין לי מתי לעשות את זה. אין לו עם מי לדבר.

שם הפעולה (חזרה)

Remember that every verb has an automatic שם פעולה (= gerund), whose structure is shared by all of the verbs of the same בניין . Note that although שם הפעולה stems from the verbal system, it is a noun. Like all nouns, שם הפעולה has a plural form; it can take the definite article; and it obeys the laws of סמיכות.
The שם הפעולה often has another meaning in addition to the expression of the action. For example, סיפור means "telling" (gerund) as well as "story."

שְמִיעָה	לשמוע	כְּתִיבָה	לכתוב	X X י X ה (נקבה)	בניין **פעל:**
שְתִיָּיה	לשתות	קְנִייָה	לקנות		
שִירָה	לשיר	רִיצָה	לרוץ		

בִּישוּל	לְבַשֵל	סִיפור	לְסַפֵּר	X X ו י X (זכר)	בניין **פיעל:**
צִילְצוּל	לְצַלְצֵל	בִּיקור	לְבַקֵּר		
עִישון	לְעַשֵן	דִיבּור	לְדַבֵּר		
		טִיול	לְטַיֵּל		

תרגיל 3: השלם בשמות פעולה בבניין **פיעל**, ביחיד וברבים.

1. אבא מספר לרוני .... יפים כל ערב.

2. דן אוהב לבשל. הוא רוצה לנסוע לפריז כְּדֵי ללמוד ....

3. השנה נסענו לטייל גם בגליל וגם בנגב. אלה היו .... נפלאים!

4. בבוקר אני קם מהר, כי אני לא רוצה לשמוע את ה................................ של השעון.

5. רחל כבר לומדת עברית שנתיים. היא קוראת וכותבת טוב מאוד, אבל ה................................ שלה הוא ככה-ככה.

6. למה אתה מעשן? ה................................ לא טוב לבריאות!

7. - כמה זמן הייתם בחיפה? - רק יום אחד; זה היה .... קצר. | קָצָר-קְצָרָה short |

הִתְעַמְלוּת	לְהִתְעַמֵּל	הִתְרַגְּשׁות	לְהִתְרַגֵּש	ה תְ X X X ו ת (נקבה)	בניין **התפעל:**

הַזְמָנָה	לְהַזמין	הַתְחָלָה	לְהַתְחיל	ה X X X ה (נקבה)	בניין **הפעיל:**
הַפְסָקָה	לְהַפסיק	הַכְתָבָה	לְהַכְתיב		
הַגָּדָה	לְהַגיד	הַרְגָשָה	לְהַרְגיש		

תרגיל 4: השלם בשמות פעולה בבניין **הפעיל** (גם ברבים ובסמיכות).

1. רון מזמין את החברים שלו למסיבה. הוא שולח להם ....

2. בַּ................................ הסרט היה משעמם, אבל אחר כך הוא היה מעניין מאוד.

3. אני לא יכול לעבוד יותר. אני צריך לעשות ....

4. המבחן היה קל מאוד, והסטודנטים יצאו מהשיעור ב......................... טובה.

5. רות צריכה ללמוד 20 מילים חדשות בעברית. מחר יש לה ....

6. אי אפשר לקנות כרטיסים לקונצרט. רק אנשים עם .... יכולים להיכנס.

7. אתמול בערב הלכנו לאופרה. בַ......................... הלכנו למזנון, ושתינו שם כוס יין עם כל האינטלקטואלים.

8. כל ה......................... קשות!

9. יש לי .... שהיום יֵרֵד שלג.

10. המשרד סגור; המזכירות יצאו ל......................... צהריים.

חם / קר

The adjectives חם (= hot) and קר (= cold) are used to refer to the temperature of an object.

(The bread is fresh and hot.)	הלחם טרי וחם.
(My hands are so cold!)	הידיים שלי כל כך קרות!

Like other adjectives, חם and קר can function in impersonal sentences with no subject, meaning "It is hot/cold."

(It is never cold in Hawaii.)	אף פעם לא קר בהוואי.
(It was very hot here yesterday.)	היה כאן חם מאוד אתמול.

To express the *sensation* of heat or cold, use the impersonal structure. For example, "I'm cold" is קר לי (and not אני קר, which implies "I'm cold to the touch").

(Rina is always cold in the winter.)	לרינה תמיד קר בחורף.
(We were hot, so we went to the pool.)	היה לנו חם, אז הלכנו לבריכה.

The words חוֹם (= heat) and קוֹר (= cold) are nouns. חוֹם also means: "fever," "temperature."

(I love Jerusalem, but not the cold.)	אני אוהב את ירושלים, אבל לא את הקור.
(You have to cook the meat on high heat.)	צריך לבשל את הבשׂר בחום גבוה.
(The children are sick, they are running a temperature.)	הילדים חולים; יש להם חום.

The expression קור כלבים (literally "dog cold") means: bone chilling cold. It is a סמיכות.

(We were in Russia; it was bloody cold there!)	היינו ברוסיה; היה שם קור כלבים!

תרגיל 5: השלם ב: **קר ל... כדאי ל... מותר ל... חם ל... אסור ל... נוח ל... טוב ל... נעים ל...**

1. אביבה, הסרט היה נהדר; .... ללכת לראות אותו.

2. אנחנו הולכים היום לים כי ....

3. מיכה ישב על הרצפה, כי ככה ....

4. נדב, ... להיכנס לכאן. אלה השירותים של הנשים!

שירותים	toilets

5. .... היא צריכה ללבוש סוודר.

6. הוא כבר נמצא בהודו שנה ולא רוצה לחזור הביתה. .... שם.

7. אנחנו חברים טובים, ו .... ביחד.

8. .... להיכנס, אבל אתם צריכים לשבת בשקט.

9. הייתי חולה. היה לי חום, ו ....

10. ברק הוא כבר ילד גדול. .... להישאר בחוץ עד מאוחר.

תרגיל 6: השלם במילים ובביטויים של חום וקור. ממילה ועד למשפט שלם.

1. התֵה כל כך ....; אי אפשר לשתות אותו.
2. אני לא יכול להתקלח - המיח ....
3. היום .... ונעים; בואו נשב בחוץ!
4. גם אתמול ...., אבל לא ישבנו בחוץ.
5. ענת חולה; יש לה ....
6. אמא: דור, תלבש סוודר; ....!
7. מרק צריך להיות ...., וקולה צריכה ....
8. א: למה הכלב נכנס למים? ב: כי ....
9. באתי מאוחר הביתה; האוכל כבר ...., אבל הקפה עוד ....
10. דפנה, לא .... בחדר?
11. לא הרגשתי טוב, אבל לא ....
12. הייתם בפינלנד? ....?
13. ישבנו שעתיים בסאונה, ולכן ....
14. היינו בכִּינֶרֶת, אבל לא התרחצנו, כי המים ....
15. ביקרנו בירושלים בפברואר. היה שם ....!

תרגיל 7: שים את המשפטים בקונטקסט.

יהיה לך קר בחוץ! דווקא היה שם חם ונעים! אני לא רוצה לאכול! האוכל קר!

לא היה לכם קר? כל בוקר אני עושה מקלחת קרה! איזה חום! אני מֵת!

תרגיל 8: סדר את המשפטים.

1. טוב השנה האוויר כל במשך מזג כאן
2. קר אבל שלג מאוד לא היה בינואר ירד
3. מקלחת אני קרה נורא עושה חם כאשר לי
4. היום ללכת כי מתי לא לסרט כל היה עבדנו לנו
5. היא סוודר היה רצתה לה לא ללבוש קר אבל
6. קרים ואחר-כך עושה בוקר כל התעמלות מתקלח הוא במים

שיעור 69

מוקי חייב לצאת

אמא: לאן?

שירי: אני יורדת עם מוּקי.

אמא: עכשיו? שירי, אַל תֵּצְאוּ עכשיו. יש רוח חזקה, וקר מאוד בחוץ.

שירי: אין מה לעשות, אמא! מוקי חייב לצאת. הוא עוד לא יצא היום.

אמא: בסדר, שירי. אבל רק טיול קצר. אַל תֵּלְכִי רחוק.

שירי: טוב, אנחנו חוזרים עוד מעט. [למוקי] בוא, מוקי, אנחנו הולכים.

מוקי: האו האו האו!!

חַיָּב-חַיֶּבֶת	must
רוּחַ-רוּחוֹת (נ.)	wind
קָצָר-קְצָרָה	short

השלמות:

1. אמא חושבת שלא כדאי ...., כי מזג האוויר ....
2. שירי אומרת שהיא ...., כי ....
3. שירי ומוקי יוצאים לטיול ....; הם .... רחוק.

צריך לרדת גשם

ערן: אבא, אני יכול לקחת את המכונית? אני צריך לנסוע לקניון.

אבא: אל תִּסַע היום, ערן. מזג האוויר לא טוב.

ערן: לא טוב?! אבא, מזג האוויר מצוין.

אבא: צריך לרדת גשם.

ערן: גשם?! אבא, השמיים בהירים, אין עננים.
למה אתה חושב שצריך לרדת גשם?!

אבא: אמרו ברדיו שהיום צריך לרדת גשם.

ערן: אל תדאג, אבא. יש לך מכונית מצוינת. היא יכולה לנסוע גם בגשם...

אבא: בסדר, ערן. קח את המכונית, אבל סע לאט.

צריך לרדת גשם	It is supposed to rain
אַל תִּדְאַג	Don't worry!

שאלות:

1. מדוע אבא של ערן חושב שצריך לרדת היום גשם? ....
2. האם גם ערן חושב שצריך לרדת גשם? מדוע? ....
3. ערן חושב שאפשר .... גם כאשר ....
4. סמן בשני הטקסטים את כל המשפטים בציווי.

אילו משפטים הם בציווי חיובי (positive) ואילו משפטים הם בציווי שלילי(negative)?

ציווי שלילי

For the negative imperative (telling someone *not* to do something), you use the future tense forms (for example,תָּבוֹא) rather than the imperative forms (בּוֹא). The verb is preceded by the negation word אַל.
[Interestingly, in the Ten Commandments לא is used rather than אַל.]

The chart below lists the positive and negative forms of some familiar verbs. In the first group, verbs of בניין פעל, גזרת ע״ו ; the second group, בניין פעל, גזרת פ״י ; and the third, בניין פעל, גזרת פ״נ.
Complete the missing forms according to the example in each group.

	ציווי חיובי [+]		ציווי שלילי [-]		
קוּם	קוּמִי	קוּמוּ	אַל תָּקוּם	אַל תָּקוּמִי	אַל תָּקוּמוּ
שִׂים	....	....	....	....	....
רוּץ	....	....	....	....	....
בּוֹא	....	....	....	....	....
צֵא	צְאִי	צְאוּ	אַל תֵּצֵא	אַל תֵּצְאִי	אַל תֵּצְאוּ
לֵךְ	....	....	....	....	....
שֵׁב	....	....	....	....	....
רֵד	....	....	....	....	....
סַע	סְעִי	סְעוּ	אַל תִּסַּע	אַל תִּסְעִי	אַל תִּסְעוּ
קַח	....	....	....	....	....
תֵּן	....	....	....	....	....

תרגיל 1: שנה מחיובי לשלילי ולהיפך.

1. שבו על ידי.
2. בואו עם כל החברים שלכם.
3. תני להם ללכת לבד.
4. שים את הבגדים על המיטה.
5. לכי מהר.

1. אל תתן לה את מספר הטלפון שלך.
2. אל תצאו עכשיו מהבית.
3. אל תקומי מאוחר.
4. אל תלכו לפארק בערב.
5. אל תשיר במקלחת.

תרגיל 2: השלם בציווי שלילי, בפעלים: **לרוץ, לצאת, לבוא, לשים, לשבת** .

1. ארוחת הערב מתחילה ב-6:30. .... מאוחר.
2. .... כאן. זה הכיסא של דן.
3. לך לאט, ...
4. .... את הספרים כאן. שימו אותם בחדר שלכם.
5. .... מהבית. יורד גשם.

תרגיל 3: השלם את הפיסקה. השתמש בציווי חיובי ושלילי.

כשדן הולך למרכז העיר עם האחות הקטנה שלו, סיגל, הוא אומר לה:

.... לי יד,

.... על ידי כל הזמן! ....

את יכולה .... , אבל אל .... !

והיא אומרת לו: ....

מה מזג האוויר?

Several impersonal expressions can be used in reference to the weather, including חַם and its opposite קַר,
יָבֵשׁ (= dry) and its opposite לַח (= humid), and בָּהִיר (= clear) and its opposite מְעוּנָן (= cloudy).
Examples:

היום קר ומעונן. זה לא יום טוב לטיולים. (Today it is cold and cloudy.)

באילת חם ויבש בקיץ. (In Eilat it is hot and dry in the summer.)

The adjectives בהיר and מעונן can also modify the nouns שמיים and יום. For example:

אחרי שלושה ימים של גשם, סוף סוף השמיים בְּהִירִים! (After 3 days of rain, finally the sky is clear.)

All forms of precipitation, such as גֶשֶׁם (= rain), שלג (= snow), or בָּרָד (= hail), are said to לרדת (= go
down, fall). Note that גשם is often used in its plural form, גְשָׁמִים (= showers).

בירושלים יורד שלג כמעט כל שנה. (In Jerusalem it snows almost every year.)

בנגב לא יורדים הרבה גשמים, ויש שם בעיה של מים. (In the Negev it doesn't rain a lot...)

You can discuss the existence of such things as: שמש, רוחַ (= wind) or עֲנָנִים (= clouds) using יש/אין
sentences.

יש עננים ויש רוח חזקה. עוד מעט יֵרֵד גשם. (There are clouds and a strong wind. It's going to rain soon.)

The temperature (טמפרטורה) is measured in מַעֲלוֹת (= degrees).

הטמפרטורה היום היא 25 מעלות. (The temperature today is 25°.)

הטמפרטורות מ-13 מעלות בלילה עד 22 מעלות ביום. (The temperatures are 13-22°.)

צֶלְסִיוּס וּפָרֶנְהַייט

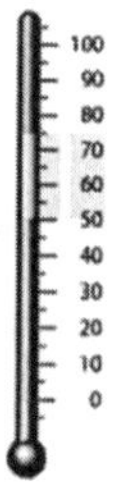

The Celsius scale is standard in Israel.
To convert from Celsius to Fahrenheit:
multiply the number by 9 and divide it by 5, then add 32.
For example: 15°C is: 15 x 9 : 5 + 32 = 59°F.
To convert from Fahrenheit to Celsius:
deduct 32, then multiply by 5 and divide by 9.
For example: 50°F is: 50 - 32 x 5 : 9 = 10°C.

Water freezes at 0°C (32°F) and boils at 100°C (212°F).

מפת מזג האוויר

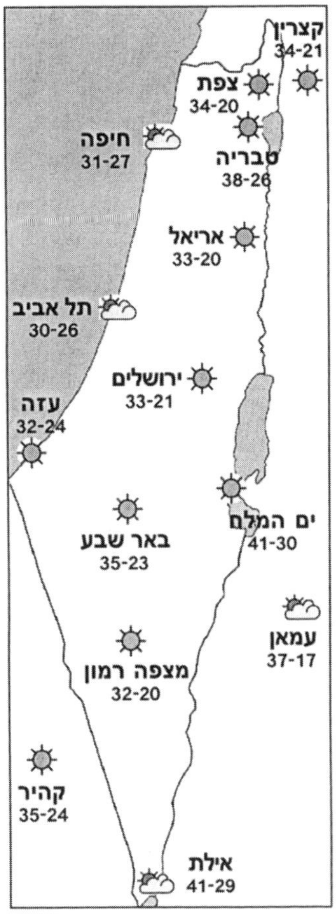

תרגיל 4: ענה על השאלות במידע ממפת מזג האוויר.

1. מה הטמפרטורה בירושלים?

....

2. האם השמיים בחיפה בהירים?

....

3. האם המפה היא של יום קיץ או יום חורף?

....

....

4. איפה הטמפרטורה בלילה היא יותר מ-28 מעלות?

....

5. האם יש במפה מקומות שהם לא בישראל? אילו מקומות?

....

....

6. מה מזג האוויר היום בישראל?

בדוק את מפת מזג האוויר בעיתון:

<www.nrg.co.il>   או: <www.ynet.co.il>.

שאלות: שאל/י חבר/ה בכיתה:

1. מה מזג האוויר היום?
2. מה מזג האוויר בעיר שלך?
3. מה מזג האוויר בישראל בקיץ?
4. איזה מזג אוויר את/ה אוהב/ת?

in the shade	בַּצֵל

תרגיל 5: כתוב **בציווי** מה לעשות ומה לא לעשות במזג האוויר הזה.

1. מזג האוויר היום הוא חם מאוד, השמש חזקה, הטמפרטורה היא 32 מעלות בצל.

....

....

2. היום קר ויורד גשם, יש רוח של 60 קמ"ש (קילומטר לשעה).

....

....

מפה:

קצרין 34-21
צפת 34-20
חיפה 31-27
סבריה 38-26
אריאל 33-20
תל אביב 30-26
ירושלים 33-21
עזה 32-24
ים המלח 41-30
באר שבע 35-23
עמאן 37-17
מצפה רמון 32-20
קהיר 35-24
אילת 41-29

שיעור 70

מזג האוויר בישראל

נכון או לא נכון? מה את/ה יודע/ת על מזג האוויר בישראל?

1. בירושלים יש רוחות קרות מאוד בחורף. נכון / לא נכון
2. בתל אביב יש בערב רוח נעימה מן הים. נכון / לא נכון
3. בנגב קר מאוד בקיץ. נכון / לא נכון
4. באילת חם מאוד במשך היום, וקר בלילה. נכון / לא נכון
5. בישראל יורד גשם גם בקיץ וגם בחורף. נכון / לא נכון
6. בישראל אי אפשר לעשות סקי, כי אין מספיק שלג. נכון / לא נכון
7. בנגב יורד הרבה מאוד גשם. נכון / לא נכון
8. בירושלים ובגליל יורד בחורף שלג. נכון / לא נכון
9. אפשר לעשות סקי בכרמל בחורף. נכון / לא נכון
10. בישראל אין מספיק גשם, ותמיד יש בעיה של מים. נכון / לא נכון

כתבות מן העיתון

התחזית הייתה: גשם; אבל הגשם לא בא

הרבה גשם היה צריך לרדת בסוף השבוע בכל הארץ, לפי התחזית של השירות המטאורולוגי. אבל הגשם לא בא. ירד מעט מאוד גשם -- 3-4 מילימטרים בצפון ובמרכז, ומילימטר אחד בלבד בירושלים ובנגב. סוף חודש נובמבר, ועוד כמעט לא ירד גשם.

המים בכינרת ממשיכים לרדת. כל שלושה ימים יורדים המים בכינרת בסנטימטר אחד.

כַּתָּבָה	סיפור בעיתון
מִן העיתון	מהעיתון
תַּחֲזִית	forecast
לְפִי	according to
שֵירוּת מֶטֶאורולוגי	meteorological service

שאלות והשלמות 1:

1. מה אמרו בשירות המטאורולוגי? ....
2. האם ירד הרבה גשם? ....
3. מה זה "הכינרת"? מדוע זה חשוב אם יש הרבה מים בכינרת? ....

....

4. כש.......................... הרבה גשם, המים בכינרת.........................., וכאשר לא .... גשם, הם ....

סוף-סוף בא גשם

גשם התחיל לרדת ביום שני בצפון ובמרכז הארץ. בכמה אזורים ירדו כמויות גדולות של גשם. בדרום ובנגב מקווים שהגשם יגיע היום. לפי התחזית, הגשמים ייפסקו ביום רביעי, וביום חמישי הטמפרטורות יתחילו לעלות.

several	כַּמָּה
area, region	אֵזוֹר
quantity	כַּמּוּת
hope	לְקַוּוֹת/מְקַוֶּוה
more	יוֹתֵר

שאלות 2:

1. סמן את הפעלים בכתבה. אילו פעלים הם בזמן **עתיד?** ....

2. ביום שני ירד גשם בכל הארץ.   נכון / לא נכון

3. הכתבה מספרת איפה ירד <u>הרבה</u> גשם.   נכון / לא נכון

4. האנשים בנגב רוצים גשם.   נכון / לא נכון

5. ביום רביעי צריך לרדת גשם.   נכון / לא נכון

6. ביום חמישי יהיה יותר חם.   נכון / לא נכון

עשרת-אלפים באו לעשות סקי בחרמון

בשבת נפתח החרמון לסקי, בפעם הראשונה השנה. יותר מעשרת אלפים אנשים באו בשבת לחרמון. השלג בחרמון, במקומות הגבוהים, הגיע לגובה של מטר.

הַחֶרמוֹן	הר גבוה בישראל
עֲשֶׂרֶת-אֲלָפִים	10,000
גוֹבַה	height

שאלות 3:

1. מה המילה החסרה בכותרת? "עשרת אלפים .... באו לעשות סקי בחרמון".

2. למה אנשים באו לחרמון בשבת?   ....

3. האם היה בחרמון מספיק שלג לסקי?   ....

4. האם אפשר לעשות סקי בארץ/במדינה שלך?   איפה יש אתרֵי סקי טובים?

....

250 אלף יצאו לטיולים בסוף השבוע

בסוף השבוע היה מזג אוויר קיצי בארץ. בהרבה אזורים בארץ היו הטמפרטורות יותר מ-25 מעלות. כ-250 אלף ישראלים יצאו לטיולים בארץ, כדי לעשות סקי בחרמון, לראות את הפרחים בשדות, ועוד. בחרמון ביקרו כעשרת-אלפים אנשים. כ-150 אלף ביקרו בצפון. בתי המלון בצפון היו מלאים. גם לנגב ולהרי ירושלים באו הרבה מבקרים.

more than ...	יוֹתֵר מ...
less than ...	פָּחוֹת מ...
roughly	כְּ...
field	שָׂדֶה-שָׂדוֹת (ז.)
full	מָלֵא-מְלֵאָה

שאלות 4:

1. מה זה "קֵיִצִי"? ....

2. למה אנשים יצאו לטיולים? ....

3. מדוע בתי המלון בצפון היו מלאים? ....

פחות או יותר

The expressions ...יותר מ (more than...) and ...פחות מ (= less than...) can precede any numerical measurement (of distance, price, height, etc.) to indicate a larger or smaller number.

דיברתי עם רותי בטלפון יותר משלוש שעות.

כל דבר בחנות עולה פחות מ-10 שקלים.

- אמא, אפשר לאכול שזיפים? - כן, אבל לא יותר משלושה.

...כְּ (= roughly) and the expression פחות או יותר (= more or less) indicate approximation.

נעמי רצה כ-10 קילומטרים כל בוקר.

הטמפרטורה עכשיו היא פחות או יותר 20 מעלות.

בדיוק (= exactly) can precede or follow a measurement to emphasize exactness.

באנו לגור פה בדיוק לפני ארבע שנים.

גבוה יותר מהר יותר חזק יותר

תרגיל 1: השלם את המשפטים. בכל משפט צריך להיות: **פחות מ...** ; **יותר מ...** ; **פחות או יותר** ; **כ...** ; **בדיוק**

1. לוקח לי .... להגיע מהחדר לאוניברסיטה.

2. קילומטר זה .... מַייל.

3. כל יום אני לומד/ת .... שעות.

4. הגובה של האוורסט הוא ....

5. חשוב לישון .... שעות בלילה.

6. בירושלים גרים .... אנשים.

7. בחורף, הטמפרטורה כאן היא ....

8. המספר π הוא ....

9. סנדוויץ' בקפיטריה עולה ....

10. בשעה יש .... 60 דקות.

11. בספר הזה יש ....

12. יש .... סנטימטרים באינץ'.

מאות

The noun מֵאָה (= 100) is feminine. Thus, when counting hundreds (מֵאוֹת) we use the feminine set of numbers. For example, שְׁלוֹשׁ מאות (and not שלושה), חֲמֵשׁ מאות, etc. [Note that two hundred is מָאתַיִים (and not שתי מאות).]

Remember that only the numbers 1-19 have different masculine and feminine forms (see Unit 4), which means that the number שלוש מאות in our example can apply to both masculine and feminine objects. For example: שלוש מאות תלמידים or שלוש מאות תלמידות .

Tens and the singles are added to hundreds with the conjunction ו which precedes only the last element in the phrase. Adding other numbers to hundreds often results in a gender defined number.
Examples:

	נקבה	זכר
105:	מאה ו<u>חמש</u> שאלות	מאה ו<u>חמישה</u> בניינים
313:	שְׁלוש מאות ו<u>שלוש עשרה</u> רכבות	שְׁלוש מאות ו<u>שלושה עשר</u> שקלים
450:	ארבע מאות וחמישים שעות	ארבע מאות וחמישים ימים
287:	מאתיים שמונים ו<u>שבע</u> ארצות	מאתיים שמונים ו<u>שבעה</u> עובדים

המספרים 100 - 1,000

מֵאָה	שֵׁשׁ מֵאוֹת
מָאתַיִים	שְׁבַע מֵאוֹת
שְׁלוֹשׁ מֵאוֹת	שְׁמוֹנֶה מֵאוֹת
אַרְבַּע מֵאוֹת	תְּשַׁע מֵאוֹת
חֲמֵשׁ מֵאוֹת	אֶלֶף

תרגיל 2: כתוב במילים.

1. הטלוויזיה עלתה לנו ....(850) שקלים.
2. בבית החולים עובדות .... (212) אחיות.
3. יחיאל אוהב מוסיקה. יש לו יותר מ .... (500) דיסקים!
4. הגובה של הר הכרמל הוא .... (528) מטרים.
5. חיפה נמצאת .... (130) קילומטרים מירושלים.
6. מספר הבית שלי הוא .... (466).

אחות Nurse

תרגיל 3: ענה על השאלות.

1. כמה ימים יש בשנה?
2. כמה חברים יש בכנסת?
3. כמה מעלות יש במעגל?
4. כמה זה מאתיים ארבעים ושמונה (רמ״ח) ועוד שלוש מאות שישים וחמש (שס״ה)?

אלפים

The noun אֶלֶף (1,000) is masculine. Therefore, when counting thousands (אֲלָפִים) we use the masculine set of numbers. The number that precedes אלפים (the number of thousands) is used in its סמיכות form. For example, שְׁלוֹשֶׁת אלפים (and not שְׁלוֹשָׁה). Two thousand is אַלְפַּיִים.

Beyond 10,000 (עשרת אלפים), אלף is used in its singular form, and the number that precedes it is NOT in its סמיכות form. For example: מאה אלף (100,000), עשרים וחמישה אלף (25,000), etc.

The Biblical term for עֲשֶׂרֶת אלפים (10,000) is רִבּוֹא or רְבָבָה. It is not too common in modern Hebrew.

המספרים 1,000 - 10,000	
אֶלֶף	שֵׁשֶׁת אֲלָפִים
אַלְפַּיִים	שִׁבְעַת אֲלָפִים
שְׁלוֹשֶׁת אֲלָפִים	שְׁמוֹנַת אֲלָפִים
אַרְבַּעַת אֲלָפִים	תִּשְׁעַת אֲלָפִים
חֲמֵשֶׁת אֲלָפִים	עֲשֶׂרֶת אֲלָפִים

You will find אֶלֶף and אלפַּיים particularly useful in discussing dates. For example, the year 1954 is אלף תשע מאות חמישים וארבע. In context, the number is preceded by "שְׁנַת-" (the סמיכות form of שנה). For example:

אבא שלי נוֹלַד בִּשְׁנַת אלף תְּשַׁע מאות חמישים וארבע. (My father was born in the year 1954.)

תרגיל 4: ענה על השאלות.

1. באיזו שנה קמה ישראל? ....
2. מי כתב את הספר "אלף תשע מאות שמונים וארבע"? ....
3. באיזו שנה נולדת? ....
4. באיזו שנה קולומבוס בא לאמריקה? ....
5. איזו שנה עכשיו? ....
6. באיזו שנה התחלת ללמוד באוניברסיטה? ....

תרגיל 5: השלם את הכתבה במילים: **לרדת קר מילימטרים גשמים אזורים הגיע ירדו לפי צריך שירות**

השלג לא .... לירושלים

.... תחזית מזג האוויר, ביום שישי ובשבת היה .... להיות קר מאוד בכל הארץ. בהרֵי הצפון ובירושלים היה צריך .... שלג, ובכל הארץ היו צריכים לרדת הרבה ....
אבל הפעם, התחזית של ה .... המטאורולוגי לא הייתה נכונה. היה ...., אבל בירושלים ובהרים לא ירד שלג. גם לא .... הרבה גשמים. כמעט בכל ה........................ בארץ ירדו בסוף השבוע רק 10 עד 15 .... של גשם.

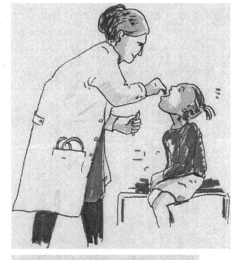

שיעור 17

hurt, ache	לִכְאוֹב/כּוֹאֵב
stomach, belly	בֶּטֶן (נ.)
weak	חָלָשׁ-חֲלָשָׁה
flu	שַׁפַּעַת

אצל הרופאה

ד״ר טל: כן, סיגלית, מה הבעיה?

סיגלית: אני לא מרגישה טוב כבר כמה ימים.

ד״ר טל: מה את מרגישה?

סיגלית: כואב לי הראש, וכואבת לי הבטן, ואני חלשה...

ד״ר טל: יש לך חום?

סיגלית: היה לי חום ביום שני; עכשיו אין לי.

ד״ר טל: טוב, אני צריכה לבדוק אותך. בבקשה להתפשט...

[הרופאה בודקת את סיגלית.]

ד״ר טל: יש לך שפעת, סיגלית.

סיגלית: זה רציני?

ד״ר טל: לכולם יש עכשיו שפעת. אין מה לעשות.

את צריכה ....

את יכולה גם ....

וכדאי לך ...., ולא ....

שאלות:

1. סיגלית באה לראות את הרופאה, כי ....
2. איך סיגלית מרגישה? ....
3. האם יש לסיגלית חום? ....
4. ד״ר טל .... עם סיגלית ו.................... אותה.
5. האם סיגלית חולה? מה יש לה? ....
6. למי עוד יש שפעת? ....
7. כתוב בצורת **ציווי** (חיובי ושלילי) מה אומרת הרופאה לסיגלית.

....

....

מה כואב לך?

"My head aches" is כּוֹאֵב לי הראש (and not הראש שלי כואב). Note the similarity of this structure to יש/אין sentences: "ראש" is the subject of the sentence, yet it is typically positioned at the end of the sentence. The sentence tends to begin with the predicate (the verb כואב, in this example), which agrees with the subject in number and gender. Thus, כּוֹאֲבוֹת לה הרגליים (= her feet hurt), כּוֹאֶבֶת לרון הבטן (= Ron's stomach hurts), etc. In past tense: כָּאַב לי הראש , כָּאֲבוּ לה הרגליים , כָּאֲבָה לרון הבטן .

[Note that many of the body parts (especially those which come in pairs) are feminine. Among them are:
בֶּטֶן and , עַיִן/עֵינַיִים , אוֹזֶן/אוֹזְנַיִים , שֵׁן/שִׁנַּיִים , רֶגֶל/רַגְלַיִים , יָד/יָדַיִים.]

The noun כְּאֵב (ache, pain) can combine with some of the body parts in a סמיכות phrase. Among such widely used phrases are כְּאֵב-ראש (headache), כְּאֵב-שִׁנַּיִים (toothache), כְּאֵב-בֶּטֶן (stomachache), and כְּאֵב-גַּב (backache). Their plural forms are כְּאֵבֵי-ראש , כאבֵי-בטן , etc. The sentence יש לי כאב ראש has the same meaning as כואב לי הראש . לאריאלה יש כאב בטן is like לאריאלה כואבת הבטן .

In the past tense, היה לי כאב ראש; היה לאריאלה כאב בטן (note that כאב is singular masculine; thus, the past tense always uses the singular masculine form היה).

The past tense of לאבא יש כאבֵי גב (plural) is, of course, היו לאבא כאבי גב.

תרגיל 1: ספר מה כואב. השתמש ב"**כואב ל... ה...**" וב"**יש ל... כאב ...**", בהווה ובעבר, ביחיד וברבים.

1. כל היום רצתי ממקום למקום, ועכשיו ....
2. לארוחת צהריים אכלנו חומוס וטחינה וזיתים וסלט ופלאפל ומג'דרה וסלט טורקי ופיתות,
אז אחר כך ....
3. נדב עבד כל היום במחשב, ועכשיו ....
4. ...., אז הלכתי לבדיקה אצל ד"ר איתן, רופא השיניים שלנו.
5. אחרי שלוש שעות במועדון, ...
6. יוסף הלך לכירופרקטור, כי ....
7. אם ...., קחי אספירין.
8. אם אני לא שותה קפה בבוקר, ...
9. ...., כי למדתי כל הערב.
10. רחל לא ישנה כל הלילה, כי ....

לוקח ל... מגיע ל... נשאר ל... נגמר ל...

The above expressions can function in sentences of the same structure as כואב ל... (or יש ל...) sentences. In these sentences, the logical subject (the person) is not the grammatical subject, but rather the object. The subject in these sentences can be a noun or an infinitive.

לוקח ל... (= it takes someone)

העבודה לוקחת לנו הרבה זמן. (The job takes us a long time.)

לקח להם שעתיים להגיע הביתה. (It took them two hours to come home.)

Compare it with the regular use of the verb לקחת (=take):

לקחתי שני אספירינים והלכתי לישון. (I took two aspirins and went to bed.)

מגיע ל... (= one deserves something)

מגיע לתקווה ציון טוב בקוּרס. (Tikva deserves a good grade for the course.)

הִגיע להם לקבל כסף על העבודה. (They deserved to get money for their work.)

Compare it with the regular use of the verb להגיע (= arrive/reach):

הרכבת לא הִגיעה בזמן. (The train did not arrive on time.)

נשאר ל... (= one has something left)

נשארו לו רק 10 שקלים. (He only has/had 10 shekels left.)

גמרתי לכתוב את העבודה; נשאר לי רק להדפיס אותה. (I've finished writing the paper; I only have the printing left.)

Compare it with the regular use of the verb להישאר (= stay/be left):

נשארתי במשרד לגמור את העבודה. (I stayed in the office to finish my work.)

נגמר ל... (= someone has run out of something)

נגמר לנו כל הכסף. (We've run out of all our money.)

טל הלך לבנק, כי נגמרו לו הצ'קים. (Tal went to the bank because he'd run out of checks.)

Compare it with the regular use of the verb להיגמר (= end):

המסיבות מתחילות מאוחר ונגמרות מאוחר. (The parties start late and end late.)

תרגיל 2: השלם ב: **יש ל... נשאר ל... נגמר ל... כואב ל... לוקח ל... מגיע ל...** בהווה ובעבר.

1. .... הראש? קח אספירין!
2. המבחן מחר. לא .... מספיק זמן ללמוד.
3. אחרי הקונצרט .... הראש.
4. כשדוד גמר לעשות קניות, לא .... מספיק כסף לאוטובוס.
5. כל האוכל בבית ....! לא .... שום דבר!
6. שרונה, כמה שנים .... לגמור את הלימודים באוניברסיטה?
7. לא נשארנו עד סוף הסרט, כי לא .... סבלנות.
8. כל היום הלכתי בעיר, ולכן עכשיו .... הרגליים.
9. עבדתי כל היום. .... קצת שקט!
10. כבר הרבה שנים אני לא גרה בחיפה, אבל ....שם חברים טובים.

תרגיל 3: כתוב דיאלוגים עם המשפטים הבאים:

זה לא מגיע לי! | למה זה לקח לכם כל כך הרבה זמן? | זה כל מה שנשאר לך?! | לא כואב לך הראש?!

שאלות אישיות:

1. האם אהבת ללכת לרופא כשהיית ילד/ה?
2. האם רצית פעם להיות רופא/ה? למה?
3. האם את/ה שומר/ת על הבריאות שלך? איך?
4. מה את/ה עושה כשיש לך שפעת?
5. האם יש לך לפעמים כאבי ראש או כאבי בטן? מה את/ה עושה אז?

שיעור 27

ביקור במוזיאון הטבע

נדב וענת מבקרים היום בירושלים. בבוקר הם היו במרכז העיר. הם עשו שם קניות ואכלו ארוחת בוקר.

עכשיו הם רוצים לנסוע לבקר במוזיאון הטבע, ברחוב מוהליבר (על יד רחוב עֵמֶק רְפָאִים). הם הולכים לתחנת האוטובוס ברחוב יָפוֹ.

בתחנה עומדים כמה נוסעים ומחכים. ענת ונדב עומדים בתור. הם מדברים עם חיילת שעומדת על ידם.

נדב: סליחה, חיילת, איזה אוטובוס נוסע למוזיאון הטבע?

חיילת: מוזיאון הטבע? אפילו לא ידעתי שיש בירושלים מוזיאון טבע! אתה יודע באיזה רחוב הוא נמצא?

ענת: על יד רחוב עמק רפאים.

חיילת: קו 18 נוסע לרחוב עמק רפאים.

נדב: קו 18? והוא עוצר כאן?

חיילת: כן, כאן התחנה שלו. כל 5 דקות יש אוטובוס ... הנה הוא בא! הנה קו 18!

ענת: האוטובוס מלא! אין מקום!

חיילת: אל תדאגי, הרבה אנשים יורדים בתחנה הזאת. זה מרכז העיר.

נדב: כן, אבל גם הרבה אנשים עולים ... תראי איזה תור יש מאחורינו!

[האוטובוס עוצר, והנהג פותח את הדלת. ענת עולה לאוטובוס.]

מוזיאון טֶבַע	nature museum
לְחַכּוֹת/מְחַכֶּה	wait
עַל-יָדָם (על יד + הם)	by them
מֵאֲחוֹרֵינוּ (מאחורי + אנחנו)	behind us

ענת: סליחה, אתה מגיע למוזיאון הטבע?

נהג: כן, יש לי תחנה לא רחוק משם.

ענת: אתה יכול להגיד לנו מתי לרדת?

נהג: אין שום בעיה!

ענת: מצוין. [לנדב] נדב, בוא. [לנהג] פעמיים, בבקשה.

נהג: [לנוסעים באוטובוס] בבקשה להיכנס. לא לעמוד על ידי. יש מקום בסוף האוטובוס!

[לאנשים בחוץ] לא לעלות יותר! האוטובוס מלא! אני סוגר את הדלת!

[האוטובוס עוצר בתחנה.]

נהג: זה רחוב עמק רפאים. אתם צריכים לרדת בתחנה הבאה.

ענת: תודה רבה.

נדב: ענת, תראי כמה יפה פה. בואי נֵרֵד כבר עכשיו ונלך קצת ברגל.

ענת: רעיון מצוין. בוא נרד מהר לפני שהנהג סוגר את הדלת!

שאלות:

1. מי עומד בתחנת האוטובוס? ....
2. החיילת לא יודעת ...., אבל היא יודעת ....
3. למה הרבה אנשים יורדים מהאוטובוס והרבה אנשים עולים לאוטובוס? ....
4. למה ענת אומרת "פעמיים, בבקשה"? מה היא רוצה? ....
5. למה הנהג סוגר את הדלת? ....

6. כל הנוסעים יושבים באוטובוס.   נכון / לא נכון

7. הנוסעים צריכים לעמוד ...., ולא ....

8. ענת ונדב יורדים **בתחנה של מוזיאון הטבע / לפני התחנה של מוזיאון הטבע** כי ....

לעלות ולרדת

The following passage illustrates various uses of the verbs לעלות and לרדת. It also includes several nouns (שמות פעולה and others) with the roots ע. ל. ה. and י. ר. ד. Underline them.

elevator	מַעֲלִית
price	מְחִיר-מְחִירִים

בישראל אנשים גרים בדירות, בבנייני דירות. הם עולים הביתה ויורדים מהבית (אם הם לא גרים בקומה א׳). אפשר לעלות במדרגות או במעלית.

אנחנו לא רק עולים הביתה: אנחנו גם עולים לאוטובוס או לרכבת, וגם למטוס. עולים לאוטובוס במדרגות. בסוף הנסיעה, יורדים מהאוטובוס. כדאי לרדת מהר, לפני שהנהג סוגר את הדלת!

אפשר לעלות לישראל. ישראל היא לא אוטובוס, והיא לא דירה בקומה ג׳. העלייה לישראל היא מטאפורית. "עולה חדש" (או רק "עולה") הוא מישהו שבא לגור בישראל. אנשים עולים לישראל מכל העולם. ומה זה "יורד"? "יורד" הוא ישראלי שגר בחוץ לארץ. הוא ירד מישראל.

לא רק אנשים עולים ויורדים. גם הטמפרטורות עולות ויורדות. בנגב חם מאוד בקיץ. לפעמים הטמפרטורה היא 40 מעלות! אבל כשהלילה יורד, הטמפרטורות יורדות, וצריך ללבוש סוודר. כשהבוקר עולה, עולה גם הטמפרטורה. מה עוד יורד? יורד שלג, ויורד ברד, ויורדים גשמים.

מוצרים עולים כסף. כל ילד יודע את זה: לכל דבר יש מחיר. נראה שהמחירים עולים כל הזמן. מכנסי הג׳ינס שרק לפני שנה עלו לי 200 שקלים עולים עכשיו 225 שקלים. גם מחיר האוכל עולה, מחירי הבתים, ומחירי המכוניות. אבל לפעמים מחירי המוצרים יורדים. לדוגמה: בשנים האחרונות מחיר המחשבים הוא בירידה.

בדיחה

דן מספר: יש לי מכונית מצוינת. זה נכון שבַּעֲלִיוֹת היא נוסעת קצת לאט, אבל בַּיְרִידוֹת -- ממש אי אפשר לעצור אותה!

ירידה של 6 אחוזים

roof/s	גַג-גַגוֹת
Moscow	מוֹסְקְוָוה
ladder/s	סוּלָם-סוּלָמוֹת
angel	מַלְאָךְ
in him/it	בּוֹ (בְּ... + הוא)

תרגיל 1: השלם במילים מהשורש ע.ל.ה. ומהשורש י.ר.ד.

1. בבקשה .... לאוטובוס.

2. אתה צריך .... בתחנה הבאה.

3. אמא, אני יכול .... לשחק עם החברים שלי?

4. המטוס בא ממוסקווה לתל אביב, וכל ה........................ החדשים ....

5. הוא עומד על הגג של הבית ולא רוצה ....

6. כבר שבועיים לא .... גשם.

7. אין .... בבית של סבתא. היא .... ו .... במדרגות כל יום.

8. ברק, בבקשה .... הביתה. כבר 7:00. אנחנו יושבים לאכול.

9. הדירה שלנו בקומה ב'. אנחנו צריכים .... 24 מדרגות.

10. אחרי הלימודים באוניברסיטה, סוזי רוצה .... לישראל.

11. הכרטיסים למשחק הכדורסל .... לי 150 שקלים.

12. המשפחה שלי .... מרוסיה לישראל בשנת 1920.

13. האוטובוס עצר בתחנה המרכזית, וכל הנוסעים ....

14. האוטובוס מלא, ואף נוסע לא ....

15. הִגענו לתחנה. בוא ....

16. יעקב חָלַם חָלוֹם. הוא ראה סולם, שהראש שלו מגיע לַשמיים,
ומלאכים של אלוהים .... ו .... בו.

וַיַּחֲלֹם וְהִנֵּה סֻלָּם מֻצָּב אַרְצָה וְרֹאשׁוֹ מַגִּיעַ הַשָּׁמָיְמָה
וְהִנֵּה מַלְאֲכֵי אֱלֹהִים עֹלִים וְיֹרְדִים בּוֹ   בראשית כ"ח, י"ב

עברית מקראית

There are several grammatical differences between modern Hebrew and Biblical Hebrew (עברית מִקְרָאִית). Two characteristics of Biblical Hebrew grammar that appear in the verse above are ה' המְגַמָּה (directional hei) and ו' ההיפוך (vav conversive).

ה' המגמה

Adding the suffix ה to a noun that indicates location has the same meaning as the preposition ...לְ : to that location. While in modern Hebrew the use of ה' המגמה is restricted to specific nouns (למעלה, החוצה, הביתה, קדימה, ימינה, צפונה, etc.), in Biblical Hebrew ה' המגמה can be affixed to any noun that indicates location.

Examples:

עברית מקראית	עברית מודרנית
אַרְצָה	לָארץ
הַשָּׁמָיְמָה	לַשמיים
חָרָנָה	לחרן

ו' ההיפוך

When ו' ההיפוך is prefixed to a verb in the past tense, it converts it into future.

Examples:

וְנָתַן לִי לֶחֶם לֶאֱכֹל וּבֶגֶד לִלְבֹּשׁ	הוא יִתֵּן לי לחם לאכול ובגד ללבוש
וְלָקַחְנוּ אֶת בִּתֵּנוּ וְהָלָכְנוּ	נִקח את בתנו (הבת שלנו) ונֵלֵך

When ו' ההיפוך is prefixed to a verb in the future tense (and in such cases it is typically pronounced /va/ (וַ)), it converts it into past. Examples:

וַיַּחֲלֹם	הוא חלם
וַיֵּצֵא יַעֲקֹב מִבְּאֵר שָׁבַע וַיֵּלֶךְ חָרָנָה	יעקב יצא מבאר שבע והלך לחרן

ת ו ס פ ו ת

כתבות מן העיתון

מחיר הלחם עלה בחמישה אחוזים

מחיר הלחם עלה אתמול בחמישה אחוזים. זאת כבר הפעם השנייה השנה שהלחם מתייקר. גם לפני שלושה חודשים עלה מחיר הלחם. אז הוא עלה בשמונה אחוזים.

מחירי הנסיעה באוטובוסים עלו בארבעה אחוזים

מחיר הנסיעה באוטובוסים עלה ב-2 בינואר ב-4 אחוזים. העלייה היא לפי העלייה של האינפלציה. כרטיס נסיעה באוטובוס בערים הגדולות עלה ב-20 אגורות -- מ-5.20 ש"ח ל-5.40 ש"ח.

עלה בהרבה מספר הנוסעים ברכבות

מספר הנוסעים ברכבות בישראל ממשיך לעלות. בחודש ינואר השנה נסעו ברכבות בארץ 940 אלף אנשים. זהו מספר שגדול ב-64 אחוזים (!) ממספר הנוסעים בחודש ינואר בשנה שעברה.

השבוע יבואו 283 עולים

השבוע מגיעים לארץ 283 עולים. 100 עולים באים מאתיופיה, 88 מרוסיה, 17 מאוקראינה, 18 מאזורי הקווקז, 18 מארצות הברית, ו-16 מארגנטינה.

יש עלייה במספר העולים שבאים השנה מצפון אמריקה. בשנה שעברה באו לארץ כ-2,500 עולים מארצות הברית ומקנדה. השנה כנראה יבואו משם יותר מ-3,000 עולים.

מילים ליחידה 6

שמות עצם	NOUNS
אֲוויר (ז)	air
אֵזור (ז) אֲזורים	area
אָח, אָחות	nurse
אָחוּז (ז) אֲחוּזים	percent
אינְטֶלֶקטוּאָל, ~טוּאָלית	intellectual
אינץ' (ז) אינצ'ים	inch
אַמְבַּטְיָה (נ) אַמבַּטיות	bath (tub)
אַספירין (ז) אַספירינים	aspirin
בֶּגֶד (ז) בְּגָדים	clothes
בֶּגֶד־יָם (ז)	swim suit
בְּדיחָה (נ) בְּדיחות	joke
בְּדיקָה (נ) בְּדיקות	checkup
בֶּטֶן (נ)	stomach
בָּרָד (ז)	hail
בְּריאוּת (נ)	health
בְּרֵיכָה (נ) בְּרֵיכות	pool
גַב (ז)	back
גַג (ז) גַגות	roof
גובַה (ז) גְבָהים	height
גֶשֶם (ז) גְשָמים	rain
דָרום (ז)	south
הַגָדָה (נ)	saga, Haggada
הודוּ (נ)	India
הָוָואי (נ)	Hawaii
הַזמָנָה (נ) הַזמָנות	invitation, order
הַכתָבָה (נ) הַכתָבות	dictation
הַפסָקָה (נ) הַפסָקות	recess, break
הַרגָשָה (נ) הַרגָשות	feeling
הַתחָלָה (נ) הַתחָלות	beginning
הִתעַמלוּת (נ)	gymnastics
הִתרַגשוּת (נ)	excitement
זֶבּרָה (נ) זֶבּרות	zebra
חודֶש (ז) חודָשים	month
חוּלצָה (נ) חוּלצות	shirt, blouse
חוּלצַת־טי (נ)	T-shirt
חום (ז)	heat, fever
חורֶף (ז) חורָפים	winter

חֶרמון	Hermon (mountain)
טֶבַע (ז)	nature
טֶמפֶּרָטוּרָה (נ) ~טוּרות	temperature
יורֵד, יורֶדֶת	emigrant (from Israel)
יְרידָה (נ) יְרידות	decline
כְּאֵב (ז) כְּאֵבים	pain
- כְּאֵב־בֶּטֶן (ז)	stomachache
- כְּאֵב־גַב (ז)	backache
- כְּאֵב־ראש (ז)	headache
- כְּאֵב־שִינַיִים (ז)	toothache
כּותֶרֶת (נ) כּותָרות	title, headline
כִּינֶרֶת	Kineret (sea of Galilee)
כירופּרַקטור, ~קטורית	chiropractor
כַּמוּת (נ) כַּמוּיות	quantity
כְּניסָה (נ) כְּניסות	entry
כַּתָבָה (נ) כַּתָבות	article
מְדינָה (נ) מְדינות	state
מַדרֵגָה (נ) מַדרֵגות	stair
מוסקְוָוה	Moscow
מֶזֶג־אֲוויר (ז)	weather
מִזרָח (ז)	south
מְחיר (ז) מְחירים	price
מַחֲלָה (נ) מַחֲלות	disease
מַחֲלַת־יָם	seasickness
מֶטֶר (ז) מֶטְרים	meter
מַייל/מיל (ז) מַייְלים/מילים	mile
מילימֶטֶר (ז) ~מֶטְרים	millimeter
מְכירָה (נ)	selling, sale
מִכנְסֵי־ג'ינס (ז"ר)	jeans
מַלאָךְ (ז) מַלאָכים	angel
מַלמָלָה (נ)	lace
מֶלצַר, מֶלצָרית	waiter
מִנהָג (ז) מִנהָגים	custom
מַעגָל (ז) מַעגָלים	circle
מַעֲלָה (נ) מַעֲלות	degree
מַעֲלית (נ) מַעֲליות	elevator
מַעֲרָב (ז)	west
מִקלַחַת (נ) מִקלָחות	shower

נֶהָג, נַהֶגֶת	driver
נובֶמבֶּר (ז)	November
סָאוּנָה (נ)	sauna
סְוֶודֶר (ז) סְוֶודֶרים	sweater
סוּלָם (ז) סוּלָמות	ladder
סֶנטימֶטֶר (ז) סֶנטימֶטרים	centimeter
סְקי (ז)	ski
סַרבָּל (ז) סַרבָּלים	overall
עישוּן (ז)	smoking
עֲלייָה (נ) עֲליות	aliya, rise
עָנָן (ז) עֲנָנים	cloud
עַצלוּת (נ)	laziness
פֶבּרוּאָר (ז)	February
פיגָ'מָה (נ) פיגָ'מות	pajamas
פינגווין (ז) פינגְווינים	penguin
פינלַנד (נ)	Finland
פיתָה (נ) פיתות	pita
פָּנים (נ"ר)	face
פְּעוּלָה (נ) פְּעוּלות	action
פָרֶנהַייט (ז)	Fahrenheit
צָבָא (ז) צְבָאות	army
ציוּן (ז) ציוּנים	grade
צֵל (ז)	shade
צֶלסְיוּס (ז)	Celsius
צָפון (ז)	north
צְפַת (נ)	Safed (city)
צֶ'ק (ז) צֶ'קים	check
קור (ז)	cold
קור־כְּלָבים (ז)	bone chilling cold
קמ"ש [קילומֶטֶר לְשָעָה]	km/h
רֶגֶש (ז) רְגָשות	feeling
רוּחַ (נ) רוּחות	wind
רופֵא־שִינַיִים	dentist
רִצפָּה (נ) רְצָפות	floor
שָׂדֶה (ז) שָׂדות	field
שֵירוּת (ז) שֵירוּתים	service
שֵירוּתים (ז"ר)	toilets

שֵׁירוּת מֶטֶאוֹרוֹלוֹגִי	meteorological service
שֶׁלֶג (ז) שְׁלָגִים	snow
שִׂמְלָה (נ) שְׂמָלוֹת	dress
שֵׁן (נ) שִׁינַיִים	tooth
שָׂפָה (נ) שָׂפוֹת	language
שַׁפַּעַת (נ)	flu
תַּחֲזִית (נ) תַּחֲזִיוֹת	forecast
תִּינוֹק, תִּינוֹקֶת	baby

שמות תואר ADJECTIVES

בָּהִיר, בְּהִירָה	clear
חִיוּבִי, חִיוּבִית	positive
חָלָשׁ, חֲלָשָׁה	weak
חַם, חַמָּה	hot
יָבֵשׁ, יְבֵשָׁה	dry
כַּמָּה	several, some
לָבָן, לְבָנָה	white
לַח, לַחָה	humid, wet
מוּסְלְמִי, מוּסְלְמִית	muslim
מֶטֶאוֹרוֹלוֹגִי, ~לוֹגִית	meteorological
מֶטָאפוֹרִי, מֶטָאפוֹרִית	metaphorical
מָלֵא, מְלֵאָה	full
מְסוּרְבָּל, מְסוּרְבֶּלֶת	cumbersome
מְעוּנָן, מְעוּנֶנֶת	cloudy
מִקְרָאִי, מִקְרָאִית	biblical
מְרוּצֶה, מְרוּצָה	content
נוֹסָף, נוֹסֶפֶת	additional
עָצוּב, עֲצוּבָה	sad
פֶּדַנְטִי, פֶּדַנְטִית	pedantic
צָרִיךְ, צְרִיכָה	supposed to
קֵיצִי, קֵיצִית	summer-like
קָצָר, קְצָרָה	short
קַר, קָרָה	cold
שְׁלִילִי, שְׁלִילִית	negative

פעלים VERBS

פעל

דּוֹאֵג, לִדְאוֹג	worry
דּוֹבֵק, לִדְבּוֹק	stick
חוֹלֵם, לַחֲלוֹם	dream
טוֹרֵחַ, לִטְרוֹחַ	work hard
יוֹרֵד, לָרֶדֶת	go down
כּוֹאֵב, לִכְאוֹב	hurt
לוֹבֵשׁ, לִלְבּוֹשׁ	put on, wear
לָן, לָלוּן	stay overnight
מוֹדֵד, לִמְדּוֹד	try on
פּוֹשֵׁט, לִפְשׁוֹט	take off
צוֹעֵק, לִצְעוֹק	shout
קוֹרֶה, לִקְרוֹת	happen
רוֹחֵץ, לִרְחוֹץ	wash

נפעל

נוֹלָד, לְהִיוָּלֵד	born
נִפְסַק, לְהִיפָּסֵק	stop, be stopped
נִרְאֶה, לְהֵירָאוֹת	look like

פיעל

מְחַכֶּה, לְחַכּוֹת	wait
מְמַהֵר, לְמַהֵר	rush
מְקַוֶּוה, לְקַווֹת	hope

התפעל

מִתְאַהֵב, לְהִתְאַהֵב	fall in love
מִתְאַפֵּר, לְהִתְאַפֵּר	put on make up
מִתְבַּלְבֵּל, לְהִתְבַּלְבֵּל	get confused
מִתְגַּלֵּחַ, לְהִתְגַּלֵּחַ	shave
מִתְחַשֵּׁב, לְהִתְחַשֵּׁב	be considerate
מִתְחַתֵּן, לְהִתְחַתֵּן	get married
מִתְייַקֵּר, לְהִתְייַקֵּר	get expensive
מִתְכַּתֵּב, לְהִתְכַּתֵּב	correspond
מִתְלַבֵּשׁ, לְהִתְלַבֵּשׁ	get dressed
מִתְנַשֵּׁק, לְהִתְנַשֵּׁק	kiss
מִתְעַמֵּל, לְהִתְעַמֵּל	exercise
מִתְפַּלֵּל, לְהִתְפַּלֵּל	pray
מִתְפַּשֵּׁט, לְהִתְפַּשֵּׁט	take off
מִתְקַלֵּחַ, לְהִתְקַלֵּחַ	shower
מִתְרָאֶה, לְהִתְרָאוֹת	see each other
מִתְרַגֵּל, לְהִתְרַגֵּל	get used
מִתְרַגֵּשׁ, לְהִתְרַגֵּשׁ	get excited
מִתְרַחֵץ, לְהִתְרַחֵץ	wash, bathe

הפעיל

מַגִּיעַ, לְהַגִּיעַ	arrive, come
מַדְפִּיס, לְהַדְפִּיס	print

תארי פועל ADVERBS

בַּזְמַן	on time
בְּטֶרֶם	before
בִּלְבַד	only
בְּמֶשֶׁךְ	during
בְּעוֹד	in
טִיפּ־טוֹפּ (סלנג)	tip-top
יוֹתֵר	more
כְּבָר לֹא	no longer
כִּמְעַט	almost
כַּנִּרְאֶה	seemingly
לְגַמְרֵי	totally
לִפְנֵי	ago
מִיָּד	immediately
סוֹף סוֹף	finally
עוֹד לֹא	not yet
פָּחוֹת	less
צ'יק צ'ק	quickly (slang)
קָשֶׁה	hard

מילות יחס PREPOSITIONS

בִּשְׁבִילִי, בִּשְׁבִילְךָ...	for me, for you...
כְּ...	roughly
כְּדֵי	in order to
לְפִי	according to
מֵאֲחוֹרֵי	behind
מִן	from

מספרים NUMBERS

מֵאָה (נ) מֵאוֹת	100
מָאתַיִים	200
שְׁלוֹשׁ־מֵאוֹת	300
אַרְבַּע־מֵאוֹת	400
חֲמֵשׁ־מֵאוֹת	500
שֵׁשׁ־מֵאוֹת	600
שְׁבַע־מֵאוֹת	700
שְׁמוֹנֶה־מֵאוֹת	800
תְּשַׁע־מֵאוֹת	900
אֶלֶף (ז) אֲלָפִים	1,000
אַלְפַּיִים	2,000
שְׁלוֹשֶׁת־אֲלָפִים	3,000
אַרְבַּעַת־אֲלָפִים	4,000

5,000	חֲמֵשֶׁת־אֲלָפִים
6,000	שֵׁשֶׁת־אֲלָפִים
7,000	שִׁבְעַת־אֲלָפִים
8,000	שְׁמוֹנַת־אֲלָפִים
9,000	תִּשְׁעַת־אֲלָפִים
10,000	עֲשֶׂרֶת־אֲלָפִים

MISC.	שונות
but	אַךְ
don't	אַל

EXPRESSIONS	ביטויים
there's no denying that...	אֵין מַה לְהַגִיד/לוֹמַר
Don't worry!	אַל תִּדְאַג
I don't like it	זֶה לֹא נִרְאֶה לִי
he deserves it	מַגִיעַ לוֹ
it seems to me that...	נִרְאֶה לִי שֶׁ...
more or less	פָּחוֹת אוֹ יוֹתֵר

TERMINOLOGY	מונחים
directional hey	ה' הַמְגַמָה
vav conversive	ו' הַהִיפּוּךְ
reflexive verb	פּוֹעַל חוֹזֵר
transitive verb	פּוֹעַל יוֹצֵא

י ח י ד ה 7

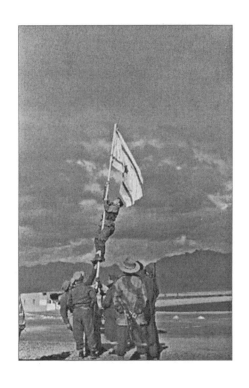

הנפת דגל הדיו באילת (1949)

שיעור 37

ביקור במחנה צבאי - סיפור ב-9 פרקים

פרק א: הקדמה

introduction	הַקְדָּמָה
army	צָבָא
military	צְבָאִי
(military) camp	מַחֲנֶה (צְבָאִי)
(military) base	בָּסִיס (צְבָאִי)
train	לְהִתְאַמֵּן/מִתְאַמֵּן
tent	אוֹהֶל-אוֹהָלִים
several	אֲחָדִים
many	רַבִּים

מה זה "מחנה צבאי"?

מחנה (או: בסיס) צבאי הוא מחנה של הצבא. החיילים נמצאים במחנה, והמחנה הוא הבית שלהם. שם הם גרים, אוכלים, לומדים, ומתאמנים. במחנות אחדים החיילים גרים בבניינים, ובמחנות אחדים הם גרים באוהלים. בַּמחנה הצבאי יש גם חדר אוכל, כיתות לימוד, ועוד. בישראל יש מחנות צבאיים רבים, כי (כמעט) כל צעיר בן 18 הולך לצבא.

צָעִיר-צְעִירָה can be used as an adjective (young) or a noun (young adult). Similarly, מְבוּגָר-מְבוּגֶרֶת can be an adjective (older) or a noun (adult).

שאלות

1. האם היית פעם במחנה צבאי? איפה? ....

....

2. האם גרת פעם באוהל? מתי? ....

....

3. מה את/ה יודע/ת או רוצה לדעת על הצבא בישראל?

....

....

4. תן/י עוד 6 דוגמאות לקשר בין שם עצם ובין שם תואר (כמו:צבא-צבאי).

יום-יומי ; שכונה-שכונתי ; ....

....

מעטים רבים אחדים

The adjectives: מְעַטִים (= few), רַבִּים (= many), and אֲחָדִים (= several) have the same meaning as מעט, הרבה, and כמה. But while הרבה, מעט , and כמה (like other quantitative adjectives) *precede* the noun, מעטים, רבים , and אחדים *follow* a noun in the plural form, and agree with it in gender.
Examples:

צעירים רַבִּים יוצאים אחרי הצבא לטיול בָּעולם. (= הרבה צעירים יוצאים אחרי הצבא לטיול בעולם.)

בעבר, רק נשים מְעַטוֹת שיחקו כדורגל. (= בעבר, רק מעט נשים שיחקו כדורגל.)

במרכז העיר יש מסעדות אֲחָדוֹת ובית קולנוע. (= במרכז העיר יש כמה מסעדות ובית קולנוע.)

The adjective רב can be used in singular as well as in plural. Examples:

בחרמון ירד שלג רב. (= בחרמון ירד הרבה שלג.)

תודה רַבָּה על ארוחת הערב הנפלאה. (= הרבה תודה על ארוחת הערב הנפלאה.)

תרגיל 1: שנה את המשפטים למשפטים עם **רבים**, **אחדים**, **ומעטים** .

1. בישראל יש הרבה ימים של שמש, אפילו בַּחורף. ......בישראל יש ימים רבים של שמש, אפילו בחורף.
2. היא מכירה הרבה מקומות בירושלים. ....
3. רק מעט ילדים אוהבים ברוקולי וכרובית. ....
4. הלכנו הרבה זמן, ועכשיו אנחנו נורא עייפים. ....
5. כמה סטודנטים גרים רחוק מהקמפוס. ....
6. בארץ אפשר לראות הרבה חיילים ברחוב. ....
7. כבר ביקרתי במוזיאון ישראל כמה פעמים. ....
8. להרבה ישראלים יש קרובי משפחה באמריקה. ....

תרגיל 2: השלם את המשפטים.

1. רק סטודנטים מעטים ....
2. חברים אחדים שלי ....
3. .... רעש רב.
4. לפני שנים אחדות ....
5. בבניינים רבים ....

פרק ב: בית הקפה ביום שישי אחרי הצהריים

סוזי מספרת:

בדרך הביתה עצרנו, יעל ואני, בבית הקפה "קפית" במושבה הגרמנית. זה בית קפה קטן ונחמד, עם הרבה שולחנות בחוץ. זה היה יום שישי אחרי הצהריים, והמקום היה מלא מפה לפה: היו שם הרבה מאוד צעירים, וגם אנשים יותר מבוגרים. כמה רעש היה שם!

"קפית" הוא מָקום מִפגש פופולרי. אנשים נפגשים שם עם החברים שלהם, אז כל הזמן אפשר לשמוע: "אהלן", "מה נשמע", "יאללה, ביי". מלצריות צעירות מתרוצצות בין השולחנות, ושואלות את האנשים מה הם רוצים להזמין. רק אנשים מעטים יושבים בשקט ומדברים, שותים קפה, או קוראים את העיתון של שבת. אנשים רבים מסתובבים, מדברים בפלאפון, או עומדים ומדברים עם חברים בקולי קולות.

לא היה מקום לשבת. כל השולחנות היו תפוסים, ואף אחד לא קם. חיכינו וחיכינו, וכבר חשבנו ללכת. אבל בסוף מצאנו שולחן פנוי, וישבנו.

לַעֲצור/עוצֵר	stop (by)
המושָבָה הגֶרמָנית	the German Colony (in Jerusalem)
מָלֵא מִפֶּה לְפֶה	packed (full)
לְהִתרוצֵץ/מִתרוצֵץ	run around
בֵּין	between, among
לְהִסתובֵב/מִסתובֵב	walk about
בְּקולֵי קולות	very loudly
תָּפוּס-תְּפוּסָה	occupied
פָּנוּי-פְּנוּיָה	vacant
לְחַכּות/מְחַכֶּה	wait
לִמצוא/מוצֵא	find

שאלות והשלמות:

1. יעל וסוזי באו לבית הקפה מהבית? ....
2. אנשים אומרים "אהלן" או "........................" כשהם ...., ו"............................" כשהם נפרדים.
3. על מה המלצריות מדברות עם האנשים שיושבים בבית הקפה?

....

4. תָּאֵר/תָּאֲרִי (לְתָאֵר = describe) מה עושים האנשים בבית הקפה.

....

....

....

5. מדוע היה קשה למצוא מקום לשבת? ....

6. בבית הקפה אין מקום -- הוא .... יש בבית הקפה אנשים .... , ואין בּוֹ מקום לעוד אנשים. כל השולחנות והכיסאות .... אין אף שולחן .... אחד.
המלצריות .... בין השולחנות, כי ....
יש אנשים ש........................ ושותים כוס קפה, ואנשים אחדים ....

7. מה ההיפך? מעטים ≠ .... עומדים בּמקום ≠ .... ללכת לאט ≠ ....
לשבת ≠ .... מבוגרות ≠ .... פנויה ≠ .... מאוד בשקט ≠ ....

8. מה זה "מקום מפגש"? ....

[שם העצם מִפְגָּשׁ הוא מהשורש פ.ג.ש. האם את/ה מכיר/ה עוד שמות עצם במשקל מִ X ְ X ָ X , מהשורשים כ.ת.ב., ס.פ.ר., ש.ח.ק., ועוד?

מִכתב, מִספר, מִשחק, מִבחן, מִטבח, משפט, מִנהג, מִשׂרד]

לעצור

שורש: .... **בניין:** ....

הווה: ....

עבר: ....

....

לַעֲצוֹר is used to express stopping a movement (for example, רצתי 4 קילומטרים ולא עצרתי אפילו פעם אחת), whereas להפסיק is used to express stopping an action (for example, יעקב כבר מעשן שנה, והוא רוצה להפסיק).

תרגיל 1: השלם בפועל **לעצור**. קרא את המשפטים בקול רם.

1. כל המכוניות .... באור אדום, רק מכונית אחת לא ....
2. לפני שאני עושה משהו חשוב, אני .... וחושבת. גם אתם .... וחושבים קודם?
3. בדרך לקולנוע שרה .... אצלי, אבל לא הייתי בבית.
4. כשהוא רוצה משהו, אי אפשר .... אותו!
5. א: אוטובוס מספר 5 .... בתחנה הזאת? ב: כל הקווים .... פה. זאת התחנה המרכזית.
6. נהג, בבקשה ....! אנחנו צריכים לרדת!

כולם מישהו אף אחד (לא)

אף-אחד (literally, "even one") combined with a negative word, such as לא, אין, or אי, means "nobody." אף אחד has no meaning without a negative expression; yet, as with אף-פעם and שום-דבר, it is sometimes used as a short answer, with the negative element only implied.

For example: - מי בא לשיעור הבוקר? - אף אחד. (אף אחד לא בא לשיעור.)

אף-אחד is the opposite of כולם, which is used in positive sentences.

When the whole is plural feminine (כולן), use אף אחת instead of אף אחד (and מישהי instead of מישהו).

For example: חוה צילצלה לכל החברות שלה, אבל אף אחת לא הייתה בבית.

The following examples demonstrate the use of אף-אחד , מישהו , and כולם , as the subject (נושׂא) or the object (מושׂא) of a sentence:

	נושא המשפט	מושא המשפט
כולם	כולם עומדים ומדברים עם חברים.	פגשתי את כולם במסיבה אצל אורי.
מישהו	מישהו ראה הבוקר את אהוד?	משעמם לי. אני רוצה לדבר עם מישהו.
אף אחד	אף אחד לא אוהב להיות לבד.	אמיר חדש בכיתה. הוא עוד לא מכיר אף אחד.

Note that:

a. כולם is plural, whereas מישהו and אף-אחד are singular.

b. כולם is definite, whereas מישהו and אף-אחד are indefinite. Thus, פגשתי **את** כולם (the object is definite, and it takes the preposition את) vs. לא פגשתי אף-אחד (the object is indefinite; there is no את).

c. כולם (like הכול) cannot be modified with the particle ...שֶ because it is absolute. The Hebrew equivalent of "everyone who..." or "everything that..." is ...כל מי ש.../כל מה ש .

Examples:

דיברתי עם כל מי שלומד כאן. (I spoke with everyone who studies here.)

אכלנו את כל מה שהיה בצלחת. (We ate everything that was on the plate.)

תרגיל 2: השלם ב: **כולם מישהו אף-אחד** .

1. אין בחדר ....; .... נמצאים בחוץ.
2. יש .... בבית? מה, ... לא נמצא בבית?!
3. .... לא יודע מתי הסרט מתחיל.
4. .... יודע איפה אפשר לקנות כרטיסים למשחק?
5. אני אוהבת ללכת לבית הקפה, כי תמיד אני פוגשת שם .... שאני מכירה.

תרגיל 3: השלם במילים: **הכול משהו שום-דבר כלום // תמיד לפעמים אף-פעם // כולם מישהו אף-אחד**

1. .... יש .... מעניין לעשות כאן.
2. .... לא נמצא במעונות; .... נסעו הביתה; אי אפשר לעשות פה ....
3. המסעדה .... מלאה. .... אין כאן שולחן פנוי.
4. .... אנחנו אוכלים בבית, ו.......................... במסעדה.
5. .... כבר הלכו הביתה. אין פה ....
6. דן יושב בשקט. הוא לא עושה ...., ולא מדבר עם ....
7. לא נשאר במקרר ....; דוד אכל את ....

לפגוש / להיפגש

לפגוש and להיפגש mean the same thing (to meet someone/to meet with someone), but are used differently. לפגוש *always* takes a direct object (the person you meet). For example:

פגשתי חיילת נחמדה. (I met a nice soldier.)

אנחנו פוגשים אותו הערב בקניון. (We meet with him at the mall tonight.)

The same meaning can be expressed with ...להיפגש עם.

ענת נפגשת עם רונית בספרייה. (Anat meets with Ronit at the library.)

נפגשתי איתם בבוקר. (I met them in the morning.)

However, the verb להיפגש can also express mutuality and be used without an object, something that the verb לפגוש cannot do.

חגית ועופר נפגשים על יד הקולנוע. (Hagit and Ofer meet by the movie theater.)

The following three sentences have essentially the same meaning:

רן פוגש את רבקה.
רן נפגש עם רבקה.
רן ורבקה נפגשים.

תרגיל 4: השלם בפעלים **לפגוש להיפגש** .

1. אנחנו חברים טובים, ואנחנו .... כמעט כל יום.
2. הלכת למועדון? .... שם מישהו?
3. הלכתי עם נועה לסרט. .... אותה בשעה 8:00. .... על יד הקופה.
4. אלון מאוד רוצה לראות את האחות שלו. הם כבר לא .... הרבה זמן.
5. .... אנשים מעניינים בטיול שלי לאנגליה.
6. אנחנו יכולים .... מחר בבוקר ולדבר.

להתרוצץ, להתכונן, להסתובב

The verbs להתרוצץ and להתכונן belong to בניין התפעל, גזרת ע״ו . Their roots are ר.ו.צ. and כ.ו.נ.
In בניין התפעל (as well as פיעל), ע״ו roots retain their ו (pronounced /o/) and double their third root letter.
ר.ו.ץ.>> רוצצ כ.ו.נ.>> כונג

The verb להסתובב is different; its root is ס.ב.ב. (גזרת הכְּפוּלים). However, it is conjugated in the same way as the other two.

לְהִתְרוֹצֵץ (run around)

הווה:	מִתְרוֹצֵץ	מִתְרוֹצֶצֶת	מִתְרוֹצְצִים	מִתְרוֹצְצוֹת
עבר:	הִתְרוֹצַצְתִּי	הִתְרוֹצַצְתָּ	הִתְרוֹצַצְתְּ	הוא הִתְרוֹצֵץ היא הִתְרוֹצְצָה
	הִתְרוֹצַצְנוּ	הִתְרוֹצַצְתֶּם	הִתְרוֹצַצְתֶּן	הם/הן הִתְרוֹצְצוּ

תרגיל 5: **א.** השלם בפועל להתרוצץ בהווה. **ב.** שנה את המשפטים לזמן עבר.

1. שאול .... בקמפוס בין הכיתות שלו. גם אילת .... בקמפוס. הם .... כל היום.
2. ילד, למה אתה .... פה? ילדה, למה את .... לבד? לא טוב .... לבד ברחוב!
3. אני צריך לקנות מתנות לחג, אז אני .... בעיר כל היום. ולמה **אתם** .... כאן?

חג holiday

....

....

....

....

לְהִתְכּוֹנֵן (prepare / plan*)

הווה: מִתְכּוֹנֵן ....

עבר: הִתְכּוֹנַנְתִּי .... הוא .... היא ....

הִתְכּוֹנַנּוּ .... הם/הן ....

---

* Coupled with an infinitive, להתכונן means "to plan to..." Coupled with a noun, it means "to prepare for..."

Examples:

אני מתכונן **לנסוע** לחיפה בסוף השבוע. (I'm planning to go to Haifa this weekend.)

אני מתכונן לַ**נסיעה**. (I am preparing for the trip.)

תרגיל 6: תרגם לעברית

1. What are you planning to do on your vacation? ....
2. We should stay in the room and prepare for class. ....
3. She's been preparing for the party all morning long. ....
4. Are you guys planning to go out this weekend? ....
5. I'm sorry. I have to go now to prepare for work. ....
6. I didn't sleep last night. I was preparing for the test. ....

לְהִסְתוֹבֵב* (turn around / walk about)

הווה: מִסְתוֹבֵב ....

עבר: הִסְתוֹבַבְתִּי .... הוא הִסְתוֹבֵב היא ....

.... הם/הן ....

---

* When the first root letter is ס , שׁ , שׂ , צ , or ז , it switches positions with the ת in בניין התפעל.

Examples: הסתובב (and not התסובב), מסתכל (not מתסכל), and מצטערת (not מתצערת).

תרגיל 7: השלם בפועל **להסתובב** .

1. אנחנו כבר .... בסופרמרקט במשך שעתיים, ועוד לא קנינו כלום!
2. שמעתי מישהו אומר "שלום", ו........................ לראות מי זה.
3. למה את .... כל הזמן? את לא יכולה לשבת בשקט?!
4. הכלב כל הזמן .... לי בין הרגליים.
5. א: רותי, מה עשית באילת? ב: שום דבר, רק .... ברחובות.
6. היא הולכת ברחוב, אנחנו קוראים לה, אבל היא לא ....

סביבון מסתובב

בדיחה

תרנגולת א׳: הבוקר ראיתי את בַּעֲלֵךְ מסתובב במרכז העיר ...

תרנגולת ב׳: באמת?! איפה?

תרנגולת א׳: על הגְריל במסעדה "גְאוּלָה"!

תרגיל 8: תאר/תארי מסעדה, בית קפה, או מועדון בעיר שלך.

מי בא לשם? מה אנשים עושים שם? למה את/ה אוהב/ת ללכת לשם? מה שומעים שם? מה רואים שם?

השתמש/י במילים: **פנוי להתכונן אף אחד מפה לפה בין להסתובב להיפגש מקום-מפגש רבים אחדים מעטים**

תרגיל 9: השלם את הסיפור במילים:

פנוי לשבת יש להסתובב תפוסים קונה קורא מפה לפה להיפגש קניות כולם מזמין להסתכל שמש פוגש

יום שישי בירושלים

אהוד גר בירושלים. ביום שישי בצהריים הוא אוהב ללכת למרכז העיר. הוא אוהב .... ברחוב בן יהודה. מרכז העיר מלא .... ביום שישי. הרבה אנשים באים לשם לעשות .... לסוף השבוע. אהוד .... את העיתון של סוף השבוע והולך לבית קפה. על יד רחוב בן יהודה .... בתי קפה רבים עם שולחנות בחוץ, וביום .... יפה, אהוד אוהב .... בחוץ. אבל קשה למצוא מקום .... בחוץ. כל השולחנות .... כשהיום יפה, ... אוהבים לשבת בחוץ, ו.............................. על האנשים שהולכים ברחוב. כשאהוד סוף סוף מוצא שולחן פנוי, הוא יושב, ובזמן שהוא מחכה למלצרית, הוא .... את העיתון. כשהמלצרית מגיעה, הוא .... אספרסו וסנדוויץ׳ עם גבינה.

כמעט תמיד אהוד .... מישהו שהוא מכיר ביום שישי במרכז העיר. כל הירושלמים באים למרכז העיר ביום שישי כדי .... עם החברים שלהם.

ש י ע ו ר 5 7

פרק ג: חייל בחופשה

פתאום אני שומעת מישהו אומר: "שלום יעל." זה היה עוֹמֶר, חבר של יעל, ומייד הם התחילו לדבר. ביחד עם עומר עמד חייל גבוה ונחמד לבוש במדים. הוא רק עמד בשקט וחייך. עומר אמר:

עומר: זה אחי, ארי.

יעל: נעים מאוד; אני יעל, וזאת בת דודה שלי, סוזי.

יעל ועומר המשיכו לדבר, וארי ואני לא ידענו מה לעשות. הסתכלתי בו, והוא חייך, אז גם אני חייכתי. רציתי לשאול אותו על הצבא, מה הוא עושה בצבא, איפה הבסיס שלו... אבל בדיוק אז הוא אמר:

ארי: אז את בת דודה של יעל, אה?

סוזי: כן, ואתה? אתה חייל?

ארי: כן, אני בנח"ל.

סוזי: ומה אתה עושה בירושלים?

ארי: אני בחופשה; באתי לבקר את ההורים.

סוזי: כמה זמן תִהְיֶה פה?

ארי: כל סוף השבוע. ביום ראשון אני חוזר לבסיס.

סוזי: גם אני אֶהְיֶה בירושלים בסוף השבוע ...

ארי: תִהְיִי פה? יופי! אולי עוד יצא לנו להתראות.

סוזי: אני מקווה מאוד.

פִּתְאום	suddenly
מַדִים	uniform
לָבוּש במדים	dressed in uniform
נַחַ"ל	army unit that combines training with Kibbutz living
חופשָה	leave, vacation
לְקַווֹת/מְקַוֶּוה	hope
יֵצֵא לנו	we'll have a chance

השלמות:

1. סוזי הייתה בבית הקפה, פתאום היא .... "שלום יעל".
2. יעל ועומר ...., ו........................ מה לעשות.
3. ארי בצבא; הוא ....; הוא .... במדים; הוא בחור .... ו........................ .
4. סוזי רצתה לשאול את ארי ...., אבל אז הוא ....
5. ארי ב .... בסוף השבוע; ביום ראשון הוא ....
6. גם ארי וגם סוזי ....
7. ארי מקווה ש ...., וגם סוזי מקווה מאוד.

הפועל ל ה י ו ת בזמן עתיד

	אֶהְיֶה		נִהְיֶה
תִּהְיֶה	תִּהְיִי	תִּהְיוּ	תִּהְיוּ
הוא יִהְיֶה	היא **תִּ**הְיֶה	הם יִהְיוּ	הן יִהְיוּ

The future tense of the verb להיות is used in nominal sentences, impersonal sentences, and יש/אין sentences, just like the past tense.

Sentences in future tense do not have to include a pronoun in the first and second persons, because the pronoun is prefixed to the verb (for example, א for אני, נ for אנחנו, etc.). In the 3rd-person, however, an additional pronoun has to be included if no other subject is included in the sentence.
For example:
הערב נהיה בבית (the נ prefix is the only pronoun in the sentence; no additional pronoun, אנחנו, is required)
הערב <u>הם</u> יהיו בבית (an additional pronoun is required when the subject is in the third person)

Note that the 2nd-person singular masculine form (אתה) is identical to the 3rd-person singular feminine form (היא) -- תהיה . This is true for every verb in the language. Also note that all of the prefixes have the same vowel, /i/ (for example: **תִּ**היי, **יִ**היו). The exception is the 1st-person singular prefix, which has the vowel /e/ -- **אֶ**היה .

The Biblical form תִּהְיֶינָה (אתן and הן) is not used in modern Hebrew.

תרגיל 1: השלם בפועל **להיות** בזמן עתיד.

1. בסוף השבוע אני .... בעיר, ואני מקווה שגם את ....
2. לא, אנחנו לא יוצאים; .... בבית כל הערב. ומה איתכן? איפה **אתן** ....?
3. רותי בת 17. בשנה הבאה היא .... חיילת. היא וכל החברות שלה .... בצבא.
4. דפנה, איפה .... הערב? ואיפה אהוד ....? מה, אתם לא .... ביחד?!
5. גיל, אתה לא צריך לאכול את כל העוגה! אל .... חזיר!

תרגיל 2: שנה לעבר ולעתיד.

1. אנחנו לא בבית היום. ....
2. אתה בחופשה? ....
3. את עסוקה הערב? ....
4. הכול כתוב בספר. ....
5. אתם פה בסוף השבוע? ....
6. השולחנות לא פנויים. ....
7. זאת הצגה מצוינת! ....
8. אף אחד לא כאן בבוקר. ....
9. החנויות סגורות בחג. ....
10. השנה אני בן 18. ....

דיווח על פעולה

The following examples involve someone reporting an action he has *seen* or *heard*. The verb that expresses the reported action is always in the present tense, regardless of the tense of the main sentence.

Examples:

סוזי שמעה מישהו **אומר**: ״שלום יעלי״.

בבית הקפה קפית אפשר לראות אנשים **מדברים** בפלאפון.

תרגיל 3: השלם כרצונך לפי הדוגמאות שלמעלה. הפועל השני הוא בזמן הווה.

1. הבוקר ראינו את חוה ...מסתובבת בקמפוס......
2. .... שר במקלחת.
3. כשנכנסתי, ראיתי את השותף שלי ....
4. מהחלון בחדר שלי, אפשר ....
5. .... משפחות הולכות לבית הכנסת.
6. איפה שמעתם את ....
7. בלילה לא שומעים ....

לְקַווֹת

הווה: מְקַוֶּוה מְקַוָּוה מְקַוִּוים מְקַוּוֹת

עבר: קִיוויתי קיווית קיווית הוא קיוָוה היא קיוְותָה

קיווינו קיוויתֶם קיוויתֶן הם/ן קיוּו

The verb לקוות (= hope) belongs to בניין פיעל, גזרת ל״ה . Its root is ק.ו.ה. .
Note how the root letter ה affects פיעל verbs, such as לקוות, in the same way it affects פעל verbs. Specifically, it alters the *ending* of each conjugation.

The following chart compares the verb לקוות (in the center) to the פיעל verb לדבר (on the right) and the verb לרצות, of בניין פעל, גזרת ל״ה (on the left). The chart shows how לקוות is related to both of them: the first half of each form is like פיעל , and the second half is like ל״ה.

שם הפועל:	לְדַ בר	**לְקַ וּוֹת**	לר **צוֹת**
	מְדַ בר	**מְקַ וֶּה**	רו **צֶה**
הווה:	מְדַ ברת	**מְקַ וָּה**	רו **צָה**
	מְדַ ברים	**מְקַ וִּים**	רו **צִים**
	דִּי ברתי	**קִי וִּיתִי**	ר **צִיתִי**
עבר:	דִּי ברה	**קִי וְּתָה**	ר **צְתָה**
	דִּי ברו	**קִי וּוּ**	ר **צוּ**

לחכות (= wait) and לנקות (= clean) also belong to בניין פיעל, גזרת ל״ה .

לקוות is typically followed by the particle ...ש and a clause: the content of one's hope.
Examples:

אני מקווה שהכול בסדר בבית.
אנחנו מקווים שמזג האוויר יהיה יפה, ושלא יֵרֵד גשם.

לקוות can be followed by an infinitive when the subject of the sentence is also the subject of the hope itself.
For example:

הילד מקווה להיות גבוה וחזק. (= הילד מקווה שהילד יהיה גבוה וחזק)
אנחנו מקווים לראות אתכם במסיבה שלנו. (= אנחנו מקווים שאנחנו נִראֶה אתכם במסיבה שלנו.)

תרגיל 4: השלם ב: **לקוות** או **לקוות שֶ...** . השתמש בנושאים הבאים:

ההורים של טל , החברים שלי ואני , כולם, פרופסור רז , ~~אנחנו~~ , תלמידֵי כיתה ב׳ , דן ורות , אני , כל אדם דָתי , כל מי שלמד פה השנה

1. אנחנו מקווים ש........ לא יהיה קר מחר.
2. .... תָבוֹאו למסיבה שלהם.
3. .... הטיול יהיה מעניין.
4. .... כולם יהיו בשיעור.
5. .... לנסוע לחו״ל השנה.
6. .... אין לה בעיות בעבודה.
7. .... התכוננת טוב למבחן.
8. .... ללמוד פה גם בשנה הבאה.
9. .... יהיה שלום בישראל.
10. .... המָשִיחַ יָבוֹא בִּמְהֵרָה.

תרגיל 5: השלם וקרא עם חבר או חברה.

1

א: איפה המורה? כבר מאוחר!
ב: אני מקווה ש........................
א: גם אני.

2

א: קיוויתי ש........................,
אבל אתם ....
ב: אנחנו נורא מצטערים!

3

א: כבר גמרת ....?
ב: לא, אבל אני מקווה ....
א: אבל זה מה שאמרת אתמול!!

4

א: אני מקווה שיש לכם ....
ב: למה אנחנו צריכים ....?
א: כי ....

יוצא ל...

The colloquial expression ...יוצא ל, followed by an infinitive, means "something works for someone." It is used more often in negative sentences or questions. The verb לצאת in this expression is always singular masculine (as it refers to an action, not a noun), yet it can be used in the past, present, or future tense.
Examples:

past: הייתי בעיר, אבל לא **יָצָא לי** להיות בחנות הספרים.
present: אף פעם לא **יוצא** לחברים שלי לבקר אותי בעבודה, כי אני עובד מוקדם מאוד.
future: א: נו, אתם באים לארוחת ערב? ב: אנחנו מצטערים, אבל לא **יֵצֵא לנו** .

תרגיל 6: השלם בביטוי **יצא ל...** בהווה, עבר, ועתיד.

1. במשך היום היא עסוקה, ואף פעם לא .... לפגוש חברים.
2. אנחנו עובדים באותו המשרד, אבל אף פעם ....
3. אתה נוסע לניו יורק? אולי ....
4. הייתם בלונדון? .... לראות הצגה מעניינת?
5. לא נשאר לי כסף, כי לא ....
6. תהיי בבית בחופשה? אני מקווה ש..

תרגיל 7: מה לא בסדר במשפטים הבאים? שנה מילה אחת בכל משפט כך שהמשפט יהיה הגיוני.

1. את לא יכולה לשבת פה. הכיסא הזה פנוי.
2. ההורים של טליה הם מבוגרים מאוד. הם אפילו לא בני 40.
3. לא יכולתי ללמוד בחדר, כי השותפים שלי דיברו מאוד בשקט.
4. הספרים האלה חדשים: הם היו של סבא וסבתא שלי.
5. לרבקה אין סבלנות; כל הזמן היא עומדת במקום.
6. בבקשה לצאת; השיעור מתחיל.
7. אחרי שהתחלנו לעבוד, הלכנו לבית קפה.
8. אנשים מעטים הגיעו למסיבה, והמקום היה מלא מפה לפה.

שיעור 76

פרק ד: נוסעים ביחד למחנה

במוצאי שבת הלכנו למסיבה בבית של חברים של יעל. ואת מי פגשתי שם? כמובן, את ארי. הפעם הוא לא היה לבוש במדים. הוא לבש מכנסי ג׳ינס וחולצה לבנה, ונראה חמוד -- משהו!

כָּמוּבָן	of course
הַפַּעַם	this time
משהו (-משהו)!	really something!
בַּחֲזָרָה	back
צַהַ״ל (צְבָא הֲגַנָּה לישראל)	IDF
עָסוּק-עֲסוּקָה	busy
בסדר גָּמוּר	perfectly fine

סוזי: שלום ארי.

ארי: היי סוזי, איזה יופי לראות אותך עוד פעם.

סוזי: איך המסיבה?

ארי: לא רעה, אבל אני צריך ללכת עוד מעט.

סוזי: כבר? עכשיו רק 11:00.

ארי: אני צריך לקום מוקדם; אני צריך להיות בחזרה בבסיס מחר בבוקר.

סוזי: איפה הבסיס שלך?

ארי: ״מחנה שמונים״; זה בין תל אביב לחיפה; על יד חדרה.

סוזי: זה בסיס גדול?

ארי: גדול מאוד; ויש שם גם חיילים וגם חיילות.

סוזי: אני יכולה לנסוע איתך לבקר שם?

ארי: למה את רוצה לבקר שם?!

סוזי: כדי לראות מה זה הצבא. שמעתי כל כך הרבה על צה״ל.

ארי: אבל אני אהיה עסוק כל הזמן; לא יהיה לי זמן ...

סוזי: זה בסדר; אני אהיה לבד; אני כבר ילדה גדולה ... אהיה בבסיס כמה שעות, ואחר כך אֶסַע בחזרה לתל אביב.

ארי: בסדר גמור. אז בשש בבוקר אני מגיע לבית של יעל, ואנחנו נוסעים ביחד למחנה.

סוזי: שש בבוקר?! אם ככה, אז אני צריכה ללכת עכשיו לישון! לילה טוב ...

ארי: להתראות מחר בשש.

שאלות ותשובות:

1. מה זה ״מחנה 80״? ....
2. איפה נמצא מחנה 80? ....
3. .... היא רוצה לבקר במחנה 80.
4. .... כי היא רוצה לראות מה זה הצבא.
5. יהיה לארי זמן בבסיס? ....
6. כמה זמן סוזי תהיה בבסיס? ....
7. .... הוא יָבוֹא לבית של יעל.
8. סוזי מתכוננת להישאר במסיבה עד מאוחר? ....

השלמות:

1. בפעם שעברה ...., והפעם הוא היה לבוש ב ....
2. מחנה שמונים הוא .... יש בו גם .... וגם ....
3. סוזי היא סטודנטית, וארי .... היא באוניברסיטה, והוא .... עכשיו היא ב .... בירושלים, וגם הוא. סוזי הִגיעה עכשיו למסיבה, וארי כבר ...., כי הוא צריך .... מחר הוא ...., כי הוא צריך להיות ....
4. ארי יָבוא מחר לבית של יעל, כדי .... בַּבסיס, סוזי ...., אבל זה בסדר, כי היא כבר "ילדה גדולה".

בין

The preposition בֵּין (= between) is used in one of the following structures:

חדרה נמצאת **בין** תל אביב **ל**חיפה.
חדרה נמצאת **בין** תל אביב **ובין** חיפה.
חדרה נמצאת **בין** תל אביב **לבין** חיפה.

Remember that בין also means "among."
For example:

המלצריות מסתובבות **בין** השולחנות.
בין הסטודנטים בכיתה שלושה רוצים להיות רופאים.

תרגיל 1: השלם במשפטים עם מילת היחס **בין** .

1. בשיעור לעברית אני יושב/ת ....
2. ישראל נמצאת ....
3. אבא שלי בעבודה ....
4. גיל לא אוהב להיות ....
5. האוטובוס עצר 5 פעמים ....
6. יהיה לי זמן ....

לבוש

לָבוּשׁ (= dressed) is the בינוני פָּעוּל form of the verb ללבוש. Its four forms are לָבוּשׁ לְבוּשָׁה לְבוּשִׁים לְבוּשׁוֹת.
Remember that בינוני פעול adjectives do not conjugate in the past or future tenses. Instead, they use the verb להיות. For example:

הילדים לבושים / הילדים היו לבושים / הילדים יהיו לבושים

לבוש can be modified with an adverb. For example:

את לבושה מאוד יפֶה היום.

...לבוש ב (= dressed in) can have the same meaning as לובש את.
For example:

החייל לבוש במדים = החייל לובש מדים

תרגיל 2: השלם ב: **לובש לבוש מתלבש** .

1. מישהו צילצל בדלת, אבל לא הייתי ...., אז צעקתי: "רגע, בבקשה!"
2. תמיד היא .... בגדים פשוטים, אבל היום היא .... כמו דוגמנית.
3. הוא .... כל כך מהר -- אחת שתיים והוא כבר ....!
4. כולם היו .... יפה בערב שבת.
5. בשש בבוקר כבר הייתי ....; שתיתי מהר כוס קפה, ויצאתי לעבודה.
6. א: תראי, הכלב הזה ....! ב: מעניין אם הוא .... לבד!
7. אמא: מה, אתם עוד לא ....?! בבקשה .... אחת שתיים! צריך ללכת לבית ספר!
8. א: מה את .... למסיבה מחר?

   ב: אין לי מה ....; אולי אני יכולה .... משהו שלך?

דוגמָנית model

תרגיל 3: השלם בבינוני פועל (לדוגמה, לוֹבֵש) או בבינוני פעול (לדוגמה, לָבוּש).

1. השותפה שלי תמיד .... (ללבוש) את הבגדים שלי.
2. על דלת הבית שלנו .... (לכתוב): "משפחת זהבי".
3. ירושלים היא מקום .... (לחשוב) גם ליהודים, גם לנוצרים, וגם למוסלמים.
4. בבקשה .... (לפתוח) את הספרים. רונית, למה הספר שלך לא .... (לפתוח)?
5. כבר היה מאוחר, והילדים עוד לא .... (ללבוש).
6. כל היום החנויות .... (לפתוח). רק בלילה .... (לסגור) אותן.
7. שלום עליכם היה סופר יהודי .... (לדעת), ש........................... (לכתוב) על חיי היהודים באמריקה.

ל ה י ו ת בעבר ובעתיד (המשך)

Remember that in sentences that express possession the verb להיות agrees with the *grammatical* subject of the sentence, which is typically not the *logical* subject. For example, in the sentence "יש לחיילים חופשה" , the subject is חופשה (and not חיילים). Therefore, in past and future, the verb להיות agrees with חופשה : תהיה לחיילים חופשה ; הייתה לחיילים חופשה .

תרגיל 4: שנה לעבר ולעתיד.

1. יש הרבה אנשים בקונצרט.
2. אין מה לעשות פה.
3. אין לו עבודה.
4. יש לנו כלב קטן.
5. יש לעומר הרבה חברים.
6. לגליה יש מכונית חדשה.
7. אין לכם מים בדירה?
8. אין לנו לאן ללכת.
9. יש לכן דירה גדולה?
10. אין להם מה לאכול.
11. אין לך איפה להיות בערב שבת?
12. אף פעם אין פה שקט.

רוצה / מבקש / מקווה שֶ + זמן עתיד

The expressions רוצה ש... and מבקש ש... (= request) are *always* followed by a clause in future tense. [This is because the content of a request or a wish is always in the future relative to the time when the request/wish is made.]

The expression ...מקווה ש is usually followed by a clause in future tense, but it is sometimes followed by a clause in present or past tense. Examples:

השותף שלי מבקש שתהיו בשקט.	(My roommate requests that you be quiet.)
רציתי שתבואי ב-6. למה באת רק עכשיו?!	(I wanted you to come at 6.)
אנחנו מקווים שהסרט יהיה מעניין.	(We hope that the movie will be interesting.)
אני מקווה שכתבת את מספר הטלפון שלה.	(I hope you wrote down her phone number.)

תרגיל 5: קו א משפטים מהטבלה.

אנחנו כולם אבא ואמא שלי הסטודנטים אני	רוצה מקווה מבקש	שֶ	יהיה שלום בעולם אהיה בבית בסדר פסח השיעור יהיה מעניין תהיי בחזרה בבית בשעה 11:00 עוד יהיו כרטיסים לסרט יהיה פה שקט יהיו לי חיים טובים

שעבר / הבא

Time words, such as שבוע , חודש , שנה (and also: פעם, קיץ), use the definite article ה to indicate the present period of time, שעבר/ה for the past, and הבא/ה for the next period of time. לפני/בעוד are used to refer to further periods of time. Pay attention to the gender of each period of time.

עבר . . . . **הווה** . . . . **עתיד**

לפני שבועיים <	בשבוע שעבר <	השבוע <	בַּשבוע הבא <	בעוד שבועיים
לפני שנתיים <	בשנה שעברה <	השנה <	בַּשנה הבאה <	בעוד שנתיים
	בקיץ שעבר <	הקיץ <	בַּקיץ הבא	
	בפעם שעברה <	הפעם <	בַּפעם הבאה	

שעבר/הבא are *not* used with the word יום (= day) or with words that indicate the time of the day (בוקר, צהריים, ערב, לילה), as there are specific words for "yesterday," and "tomorrow."

לפני שלושה ימים < שִלשום < אתמול < היום < מחר < מָחֳרָתַיִם < בעוד שלושה ימים

אתמול בבוקר < הבוקר < מחר בבוקר

Note that the expressions שעבר and הבא are preceded by a preposition when they are not the subject of the sentence. In the first example below, "previous week" is the subject, and therefore no preposition is needed. In the other examples "previous week" is *not* the subject, and it is preceded by a preposition.

השבוע שעבר היה טוב ופרודוקטיווי.	**The** previous week was good and productive.
בַּקיץ שעבר ביקרנו בישראל.	[**In** the] last summer we visited Israel.
זה המורה שלי **מ**הסמסטר שעבר.	This is my teacher **from** the past semester.
לשנה הבאה בירושלים.	[**To**] next year in Jerusalem! (From the Haggadah)

תרגיל 6: השלם בביטויי זמן.

1. .... טל גרה עם שותפות. היא מקווה לגור איתן גם ...., ואולי גם ....
2. .... אנחנו מתכוננים לצאת לטיול בגליל. גם .... טיילנו שם.
3. .... קמתי מאוחר, כי הייתי עייף, אבל .... אקום מוקדם.
4. רועי הוא כבר ילד גדול: .... הוא יהיה בן 5, ו.. הוא ילד לכיתה א'.
5. היום אני לא יוצא כי יש לי הרבה עבודה. זה לא נורא, כי יצאתי גם .... וגם ....
6. גיא הוא בן 19. הוא התחיל את השירות הצבאי ....,ו .... הוא יסיים אותו.

לְסַיֵּם = לגמור

תרגיל 7: ספר/י על עצמך.

1. בשנה שעברה הייתי ...., והשנה ....
2. השבוע לא .... אני מקווה שבשבוע הבא ....
3. לפני חמש שנים .... אני חושב/ת שגם בעוד חמש שנים ....
4. בעוד שעתיים ...., אבל אחר כך ....
5. שלשום ...., וגם אתמול ....
6. בסמסטר הבא ...., כי בסמסטר הזה ....

שיעור 77

רישום של פרנץ קאפקא

פרק ה: כן, המפקד!

בשער של מחנה שמונים עמד שומר. ארי הראה לו את ה״פַּס״ שלו. השומר שאל מי אני, ואמרתי שאני אורחת של ארי. הלכנו לאוהל של ארי, ובדרך ארי הראה לי את הבסיס: ״אלה הבניינים של המפקדים ... זה חדר האוכל... אלה האוהלים של החיילות ... שם האוהלים של החיילים ... כאן חדרי הלימוד ... פה אנחנו מתאמנים ...״

פתאום שמענו קוֹל מאחור: ״חייל!״

זה היה מפקד גדול ושמן עם שפם גדול.

ארי: כן, המפקד!

מפקד: חייל, איפה הכובע שלך?!

ארי: אֶה ... אני לא יודע, המפקד...

מפקד: אתה לא יודע?! רוץ עד חדר האוכל ובחזרה בשישים שניות! עכשיו!!

ארי המסכן התחיל לרוץ עם כל הדברים שלו, והמפקד עמד והסתכל בשעון. ואז פתאום הוא אמר לי: ״ומי את?!״

איך פחדתי! אמרתי לו: ״שמי סוזי ... אורחת מאמריקה ... מבקרת פה ... המפקד!״

ארי חזר, והמפקד אמר לו: ״יש לך מזל! יש לך אורחת, אז אני נותן לך ללכת. אבל אוי ואבוי אם עוד פעם תהיה בלי כובע! אוי ואבוי!״

מְפַקֵד	commander
כן הַמְפַקֵד!	Yessir!
שַׁעַר	gate
שׁוֹמֵר	guard
לְהַרְאוֹת/הֶרְאָה	showed
לְהִתְאַמֵן/מִתאַמֵן	train
שָׁמֵן-שְׁמֵנָה	fat
שָׂפָם	mustache
כּוֹבַע	hat
בשישים שְׁנִיוֹת	in 60 seconds
ארי הַמִסְכֵּן	poor Ari
איך פָּחַדְתִּי!	Was I scared!
יש לך מַזָל	You are lucky
אוי וַאֲבוֹי!	(a warning expression)

שאלות והשלמות:

1. איפה עמד השומר? ....
2. מה השומר שאל את סוזי? ....
3. מי אמר ״חייל״? ....
4. למה המפקד אמר לארי לרוץ? ....
5. למה סוזי אמרה ״המפקד״? ....
6. ב................ של המחנה היה .... ארי .... את ה״פס״ שלו, וסוזי אמרה לו .... בדרך, ארי .... את הבניינים והאוהלים.
7. המפקד היה ...., והיה לו ....
8. המפקד הֵרִיץ את ארי. זאת אומרת, הוא אמר לארי ...., וארי ....!
9. המפקד הסתכל ב................, לראות אם ....
10. המפקד נתן לארי ללכת, מפני ש................

מִפְּנֵי ש... = כי

מפני ש...

The expression מִפְּנֵי ש... , just like כי , precedes the *reason* clause in reason/result sentences.
For example: אני יכול לישון עד מאוחר, מפני שאני בחופשה!

Though not very common, מפני ש... can occur at the beginning of the sentence.
For example: מפני שחם מאוד בחוץ, אנחנו נשארים בבית.

כי , on the other hand, can *never* start a sentence.

להראות

שם הפועל: לְהַראוֹת **שורש:** ר.א.ה. **בניין:** הפעיל **גזרה:** ל״ה

הווה: מַרְאֶה מַרְאָה מַרְאִים מַרְאוֹת

עבר: הֶרְאֵיתִי הֶרְאֵיתָ הֶרְאֵית הוא הֶרְאָה היא הֶרְאֲתָה
הֶרְאֵינוּ הֶרְאֵיתֶם הֶרְאֵיתֶן הם הֶרְאוּ הן הֶרְאוּ

להראות (= show) takes both a direct object (what you show) and an indirect object (the person you show it to). For example:

חיים מראה **ל**רבקה **את** הדירה החדשה שלו.

להראות belongs to בניין הפעיל, גזרת ל״ה . Note that the first half of each form of the verb is typical of בניין הפעיל (compare it with the verb להרגיש), whereas the second half is typical of גזרת ל״ה (compare it with the verb לראות).
Examples:

לר **אוֹת**	**לְהַר** אוֹת	**לְהַר** גיש	**שם הפועל:**
רו **אֶה**	**מַרְ אֶה**	**מַרְ** גיש	
רו **אָה**	**מַרְ אָה**	**מַרְ** גישה	**הווה:**
רו **אוֹת**	**מַרְ אוֹת**	**מַרְ** גישות	
ר **אִיתִי**	**הֶרְ אֵיתִי**	**הִרְ** גשתי	
ר **אֲתָה**	**הֶרְ אֲתָה**	**הִרְ** גישה	**עבר:**
ר **אוּ**	**הֶרְ אוּ**	**הִרְ** גישו	

Notice that in the past tense, the vowel of the second root letter (in this case, the א) is /e/ in בניין הפעיל vs. /i/ in בניין פעל: הר**אֵ**יתי vs. ר**אִ**יתי .

Also note that in the past tense the verb להראות starts with הֶ /he/, not הִ /hi/ as other הפעיל verbs do.

Like many other הפעיל verbs, the verb להראות has a causal meaning. In a sense, "showing" is making someone see.

Other verbs of בניין הפעיל, גזרת ל״ה include להרשות (= allow) and להרצות (= lecture).

תרגיל 1: השלם בפועל **להראות** בזמן הווה. שנה לזמן עבר.

1. דן .... לנו את הספרים שהוא קנה.
2. אנחנו .... למבקרים את הדרך למוזיאון.
3. אני .... לאורחים שלי מקומות מעניינים בירושלים.
4. ענת .... לנו תמונות מהטיול שלה למִצריים.
5. למה אתה לא .... לי את האתר שלך ברשת?
6. גדי ורפי .... לסבתא שלהם איך לכתוב אי-מייל.
7. תודה שאתם .... לנו את הדרך לספרייה.

״הרֶשֶׁת״ the web

תרגיל 2: השלם בפעלים: **לראות את** **להראות ל...** **להתראות עם** **להיראות**.

1. לא .... ההורים שלי כבר חודש! אני מאוד רוצה ....
2. דן לומד באוניברסיטת בן גוריון. כשביקרנו אצלו, הוא .... דברים מעניינים בקמפוס.
3. לא הִכַּרתי את סבא וסבתא שלי, אבל אני יודע איך הם ...., כי .... תמונות שלהם.
4. עינת, בסוף השבוע נהיה בחיפה. אנחנו מקווים ....
5. עוד לא יצא לי .... הסרט החדש של מאט דיימון.
6. סליחה, אולי אתה יכול .... איפה נמצאת הקפיטריה?
7. .... האחות של רוני? היא .... בדיוק כמו רוני!
8. אף אחד לא .... סיגל איך לעבוד עם המחשב; היא למדה לבד.

תרגיל 3: השלם ב: **את ב... בין במשך ל... מ... עד על עם של** עם או בלי סיומות שם הגוף.

1. הסתובבנו .... האורחים שלנו .... מרכז העיר, והראינו .... המקומות המעניינים.
2. ....סוף השבוע, ההורים .... רונית באו לבקר ....
3. אני לא יכול להיפגש הערב .... החברים שלי. אני צריך לשבת ולהתכונן .... המבחן.
4. .... השבוע הוא עובד הרבה, ואין .... זמן לצאת.
5. היא עובדת כל בוקר .... שמונה .... עשר.
6. הערב ענת לובשת .... השמלה החדשה, מפני שהיא פוגשת .... ההורים של החבר שלה.
7. רונית ראתה .... יואב מסתובב .... הקניון, ואמרה .... ״שלום״.
8. אבא ואמא הלכו .... הצגה. הם צריכים לחזור .... אחת עשרה .... שתים עשרה.
9. ישבנו .... בית הקפה, והסתכלנו .... האנשים, שהלכו .... הרחוב.
10. היינו ....תל אביב רק שעתיים, ולא יצא .... להתראות .... החברים שלנו שם.

תרגיל 4: פעלים חדשים וישנים. השלם בפעלים לפי הפעלים ש**באותיות מודגשות** .

1. המלצרית **הסתובבה** בין השולחנות, וגם הרבה אנשים ....
2. אני **מזמין** סלט ירקות ומרק; מה את רוצה ....?
3. למה אנחנו **יושבים** בחדר? כל כך יפה בחוץ! בואו .... בחוץ.
4. למה הילדים לא **באים** הביתה?! ילדים, ... הביתה אחת שתיים!!
5. קודם .... במושבה הגרמנית. איפה אתם **מבקרים** עכשיו?
6. בשנה הבאה .... בירושלים. אני כבר כל כך רוצה **להיות** שם!
7. אמא .... לי מתנה יפה ליום הולדת, ואני **נתתי** לה נשיקה.
8. היה לנו הרבה זמן **להתכונן** למבחן. .... במשך שבוע.
9. המכונית הייתה צריכה **לעצור**, אבל היא לא ....
10. אורנה, בואי **נצא** קצת. אולי .... לנו לפגוש מישהו.
11. יעל .... למבחן לבד. היא לא רצתה **להתכונן** עם אנשים אחרים.
12. ארי **הראה** לסוזי תמונות מהטיול שלו לגליל, והיא .... לו תמונות מאמריקה.

נְשִׁיקָה	kiss

תרגיל 5: סדר את המשפטים.

1. כי החיילים אפשר עם מתאמנים אי עכשיו לדבר הם
2. פעם מאוחר אם תָּבוֹאִי ואבוי לשיעור עוד אוי
3. על-יד דקות גרה מגיעה שלה רחל בשתי לכיתה הקמפוס והיא מהחדר
4. להישאר עוד פוחד והוא דני לבד הוא קטן בבית ילד
5. הסטודנטים מעט כל לחופשה עוד יוצאים
6. ברחוב היום מסתובבים רבים במשך הזה אנשים

שיעור 78

פרק ו: משהו טוב מהבית

החיילים גרים 10 באוהל. כשהגענו לאוהל של ארי, כבר היו שם כמה חברים שלו: רון, גיל, ועוד כמה.

רון: הי, ארי, הֵבֵאתָ משהו טוב מהבית?

ארי: הבאתי את כל העיתונים, ושני ספרים חדשים, ושתי עוגות של אמא שלי, ופירות ...

גיל: רגע, רגע ... אני רואה שהבאת עוד משהו טוב ... מי זאת?!

סוזי: שמי סוזי.

רון: סוזי?! את אמריקאית?

סוזי: כן, אני משיקאגו.

גיל: שיקאגו במישיגן, נכון?

רון: לא, מישיגן בשיקאגו!

ארי: היא רוצה לראות את הבסיס.

גיל: רוצה לראות את המקלחות שלנו, סוזי? בואי איתי, אני הולך עכשיו להתקלח ...

סוזי: לא תודה, אני מוותרת!

רון: מה את רוצה לראות כאן?

סוזי: הכול: את ...., מה ....
...., וגם איך .... -- הכול הכול!

עוד כמה	a few others
לְהָבִיא/מֵבִיא	bring
רֶגַע	(Just a) moment
לְווַתֵּר/מְווַתֵּר	give up
אני מְווַתֵּר-מְווַתֶּרֶת	I'll pass

שאלות והשלמות:

1. החיילים גרים בדירות נחמדות? ....
2. החיילים גרים לבד? ....
3. מה החיילים מביאים מהבית? ....
4. לכל חייל יש חדר עם מקלחת? ....
5. רון וגיל טובים בגיאוגרפיה של אמריקה? ....
6. גיל שאל את סוזי אם .... וסוזי אמרה לו ש...

תרגיל 1: השלם את הדיאלוגים וקרא עם חבר או חברה.

1

א: ....
....

ב: לא תודה, אני מוותר.

2

א: ....
....

ב: אז בוא איתי.

3

א: אני רואה ש.................................

ב: ....

א: אבל למה ....?!

4

א: רוצה לראות ....?

ב: ....

א: אז מתי?

להביא

שם הפועל: לְהָבִיא **שורש:** ב.ו.א. **בניין:** הפעיל **גזרה:** ע"ו

הווה: מֵבִיא מְבִיאָה מְבִיאִים מְבִיאוֹת

עבר: הֵבֵאתִי הֵבֵאתָ הֵבֵאת הוא הֵבִיא היא הֵבִיאָה

הֵבֵאנוּ הֲבֵאתֶם הֲבֵאתֶן הם הֵבִיאוּ הן הֵבִיאוּ

להביא belongs to בניין הפעיל, גזרת ע"ו . Note the relationship between להביא (= bring) and לבוא (= come): to bring is to make someone or something come.

For example: אני מקווה שאת <u>באה</u> למסיבה שלי. את יכולה גם <u>להביא</u> חבר או חברה.

Verbs of בניין הפעיל, גזרת ע"ו are characterized by an initial /e/ vowel in the present tense and past tense. For example, מֵביא , הֵביא . [Remember that *regular* הפעיל verbs (שלמים) have an initial /a/ vowel in present (for example: מַזמין), and an /i/ vowel in past (for example: הִזמין).]

Note that in the past tense, the second vowel is also /e/ (for example, הבֵאתי). This is caused by the א that follows, and not by the גזרה . Verbs of גזרת ע"ו normally have an /a/ as a second vowel, just like the שלמים. For example: הבַנתי .

The initial vowel of the 2nd-person plural past is /a/ (הֲ), yet the common pronunciation is: הֵבאתם/ן .

תרגיל 2: א: השלם בפועל **להביא** בזמן הווה. ב: שנה לזמן עבר.

1. כשאני בא לבקר, אני .... מתנות לכל הילדים.
2. דן וענת באים למסיבה, ו................................... בקבוק יין.
3. אנחנו יושבים בבית הקפה, והמלצר .... לנו כוס תה.
4. היום אמא .... את עידו לעבודה, מפני שאין לה בייבי סיטר.
5. מה אתם .... ליעל ליום הולדת?
6. אנחנו .... שלום עֲלֵיכֶם.

תרגיל 3: פעלים בבניין הפעיל. סדר את הפעלים לפי הגזרה שלהם.

~~להראות~~, להפסיק, להוציא, ~~להתחיל~~, ~~להכיר~~, להכין, להרצות, ~~להביא~~, להעיר, להוריד, להרשות, ~~להודיע~~ , להגיע, להרגיש, להגיד, להבין

שלמים	ע"ו	ל"ה	פ"נ	פ"י
להתחיל	להביא	להראות	להכיר	להודיע
....	....	....	....	....
....	....	....	....	....

ע״ו או פ״נ

How to tell the difference between ע״ו verbs and פ״נ verbs of בניין הפעיל.

1. Check and see if you know other verbs of the same root. For example, the verb להביא is of the same root as the verb לבוא (ב.ו.א.). You can deduce that it belongs to גזרת ע״ו.
2. When the first root letter of the verb is a ב, כ, פ, it is pronounced /f/, /ch/, /v/ in ע״ו verbs (for example: להכין, מכין, הכין) and /p/, /k/, /b/ in פ״נ verbs (for example: להכּיר, מכּיר, הכּיר).
3. The initial vowel of the present and past conjugations of ע״ו verbs is /e/. For example: מֵבין, הֵבין . On the other hand, פ״נ verbs have the vowel /a/ in present tense and /i/ in past, just like the שלמים. For example, הִגיע, מַגיע .

תרגיל 4: כתוב משפטים עם הפעלים הבאים:

לראות/להראות לצאת/להוציא לרצות/להרצות לבוא/להביא לרדת/להוריד לדעת/להודיע

החיילים יוצאים מהאוהל ומוציאים את הדברים שלהם. עוד מעט יהיה מסדר.

שיעור 79

פרק ז: המסדר

היה נחמד ומצחיק לעמוד ולדבר עם החיילים, אבל לא היה להם זמן. הם היו צריכים להתכונן למסדר.

מה זה מסדר?

כל יום המפקד בא לאוהלים של החיילים כדי לבדוק אם הכול מסודר והכול נקי. במחנה הכול צריך להיות מסודר ונקי; זה מאוד חשוב. לפני המסדר החיילים מנקים את האוהלים שלהם, הם רוחצים את רצפת האוהל, הם מסדרים את המיטות יפה יפה, הם מנקים את הרובים שלהם, והם גם מתרחצים ומתגלחים.

הכול צריך להיות מאה אחוז!

כשהמפקד מגיע, הוא הולך מאוהל לאוהל, ממיטה למיטה, מחייל לחייל, ובודק את הכול. הכול צריך להיות טיפ טופ. אם לא -- יש עוד מסדר.

מִסְדָר	inspection
מְסוּדָר-מְסוּדֶרֶת	orderly
נָקִי-נְקִיָּה	clean
לְנַקּוֹת/מְנַקֶּה	clean
לְסַדֵּר/מְסַדֵּר	put in order
רוֹבֶה-רוֹבִים	rifle
מֵאָה אָחוּז	100%

השלמות:

מה זה ....? המפקד .... אם האוהלים ...., אם המיטות ...., אם הרובים ...., וגם אם החיילים .... ו ....

לפני המסדר, החיילים מנקים את .... ואת .... שלהם, הם רוחצים את ה .... במים, הם מסדרים את ...., והם גם .... ו .... הכול צריך להיות ....!

סדר וניקיון

The verb לסדר is related to סֵדֶר (= order). It means to tidy up, to put things in order, to organize.
The verb (את) לנקות is related to the adjective נָקִי (= clean), and it means to clean.
While לסדר את הבית means to put everything where it belongs, לנקות את הבית means to clean it; that is, sweep and mop the floor, wash the windows, dust the shelves, etc.

השם:	**סֵדֶר**	**נִיקָיוֹן**
שם התואר:	**מְסוּדָּר** מְסוּדֶּרֶת מְסוּדָּרִים מְסוּדָּרוֹת	**נָקִי** נְקִיָּה נְקִיִּים נְקִיּוֹת
שם הפועל:	**לְסַדֵּר** (בניין פיעל)	**לְנַקּוֹת** (בניין פיעל, גזרת ל"ה)
הווה:	**מְסַדֵּר** מְסַדֶּרֶת מְסַדְּרִים מְסַדְּרוֹת	**מְנַקֶּה** מְנַקָּה מְנַקִּים מְנַקּוֹת
עבר:	סידַּרתִי סידַּרתָ סידַּרת הוא **סידֵּר** היא סידְּרָה סידַּרנוּ סידַּרתֶם סידַּרתֶן הם סידְּרוּ הן סידְּרוּ	ניקיתִי ניקיתָ ניקית הוא **ניקָה** היא ניקְתָה ניקינוּ ניקיתֶם ניקיתֶן הם ניקוּ הן ניקוּ
שם הפעולה:	סידּוּר	ניקוּי

עוד מילים מהשורש **ס.ד.ר. :** בסדר גמור, סדר פסח, סידור תפילות, סדר אַלְפָבֵּיתִי, "סידורים", סידרת-טלוויזיה

תרגיל 1: א: מה מסדרים ומה מנקים? ב: כתוב משפטים עם 6 מילים.

החדר, המקלחת, המטבח, התמונות, המיטה, הרובה, המחשב, האוזניים, שולחן הכתיבה, הבגדים, הבית, הטלוויזיה, המכונית, הספרים, הנעליים, הדיסקים, הרצפה

מסדרים את: ....

מנקים את: ....

תרגיל 2: השלם במילים מהשורש ס.ד.ר. ומהשורש נ.ק.ה.

1. ירושלים היא עיר יפה, אבל לא כל כך ....
2. החדר שלי ...., אבל לא ....
3. הילדים בקיבוץ .... את המיטות שלהם בבוקר.
4. המיטות .... והחדר........................... .
5. טל היא ילדה ....: היא שמה כל דבר בַּמקום.
6. החיילים .... את הרובים שלהם לפני המסדר.
7. הייתי היום בעיר, מפני שהיו לי הרבה ....
8. צריך .... את הבית ו........................... אותו, מפני שיש לנו אורחים הערב.

תרגיל 3: פעלים חדשים בבניין פיעל: שלמים, וגזרת ל"ה.

ס. ד. ר.	שם הפועל: מסדר	היא, עבר: סִידרה	שם הפעולה: ....
נ. ק. ה.	שם הפועל:	הם, הווה:	את, עבר: ....
ח. כ. ה.	הוא, הווה:	הוא, עבר:	הם, עבר: ....
ק. ו. ה.	היא, הווה:	היא, עבר:	אתם, עבר: ....
ו. ת. ר.	הם, הווה:	אני, עבר:	שם הפעולה: ....
ת. א. ר.	הן, הווה:	אנחנו, עבר:	שם הפעולה: ....
ח. י. כ.	הם, עבר:	אתה, עבר:	שם הפעולה: ....
ס. י. מ.	שם הפועל:	אתם, הווה:	הם, עבר: ....

שאלות אישיות: ענה על כל שאלה בשני משפטים.

1. האם את/ה בחור/ה מסודר/ת? 2. כל כמה זמן את/ה מנקה ומסדר/ת את החדר שלך? 3. מי מנקה את החדר שלך במעונות: את/ה או השותף/ה שלך? 4. החדר שלכם/ן נקי ומסודר? 5. האם שולחן הכתיבה שלך מסודר?
6. את/ה מסדר/ת את המיטה בבוקר? 7. כשהיית ילד/ה, היית צריך/ה לסדר את החדר שלך?
8. האם את/ה חושב/ת שסדר וניקיון הם דברים חשובים? מדוע?

כל כמה זמן how often

שיעור 80

פרק ח: פגישה עם נעמה

אחרי הצהריים אין לחיילים זמן לנוח. יש אימונים ושיעורים. מאוד קשה בצבא. החיילים כל הזמן מתאמנים, כל הזמן רצים, כל רגע הם צריכים לעשות משהו.

הסתובבתי בבסיס, והגעתי לאוהלים של הבנות. רציתי לדבר עם החיילות. אבל גם הן היו באימונים. באוהל אחד הייתה מישהי. היא ישבה וניקתה את הרובה שלה בשקט. נַעֲמָה.

איך זה ש...	How come...?
תַגידי (לְהַגיד)	Tell me...
איך זה	How is it...?
לַעֲזור/עוזֵר ל...	help
אחת לשנייה	to each other
לְהִתגַעגֵעַ/מִתגַעגֵעַ ל...	miss, long for

סוזי: שלום, אפשר להיכנס?

נעמה: בטח. מי את? איך זה שאת לא לובשת מדים?

סוזי: אני רק אורחת כאן, אני לא חיילת. ולמה את לא באימונים עכשיו?

נעמה: אני קצת חולה. הרופא אמר לי להישאר היום באוהל.

סוזי: תגידי, איך זה להיות בצבא? האימונים קשים?

נעמה: נורא. אבל אנחנו חברות טובות, ואנחנו עוזרות אחת לשנייה.

סוזי: וגם לכן יש אימונים ושיעורים כל היום? כמו לבנים?

נעמה: כן. אבל אחרי ארוחת ערב יש זמן.

סוזי: ואז? מה אתן עושות?

נעמה: אין מה לעשות פה -- זה מחנה צבאי! אני כותבת מכתבים, לפעמים קוראת ספר. זה נחמד לקבל מכתב מהבית או מהחבר שלי. גם הוא חייל בנח"ל, והוא נמצא עכשיו בקיבוץ בנגב.

סוזי: את מִתגַעגַעַת הביתה?

נעמה: נורא. אני מתגעגעת לאוכל של אמא, למיטה שלי, לישון עד מאוחר, לעשות מה שאני רוצה ...

סוזי: מתי את יוצאת לחופשה?

נעמה: רק הבוקר חזרתי. החופשה הבאה רק בעוד שבועיים.

סוזי: את כבר מחכה לחופשה הבאה, נכון?

נעמה: נכון. אני סופרת את הימים ...

השלמות:

1. כשסוזי הייתה בבסיס, ..., וגם החיילות היו באימונים.
2. גם .... וגם .... יש אימונים ושיעורים כל היום.
3. אחרי ארוחת הערב ...., אבל אין מה לעשות במחנה.
   החיילים כותבים ...., או ....
4. נעמה חזרה הבוקר מ..............., והיא כבר סופרת את הימים עד ....

291 יחידה 7

שאלות:

1. מדוע סוזי לא לובשת מדים? ....
2. איך זה שנעמה לא באימונים עכשיו? ....
3. מי עוזר לבנות באימונים הקשים? ....
4. מתי יש לבנות שיעורים ואימונים, ומתי אין להן? ....
5. מתי נעמה כותבת מכתבים או קוראת ספר? ....
6. לָמה נעמה מתגעגעת? ....
7. גם החבר של נעמה במחנה 80? ....
8. כל כמה זמן נעמה יוצאת לחופשה? ....
9. למה נעמה "סופרת את הימים"? ....

להתגעגע ל...

דוגמאות: נעמה מתגעגעת **ל**חבר שלה; היא מתגעגעת **ל**אוכל של אמא שלה; היא מתגעגעת הבית**ה** .

שם הפועל: לְהִתגַעגֵעַ **שורש:** ג.ע.ג.ע. **בניין:** התפעל **גזרה:** מרובעים

הווה:	מִתגַעגֵעַ מִתגַעגַעַת מִתגַעגְעִים מִתגַעגְעוֹת
עבר:	הִתגַעגַעתִי הִתגַעגַעתָ הִתגַעגַעת הוא הִתגַעגֵעַ היא הִתגַעגְעָה
	הִתגַעגַענוּ הִתגַעגַעתֶם הִתגַעגַעתֶן הם הִתגַעגְעוּ הן הִתגַעגְעוּ

תרגיל 1: השלם את הסיפור בפועל **להתגעגע** . קרא אותו בקול רם.

בקייטנה

בקיץ רועי וסיגל היו בקייטנה. זה היה כיף. במשך היום הם שיחקו והיו עם חברים, אבל בלילה הם .... הביתה! רועי .... לחדר שלו, ולדוּבּי שלו, וסיגל .... לחברות שלה בבית. שניהם .... לאבא ולאמא, והם דיברו איתם בטלפון כל ערב.

עכשיו הקיץ כבר עבר. רועי וסיגל בבית, והם .... לקייטנה!

קַיְיטָנָה summer camp

שאלות: ענה בכמה משפטים.

1. למי ולְמה את/ה מתגעגע/ת כשאת/ה נמצא/ת באוניברסיטה?
2. האם את/ה מתגעגע/ת לימי הילדות שלך? לָמה בדיוק?

יְמֵי הַיַלדוּת = הימים שהיית ילד/ה

לעזור ל...

תרגיל 2: השלם בפועל **לַעֲזוֹר**, ובמילת היחס **ל**...

1. הילדים .... אמא להכין את ארוחת הערב.
2. דן אוהב את האח הקטן שלו עומר. הוא .... בשיעורי הבית.
3. בוקר טוב, גְבִרתִי. איך אני יכול .... ?
4. אף אחד לא .... ?! עשית את הכול לבד?!
5. עינת ניקתה את החדר לבד. השותפות שלה לא ....
6. ראינו תוכנית טלוויזיה על אנשים זקנים. התוכנית .... להבין את הבעיות שלהם.
7. אני אוהב לשמוע מוסיקה כשאני לומד. מוסיקה .... להתרכז.
8. המוכרת: אפשר .... ? הילה ורמה: לא, תודה. אנחנו רק מסתכלות.

להִתרַכֵּז concentrate

תרגיל 3: הפכים **דוגמה:** אנחנו רוצים לעזור לכם >> אתם רוצים לעזור לנו.

1. עזרתי לאבא בעבודה שלו.
2. הוא עזר להם בשיעורי הבית.
3. אני מאוד רוצה לעזור לכם.
4. יעקב עוזר לחברים שלו.
5. עזרנו לה להכין ארוחת ערב.
6. אף אחד לא עזר לנו.
7. מי עזר לך?

הדדיות

Mutuality is expressed with the structure זה ... זה or אחד ... השני. The preposition goes *in between* the זה ... זה or the אחד ... השני . For example, זה **עם** זה (= **with** one another), אחד **לַ**שני (= **to** one another), etc. When *both* parties are feminine the structures זו ... זו or אחת ... השנייה are used.

The structure זה ... זה is more formal. אחד ... השני is not considered standard, yet it is widely used in spoken Hebrew.

Examples:

גד לא אוהב **את** עדי, ועדי לא אוהבת **את** גד. >> גד ועדי לא אוהבים אחד **את** השני /הם לא אוהבים זה **את** זה.

טלי מדברת **על** רחל, ורחל מדברת **על** טלי. >> טלי ורחל מדברות אחת **על** השנייה / הן מדברות זו **על** זו.

עזרתי **לדן**, ודן עזר **לי**. >> דן ואני עזרנו אחד **לשני** / דן ואני עזרנו זה **לזה**.

תרגיל 4: כתוב במשפט אחד עם: **זה ... זה** / **אחד ... השני**

1. אנחנו אוהבים לעבוד אחד עם השני!
(אני אוהב לעבוד איתו, והוא אוהב לעבוד איתי.)
2. אורי ודניאלה .... מתנות ....
(אורי נותן מתנות לדניאלה, ודניאלה נותנת מתנות לאורי.)
3. אנחנו לא חברים, אבל אנחנו .... "שלום" ....
(אני אומר לו "שלום", והוא אומר לי "שלום".)

4. נועה לא גרה עם אמא שלה; הן מאוד ....
(נועה מתגעגעת לאמא, ואמא מתגעגעת לנועה.)

5. סיגָל ומֵירַב הן חברות טובות. הן תמיד .... בכיתה.
(סיגל יושבת על יד מירב, ומירב יושבת על יד סיגל.)

6. גם דוד וגם יעקב היו במסעדה ב-8:00, אבל הם לא ....
(דוד לא ראה את יעקב, ויעקב לא ראה את דוד.)

7. אתם שותפים טובים? אתם ....?
(אתה מֵבין אותו, והוא מֵבין אותך.)

8. הן אוהבות לדבר, והן .... הרבה ....
(א' מדברת הרבה עם ב', ו-ב' מדברת הרבה עם א'.)

9. כל קיץ אנחנו ....
(אני מבקר אצלה, והיא מבקרת אצלי.)

10. חברים טובים ....
(חבר א' עושה דברים בשביל חבר ב', וחבר ב' עושה דברים בשביל חבר א'.)

אֵיךְ זֶה שֶׁכּוֹכָב

נתן זך:

אֵיךְ זֶה שֶׁכּוֹכָב אֶחָד
לְבַד מֵעֵז. אֵיךְ הוּא מֵעֵז, לְמַעַן הַשֵּׁם.
כּוֹכָב אֶחָד לְבַד.
אֲנִי לֹא הָיִיתִי
מֵעֵז. וַאֲנִי, בְּעֶצֶם,
לֹא לְבַד.

כוכב	star
מעז	dare
למען השם	for God's sake
לא הייתי מעז	I wouldn't dare
בעצם	in fact

שאלות:

1. מה הכוכב מעז? למה זה דבר חשוב?
2. השלם: איך זה שהשמיים ....
איך זה שילדים קטנים תמיד ....
איך זה שאף אחד לא ....
איך זה שכל רגע ....

שיעור 18

פרק ט: בחזרה לתל אביב

קְבוּצָה	group
לִצְעוֹק/צוֹעֵק	shout
לִצְווֹחַ/צוֹוֵחַ	yell

כשהלכתי בחזרה לשער של המחנה, ראיתי קבוצה של חיילים רצים. המפקד רץ בראש, כשהוא צועק וצווח, וכל החיילים רצו מאחוריו. הם רצו ושרו בקולי קולות את השיר: "וכשיבוא, יבוא שלום ..."

פתאום ראיתי שגם ארי בקבוצה הזאת, אז צעקתי: "להתראות, ארי!" הוא ראה אותי וצעק בחזרה: "להתראות, סוזי!" ואז חזרתי לתל אביב.

כשיבוא שלום

(לפי מנגינת השיר: "When the Saints Go Marching In")

חיים חפר

וכשֶׁיָבוא, יבוא שלום
וכשיבוא, יבוא שלום
אז בְּרכבת ניסַע לדַמֶשֶׂק
כשיבוא, יבוא שלום

וכשיבוא, יבוא שלום
ניסע לסְקִי בלְבָנון
נִשְׁתֶּה לחיים כוס עָרָק זַחְלָווי
כשיבוא, יבוא שלום

ערק (זחלווי) = משקה חריף פופולרי במזרח התיכון, דומה לוודקה

וכשיבוא שלום על הארץ
ניסע אנחנו לקָהיר
וכשיבוא שלום על הארץ
פַּאריד אֶל אַטרַש אז יָשיר:

פַּאריד אֶל אַטרַש = זמר מִצרי ידוּע

אִיזָה בֶּסִיר, בֶּסִיר סַלָאם
אִיזָה בֶּסִיר, בֶּסִיר סַלָאם
אז כולנו נשיר כאן ביחד
שֶׁרַק יבוא יבוא שלום!

אִיזָה בֶּסִיר, בֶּסִיר סַלָאם = בערבית: כשיבוא, יבוא שלום

השלמות ושאלות:

1. ירושלים היא עיר הבירה של ישראל; דמשק היא עיר הבירה של ....; .... היא עיר הבירה של לבנון; וקהיר ....
2. מה אפשר לעשות בלבנון? למה? ....
3. את מי אפשר לשמוע במצרים? ....

4. איך אפשר יהיה לנסוע לסוריה? ....

5. מה עוד נַעֲשֶׂה כשיבוא שלום? ....

....

זמן עתיד בניין פעל, גזרת ע״ו-ע״י

הפעלים: לבוא, לגור, לדוג, לזוז, לטוס, ללון, לנוח, לצום, לקום, לשים, לשיר

Every future tense conjugation consists of a stem and a pronoun prefix.

The stem of בניין פעל, גזרת ע״ו verbs is identical to the infinitive form without the initial ל , which is replaced by a pronoun prefix. For example, the stem of the verb לָרוּץ is אָרוּץ .

In this group of verbs, the stress always falls on the second syllable (namely, on the stem itself). For example, **יָרוּץ**, **תָרוּצִי**, **יָרוּצוּ** .

The set of pronoun prefixes (and suffixes) in the table below applies to all Hebrew verbs.

א..........		נ..........	
ת..........	ת..........י	ת..........ו	ת..........ו
י..........	ת..........	י..........ו	י..........ו

Note that the prefix of all 2nd-person forms is ת . Further differentiation is made by the suffixes: י for feminine (את) and ו for plural (אתם/ן). Similarly, the 3rd-person plural forms (הם/ן) take the suffix ו . On the other hand, the 3rd-person singular feminine form (היא) does *not* take a suffix; it is identical to the 2nd-person singular masculine (אתה).

תרגיל 1: קרא את ההטיה של **לבוא**, וכתוב את ההטיות של **לגור ולשיר** לפי הדוגמה.

לָבוא << אָבוא

אָבוא **נָ**בוא

תָבוא **תָ**בוא**י** **תָ**בוא**ו** **תָ**בוא**ו**

הוא **יָ**בוא היא **תָ**בוא הם **יָ**בוא**ו** הן **יָ**בוא**ו**

לָגוּר << אָגוּר

אָגוּר ....

....

....

לָשִׁיר << ....

אָשִׁיר ....

....

....

תרגיל 2: שנה לעתיד.

1. מתי אתם באים לבקר?   2. היא שרה שירים ישראליים.   3. אתה טס ללאס וגאס?

4. אנחנו שמים כל דבר במקום.   5. כולם צמים ביום כיפור.   6. איפה את לנה?

תרגיל 3: שנה לעבר ולעתיד, גם את הפעלים וגם את ביטויי הזמן.

1. השנה אני גר במעונות הסטודנטים.   ....

2. הבוקר אתם באים לשיעור מאוחר.   ....

3. הפעם אנחנו לנים אצל הקרובים שלנו.   ....

4. מי רץ הערב בפארק?   ....

5. מתי את טסה ללונדון? השבוע?   ....

6. סבא וסבתא נחים עכשיו.   ....

תרגיל 4: השלם בפעלי ע"ו בזמן עתיד: **לשים   לבוא   לטוס   לגור   לקום**

1. בסוף הסמסטר רותי נוסעת הביתה. היא רוצה לנסוע במכונית, אבל אמא שלה רוצה ש ....

2. כולם באים למסיבה שלנו. אנחנו מקווים שגם אתה ....

3. תמיד אנחנו קמים בזמן. אני מקווה שגם מחר .... בזמן.

4. ילדים, אני מבקשת ש .... את הבגדים שלכם על הכיסא; לא על הרצפה!

5. עינת, דיברתי עם סיגל, ואנחנו רוצות שבשנה הבאה .... ביחד איתנו בדירה.

תרגיל 5: מי אמר למי, ומתי? (מתוך הסיפור "ביקור במחנה צבאי")

1. אז את בת דודה של יעל, אה?

2. אני רואה שהבאת עוד משהו טוב...

3. אני מקווה מאוד.

4. רוץ עד חדר האוכל ובחזרה בשישים שניות!

5. אני סופרת את הימים.

6. אולי עוד יצא לנו להתראות.

7. מה אתם רוצים להזמין, בבקשה?

8. אני כבר ילדה גדולה.

9. לא תודה, אני מוותרת.

10. אוי ואבוי אם עוד פעם תהיה בלי כובע!

11. איך זה שאת לא לובשת מדים?

12. המפקד!

חיבור: ארי כותב מכתב לעומר ומספר לו על הפגישה שלו עם סוזי והביקור שלה במחנה.

או: סוזי כותבת מכתב ליעל ומספרת לה על הפגישה עם ארי והביקור שלה במחנה.

ת ו ס פ ו ת

מן העיתון:

לראשונה: קצינה מפקדת בסיס טירונים בצה"ל

לראשונה בתולדות צה"ל, אישה תהיה מפקדת בסיס הטירונים הראשי של צה"ל בזיקים. המפקדת החדשה היא סגן-אלוף **איילת הראל**, נשואה ואם לשניים. היא מחליפה את המפקד היוצא של הבסיס, סגן-אלוף **אייל תם**.

לסגן-אלוף **איילת הראל** יש תואר ראשון בפסיכולוגיה, סוציולוגיה, וקרימינולוגיה מאוניברסיטת בר-אילן, ובימים אלה היא מסיימת את התואר השני באוניברסיטת בן-גוריון.

ועוד חדשות על הטירונות: מעכשיו, הטירוניות והטירונים יעשו את קורס הטירונות ביחד. עד כה קורס הטירונות של החיילים והחיילות היה שונה, והם לא התאמנו ולמדו ביחד, גם כאשר נמצאו באותו הבסיס.

[לפי כתבה בעיתון "שער למתחיל"]

לָראשונה	בפעם הראשונה
קָצין-קְצינָה	officer
טירון-טירונית	חייל/ת חדש/ה
תולְדות צה"ל	ההיסטוריה של צה"ל
סְגַן אַלוּף	lieutenant colonel
נָשׂוּי-נְשׂוּאָה	יש לו אישה/יש לה בעל
טירונות	basic training

מילים ליחידה 7

שמות עצם	NOUNS
אוֹהֶל (ז) אוֹהָלים	tent
אוֹר (ז) אוֹרוֹת	light
אימוּן (ז) אימוּנים	training
אַף אֶחָד (לא)	no one
בָּסיס (ז) בְּסיסים	base
בַּקבּוּק (ז) בַּקבּוּקים	bottle
בְּרוֹקוֹלי (ז)	broccoli
גְבִרתי (נ)	ma'am
גֵיאוֹגרַפיָה (נ)	geography
גְריל (ז)	grill
דוּבּי (ז)	teddy bear
דוּגמָן, דוּגמָנית	fashion model
דיווּחַ (ז) דיווּחים	report
דַמֶשֶׂק (נ)	Damascus
הֲדָדִיוּת (נ)	mutuality
הַקדָמָה (נ) הַקדָמוֹת	introduction
חוּץ־לָאָרֶץ (ז) [חוּ"ל]	overseas, abroad
חֲזיר, חֲזירָה	pig
טירוֹן, טירוֹנית	recruit, novice
טירוֹנוּת (נ)	basic training
יַלדוּת (נ)	childhood
יְרוּשַׁלמי, יְרוּשַׁלמית	Jerusalemite
כּוֹבַע (ז) כּוֹבָעים	hat
כּוֹכָב (ז) כּוֹכָבים	star
כְּרוּבית (נ) כְּרוּביוֹת	cauliflower
לְבָנוֹן (נ)	Lebanon
מְבוּגָר, מְבוּגֶרֶת	adult
מְבַקֵר, מְבַקֶרֶת	visitor
מַדים (ז"ר)	uniform
מוֹשָׁבָה (נ) מוֹשָׁבוֹת	colony
מַחֲנֶה (ז) מַחֲנוֹת	camp
מִסדָר (ז) מִסדָרים	inspection, order
מִפגָשׁ (ז) מִפגָשׁים	meeting
מְפַקֵד, מְפַקֶדֶת	commander
מָשיחַ (ז) מְשיחים	Messiah
נוֹצרי נוֹצרִיָיה	Christian
נַחַ"ל (ז)	Nahal (army unit)
ניקָיוֹן (ז)	cleanliness
נְשיקָה (נ) נְשיקוֹת	kiss
סְביבוֹן (ז) סְביבוֹנים	spinning top
סֵדֶר (ז) סְדָרים	order, Seder
סידוּר (ז) סידוּרים	arrangement, siddur
סידוּרים (ז"ר)	errands
סידרָה (נ) סְדָרוֹת	series
עָרַק (ז)	arrack (liquor)
פָּס (ז) פַּסים	pass (slang)
צָבָא (ז) צְבָאוֹת	army
צַהַ"ל (ז) [צְבָא הֲגַנָה לְיִשׂרָאֵל]	IDF
קְבוּצָה (נ) קבוּצוֹת	group
קָהיר (נ)	Cairo
קַייטָנָה (נ) קַייטָנוֹת	summer camp
קָצין, קְצינָה	officer
קֶשֶׁר (ז) קְשָׁרים	connection, relationship
רֶגַע (ז) רְגָעים	moment
רוֹבֶה (ז) רוֹבים	gun
רישוּם (ז) רישוּמים	sketch, drawing
רֶשֶׁת (נ) רְשָׁתוֹת	net
- "הָרֶשֶׁת" (נ)	the web
שׁוֹמֵר, שׁוֹמֶרֶת	guard
שְׁנִיָיה, שְׁניוֹת (נ)	second
שַׁעַר (ז) שְׁעָרים	gate
שָׂפָם (ז) שְׂפָמים	mustache
תוֹלְדוֹת־ (נ"ר)	the history of...
תַרנְגוֹלֶת (נ) תַרנְגוֹלוֹת	chicken

שמות תואר	ADJECTIVES
אוֹתוֹ הַ..., אוֹתָהּ הַ...	the same
אֲחָדים, אֲחָדוֹת	several
אַלְפְבֵּיתי, אַלְפְבֵּיתית	alphabetical
דָתי, דָתית	religious
יוֹתֵר	more
לָבוּשׁ, לְבוּשָׁה	dressed
מְבוּגָר, מְבוּגֶרֶת	older, mature
מְסוּדָר, מְסוּדֶרֶת	in order, orderly
מִסכֵּן, מִסכֵּנָה	poor, miserable
מְעַטים, מְעַטוֹת	few
מַצחיק, מַצחיקָה	tunny
נָקי, נְקִיָיה	clean
נָשׂוּי, נְשׂוּאָה	married
עָסוּק, עֲסוּקָה	busy (person)
פָּנוּי, פְּנוּיָה	available
פְּרוֹדוּקטיבי, ~טיבית	productive
צְבָאי, צְבָאית	military
רַב, רַבָּה	many, much
שָׁמֵן, שְׁמֵנָה	fat
תָפוּס, תְפוּסָה	taken, occupied

פעלים	VERBS
פָּעַל	
דָג, לָדוּג	fish
זָז, לָזוּז	move
מוֹצֵא, לִמצוֹא	find
עוֹזֵר לְ..., לַעֲזוֹר	help
עוֹצֵר, לַעֲצוֹר	stop (by)
פּוֹחֵד, לִפחוֹד	be afraid
צוֹוֵחַ, לִצווֹחַ	yell
צוֹעֵק, לִצעוֹק	shout
צָם, לָצוּם	fast
שָׂמֵחַ, לִשׂמוֹחַ	be happy
פִּיעֵל	
מְווַתֵר, לְווַתֵר	give up, concede
מְנַקֶה, לְנַקוֹת	clean
מְסַדֵר, לְסַדֵר	put in order
מְסַיֵים, לְסַיֵים	finish
מְתָאֵר, לְתָאֵר	describe
הִתפַּעֵל	
מִסתוֹבֵב, לְהִסתוֹבֵב	turn, walk around
מִתאַמֵן, לְהִתאַמֵן	train, practice
מִתגַיֵיס, לְהִתגַיֵיס	join (the army)
מִתגַעגֵעַ, לְהִתגַעגֵעַ	long for, miss
מִתכּוֹנֵן, לְהִתכּוֹנֵן	prepare, plan
מִתרוֹצֵץ, לְהִתרוֹצֵץ	run around
מִתרַכֵּז, לְהִתרַכֵּז	concentrate

הפעיל

bring	מֵביא, לְהָביא
take down	מוריד, לְהוריד
dare	מֵעֵז, לְהָעֵז
wake up	מֵעיר, לְהָעיר
show	מַראֶה, לְהַראות
make someone run	מֵריץ, לְהָריץ
lecture	מַרצֶה, לְהַרצות
allow	מַרשֶה, לְהַרשות

ADVERBS	תארי פועל
lickety split	אַחַת שְתַיִים
back	בַּחֲזָרָה
quickly	בִּמהֵרָה
actually	בְּעֶצֶם
aloud	בְּקולֵי־קולות
this time	הַפַּעַם
more	יותֵר
obviously	כַּמוּבָן
for the first time	לָראשונָה
tomorrow	מָחָר
the day after tomorrow	מָחֳרָתַיִים
suddenly	פִּתְאום
the day before yesterday	שִלשום

PREPOSITIONS	מילות יחס
among, between	בֵּין

MISC.	שונות
each other	אֶחָד ... הַשֵני
each other	זֶה ... זֶה
because	מִפְּנֵי שֶ...
the two of them	שְנֵיהֶם

EXPRESSIONS	ביטויים
(warning expression)	אוי וַאֲבוי
how is it	אֵיך זֶה
how come	אֵיך זֶה שֶ...
I'll pass	אֲני מְוַותֵר
Absolutely!	בְּסֵדֶר גָמור
it means, namely	זֹאת אומֶרֶת
well, bye (slang)	יַאללָה בַּיי
I have an opportunity	יוצֵא לי
You are lucky!	יֵש לְךָ מַזָל
how often...?	כָּל כַּמָה זְמַן
Yessir!	כֵּן הַמְפַקֵד!
Cheers! (to life)	לְחַיִים
For God's sake!	לְמַעַן הַשֵם
100%	מֵאָה אָחוּז
packed	מָלֵא מִפֶּה לְפֶה
really something	מַשֶהוּ!

יחידה 8

טוסקניני והוברמן בקונצרט הראשון של הפילהרמונית (1936)

שיעור 28

זה יותר מדי מודרני בשבילי

יותר מַדַי מודרני	too modern
אוּמָנוּת	art
תַּעֲרוּכָה	exhibition
צִיּוּר	painting, drawing
צַיָּר-צַיֶּרֶת	painter
לְצַיֵּר/מְצַיֵּר	paint/draw
אני בָּטוּחַ ש...	I'm certain that...
לְהָבִין/מֵבִין	understand
אוּמָן-אוּמָנִית	artist
בְּעֵינַיי	in my view

עומר: אתה אוהב אומנות?

גיל: בטח. מי לא אוהב אומנות?!

עומר: אני הולך היום עם חגית ויעל לתערוכה חדשה במוזיאון תל אביב. יש לך חשק לבוא איתנו?

גיל: איזו תערוכה?

עומר: תערוכת ציורים של הצייר משה קוּפֶּפֶרְמָן.

גיל: משה קופפרמן ... רגע, אני חושב ששמעתי את השם. מה הוא מצייר?

עומר: אני בטוח שראית עבודות שלו ... אלה תמונות גדולות מאוד ... אבסטרקטיות ... כמעט בלי צבעים ...

גיל: תמונות אבסטרקטיות ... בלי צבעים ... זה יותר מדי מודרני בשבילי.

עומר: חשבתי שאתה אוהב אומנות!

גיל: כן, אבל לא אומנות מודרנית. האמת היא, שאני לא מבין אומנות מודרנית. אני אוהב אומנים קלאסיים, כמו מוֹנֶה וסֶזאן.

עומר: אבל גם מונה וסזאן היו פעם אומנים "מודרניים". בפריז לא אהבו את העבודות שלהם. והנה, היום הם קלאסיים. ככה זה בעולם האומנות. האומן המודרני של היום יהיה "קלאסי" בעוד 50 שנה.

גיל: גם קופפרמן?

עומר: בעיניי הוא קלאסי כבר עכשיו.

גיל: כבר עכשיו?! אז בוא נלך מהר לתערוכה ...

השלמות:

1. עומר הולך עם חגית ויעל ל............................. והוא שואל את גיל אם ....
2. הציורים של קופפרמן הם ...., ..., ו..
3. עומר בטוח ש..., כי הוא צייר ידוע.
4. גיל אוהב ...., אבל הוא לא אוהב ....
5. גיל לא אוהב ...., מפני שהוא לא ....
6. בעבר, מונה וסזאן ...., והיום ....
7. עומר חושב שהציירים של היום ....
8. מצא/י מידע על משה קופפרמן (Kupferman). מה את/ה יודע/ת עליו? האם את/ה אוהב/ת את התמונות שלו?

ציור

The verb לְצַיֵּר means to draw or paint. It belongs to בניין פיעל. Its שם הפעולה, צִיּוּר, means both the act of drawing or painting as well as the product: a drawing or a painting.

The structure of the noun צַיָּר-צַיֶּרֶת (= painter) is typical of occupations. Other examples of this structure include נַגָּן-נַגֶּנֶת (= instrumentalist), כַּנָּר-כַּנָּרִית (= violinist), נֶהָג-נַהֶגֶת (= driver), חַזָּן-חַזָּנִית (= cantor), סַפָּר-סַפָּרִית (= barber, hairdresser), כַּתָּב-כַּתֶּבֶת (= correspondent), and more.

תרגיל 1: השלם במילים מהשורש צ. י. ר.

1. ואן גוך ורמברנדט היו .... הולנדיים.
2. ה............................ קלוד מוֹנֶה .... תמונות של שושַנֵי-מים.
3. ה............................ ג׳ורג׳יה אוקיף חייתה ועבדה בסנטה פֶה. היא .... פרחים וגם נופים.
4. רונן הוא ״ה............................ של הכיתה״. הוא .... קריקטורות נחמדות של החברים שלו ושל המורים.
5. במוזיאון לאומנות של סנט לואיס יש .... רבים של ה............................ האקספרסיוניסטי בֶּקמָן.
6. בבית הספר הילדים לומדים קריאה, כתיבה, חשבון, וגם .... הם אוהבים ...., והם .... את העולם שלהם. אפשר ללמוד הרבה על הילד מה............................ שלו.

תרגיל 2: השלם את המשפטים. בכל משפט יש: **בעינַי- האמת היא ש... לא מבין בטוח ש... ככה זה**

1. איפה אגור בעתיד? האמת היא ש..
2. אני לא מבין/ה..., אבל ....
3. כולם אומרים ש..., אבל בעינַיי ....
4. אני בטוח/ה ש..., כי הם תמיד ....
5. אמרתי לה שאני צריך/ה להישאר בבית וללמוד, אבל האמת היא ש..
6. ההורים שלי לא יכולים להבין איך ....
7. .... ככה זה במעונות הסטודנטים.
8. אני משוגע/ת על ...., אבל בעינֵי החברים שלי ....
9. .... ככה זה כשבאים למקום חדש.
10. כל מי ששמע את..; לכן אני בטוח/ה ש..

יותר מדי

The expression יותר מִדַּי (literally, "more than enough") can mean "too much/many" or "too..." depending on its position in the sentence.

Preceding a noun, יותר מדי means: "too much/many."

יש יותר מדי תלמידים בכיתה. (There are too many students in the class.)

הוא לא יכול לישון, כי הוא שתה יותר מדי קפה. (He cannot sleep because he drank too much coffee.)

Preceding an adjective or an adverb, it means: "too..."

זה יותר מדי מודרני בשבילי. (This is too modern for me.)

המסיבה התחילה יותר מדי מאוחר. (The party started too late.)

Following a verb, יותר מדי functions as an adverb, meaning "too much."

הוא עובד יותר מדי, ואין לו זמן לַילדים. (He works too much and has no time for his children.)

תרגיל 3: השלם את המשפטים. בכל משפט צריך להיות **יותר מדי**

1. ...., ועכשיו כואבת לי הבטן.
2. החדר של מרדכי יותר מדי ...., ולכן אף אחד לא ....
3. ...., כי זה לוקח יותר מדי זמן.
4. נגמר לנו כל הכסף, כי ....
5. ...., ולכן הוא לא מרגיש טוב.
6. האוכל היה יותר מדי ...., אז אחרי הארוחה ....
7. משה, אתה .... יותר מדי; לא כדאי ....
8. המכנסיים האלה יותר מדי ....! אי אפשר ....!
9. בפארק היו יותר מדי ...., ולכן ....
10. בערב שבת ...., ואחר כך היא ישנה כל סוף השבוע!

שיעור 83

ישראל של מארק שאגאל

את הציורים של הצייר היהודי הידוע מארק שאגאל (שחי בשנים 1887 - 1985) אוהבים בכל העולם. בתמונות שלו יש אווירה מיסטית-נאיווית. המוטיבים המרכזיים בעבודות של שאגאל הם סיפורי התנ״ך והחיים בעיירה היהודית במזרח אירופה. עולמו של שאגאל הוא עולם הפנטסיה והחלום.

לכבוד יום הולדתו, מציגים במוזיאון ישראל תערוכה של עבודוֹתָיו. התערוכה מציגה יותר מ-80 ציורים של האומן, ומספרת על הקשר שלו עם ישראל.

שאגאל ביקר בישראל פעמים רבות, אבל אין במוזיאונים בארץ הרבה עבודות שלו. עבודותיו החשובות בישראל הן חלונות בית הכנסת בבית החולים ״הדסה״, והשטיחים הגדולים שעשה לבניין הכנסת בירושלים.

התערוכה תהיה במוזיאון ישראל עד סוף השנה.

[לפי כתבה מן העיתון, 2007]

לִחיות/חַי	live
אֲווירָה	atmosphere
עֲיָירָה	עיר קטנה
העיירה היהודית	שְׁטֶעטְל
לִכְבוד	בשביל
לְהַציג/מַציג	show, present
קֶשֶׁר	connection, relationship

שאלות:

1. האם שאגאל היה צייר ישראלי? ....
2. באיזו שנה שאגאל נולד, ובאיזו שנה הוא מת? ....
3. מי אוהב את התמונות של שאגאל? ....
4. איפה ולמה יש תערוכה של שאגאל? ....
5. איפה אפשר לראות את סיפורי התנ״ך ואת החיים בעיירה היהודית? ....
6. מה הקשר של מארק שאגאל לישראל? ....
7. איפה יש בישראל עבודות חשובות של מרק שאגאל? האם אלה תמונות?
....
8. מה כתוב בטקסט בִּמְקום: תמונות = ... / .... יום ההולדת שלו = ...
צַייר = ... העבודות שלו = ...
9. מצא/י עוד מידע על שאגאל באנציקלופדיה או ברשת. איפה הוא נולד ואיפה הוא מת? איפה יש עבודות חשובות שלו?
10. מה את/ה יודע/ת על החלונות בבית הכנסת של בית החולים הדסה? מה את/ה יודע/ת על השטיחים בכנסת?

סיומת השייכות בשמות עצם: יחיד ורבים

Possession suffixes can be affixed to any noun in Hebrew as an alternative to של . For example, the meaning of "אחותי" is the same as "האחות שלי" (= my sister). The suffix is attached to the נִסמך (the first noun in a סמיכות) form of the noun. For example, the נסמך form of בַּיִת is בֵּית- ; the suffixes are attached to the form "בֵּית-" : בֵּיתִי , בֵּיתוֹ , בֵּיתכם , etc.

Nouns with possession suffixes are considered definite, and they *never* take the definite article ה . Consequently, when they are combined with an adjective, only the adjective, not the noun, takes a ה . For example, אחי **ה**קטן. In addition, nouns with possession suffixes are preceded by an את when they function as the direct object of a sentence. For example, תן לי **את** יָדְךָ (= give me your hand).

There are two sets of possession suffixes: one is applied to singular nouns (for example, בית), and the other to plural nouns (for example, בתים).
The singular possession suffixes are:

אֵנוּ		אִי	
אְכֶן	אְכֶם	אֵךְ	אְךָ
אָן	אָם	אָהּ	אוֹ

With the exception of the first-person plural (אנחנו), the accent in these words falls on the last syllable of the word (that is, on the suffix itself).

The shift of the accent to the last syllable causes some changes in pronunciation. For example, when a suffix is added to the word שֵׁם , the ש loses its vowel x (you may say that without the stress, the ש is not strong enough to carry a vowel); thus שֵׁמִי --> שְׁמִי. In the second person masculine and plural forms, the loss of the vowel results in two shvas (x) in a row, which is phonetically impossible in Hebrew. To correct this, the ש takes a vowel (x). Thus the phonetic change has two stages as follows: שֵׁמְכֶם --> שְׁמְכֶם --> שִׁמְכֶם .

The plural set is characterized by an additional י in all forms, and an extra ה in the third-person plural forms. Note that in the plural set, the first-person singular suffix is pronounced /ai/, unlike the /i/ in the singular set. For example, שִׁירִי (= my song) vs. שִׁירַי (= my songs).

Nouns with the masculine plural suffix (for example: חברים, or in סמיכות: חברֵי-) already include a י in their stem. Do not add another י to their suffix! The forms are: חברָיו (= his friends) חבריכֶם (= your friends), etc.

The first-person singular suffix of plural nouns is spelled with one י in some texts and two in others. For example, בְּנוֹתַיי or בְּנוֹתַי .

אֵינוּ		אַי(י)	
אֵיכֶן	אֵיכֶם	אַיִךְ	אֶיךָ
אֵיהֶן	אֵיהֶם	אֶיהָ	אָיו

In plural nouns with possession suffixes, the accent falls on the last syllable in the following forms: אני, הוא, אתם/ן, הם/ן . In the other forms (את/ה, היא, אנחנו) it falls on the second-to-last syllable.

The following are examples of עבודה and עבודות with the possession suffixes. Listen to and repeat the audio recordings of these charts. Look for the extra י and ה in the plural set:

רבים: עבודות >> עֲבוֹדוֹת-

עֲבוֹדוֹתֵינוּ		עֲבוֹדוֹתַי(י)	
עֲבוֹדוֹתֵיכֶן	עֲבוֹדוֹתֵיכֶם	עֲבוֹדוֹתַיִךְ	עֲבוֹדוֹתֶיךָ
עֲבוֹדוֹתֵיהֶן	עֲבוֹדוֹתֵיהֶם	עֲבוֹדוֹתֶיהָ	עֲבוֹדוֹתָיו

יחיד: עבודה >> עֲבוֹדַת-

עֲבוֹדָתֵנוּ		עֲבוֹדָתִי	
עֲבוֹדַתְכֶן	עֲבוֹדַתְכֶם	עֲבוֹדָתֵךְ	עֲבוֹדָתְךָ
עֲבוֹדָתָן	עֲבוֹדָתָם	עֲבוֹדָתָהּ	עֲבוֹדָתוֹ

Possession suffixes are used in writing and not so often in speech, except for words of kinship. For example, the expressions בעלי (= my husband), אִשתו (= his wife) אִמךְ (= your mother), etc. are the norm in both written and spoken Hebrew.

The structure בֵּיתו של אלון (= Alon's house; literally, "his house of Alon"), although redundant, is very common, particularly in newspaper articles.

תרגיל 1: תרגם לעברית. הצירופים המסומנים בקו צריכים להיכתב כמילה אחת.

1. Do you like your new friends? — את אוהבת את חבריך החדשים?
2. These are his important books.
3. My little sister likes to draw; her drawings are very special.
4. Our children and their children play together.
5. He lives alone in his big house. His wife is dead, and his sons live in other places.
6. He is her third husband, and she is his second wife.
7. They have a special relationship with their young son.

לחיות / לגור

Both לגור and לחיות mean "to live." Although they have different implications, it is not always clear which one of them should be used in a given context.

לגור means "live" in the sense of "reside."
For example: דן גר בדירה גדולה. הן גרות ברחוב הגיא. סבא שלי גר על יד מרכז העיר. עפרה גרה לבד.

לחיות, which derives from the word חיים (= life), is the opposite of למות (= die):
הצייר פיקאסו חי עד גיל 91. (The painter Picasso lived to the age of 91.)

לחיות is also used to refer to the quality of one's life (and not the quality of one's residence).
הם חיים באושר. (They live happily.)

In general, לחיות is used to refer to living in a broader sense of the word.
For example:
יהודים רבים חיים היום באמריקה. (Many Jews live today in America.)
The verb חיים in the above example suggests that they don't just reside in America -- this is where they live their *lives*. In sentences of this kind, the distinction between לחיות and לגור is not always clear, and in some instances both can work.

The conjugation of the verb לחיות (שורש: ח.י.ה. ; בניין פעל) is practically identical to that of להיות.
Pay attention to the third-person singular masculine past form: although the formal form is חיה (like היה), people more often use the form "חי" instead.

שם הפועל: לִחיות **שורש:** ח. י. ה. **בניין:** פעל **גזרה:** ל״ה

הווה: חַי חַיָה חַיִים חַיוֹת

עבר: חָיִיתִי חָיִיתָ חָיִית הוא חָיָה (חַי) היא חָיְתָה
חָיִינוּ חֲיִיתֶם חֲיִיתֶן הם/ן חָיוּ

עתיד: אֶחְיֶה תִּחְיֶה תִּחְיִי הוא יִחְיֶה היא תִּחְיֶה
נִחְיֶה תִּחְיוּ הם/ן יִחְיוּ

תרגיל 2: השלם ב**לגור** או **לחיות**.

1. באמריקה .... בבתים, ובישראל .... בדירות.
2. השכנים שלי .... טוב! יש להם בית גדול, וכל שנה הם נוסעים לחוץ לארץ.
3. הצייר וינסֶנט וָאן גוך היה הולנדי, אבל הוא .... שנים אחדות בצרפת.
4. בשנה הראשונה שלי באוניברסיטה .... במעונות הסטודנטים.
5. סבא וסבתא של משה הם מאלג׳יריה. הם עלו לישראל בשנת 1954, כי הם רצו .... בישראל.
6. אהובה רוצה .... בעיר קטנה. היא אוהבת חיים שקטים.
7. אתם .... רחוק מפה?
8. אבא של נעמה לא .... הוא מת לפני שלוש שנים.
9. רבקה: את ודני חברים? שרה: לא, אנחנו רק .... ביחד.
10. אני ואייל .... ביחד. אנחנו שותפים מצוינים. אנחנו .... בהרמוניה.
11. א: מתי .... ליאונרדו דה- וינצ׳י? ב: אני באמת לא יודע ...
12. א: מי האיש בתמונה? ב: זה סבא של אבא שלי. א: הוא עוד ....?
ב: כן, הוא ...., אבל הוא זקן מאוד. א: ואיפה הוא ....? ב: איתנו.
13. בערים הגדולות יש אנשים שהם חַסְרֵי בית. הם .... ברחוב.
14. ראש ממשלת אנגליה .... ברחוב דאונינג 10.

חָסַר בית = בלי בית

תרגיל 3: מיהו האומן?

1. בעבודות שלו יש אווירה מיסטית-נאיווית. ....
2. במוסיקה שלה יש שמחה וגם עצב. ....
3. בתמונות שלו יש נופים נהדרים. ....
4. .... דייב מתיוס
5. .... קלוד מוֹנֶה
6. בעבודות שלו יש משחקים אוֹפְּטִיים מעניינים. ....

עֶצֶב ≠ שמחה

תרגיל 4: סדר את המשפטים.

1. 1856 פרויד בשנים הפסיכולוג 1939 זיגמונד חי -
2. אוהבים של בכל הסיפורים גָרים את העולם האחים
3. שלנו ארוחת הכינה אמא לכבוד ערב האורחים נפלאה
4. באו רבים מוזיאון מבקרים ל ב תערוכה
5. במוזיאונים של פיקָאסוֹ רבים העבודות בעולם הידוע נמצאות הצייר
6. מציגים של במוזיאון יהודים עבודות ולא אומנים ישראל בירושלים יהודים

תרגיל 5: השלם במילים: **תערוכות לצייר בֵּיתו נופים שנתיים מציגים חי שיעורים עלו טלוויזיות**

בית ראובן שוב פתוח

אחרי .... של עבודות, מוזיאון "בית רְאוּבֵן" נפתח מחדש למבקרים. "בית ראובן", ברחוב ביאליק 14 בתל אביב, הוא .... של הצייר הישראלי החשוב ראובן רוּבִין, ש.................... בשנים 1893-1974. במוזיאון "בית ראובן" .... תערוכה גדולה של עבודותיו של רובין. התמונות של רובין הן תמונות של .... בארץ ושל החיים בארץ. במוזיאון מציגים עוד .... של אומנים ישראליים מהימים הראשונים של האומנות בארץ ישראל.

העבודות ב"בית ראובן" נמשכו שנתיים ו.................... כ-500 אלף דולר. בבית הִתקינו מעלית, מחשבים, וגם ...., שאפשר לראות בהן סרט על האומן. בבית יש גם חדר עבודה לילדים. בחדר העבודה הילדים יכולים ...., וגם נותנים שם .... מיוחדים לילדים.

שוב = again   מֵחָדָשׁ = anew   לְהַתְקִין/הִתקינו = installed

תרגיל 6: הבעה

1. ספר/י על אומן שאת/ה אוהב/ת.
2. האם את/ה מסכים/ה עם המשפטים הבאים?
   דבר/י על אחד מהם במשך 60 שניות.
   - הצייר המודרני של היום יהיה קלאסי מחר.
   - אומנות טובה היא אומנות שכל אחד יכול להבין.
   - חשוב ללמוד אומנות בבית הספר.

ש י ע ו ר 84

מַלחין-מַלחינָה	כותב/ת מוסיקה
מְשורֵר-מְשוֹרֶרֶת	poet
דְמוּת	figure (person)
לְלַווֹת/מְלַוֶוה	accompany
גיל	age
פְּסַנתֵר	piano
שְנות ה-50	השנים 1950-1959
זַמָר-זַמֶרֶת	singer
לַהֲקָה-לְהָקות	band/s
פָּעיל-פְּעילָה	active
חֶברָתי-חֶברָתית	social
דֵעָה-דֵעות	opinion, idea

מתה המלחינה והמשוררת נעמי שמר

נָעֳמי שֶמֶר מֵתָה אתמול, בוקר יום שבת, ממחלה קשה. נעמי שמר הייתה אחת מהדמויות החשובות בעולם המוסיקה של ישראל. היא כתבה מאות שירים שמלווים אותנו כבר חמישים שנה, מ״שירֵי זמר נודֵד״ ועד ״עוד לא אהבתי די״; מ״מחר״ ועד ״ירושלים של זהב״. היא מתה בגיל 74 בבית החולים ״איכילוב״, בתל אביב.

נעמי שמר נולדה בקבוצת (קיבוץ) כינרת ב-1930. כבר מגיל צעיר היא ניגנה בפסנתר וגם כתבה שירי ילדים כמו: ״הדואר בא היום״. בשנות ה-50 היא עברה לתל אביב והתחילה לכתוב שירים. בהתחלה -- שירים להצגות, ואחר כך גם לזמרים וללהקות.

במשך השנים, רוב הזמרים הידועים בישראל שרו את השירים של נעמי שמר. בשנת 1967 כתבה נעמי שמר את השיר ״ירושלים של זהב״. בשנת 1987 היא קיבלה את ״פרס ישראל״. בשנת 2001 היא קיבלה דוקטורט של כבוד מאוניברסיטת תל אביב.

נעמי שמר הייתה גם פעילה בעניינים פוליטיים וחברתיים, והדעות שלה היו בימין הפוליטי.

[לפי כתבה מן העיתון, יוני, 2004]

שאלות:

1. מי הייתה נעמי שמר? ....
2. איפה היא נולדה ואיפה היא מתה? ....
3. באיזו עיר היא חייתה? ....
4. כמה שירים היא כתבה? ....
5. מי שר את השירים של נעמי שמר? ....
6. מה זה ״הדואר בא היום״? ....
7. האם נעמי שמר לימדה באוניברסיטת תל אביב? ....
8. מה היו הדעות הפוליטיות של נעמי שמר? ....
9. אילו מילים יש בכתבה במקום: האנשים החשובים = ... הולכים איתנו = ...
באה לגור ב... = ... מחשבות, רעיונות = ... יותר מ-50% = ...
כמה אנשים שמנגנים ושרים ביחד = ...

10. הרבה אומנים הם פעילים בעניינים פוליטיים. תן/י דוגמה.

....

....

אחד מ ...

דוגמאות: דן הוא אחד מהילדים האינטליגנטים בכיתה שלו.

"אני אוהב את לוסי" הייתה אחת מהקומדיות היותר מצחיקות בטלוויזיה.

תרגיל 1: השלם את המשפטים. בכל משפט צריך להיות **אחד/אחת מ ...**

1. נעמי שמר הייתה דמות חשובה. < נעמי שמר הייתה אחת מהדמויות החשובות בעולם המוסיקה הישראלי.
2. מ. ק. אֶשֶר הוא צייר פופולרי. < מ. ק. אֶשֶר הוא אחד מ .... בזְמַנֵנוּ.
3. ירושלים היא עיר חשובה. < ירושלים היא אחת מ .... בעולם.
4. עברית היא שפה עתיקה. < ....
5. בָּאך הוא קוֹמְפּוֹזִיטוֹר חשוב. < ....
6. סין היא ארץ .... < ....
7. פֶרארי היא .... < ....
8. ה"מונה ליזה" היא .... < ....

רוב

The word רוב (= majority) is normally paired with another noun to form a סמיכות meaning "most of the..." The second noun is definite. Examples:

רוב הישראלים אוהבים לטייל בעולם.

רוב האוכל היה טוב.

אני זוכר את יְמֵי ההולדת של רוב קרובֵי המשפחה שלי.

תרגיל 2: השלם כרצונך.

1. רוב השיעורים שלי ....
2. רוב חבריי ...., רק מעטים ....
3. לרוב האנשים באמריקה ...., כי ....
4. ברוב הערים הגדולות ...., אבל ....
5. רוב הזמן ....
6. .... עם רוב האנשים.

זאת דעתי

דעה means "opinion" or "idea." For example:

הדעות של שמואל מאוד מעניינות; תמיד מעניין לשמוע אותו מדבר.

It is commonly used with the pronoun suffixes:

דַּעְתִּי דַּעְתְּךָ דַּעְתֵּךְ דַּעְתּוֹ דַּעְתָּהּ
דַּעְתֵּנוּ דַּעְתְּכֶם/ן דַּעְתָּם/ן

The expression ״מה דעתך?״ (in plural, מה דעתכם) is equivalent to ״מה אתה חושב?״. It is typically followed by the preposition על and a noun, by an infinitive, or by ש… and a clause in future tense.
Observe the following examples:

(What do you think about Dr. Azuri's class?)	מה דעתך על השיעור של ד״ר עזורי?
(What do you say we go to eat hummus after class?)	מה דעתכם ללכת לאכול חומוס אחרי השיעור?
(Leah, how about we study together for the physics test?)	לאה, מה דעתך שנלמד ביחד למבחן בפיסיקה?

The expression לדעתי (= in my opinion) is equivalent to אני חושב ש… . It can be used in questions as well as statements.
Examples:

(Where do you think we should go on our vacation?)	לאן, לדעתכם, כדאי לנסוע בחופשה?
(I think this is the right time to go to the Negev.)	לדעתי זה הזמן לנסוע לנגב.
(Gadi really likes Mozart. He thinks that he is	גדי מאוד אוהב את מוצרט. לדעתו הוא
one of the important composers in history.)	אחד הקומפוזיטורים החשובים בהיסטוריה.

שאלות והשלמות:

1. מה דעתך על המוסיקה של הביטלס?

....

2. מה, לדעתך, יותר חשוב: עבודה או משפחה?

לדעתי, ...

3. האם, לדעתך, כדאי לבקר עכשיו בישראל? למה?

לדעתי, ...

4. הדעות הפוליטיות שלי ....

5. יש לי רעיון! מה דעתכם ש...

שיעור 85

אייזיק שטרן מלמד מוסיקה בגרמניה

הכנר אייזיק שטרן, המבקר בגרמניה בפעם הראשונה, פתח ביום שלישי סמינר למוסיקאים צעירים בבית הספר למוסיקה של קלן.

שטרן, שהוא יהודי, אמר בעבר שהוא אף פעם לא יְבַקֵר בגרמניה מִתוך כבוד לשישה מיליון היהודים שמתו בשואה. עכשיו הוא אומר: "אני מרגיש שהגיע הזמן לראות את הארץ של באך, בטהובן, ומנדלסון."

שטרן גם אומר שהוא רוצה לשמוע את המוסיקאים הגרמנים הצעירים, וללמד אותם. הוא אומר: "אֲלַמֵד אותם, שהם צריכים לחיות את החיים שלהם ולהיות מאושרים. אבל גם חשוב שהם יְנַגְנוּ. האחריות שלנו, המוסיקאים, היא לחפשׂ את היופי בחיים גם בזמנים קשים."

שטרן, שהוא הנשיא של קרנגי הול, נולד ברוסיה, ובא לארצות הברית כשהיה בן עשרה חודשים. רבים מקרובי המשפחה שלו מתו בשואה.

[לפי כתבה מן העיתון, 1999]

כַּנָר-כַּנָרית	violinist
כינור-כינורות	violin
הַמבקר	שֶׁמבקר
כָּבוד	respect
מִתוך כבוד	out of respect
השוֹאָה	the Holocaust
אַחֲרָיוּת	responsibility
מְאוֹהָב ב...	in love with...

אפילוג

אייזיק שטרן מת בספטמבר, 2001 בניו יורק בגיל 81. עד יום מותו - כך אמר תמיד - הוא תמיד רצה ללמוד עוד ועוד, תמיד היה אופטימיסט, והיה מאוהב במוסיקה.

שאלות והשלמות:

1. בעבר ...., אבל עכשיו הוא מבקר שם.
2. "הגיע הזמן" זה: **א.** יש לי זמן **ב.** עכשיו צריך **ג.** אין לי זמן **ד.** זה זמן לא טוב
3. אילו מוסיקאים חשובים חיו בגרמניה? ....
4. שטרן רוצה ...., וגם ללמד אותם.
5. למה המוסיקאים <u>צריכים</u> לנגן בזמנים קשים? ....
6. שטרן רוצה שהמוסיקאים ...., ו...................... בזמן הקשה הזה.
7. כשאייזיק שטרן בא לאמריקה, הוא עוד לא היה בן שנה. **נכון / לא נכון**
8. 6 מיליון יהודים ....; גם הרבה קרובי משפחה של שטרן מתו אז.

בניין פיעל בזמן עתיד ובציווי

The stem of the future tense conjugation of בניין פיעל verbs is comprised of the infinitive without the initial ל, which is replaced by the pronoun prefix. For example, the stem of the verb לְדַבֵּר is אְדַבֵּר

Note that in all forms the prefix's vowel is /e/ (as it is in the infinitive form); but in the first-person singular it is /a/: תְּדבר , נְדבר vs. אֲדבר .

Also note that in those forms that have a suffix י or ו (את, אתם/ן, and הם/ן), the vowel of the second root letter (the ב in our example) is dropped. For example: יְדַבְּרוּ , תדבְּרי .

Below is the conjugation of the verb לדבר in the future tense and the imperative. This pattern of conjugation also applies to the following verbs:

לבקר, לבקש, לבשל, לדבר, לחייך, לטייל, לטלפן, ללמד, לנגן, לנהל, לסדר, לסיים, לספר, לעשן, לצייר, לצלם, לצלצל, לשחק, לשלם, לתאר.

עתיד				ציווי		
אֲדַבֵּר		נְדַבֵּר		דַּבֵּר	דַּבְּרִי	דַּבְּרוּ
תְּדַבֵּר	תְּדַבְּרִי	תְּדַבְּרוּ	תְּדַבְּרוּ			
הוא יְדַבֵּר	היא תְּדַבֵּר	הם יְדַבְּרוּ	הן יְדַבְּרוּ			

תרגיל 1: שנה להווה ולעתיד.

1. התזמורת ניגנה סימפוניה של בטהובן. ....
2. מי בישל את ארוחת הצהריים? ....
3. מתי הם סידרו את החדר? ....
4. טליה טיילה עם החברים שלה בנגב. ....
5. שיחקתי כדורסל כל הבוקר. ....
6. שילמתְ בכרטיס אשראי? ....
7. ביקשנו לדבר עם המנהל. ....
8. על מה דיברתם בפגישה? ....

תרגיל 2: שנה מציווי חיובי לשלילי, ולהיפך.

1. אל **תעשנו** במִשרד; .... בחוץ!
2. אל .... אנגלית. **דברו** רק עברית.
3. אמא, ... בבקשה עוף. אל **תבשלי** דגים!
4. רון, אל .... כדורגל בבית; **שחק** בחוץ.
5. אל **תבקשי** כסף מאמא; .... מאבא.

דיבור ישיר ודיבור עקיף

Reported speech in Hebrew uses the same tense that is used in direct speech, regardless of the tense of the main sentence itself. Pay attention to the relations between direct and reported speech in the following examples:

שטרן אמר: "אף פעם לא **אבקר** בגרמניה." << שטרן אמר שהוא לא **יבקר** בגרמניה.

קרן סיפרה: "**הלכתי** עם הוריי לקונצרט נהדר." << קרן סיפרה שהיא **הלכה** עם הוריה לקונצרט נהדר.

דן הודיע: "לא **אבוא** היום לעבודה." << דן הודיע שהוא לא **יבוא** היום לעבודה.

המזכירה אמרה לי: "דוקטור רז **היא** המורה של הקורס." << המזכירה אמרה לי שדוקטור רז **היא** המורה של הקורס.

חשוב ש... כדאי ש...

Impersonal sentences that begin with חשוב ש... or כדאי ש... , are followed by a clause in future tense.
Examples:

חשוב שהמוסיקאים ינגנו. זאת האחריות שלהם. (It is important that musicians play. It is their responsibility.)

היה לי חשוב שתבואו לחתונה שלי. (It was important to me that you came to my wedding.)

לא כדאי שתספרי על זה לאמא. (It's not a good idea you tell it to Mom.)

תרגיל 3: השלם בזמן עתיד (האם את/ה יודע/ת מדוע כל פועל <u>צריך</u> להיות בזמן עתיד?).

1. ילדים, אני מבקש ש.............................. (לסדר) את המיטות שלכם.
2. גמרנו לאכול. בואי .... (לשלם) ונֵצֵא.
3. אמא, אני רוצה ש.............................. (לספר) לי סיפור.
4. תלמידים, בשיעור מחר .... (לדבר) על המנצח הידוע ארתורו טוסקניני.
5. ההורים של רוני רוצים שהוא .... (לנגן) בכינור.
6. רות אמרה לי, שאחרי הצבא היא .... (לטייל) חצי שנה בדרום אמריקה.
7. כשאהיה בישראל, ... (לבקר) אצל הקרובים שלי.
8. קיוויתי ש.............................. (לצלצל) היום. למה לא צילצלתם?
9. יעל, אם יש לך בעיה בלימודים, חשוב ש .... (לדבר) עם המורה שלך.
10. כדאי ש .... (לשחק) היום בבית; מזג האוויר לא כל כך טוב.

תרגיל 4: השלם במילים: **רוב דעות אחד מ... שואה מת רבות פעיל היה נולד ידוע**

נַגָּן	מישהו שמנגן
נגן כינור	מישהו שמנגן בכינור
מְנַצֵּחַ	conductor
המֵאָה ה-20	השנים 1900 - 1999

מת הכנר והמנצח יהודי מנוחין

יְהוּדִי מְנוּחִין .... בגיל 82 בבֶּרלין. יהודי מנוחין היה ....נגני הכינור הגדולים של המאה העשרים. הוא היה גם מנצח ....

מנוחין היה בן למשפחה יהודית. הוא .... בארצות הברית, ו.............................. השנים הוא חי בארצות הברית, בלונדון, ובברלין. הוא ביקר בארץ פעמים ....

יהודי מנוחין .... המוסיקאי היהודי הראשון שבא לגרמניה אחרי ה.............................. , וניגן שם. כל חייו הוא היה .... בעניינים פוליטיים וחברתיים, וה.............................. שלו היו קרובות לשמאל.

שיעור 86

מייד אחרי שתגמור את העבודה

Why all of a sudden?	מה פִּתאום
(this is) out of the question!	(זה) לא בא בחשבון!
choir	מַקהֵלָה
save	לִשמור/שומֵר
otherwise	אַחֶרֶת

עירית: רוצה לנסוע איתנו לאילת ביום חמישי? אני נוסעת עם רותי ורונן.

עומר: מה פתאום לאילת?

עירית: מה איתך, עומר, אתה לא קורא עיתונים? השבוע יהיה באילת הפסטיבל "קלאסי בים האדום".

עומר: "קלאסי"? מה זה, פסטיבל של מוסיקה קלאסית?

עירית: נכון! איך ידעת?!

עומר: באיזו שעה ביום חמישי אתם יוצאים?

עירית: בָּאוטובוס שיוצא בשלוש וחצי.

עומר: זה לא טוב. אולי תִבדְקי אם יש אוטובוס שיוצא קצת יותר מאוחר?

עירית: כבר בדקתי. אין.

עומר: אז אולי נֵצֵא ביום שישי בבוקר?

עירית: לא בא בחשבון! ביום חמישי בערב יש קונצרט של מקהלת "רינת", שרותי רוצה לשמוע. אתה יודע שבעבר היא שרה במקהלת "רינת".

עומר: אבל אני עובד ביום חמישי.

עירית: ומה יהיה אם תַעֲבוד רק עד 3? ואז, מייד אחרי שתִגמור את העבודה, תבוא לתחנה המרכזית. נִפגוש אותך באוטובוס לאילת.

עומר: תִשמְרו לי מקום?

עירית: נִשמור לך מקום טוב, על יד החלון ...

עומר: טוב.

עירית: רק אל תבוא מאוחר, אחרת תַעֲמוד כל הדרך לאילת!

השלמות:

1. עירית .... עם ...., והיא שואלת את עומר אם ....
2. עומר רוצה לדעת .... הם נוסעים, ועירית מספרת לו ש ....
3. עומר רוצה לצאת .... או ...., כי הוא עובד ביום חמישי.
4. רותי רוצה לשמוע ...., כי ....
5. התוכנית של עירית: עומר .... עד שעה 3, אחרי שהוא .... לעבוד, הוא .... לתחנה המרכזית.
   עירית, רותי ורונן .... אותו באוטובוס. הם .... מקום באוטובוס.
6. אם עומר יבוא מאוחר לתחנה, הוא יהיה צריך ...., כי ....

בניין פעל בעתיד - אפעול

The future conjugation of the פעל verbs that are listed below is based on their infinitive form, where the initial ל is replaced by the standard set of pronoun prefixes.

Forms that have an additional י or ו suffix (את, אתם/ן, הם/ן), lose the vowel of their second root letter as the stress shifts to the suffix. As a result, these forms are spelled without a ו . For example: תסגְרי .
The שווא (אְ), being the 2nd שווא in a sequence, is pronounced /e/: /tis-ge-r i/ .

Note that the initial vowel in the first-person singular (אני) is /e/ אֶ.

The verbs: לבדוק, לגמור, לדפוק, לזכור, לכתוב, למכור, לסגור, לספור, לפגוש, לפשוט , לשמור, לתפוס -- all conjugate as the verb לרקוד in the following example:

לִרקוד ›› אִרקוד

אֶרקוד נִרקוד

תִרקוד תִרקְדי תִרקְדוּ תִרקְדוּ

הוא יִרקוד היא תִרקוד הם יִרקְדוּ הן יִרקְדוּ

This future conjugation pattern is called אֶפעול . The name derives from the first-person singular form (for example, אֶרקוד, אֶפגוש, אֶגמור). Note that the list of verbs above lacks some basic פעל verbs (such as ללמוד, לקרוא, and others). This is because not all פעל verbs conjugate in the future tense using the אֶפעול pattern.

תרגיל 1: שנה לעתיד.

1. בשעה 7 שמואל גמר לעבוד וסגר את המשרד. ....
2. המורה בודקת את שיעורי הבית בערב. ....
3. כתבתי את העבודה שעתיים לפני השיעור. ....
4. כשחם לך, את פושטת את הסוודר. ....
5. רקדנו במועדון החדש במוצאי שבת. ....
6. הם סופרים את הכסף ושמים אותו בקופה. ....
7. אתם מוכרים את ספרי הלימוד בסוף השנה? ....

The future conjugation of פעל verbs whose first root letter is ע or ח is also based on the infinitive form, as shown in the conjugation of the verb לַעֲבוד :

לַעֲבוד ›› אַעֲבוד

אֶעֱבוד נַעֲבוד

תַעֲבוד תַעַבְדי תַעַבְדוּ תַעַבְדוּ

הוא יַעֲבוד היא תַעֲבוד הם יַעַבְדוּ הן יַעַבְדוּ

Here, too, the second syllable loses its vowel (and the letter ו) when the form has a י or ו suffix, and here, too, the initial vowel in the first-person singular (אני) is /e/. Note how the initial /e/ vowel affects the following vowel: it is the semi-vowel /e/ עֱ , as opposed to the semi-vowel /a/ עֲ in the rest of the conjugation: אֶעֱבוד vs. נַעֲבוד , יַעֲבוד .

Other verbs that conjugate in the same way include: לחזור, לחשוב, לעבוד, לעבור, לעזור, לעמוד, לעצור .

Verbs with a ח as a first root letter, like לחשוב and לחזור, can conjugate in the same way as לעבוד. However, it is more common to pronounce the ח with a שווא, חְ , rather than an /a/ sound, חֲ . Both ways are correct. The common future conjugation of the verbs לחשוב and לחזור is as follows:

לַחְשׁוֹב >> אַחְשׁוֹב

אֶחְשׁוֹב נַחְשׁוֹב

תַחְשׁוֹב תַחְשְׁרִי תחְשְׁבוּ תַחְשְׁבוּ

הוא יַחְשׁוֹב היא תַחְשׁוֹב הם יַחְשְׁבוּ הן יַחְשְׁבוּ

תרגיל 2: השלם בעתיד בפועל שבאותיות מודגשות.

1. אנחנו **עובדים** כאן השנה, ו........................ כאן גם בשנה הבאה.
2. מתי אתם **חוזרים**? אני מקווה שלא .... מאוחר.
3. אני מבקש לא **לעמוד** פה. גברת, אל .... פה, בבקשה!
4. האוטובוס נוסע ונוסע ולא **עוצר**. מתי הוא ....?
5. א: אמא, את יכולה **לעזור** לי בשיעורי הבית? ב: בשמחה! .... לך אחרי ארוחת הערב.
6. יש לי הרבה עבודה, ואני לא יכול **לחזור** הביתה עכשיו. .... בשעה שבע.

תרגיל 3: השלם את הדיאלוגים.

1

א: רוני, תסדר את החדר שלך, אַחֶרֶת ....

ב: אולי ....?

א: לא בא בחשבון!

2

א: מה דעתך על ....

ב: אני ממש מאוהב בה!

א: באמת? בעיניי היא ....

3

א: מה פתאום את ....?

ב: מה, לא שמעת? ....!

א: אבל עכשיו ....

4

א: ....

ב: אז למה אתה ....?

א: אני אוהב את האווירה שם.

שיעור 87

ראש העיר עקבה - אורח בפסטיבל באילת

לְהִשְׁתַּתֵּף/מִשְׁתַּתֵּף	participate
תִּזְמוֹרֶת-תִּזְמוֹרוֹת	orchestra
בֵּינֵיהֶם (בין + הם)	among them
מְנַצֵּחַ-מְנַצַּחַת	conductor
הַנְהָלָה	management
עֲדַיִין	עוד
גִּמְלַאי-גִּמְלָאִית	pensioner, senior
לְהַצִּיעַ/מַצִּיעַ	offer
הַצְלָחָה	success

ראש העיר עֲקָבָּה שבירדן, ד״ר מַרוָאן דודין, יהיה אורח הכבוד בפסטיבל המוסיקה ״קלאסי בים האדום״, שיהיה באילת בשבוע הבא.

הפסטיבל יִימשך שלושה ימים, וִישתתפו בו תזמורות, זמרים, ומקהלות ממדינות שונות בעולם, ביניהם 270 זמרים ונגנים של בית האופרה קירוב מסנט פטרבורג, עם המנצח הרוסי הנודָע וַאלֶרי גֶרגְייֶב.

הנהלת הפסטיבל מודיעה שעדיין יש כרטיסים לרוב הקונצרטים. מחירי הכרטיסים הם מ-80 שקלים ומעלה, ויש הנחות לסטודנטים, חיילים, וגמלאים. כמה מבתי המלון בעיר מציעים לאורחֵיהם כרטיסים לפסטיבל.

בשנה שעברה הייתה לפסטיבל הצלחה גדולה; אלפֵי ישראלים באו לשמוע את הקונצרטים.

[לפי כתבה בעיתון]

שאלות והשלמות:

1. איפה ומתי יהיה הפסטיבל? ....
2. כמה זמן יימשך הפסטיבל? ....
3. מי יהיה אורח בפסטיבל? ....
4. מי זה מרוואן דודין? ....
5. איפה נמצאת עקבה? מצא את עקבה במפה. ....
6. בפסטיבל ישתתפו .... מכל העולם.
7. מה בתי המלון באילת נותנים לאורחים שלהם? ....
8. כמה אנשים באו לפסטיבל בשנה שעברה? ....
9. בסנט פטרבורג, שברוסיה, יש בית .... מפורסם, ושמו .... ה .... של בית האופרה הוא ואלרי גרגייב. 270 .... ו .... מבית האופרה קירוב ישתתפו ב ....
10. סמן את הפעלים בטקסט. באילו פיסקאות הפעלים הם **בעתיד**, ובאילו פיסקאות הם **בהווה** ו**בעבר**? מדוע?

פִּיסְקָה	paragraph

11. מה כתוב בטקסט במקום:
״מסיבה״ של מוסיקה = ...; האורח החשוב = ...; ידוע = ...;
הרבה אנשים ששרים ביחד ויש להם מנצח = ...; הרבה אנשים שמנגנים ביחד ויש להם מנצח = ...;
אנשים שחיים בישראל = ...; אֲלָפִים של ישראלים = ...; ויותר = ...;
הפסטיבל ״עבד״ טוב = ...
12. ספר/ספרי על פסטיבל מעניין או קונצרט מעניין שהיית בו.

כל הכבוד

In the past few chapters you have encountered a variety of uses of כבוד (= honor, respect).
כבוד is used in the phrases ...יש לי כבוד ל (= I have respect for...) or ...אני נותן כבוד ל (= I show (give) respect to...). For example:

(I have respect for people who work hard.)	יש לי כבוד לאנשים שעובדים קשה.
(It's important to show respect to older people.)	חשוב לתת כבוד לאנשים מבוגרים.

The verb לְכַבֵּד (בניין פיעל) means "to respect/honor."

לא תמיד אני מסכים עם אמא שלי, אבל אני מכבד את דעתה.

The Fifth Commandment is: **כַּבֵּד אֶת אָבִיךָ וְאֶת אִמֶּךָ** .

לכבד also means to offer refreshments:

(We will offer our guests coffee, cake, and fruit.)	נכבד את האורחים בקפה, עוגה, ופירות.
(I thought there would be food at the party, therefore...)	חשבתי שבמסיבה יהיה כיבוד, לכן לא אכלתי ארוחת ערב.

The expression לְכָבוֹד means "in honor of," or simply "בשביל" (= for). Like all prepositions, it can take pronoun suffixes: לכבודי , לכבודך , לכבודו , etc.
Examples:

(I put on a white shirt for Shabbat.)	לבשתי חולצה לבנה לכבוד השבת.
(Tali was home on leave from the army,	טלי באה הביתה לחופשה מהצבא,
and Mom cooked a wonderful meal for her.)	ואמא בישלה לכבודה ארוחת ערב נהדרת.

לכבוד is regularly used in addressing letters. For example:

לכבוד
טלי שחר
רחוב הגיא 6
ירושלים 36264

Formal letters often open with אדון נִכְבָּד or גברת נִכְבָּדָה (Honored Sir/Madam) and close with בכבוד רב (with much respect).

Certain things you do ...מתוך כבוד ל (= out of respect for) a person, place, or situation. For example:

(Alon doesn't smoke at home out of respect for his parents.)	אלון לא מעשן בבית מתוך כבוד לַהורים.

The expression !כל הכבוד (literally, "(You deserve) all the honor!") means "More power to you!" , "Way to go!"

(You're done with your homework? Way to go!)	כבר גמרת את שיעורי הבית? כל הכבוד!
(I admire Ehud! Every morning he ...)	כל הכבוד לאהוד! כל בוקר הוא קם מוקדם ורץ 10 קילומטר.

כבוד עַצמי means "self-respect." For example:

(She has self-respect; she doesn't go out with just anybody.)	יש לה כבוד עצמי; היא לא יוצאת עם כל אחד.

It is known that "!בשביל כבוד צריך לעבוד", as כבוד doesn't come automatically. You have to earn it.

The Mishna says:

בן זומא אומר: איזהו מכובד? המכבד את הבְּריות. (אבות ד, א)

In modern Hebrew this would be:

(Who is respectable? He who respects others.)	מיהו מכובד? מי שמכבד אנשים אחרים.

תרגיל 1: השלם את המשפטים כרצונך.

1. כשאנחנו .... אנחנו מתלבשים יפה, מתוך כבוד ל............ ול............

2. כשיש מוסיקה טובה וכיבוד טעים, ...

3. ....; כל הכבוד להם!

4. .... לכבוד סוף שנת הלימודים.

5. ....; זאת שאלה של כבוד עצמי.

שאלות:

1. האם לדעתך צעירים צריכים לתת כבוד לאנשים זקנים? איך?

2. מדוע חשוב לכבד את ההורים?

3. האם אפשר לקנות כבוד בכסף?

תרגיל 2: סדר את המשפטים.

1. הכלב נגמור ארוחת ערב לטייל לאכול נצא אחרי מייד עם ש

2. הם חשוב אבל צריכים גם ש ילדים ללמוד ישחקו

3. מאוחר למשחק-הכדורסל מחר כרטיסים לקנות עדיין לא שיהיה

4. אני הקונצרט התזמורת הפילהרמונית לראות בטלוויזיה ביום שני רוצה שיהיה של את

5. קשה לאופרה הולכים הטקסט הסיפור להבין לקרוא לפני ש... כדאי אחרת את את

שיעור 88

"טוב" זו לא מילה!

כמובן	of course
לְמַטָה	down, at the bottom
כַּתָבָה	article
ברַחֲבֵי הארץ	בכל הארץ
כָּזֶה-כָּזאת-כָּאֵלֶה	like this
מְעוּלֶה-מעוּלָּה	superior
בִּגְלַל	because of

אורי: אתה אוהב לקרוא, נכון?

נדב: כמובן שאני אוהב!

אורי: אז הנה, תִקְרָא את זה... [נותן לנדב את העיתון]

נדב: מה זה, עיתון? אורי, אני אוהב לקרוא ספרים, לא את העיתון.

אורי: לא, תקרא מה שכתוב פה. [נדב לא עושה שום דבר] ... נו?

נדב: עכשיו??

אורי: כן, רק תקרא מה כתוב פה, למטה [אורי מראה לנדב את הכתבה בעיתון.
שם הכתבה: "שבוע הספר העברי"].

נדב: [קורא בעיתון] שבוע הספר העברי נִפתח היום ברחבי הארץ...
[מפסיק לקרוא] אני יודע ששבוע הספר נפתח היום. אני הולך לשם
הערב. אולי אתה רוצה לבוא?

אורי: הערב? למה הערב? יהיה משהו מעניין?

נדב: מעניין מאוד: אֶתגַר קֶרֶת יִקרָא סיפורים שלו. הנה, זה כתוב פה:
[קורא] הסופר אתגר קרת יקרא סיפורים מתוך ספרו "אניהו".

אורי: למה זה כל כך מעניין לשמוע מישהו קורא סיפורים?

נדב: אם תִשמַע את אתגר קרת קורא, לא תִשאַל עוד שאלות כאלה.

אורי: הוא קורא טוב?

נדב: "טוב" זו לא מילה! הוא מעולה.

אורי: אז אתה הולך בגלל אתגר קרת?!

נדב: אני הולך כי אני אוהב ספרים.

הסופר אתגר קרת

שאלות:

1. מה אורי רוצה שנדב יקרא? ....
2. מה כתוב בעיתון? ....
3. לאן נדב הולך הערב? ....
4. מיהו אתגר קרת? ....
5. איפה אתגר קרת יהיה הערב ומה הוא יעשה שם? ....
6. נדב אומר: "... לא תשאל עוד שאלות כאלה". אילו שאלות? ....
7. כשנדב אומר: "טוב זו לא מילה!" הוא רוצה להגיד ש: **א.** הוא לא יודע אם אתגר קרת קורא טוב
ב. אתגר קרת לא קורא כל כך טוב **ג.** אתגר קרת קורא טוב מאוד **ד.** השאלה היא לא שאלה טובה

כזה

כָּזֶה (or: כזאת, כאלה) is short for כמו זה. When it follows a noun, it means: "such a ..." or "such as this."

אני לא רוצה לגור בבית כזה. (I don't want to live in such a house.)

הייתה לנו מכונית כזאת, ומאוד אהבנו אותה. (We had such a car, and we liked it a lot.)

היום כבר אין סופרים כאלה. (Today, there are no longer any writers like this.)

Informally, כזה can be used instead of כל כך or מאוד.

אמא של גדי כזאת נחמדה. (Gadi's mother is so nice.)

איפה מצאת שזיפים כאלה גדולים?! (Where did you find such big plums?!)

Young people often use כזה as a meaningless filler, much like the word "like" in English.

בגלל

The preposition בגלל (because of...) is used in sentences that express reason and result. It precedes the reason in the sentence, and can occur at the beginning or the middle of the sentence. However, unlike כי and מפני ש... which are followed by a clause, בגלל is followed by a noun.
Note the differences between בגלל and כי or מפני ש... in the following examples:

לא יצאנו בגלל הילדים. (We didn't go out because of the children.)

לא יצאנו, כי לא היה לנו בייבי סיטר. (We didn't go out because we had no baby sitter.)

בגלל הרעש אני לא לומד בחדר. (Because of the noise, I don't study in the room.)

מפני שיש בחדר רעש, אני לא לומד שם. (Because there's noise in the room, I don't study there.)

Like all other prepositions, בגלל can take the standard pronoun suffixes to mean "because of me," "because of you," etc.

הכול בגללך! היית צריך להיות בשקט. (It's all your fault! You should have kept quiet.)

תרגיל 1: בגלל / כי / מפני ש... / ולכן. שנה את המשפטים בלי לשנות את התוכן שלהם.

1. אף פעם אין לה זמן, כי היא תמיד עובדת. — אף פעם אין לה זמן בגלל העבודה
2. סידרנו את הבית בגלל הביקור של ההורים שלי. — .... כי ....
3. כאבו לי הרגליים מפני שרצתי כל היום. — .... ולכן ....
4. אני אוהב את התמונות של גוגן מפני שיש בהן צבעים נפלאים. — .... בגלל ....
5. הוא לא מעשן בגלל אישתו. — מפני ש ....
6. אנשים מכירים את נעמי שמר בגלל השיר "ירושלים של זהב". — .... ולכן ....
7. לטלי יש דעות מעניינות, ולכן אנשים אוהבים לדבר איתה. — .... בגלל ....

תרגיל 2: כתוב דיאלוגים שנגמרים במילים:

1. הכול בגללך! 2. אתם לא צריכים לעשות את זה בגללי. 3. אולי בגלל מה שאמרת?!

בניין פעל בעתיד - אפעל

The pattern of future conjugation in numerous פעל verbs is אֶפְעַל rather then אֶפְעוֹל . In other words, their second syllable is x̱ rather than xֹ (thus, their structure is not identical to that of the infinitive).
Examine the following example of the future conjugation of the verb ללמוד :

לִלמוד << אֶלמַד

אֶלמַד נִלמַד

תִלמַד תִלמְדי תִלמְדוּ תִלמְדוּ

הוא יִלמַד היא תִלמַד הם יִלמְדוּ הן יִלמְדוּ

Note that the forms which include a י or ו suffixes are identical in אפעול and אפעל, as both lose their second vowel. For example, the first-person forms of לכתוב and ללמוד are structured differently: אכתוב (with a ו) vs. אלמד (without). However, their third-person plurals have the same structure: יִכתְבוּ ,יִלמְדוּ.

Also note that when the 2nd root letter is guttural it takes a semi-vowel /a/ in those forms that end with a vowel suffix. For example, תִשאֲלי ,תִטעֲמוּ, and יִרחֲצוּ.

Which פעל verbs conjugate as אפעול and which ones conjugate as אפעל?
As a rule, פעל verbs conjugate using the אפעול pattern. However, verbs whose 2nd or 3rd root letter is guttural (א, ע, ח, or ה (excluding ל״ה verbs)) conjugate using the אפעַל pattern. In addition, there are a number of verbs that conjugate using the אפעַל pattern although there are no guttural letters in their roots. For example: ללמוד.

The following verbs conjugate using the אפעַל pattern. Identify the guttural letter in each one of them, and find the three verbs that do not include a guttural letter.

לדאוג, לטעום, לכאוב, ללבוש, ללמוד, למצוא, לנהוג, לפחוד, לפתוח, לצעוק, לצווח, לקרוא, לרחוץ, לשאול, לשכב, לשכוח, לשלוח, לשמוח, לשמוע

תרגיל 3: השלם בעתיד. כל הפעלים הם בבניין פעל צורת אפעל.

1. אין לי זמן עכשיו; .... (לקרוא) את העיתון בערב.
2. אתם .... (לשמוח) מאוד, כש................................ (לשמוע) את החדשות.
3. ילדים, אל .... (לפתוח) את הדלת לאף אחד!
4. אחרי הטיול, אנחנו .... (לרחוץ) את המכונית.
5. סיגל, אל .... (לפחוד), הרופא רק רוצה לבדוק אותך.
6. יוסי הוא הבן הקטן במשפחה, והוא .... (לשאול) את ארבע הקושיות בסדר הפסח.

תרגיל 4: שנה מרבים ליחיד. שים לב להבדל בין אפעול לאפעל.

1. אל **תִדאֲגוּ**, הכול יהיה בסדר. ....
2. הלילה הם **יִלמְדוּ** למבחן. ....
3. אורלי ורונית **יִפגְשוּ** חברים חדשים באילת. ....
4. **נַעֲבוד** כל השבוע! ....
5. ילדות, **תִשמְעוּ** הערב את התוכנית ברדיו? ....

תרגיל 5: שנה מהווה לעתיד. שים לב להבדל בין אפעול לאפעל.

1. מי **סוגר** את הדלת? ....

2. רחל **עובדת ולומדת**. ....

3. אני **שמחה** לשמוע שהכול בסדר. ....

4. אנחנו **שולחים** אי-מייל לסבא וסבתא. ....

5. הם **עובדים**, ובערב הם **חוזרים** הביתה. ....

תרגיל 6: שנה למשפט עם פועל אחד בעתיד. שים לב להבדל בין אפעול לאפעל.

1. אנחנו רוצים **לכתוב** מכתב. .... _נכתוב מכתב._

2. דליה מתכוננת **לגמור** את העבודה הערב. ....

3. אני לא רוצה **לחשוב** על לימודים היום. ....

4. אתם מתכוננים **לנהוג** לאילת? ....

5. המורה אוהב **לבדוק** את שיעורי הבית. ....

6. אתה רוצה **לעמוד** בתור לכרטיסים? ....

7. נעמי, את חושבת **ללמוד** כל הלילה? ....

8. אנחנו רוצות **ללבוש** בגדים חדשים. ....

משפטי תנאי: אם ... אז ...

Sentences that express condition (תְּנַאי) consist of two clauses: one sets the condition, and the other denotes the outcome: if a, then b. אִם (= if) expresses the condition; the use of אז (= then) in the sentence is optional. Unlike English, *both* clauses are in future tense.

אם אגור בתל אביב, (אז) אֵלֵךְ כל יום לים.   (If I [will] live in Tel Aviv, (then) I'll go to the beach every day.)

There is no significance to the order of the clauses in the sentence. However, the conditional clause always begins with אם .

For example:

נעצור לקפה, אם נגמור את הסידורים מוקדם. /   (We'll stop by for coffee if we finish our errands early.)
אם נגמור את הסידורים מוקדם, נעצור לקפה.

This structure is used only when the result of the sentence is in the future (for example, "If I have the time, I <u>will</u> join you."), and not in such sentences as "If I had the time I <u>would</u> join you."

תרגיל 7: השלם את הפיסקאות. השתמש במילים שבסוגריים.

1. המורה אומר לתלמידים: אם .... ואם ...., ולא ....

.............................., אז העברית שלכם תהיה מצוינת!

[לבוא ללמוד לקרוא לשמוע לדבר מאוד יותר מדיי אפילו]

2. אמא אומרת לאילנה: אם ....

.... ואם ....

.... אז תהיי כנרית גדולה כמו אייזיק שטרן!

[לנגן ללמוד להתאמן לעבוד להיות קשה חזק בסבלנות]

שבוע הספר העברי

היום נפתח ברחבי הארץ שבוע הספר העברי. שבוע הספר יימשך עשרה ימים.

בעשר ערים מרכזיות ובעוד 50 מקומות ברחבי הארץ יתקיימו ירידים של שבוע הספר. בירידים יהיו דוכני ספרים של הוצאות הספרים בארץ, ושם ימכרו ספרים למבקרים. בדוכנים רבים יהיה אפשר לפגוש סופרים, והם גם יחתמו על ספריהם.

150 הוצאות ספרים ימכרו בירידים עשרות אלפי ספרים בהנחות גדולות של 25 - 40 אחוזים. גם חנויות הספרים ימכרו ספרים בהנחה במשך שבוע הספר. בירידים יהיו עוד פעילויות: מפגשים עם סופרים, ערבי קריאה, פעילויות לילדים, מוסיקה, הצגות רחוב, ועוד.

השנה, יריד שבוע הספר בירושלים יתקיים במוזיאון ישראל. בתל אביב יהיה היריד בגני יהושע.

שבוע הספר העברי מתקיים מאז שנת 1959, כל שנה בהתחלת חודש יוני.

[על פי כתבה מן העיתון]

take place	להתקייֵם/מתקייֵם
fair	יָריד-יְרידים
stand	דוכָן-דוכָנים
publishing company	הוצָאַת ספרים
sign, autograph	לַחתום/חותֵם
activity	פְּעילוּת-פְּעילוּיות

שאלות:

1. מה אפשר לקנות בשבוע הספר? ....

2. למה זה כדאי? ....

3. האם רק ביריד אפשר לקנות ספרים בהנחה? ....

4. מה עוד אפשר לעשות בשבוע הספר? ....

5. מה קרה בשנת 1959? ....

6. מה זה, לדעתך, "ערבי קריאה"? ....

7. מה כתוב בטקסט במקום: בכל הארץ = ... דברים לעשות = ...

יהיו = ... יכתבו את השם שלהם = ... שוק = ...

שיעור 89

טחנת הרוח בירושלים

כל מי שביקר בירושלים מכיר את טחנת הרוח בשכונת "ימין משה". מדוע יש טחנת רוח בירושלים? מי בנה אותה, ומתי?

משה מונטיפיורי (1784 - 1885) היה יהודי עשיר ופִילַנטְרוֹפּ ידוע מאנגלייה. כל חייו הוא נסע בעולם ועזר ליהודים בכל מקום שהיו צריכים עֶזְרָה: באירופה, בצפון אפריקה, ובארץ ישראל. הוא האמין ברעיון ש"כל ישראל ערבים זה לזה".

מונטיפיורי ביקר בארץ שבע פעמים. ביקורו הראשון היה בשנת 1827, והאחרון היה ב-1875, כאשר הוא היה בן 91! הוא עזר הרבה ליהודים העניים בירושלים, אבל יותר מזה, הוא עזר להתפתחות של היישוב היהודי בארץ ישראל.

היהודים שחיו אז בירושלים גרו בעיר העתיקה, למדו תורה, וחיו מכספים שקיבלו מיהודֵי הגולה. מונטיפיורי הבין כמה חשוב שהיהודים יֵצאו מהחומות, ויִחיוּ חיים פרודוקטיביים. הוא האמין שזה יִקרֶה אם הוא יִבנֶה להם שכונות מחוץ לחומות העיר העתיקה, ואם יהיו בשכונות האלה מקומות עבודה. וכך הוא בנה את השכונות הראשונות מחוץ לחומות (משכנות שאננים וימין משה) ואת טחנת הרוח בשכונת ימין משה.

בהתחלה היהודים פחדו לחיות מחוץ לחומות. הם יצאו לעבוד במקומות העבודה החדשים, אבל בערב חזרו לבתיהם בעיר העתיקה. אבל עם הזמן, יותר ויותר יהודים יצאו אל השכונות החדשות שבנה מונטיפיורי. הם חיו שם ועבדו שם. זה היה הבסיס לירושלים המודרנית, שמחוץ לחומות.

בטחנת הרוח שבנה מונטיפיורי יש היום מוזיאון קטן על האיש מונטיפיורי והדברים שעשה בארץ. יש שם גם רֶפּלִיקָה של הכרכרה שמונטיפיורי נסע בה בארץ ישראל.

משכנות שאננים וטחנת הרוח בשנת 1860

טַחֲנַת רוּחַ	windmill
לְהַאֲמין/הֶאֱמין	believed
עָרֵב-עֲרֵבָה	responsible
עָני-עֲנִייָה	poor
הִתְפַּתְחוּת	development
יישוּב	community, settlement
העיר הָעַתִיקָה	the old city
גוֹלָה	diaspora
חוֹמָה-חוֹמוֹת	wall
כִּרְכָּרָה	carriage

שאלות:

1. איפה נמצאת טחנת הרוח? ....
2. מי היה משה מונטיפיורי? ....
3. מדוע מונטיפיורי עזר ליהודים? ....
4. האם היהודים בירושלים חיו חיים פרודוקטיביים? ....

5. מדוע מונטיפיורי בנה את טחנת הרוח? ....

6. מדוע היהודים חזרו בלילה לעיר העתיקה? ....

7. איך מונטיפיורי נסע בארץ ישראל? ....

השלמות:

1. מונטיפיורי חשב ש .... יש אחריות ליהודים האחרים.

2. מונטיפיורי חשב שאם הוא יבנה ליהודים שכונות חדשות, הם ....

3. הוא חשב שאם יהיו ליהודים מקומות עבודה, אז הם ....

בניין פעל גזרת ל״ה בעתיד

Verbs that belong to בניין פעל, גזרת ל״ה conjugate in the future tense in the same way as the verb להיות . The stem for the future conjugation is אִקְנֶה , אִשְׁתֶּה , etc. (like אִהְיֶה). Forms that have an additional י or ו suffix (את, אתם, אתן, הם and הן), lose the ה as well as the /e/ vowel that precedes it. For example: תִּרְצִי (and not תרצֶהי). Not surprisingly, the initial vowel in the first-person singular (אני) is /e/ אֶ.

The verbs: לבנות, להיות, לחיות, לקנות, לקרות, לראות, לרצות, לשתות -- all conjugate like the verb לקנות in the following example:

לִקְנוֹת >> אִקְנֶה

אֶקְנֶה		נִקְנֶה	
תִּקְנֶה	תִּקְנִי	תִּקְנוּ	תִּקְנוּ
הוא יִקְנֶה	היא תִּקְנֶה	הם יִקְנוּ	הן יִקְנוּ

The conjugation of the verbs whose first root letter is ע, such as לעלות and לעשות, is:

אֶעֱלֶה		נַעֲלֶה	
תַּעֲלֶה	תַּעֲלִי	תַּעֲלוּ	תַּעֲלוּ
הוא יַעֲלֶה	היא תַּעֲלֶה	הם יַעֲלוּ	הן יַעֲלוּ

תרגיל 1: השלם את הפעלים בכל הגופים.

אני	אתה	את	הוא	היא	אנחנו	אתם / אתן	הם / הן
אֶשְׁתֶּה							
	תַּעֲלֶה						
		תַּעֲשִׂי					
						תִּקְנוּ	
							יִרְאוּ

תרגיל 2: השלם בפעלים בזמן **עתיד** לפי הפעלים שבאותיות מודגשות.

1. אני צריך להישאר בבית. עוד לא **עשיתי** את שיעורי הבית, ואמא שלי רוצה ש .... אותם עכשיו.
2. למה אתם לא **עולים** לאוטובוס? הנהג מחכה ש ....
3. במרכז העיר **בונים** הרבה בניינים גבוהים. אני מקווה שלא .... גם על יד הבית שלנו.
4. לא **שתית** שום דבר?! חשוב מאוד ש ....
5. ענת, למה לא **היית** אתמול בשיעור? אני מבקש ש .... כל יום!
6. רציתי ש .... עוגת שוקולד, אבל את **קנית** עוגת גבינה!
7. העולים רוצים **לחיות** בישראל. אנחנו מקווים ש ....
8. אנחנו הולכים עכשיו **לקנות** אוכל. אתם רוצים ש ....?

בניין פעל גזרת פ״י בעתיד

Verbs that belong to בניין פעל, גזרת פ״י conjugate in future like the verb לרדת in the example below.
[Remember the forms נֵלֵךְ ; נֵשֵׁב , and נֵצֵא , in such expressions as ״בואי נֵשֵׁב״, ״בואו נֵלֵךְ״, etc.]
Among these verbs are: ללכת , לשבת , לצאת , לרדת , and לדעת .

לָרֶדֶת << אֵרֵד

אֵרֵד		נֵרֵד	
תֵּרֵד	תֵּרְדִי	תֵּרְדוּ	תֵּרְדוּ
הוא יֵרֵד	היא תֵּרֵד	הם יֵרְדוּ	הן יֵרְדוּ

תרגיל 3: שנה לעתיד, גם את הפעלים וגם את ביטויי הזמן.

1. אתמול לא יצא לנו ללכת למוזיאון. מחר לא...
2. כשהייתי קטן, לא ידעתי הרבה דברים. ....
3. ישבנו קודם על הדשא. ....
4. רות, לאן הלכת אתמול בערב? ....
5. הם כבר ירדו מההר לפני שעתיים. ....
6. לאן הלכתם לפני השיעור? ....

תרגיל 4: שנה למשפטי תנאי (אם ... אז ...).

1. לא קניתי את הספר, כי הוא עלה הרבה כסף. לא אקנה את הספר, אם הוא יעלה הרבה כסף.
2. חם לנו, אז אנחנו שותים הרבה מים. ....
3. כשאתם יוצאים, אנחנו יוצאים איתכם. ....
4. אמא כועסת, כי אתם עושים הרבה רעש. ....
5. אין לה מה לעשות, לכן היא רואה טלוויזיה. ....
6. רונית יושבת בבית, כשיורד גשם. ....
7. יש להם עבודה טובה, לכן הם חיים פה. ....

ש י ע ו ר 9 0

סיכום של זמן עתיד

פעל שלמים - אפעול

לכתוב, לפגוש, לגמור, לסגור

אֶכתוב		נִכתוב
תִכתוב	תִכתְבי	תִכתְבו
יִכתוב	תִכתוב	יִכתְבו

פעל שלמים - פה״פ ע׳ או ח׳

לעבוד, לעזור, לעמוד, לחשוב, לחזור

אֶעֱבוד		נַעֲבוד
תַעֲבוד	תַעַבְדי	תַעַבְדו
יַעֲבוד	תַעֲבוד	יַעַבְדו

פעל שלמים - אפעל

ללמוד, לשמוח, לנהוג, לשמוע, לפתוח, לדאוג

אֶלמַד		נִלמַד
תִלמַד	תִלמְדי	תִלמְדו
יִלמַד	תִלמַד	יִלמְדו

פעל ע״ו

לרוץ, לנוח, לגור, לשיר, לשים, לבוא

אָרוּץ		נָרוּץ
תָרוּץ	תָרוּצי	תָרוּצוּ
יָרוּץ	תָרוּץ	יָרוּצוּ

פעל פ״י

לשבת, ללכת, לדעת, לצאת, לרדת

אֵשֵב		נֵשֵב
תֵשֵב	תֵשְבי	תֵשְבוּ
יֵשֵב	תֵשֵב	יֵשְבוּ

פעל ל״ה

להיות, לקנות, לראות, לשתות

אֶהְיֶה		נִהְיֶה
תִהְיֶה	תִהְיי	תִהיו
יִהְיֶה	תִהְיֶה	יִהיו

פעל ל״ה - פה״פ ע׳ או ח׳

לעשות, לעלות, לענות

אֶעֱשֶׂה		נַעֲשֶׂה
תַעֲשֶׂה	תַעֲשׂי	תַעֲשׂוּ
יַעֲשֶׂה	תַעֲשֶׂה	יַעֲשׂוּ

פיעל שלמים

לדבר, לספר, לטייל, לשלם, לשחק, לנגן, לבקש

אֲדַבֵּר		נְדַבֵּר
תְדַבֵּר	תְדַבְּרי	תְדַבְּרו
יְדַבֵּר	תְדַבֵּר	יְדַבְּרו

תרגיל 1: לפני/בעוד. השלם את המשפטים כרצונך.

1. לפני 10 שנים הייתי בבית ספר יסודי; בעוד עשר שנים ...
2. לפני שעתיים הוא עלה על הגג, ורק בעוד שעתיים ...
3. לפני 15 דקות השיעור התחיל, ובעוד 40 דקות ...
4. לפני 3 שנים ביקרנו בישראל, ואנחנו מקווים ש...
5. לפני חצי שעה הם הלכו לחנות, ואמרו ש...
6. לפני שבועיים פגשתי את ההורים שלך, ואני חושב ש...
7. לפני 3 שנים, גרתי בבית, עם המשפחה שלי. מי יודע איפה ...

תרגיל 2: השלם בזמן עתיד.

1. המורה מבקש ש ....

2. אנחנו מקווים ש ....

3. כולם מחכים ש ....

4. ההורים שלי רוצים ש ....

5. אני מאמין/ה שחשוב ש ....

תרגיל 3: השלם את המשפטים בזמן עתיד, לפחות 3 פעלים לכל משפט.

1. הערב אתם לא תלמדו. אתם ....
....

2. בשבוע הבא היא תהיה בחופשה באילת. שם היא ....
....

3. אחרי הצהריים אהיה בפארק. יהיה שם ....
....

4. הבן שלהם ילך לצבא. הם ....
....

5. במשך החופשה אנחנו לא נלמד. אנחנו ....
....

6. אחרי הצהריים הוא ילך למרכז העיר. שם הוא ....
....

7. כדאי לך לגור בלי שותפות. בדירה שלך את ....
....

8. סיימתי את הקורס לעברית. בעתיד אני ....
....

מ י ל י ם ל י ח י ד ה 8

שמות עצם	NOUNS
אֲווירָה (נ)	atmosphere
אוּמָן, אוּמָנית	artist
אוּמָנוּת (נ)	art
אוֹפּטימיסט, אוֹפּטימיסטית	optimist
אוֹשֶר (ז)	happiness
אַחֲריוּת (נ)	responsibility
אֱמֶת (נ)	truth
אֶנציקלוֹפֶּדיָה (נ) ~פֶּדיוֹת	encyclopedia
אֶפּילוֹג (ז)	epilogue
גוֹלָה (נ)	diaspora
גיל (ז) גילים	age
גִמלַאי, גִמלָאית	pensioner
דמוּת (נ) דמוּיוֹת	figure (person)
דֵעָה (נ) דֵעוֹת	opinion
דֶשֶא (ז) דְשָאים	grass
הוֹצָאַת־סְפָרים (נ)	publishing house
הַנהָלָה (נ)	management
הַצלָחָה (נ) הַצלָחוֹת	success
הַרמוֹניָה (נ)	harmony
הִתפַּתחוּת (נ) הִתפַּתחוּיוֹת	development
זַמָר, זַמֶרֶת	singer
חוֹמָה (נ) חוֹמוֹת	wall
חַזָן, חַזָנית	cantor
חַיים (ז"ר)	life
טַחֲנַת־רוּחַ (נ) טַחֲנוֹת־רוּחַ	windmill
יישוּב (ז) יישוּבים	community
יָמין (ז)	right (side)
יָריד (ז) יְרידים	fair
כָּבוֹד (ז)	honor, respect
כָּבוֹד עַצמי (ז)	self respect
כיבּוּד (ז)	refreshment
כינוֹר (ז) כינוֹרוֹת	violin
כַּנָר, כַּנָרית	violinist
כִּרכָּרָה (נ) כִּרכָּרוֹת	carriage
כַּתָב, כַּתֶבֶת	correspondent
לַהֲקָה (נ) לְהָקוֹת	band
מֵאָה (נ) מֵאוֹת	century

מוֹטיב (ז) מוֹטיבים	motif, theme
מַחֲלָה (נ) מַחֲלוֹת	illness, disease
מַחשָבָה (נ) מַחשָבוֹת	thought
מיליוֹן (ז) מיליוֹנים	million
מַלחין, מַלחינָה	composer
מְנַצֵחַ, מְנַצַחַת	conductor
מַקהֵלָה (נ) מַקהֵלוֹת	choir
מְשוֹרֵר, מְשוֹרֶרֶת	poet
נַגָן, נַגֶנֶת	music player
נָשיא, נְשיאָה	president
סימפוֹניָה (נ) סימפוֹניוֹת	symphony
סֶמינָר (ז) סֶמינָרים	seminar
סַפָּר, סַפָּרית	barber
עֲבוֹדָה (נ) עֲבוֹדוֹת	work of art
עֶזרָה (נ)	help
עֲיָירָה (נ) עֲיָירוֹת	small town
עֲיָירָה יְהוּדית (נ)	shtetl
עִניָין (ז) עִניָינים	matter
עֶצֶב (ז)	sorrow
פילַנתְרוֹפּ, פילַנתְרוֹפּית	philanthropist
פיסקָה (נ) פיסקָאוֹת	paragraph
פַנטַסיָה (נ) פַנטַסיוֹת	fantasy
פֶסטיבָל (ז) פֶסטיבָלים	festival
פְּסַנתֵר (ז) פְּסַנתֵרים	piano
פְּעילוּת (נ) פְּעילוּיוֹת	activity
פְּרָס (ז) פְּרָסים	prize
ציוּר (ז) ציוּרים	painting, drawing
צַייָר, צַייֶרֶת	painter
קוֹמֶדיָה (נ) קוֹמֶדיוֹת	comedy
קוֹמפּוֹזיטוֹר, קוֹמפּוֹזיטוֹרית	composer
קֶלְן (נ)	Cologne (in Germany)
קָריקָטוּרָה (נ) קָריקָטוּרוֹת	caricature
רֹאש־עיר (ז) רָאשֵי־עָרים	mayor
רוֹב (ז)	majority
רֶפּליקָה (נ) רֶפּליקוֹת	replica
שוֹאָה (נ)	holocaust
שוֹשַנַת־מַיִם (נ) שוֹשַנֵי־מַיִם	water lily
שָטיחַ (ז) שְטיחים	tapestry

שְׂמֹאל (ז)	left
שִׂמחָה (נ) שְׂמָחוֹת	joy
תוֹרָה (נ)	Torah
תִזמוֹרֶת (נ) תִזמוֹרוֹת	orchestra
תְנַאי (ז) תְנָאים	condition
תַעֲרוּכָה (נ) תַעֲרוּכוֹת	exhibition

שמות תואר	ADJECTIVES
אַבּסטְרַקטי, אַבּסטְרַקטית	abstract
אוֹפּטי, אוֹפּטית	optical
בָּטוּחַ, בְּטוּחָה	certain
חֶברָתי, חֶברָתית	social
חֲסַר־בַּיִת, חַסְרַת־בַּיִת	homeless
כָּזֶה, כָּזֹאת	such as this
מאוֹהָב, מְאוֹהֶבֶת	in love
מְיוּחָד, מְיוּחֶדֶת	special
מיסטי, מיסטית	mystical
מְכוּבָּד, מְכוּבֶּדֶת	respectable
מְעוּלֶה, מְעוּלָה	superior
נָאיבי, נָאיבית	naive
נוֹדָע, נוֹדַעַת	famous
נִכבָּד, נִכבָּדָה/נִכבֶּדֶת	honored
עָני, עֲנייָה	poor
עַצמי, עַצמית	self
עָרֵב, עֲרֵבָה	responsible
עַתיק, עַתיקָה	ancient
פּוֹליטי, פּוֹליטית	political
פָּעיל, פְּעילָה	active
קָשֶה, קָשָה	hard
שוֹנֶה, שוֹנָה	different

פעלים	VERBS
פָּעַל	
בּוֹנֶה, לִבנוֹת	build
חוֹתֵם, לַחתוֹם	sign
חַי, לִחיוֹת	live
קוֹרֶה, לִקרוֹת	happen
שוֹמֵר, לִשמוֹר	save

תוֹפֵס, לִתפּוֹס	catch, occupy

נִפעַל

נִמשָך, לְהִימָשֵך	last
נִפתַח, לְהִיפָּתַח	be opened

פִּיעֵל

מְחַכֶּה, לְחַכּוֹת	wait
מְחַפֵּש, לְחַפֵּש	look for, seek
מְטַלפֵּן, לְטַלפֵּן	telephone
מְכַבֵּד, לְכַבֵּד	respect, offer refreshments
מְלַוֶוה, לְלַווֹת	accompany
מְעַשֵן, לְעַשֵן	smoke
מְצַייֵר, לְצַייֵר	paint
מְצַלֵם, לְצַלֵם	photograph

הִתפַּעֵל

מִשתַתֵף, לְהִשתַתֵף	participate
מִתקַיֵים, לְהִתקַיֵים	take place

הִפעִיל

מַאֲמִין, לְהַאֲמִין	believe
מַסכִּים, לְהַסכִּים	agree
מַצִיג, לְהַצִיג	present
מַצִיעַ, לְהַצִיעַ	offer
מַתקִין, לְהַתקִין	install

תארי פועל	ADVERBS
אַחֶרֶת	otherwise
בְּאוֹשֶר	happily
בְּרַחֲבֵי־	all over
בְּשִׂמחָה	happily
וָמַעלָה	and up
יוֹתֵר מִדַי	too (much)
מֵחָדָש	anew
עֲדַיִין	still
שוּב	again

מילות יחס	PREPOSITIONS
בִּגלַל	because of
בִּגלָלִי, בִּגלָלְךָ	because of me, you...
בִּמקוֹם	instead of
לִכבוֹד	for, in honor of
לִכבוֹדִי, לִכבוֹדְךָ...	for me, for you...
מִתוֹך	out of

שונות	MISC.
אֶחָד מִ..., אַחַת מִ...	one of
אַרבַּע הַקוּשִיוֹת	the 4 questions in the Seder
בְּעֵינֵי־	in one's view
בְּעֵינַי, בְּעֵינֶיךָ...	in my, your opinion...
הַ...	that
הַמֵאָה הָ־20 (נ)	the 20th century
הָעִיר הָעַתִיקָה	the old city
וָמַעְלָה	and up
טוֹב זוֹ לֹא מִילָה	good is an understatement
כָּכָה זֶה	That's the way it is
כָּל־הַכָּבוֹד!	Way to go!
לֹא בָּא בְּחֶשבּוֹן!	No way!
מַה פִּתאוֹם?	How come?
שְנוֹת הַ־50	the 50s

מ י ל ו ן   ע ב ר י - א נ ג ל י

This dictionary includes all of the Hebrew words in the textbook, arranged alphabetically by their כתיב מלא spelling (the way they are spelled in the textbook).

Every entry is given in full ניקוד. In case of different spelling in כתיב מלא and כתיב חסר, both spellings are given, separated by a comma. For example, שתיים, שְׁתַּיִם .

Nouns are given in singular (singular-masculine, if they have four forms); adjectives are given in singular-masculine; verbs are given in the present tense singular-masculine form.

Other forms and conjugations of each entry are given in smaller letters on the second line.
[Note that these additional forms are given in כתיב מלא, with only partial ניקוד .]

- Nouns are given in their feminine form (if applicable) as well as their plural form/s.
  For example, חֲתוּלָה, חֲתוּלִים, חֲתוּלוֹת . The סמיכות forms, if relevant, follow, separated by semicolons.
  For example, חֲדָרִים; חֲדַר־, חַדְרֵי־ (the סמיכות forms are typified by a high dash).
- Adjectives are given in the feminine and plural forms. For example, מְאוּשֶׁרֶת, מְאוּשָׁרִים, מְאוּשָׁרוֹת .
- Verbs are given in the infinitive, past, and future conjugations, followed by their roots, בניין, and גזרה .
  For example, לִקְנוֹת, קָנָה, יִקְנֶה; ק.נ.ה.; פעל, ל״ה .
  [For complete conjugations of verbs use the online verb dictionary.]
- Prepositions are given with all pronoun suffixes in full ניקוד.
  For example: לִי, לְךָ, לָךְ, לוֹ לָהּ, לָנוּ, לָכֶם/ן, לָהֶם/ן .

References to other entries are given in brackets. For example, בבקשה [ראה: בקשה] .

The following abbreviations are used to indicate the part of speech for each entry:

שם	noun with masculine and feminine forms
ז' (זכר)	masculine noun
נ' (נקבה)	feminine noun
ז"ר (זכר, רבים)	plural-masculine noun
נ"ר (נקבה, רבות)	plural-feminine noun
ת' (תואר)	adjective
פ' (פועל)	verb
תה"פ (תואר הפועל)	adverb
ש"מ (שם מספר)	number
מ"י (מילת יחס)	interrogative
מ"ג (מילת גוף)	pronoun
מ"ח (מילת חיבור)	conjunctive
מ"ש (מילת שאלה)	interrogative
מ"ק (מילת קריאה)	interjection

א

אָב ז׳ — father
אָבוֹת

אַבָּא ז׳ — dad

אֲבוֹקָדוֹ ז׳ — avocado

אֲבָל מ״ח — but

אֶבֶן נ׳ — stone, rock
אֲבָנִים

אַבְּסְטְרַקְטִי ת׳ — abstract
אַבְּסְטְרַקְטִית, אַבְּסְטְרַקְטִיִּים, אַבְּסְטְרַקְטִיּוֹת

אֱגוֹז ז׳ — nut
אֱגוֹזִים

אֲגוֹרָה נ׳ — Agora
אֲגוֹרוֹת

אדום, אָדֹם ת׳ — red
אֲדוּמָּה, אֲדוּמִּים, אֲדוּמּוֹת

אָדוֹן ז׳ — Mr.
אֲדוֹנִים

- אֲדוֹנִי ז׳ — Sir

אַהֲבָה נ׳ — love
אֲהָבוֹת

אַהְלָן [ערבית] — Hi

אוֹ מ״ח — or

אוֹגֵד ז׳ — copula
אוֹגְדִים

אוֹהֵב פ׳ — like, love
לֶאֱהוֹב, אָהַב, יֹאהַב; א.ה.ב.; פעל

אוֹהֵב שם — lover
אוֹהֶבֶת, אוֹהֲבִים, אוֹהֲבוֹת

אוהל, אֹהֶל ז׳ — tent
אוֹהָלִים

אוויר, אֲוִיר ז׳ — air

אווירה, אֲוִירָה נ׳ — atmosphere

אוזן, אֹזֶן נ׳ — ear
אוֹזְנַיִים

אוֹטוֹ ז׳ — auto

אוֹטוֹבּוּס ז׳ — bus
אוֹטוֹבּוּסִים

אוֹטוֹמָטִי ת׳ — automatic
אוֹטוֹמָטִית, אוֹטוֹמָטִים, אוֹטוֹמָטִיּוֹת

אוֹי מ״ק — Oh, oh my!

אוֹי וַאֲבוֹי מ״ק — (warning expression)

אוכל, אֹכֶל ז׳ — food

אוֹכֵל פ׳ — eat
לֶאֱכוֹל, אָכַל, יֹאכַל; א.כ.ל.; פעל

אוּלַי מ״ח — perhaps

אומן, אָמָּן שם — artist
אוּמָּנִית, אוּמָּנִים, אוּמָּנִיּוֹת

אומנות, אָמָּנוּת נ׳ — art

אוֹמֵר פ׳ — say
לוֹמַר, אָמַר, יֹאמַר; א.מ.ר.; פעל

- אָמַרְתִּי לְךָ! — I told you so!

- זֹאת אוֹמֶרֶת — it means, namely

- מָה אַתָּה אוֹמֵר! — no kidding!

אוּנִיבֶרְסִיטָה נ׳ — university
אוּנִיבֶרְסִיטָאוֹת; אוּנִיבֶרְסִיטַת־

אוֹפְּטִי ת׳ — optical
אוֹפְּטִית, אוֹפְּטִיִּים, אוֹפְּטִיּוֹת

אוֹפְּטִימִיסְט שם — optimist
אוֹפְּטִימִיסְטִית, אוֹפְּטִימִיסְטִים, אוֹפְּטִימִיסְטִיּוֹת

אופניים, אוֹפַנַּיִם ז״ר — bicycle

אוֹפֶּרָה נ׳ — opera
אוֹפֶּרוֹת

אוֹקְטוֹבֶּר ז׳ — October

אוֹר ז׳ — light
אוֹרוֹת

אורז, אֹרֶז ז׳ — rice

אוֹרֵחַ שם — guest
אוֹרַחַת, אוֹרְחִים, אוֹרְחוֹת

אושר, אֹשֶׁר ז׳ — happiness

- באושר, בְּאֹשֶׁר תה״פ — happily

אוֹת נ׳ — letter
אוֹתִיּוֹת

אוֹתוֹ הַ... ת׳ — the same
אוֹתָהּ ה..., אוֹתָם ה..., אוֹתָן ה...

אָז תה״פ — then, so

אֵזוֹר ז׳ — area
אֵזוֹרִים

אָח ז׳ — brother/sister, nurse
אָחוֹת, אַחִים, אַחָיוֹת

אֶחָד ש״מ — one (m.)

- אֶחָד אֶחָד תה״פ — one by one
אַחַת אַחַת

- אַחַד הַ־ — one of the... (m.)

- אֶחָד ... הַשֵּׁנִי — each other (m.)

- אֶחָד מִ... — one of (m.)
אֲחָדִים מִ...

- אַחַד־עָשָׂר — eleven (m.)

אֲחָדִים ת׳ — several
אֲחָדוֹת

אָחוּז ז׳ — percent
אֲחוּזִים

- מֵאָה אָחוּז — 100%

אַחֵר ת׳ — other, different
אַחֶרֶת, אֲחֵרִים, אֲחֵרוֹת

אַחֲרוֹן ת׳ — last
אַחֲרוֹנָה, אַחֲרוֹנִים, אַחֲרוֹנוֹת

אַחֲרֵי מ״י — after

אַחְרָיוּת נ׳ — responsibility

אַחַר־כָּךְ תה״פ — afterwards

אַחֶרֶת תה״פ — otherwise

אַחַת ש״מ — one (f.)

- אַחַת הַ־ — one of the... (f.)

- אַחַת ... הַשְּׁנִיָּה — each other (f.)

- אַחַת מִ... — one of (f.)
אֲחָדוֹת מִ...

- אַחַת עֶשְׂרֵה ש״מ — eleven (f.)

- אַחַת שְׁתַּיִם תה״פ — quickly

אִי־ — un- (reverse prefix)

אי־אפשר [ראה: אפשר]

אי־זוגי [ראה: זוגי]

אֵיזֶה מ״ש — which
אֵיזוֹ, אֵילוּ

איזו [ראה: איזה]

אֵילַת נ׳ — Eilat (city)

אימון, אִמּוּן ז׳ — training
אימונים

אֵין ז׳ — there is/are no

- אֵין כְּמוֹ... — there's nothing like...

- אֵין לְ... — don't have

אֵיךְ מ״ש — how

- אֵיךְ זֶה — how is it

- אֵיךְ זֶה שֶׁ... — how come

אילו [ראה: איזה]

אי־מייל, אִימֵיל ז׳ — e-mail

אִינְטֶלִיגֶנְטִי ת׳ — intelligent
אִינְטֶלִיגֶנְטִית, ~גֶנְטִיִּים, ~גֶנְטִיּוֹת

אִינְטֶלֶקְטוּאָל שם — intellectual
אִינְטֶלֶקְטוּאָלִית, ~טוּאָלִים, ~טוּאָלִיּוֹת

אִינְטֶרְנֶט ז׳ — internet

אִינְץ׳ ז׳ — inch
אינצ׳ים

אֵיפֹה מ״ש — where

אַי־פּוֹד ז׳ — iPod

אֵירוֹפָּה נ׳ — Europe

English	Hebrew
person	אִישׁ ז׳ / אֲנָשִׁים
woman, wife	אישה, אִשָּׁה נ׳ / נשים
personal	אִישִׁי ת׳ / אישית, אישיים, אישיות
but	אַךְ מ״ח
eating	אֲכִילָה נ׳
don't	אַל מילת שלילה
to	אֶל מ״י
these	אֵלֶּה/אֵלּוּ מ״ג
thousand	אֶלֶף ז׳ / אֲלָפִים; אלפיים
alphabetical	אַלְפָבֵּיתִי ת׳ / אלפביתית, אלפביתיים, אלפביתיות
if	אִם מ״ח
mother	אֵם נ׳ / אמהות
Mom	אִמָּא נ׳
bath (tub)	אַמְבַּטְיָה נ׳ / אמבטיות
American	אֲמֵרִיקָאִי/אֲמֵרִיקָנִי ת׳ / אמריקאית/נית, ~אים/גיים, ~איות/ניות
America	אֲמֵרִיקָה נ׳
truth	אֱמֶת נ׳
really	בֶּאֱמֶת תה״פ
England	אַנְגְּלִיָּה נ׳
English	אַנְגְּלִית נ׳
we	אֲנַחְנוּ מ״ג
antenna	אַנְטֶנָה נ׳ / אנטנות
I	אֲנִי מ״ג
encyclopedia	אֶנְצִיקְלוֹפֶּדְיָה נ׳ / אנציקלופדיות
people	אֲנָשִׁים ז״ר [ראה: איש]
it's forbidden	אָסוּר ת׳
astronaut	אַסְטְרוֹנָאוּט שם / אסטרונאוטית, אסטרונאוטים, אסטרונאוטיות
astronomy	אַסְטְרוֹנוֹמְיָה נ׳
aspirin	אַסְפִּירִין ז׳ / אספירינים
even	אַף מ״ח
no one	אַף אֶחָד (לא) שם
never	אַף פַּעַם (לא) תה״פ

English	Hebrew
baked	אָפוּי ת׳ / אפויה, אפויים, אפויות
even	אפילו, אֲפִלּוּ מ״ח
epilogue	אֶפִּילוֹג ז׳
zero	אֶפֶס ש״מ
it's possible	אֶפְשָׁר תה״פ
it's impossible	אִי-אֶפְשָׁר תה״פ
at	אֵצֶל מ״י / אצלי, אצלך, אצלך, אצלו, אצלה / אצלנו, אצלכם, אצלכן, אצלם, אצלן
academic	אֲקַדְמַאי שם / אקדמאית, אקדמאים, אקדמאיות
express	אֶקְסְפְּרֶס ז׳
four (f.)	אַרְבַּע ש״מ
four hundred	אַרְבַּע-מֵאוֹת ש״מ
fourteen (f.)	אַרְבַּע-עֶשְׂרֵה ש״מ
four (m.)	אַרְבָּעָה ש״מ
fourteen (m.)	אַרְבָּעָה-עָשָׂר ש״מ
four thousand	אַרְבַּעַת-אֲלָפִים ש״מ
forty	אַרְבָּעִים ש״מ
box	אַרְגָּז ז׳ / ארגזים
Argentina	אַרְגֶּנְטִינָה נ׳
USA	ארה״ב [ארצות-הברית]
meal	אֲרוּחָה נ׳ / ארוחות; ארוחת-
breakfast	ארוחת-בוקר
dinner	ארוחת-ערב
lunch	ארוחת-צהריים, צָהֳרַיִם
long	ארוך, אָרֹךְ ת׳ / ארוכה, ארוכים, ארוכות
lion	אַרְיֵה ז׳ / אריות
architecture	אַרְכִיטֶקְטוּרָה נ׳
rabbit	אַרְנָב שם / ארנבת, ארנבים, ארנבות
country	אֶרֶץ נ׳ / ארצות
USA	אַרְצוֹת-הַבְּרִית (ארה״ב) נ׳
Israel (literally, "the land")	הָאָרֶץ
credit	אַשְׁרַאי ז׳
(precedes definite direct object)	אֶת מ״י / אותי, אותך, אותך, אותו, אותה / אותנו, אתכם, אתכן, אותם, אותן
you (s.f.)	אַתְּ מ״ג

English	Hebrew
you (s.m.)	אַתָּה מ״ג
you (p.m.)	אַתֶּם מ״ג
yesterday	אֶתְמוֹל ז׳, תה״פ
you (p.f.)	אַתֶּן מ״ג
site	אֲתָר ז׳ / אתרים

ב

English	Hebrew
in, at	בְּ... מ״י
come	בָּא פ׳ / לבוא, בָּא, יבוא; ב.ו.א.; פעל, ע״ו
I feel like	בָּא לִי
next	הַבָּא ת׳ / הבאה, הבאים, הבאות
really	בֶּאֱמֶת תה״פ
please, you're welcome	בְּבַקָשָׁה
clothes	בֶּגֶד ז׳ / בגדים
swim suit	בֶּגֶד-יָם ז׳
because of	בִּגְלַל מ״י / בגללי, בגללך, בגללך, בגללו, בגללה / בגללנו, בגללכם/ן, בגללם/ן
exactly	בְּדִיּוּק תה״פ
joke	בְּדִיחָה נ׳ / בדיחות
checkup	בְּדִיקָה נ׳ / בדיקות
	בדרך [ראה: דרך]
Baha'i	בַּהָאִי ת׳, שם / בהאית, בהאיים, בהאיות
clear	בָּהִיר ת׳ / בהירה, בהירים, בהירות
let's...	בּוֹא... / בואי, בואו
check	בּוֹדֵק פ׳ / לבדוק, בָּדַק, יבדוק; ב.ד.ק.; פעל
peanuts	בּוֹטְן, בֹּטֶן ז׳ / בוטנים
cry	בּוֹכֶה פ׳ / לבכות, בָּכָה, יבכֶּה; ב.כ.ה.; פעל, ל״ה
stamp	בּוּל ז׳ / בולים
build	בּוֹנֶה פ׳ / לבנות, בָּנָה, יבנֶה; ב.נ.ה.; פעל, ל״ה
morning	בּוֹקֶר, בֹּקֶר ז׳ / בקרים
	בזול [ראה: זול]

בַּזְּמַן תה״פ — on time

בַּחוּץ תה״פ — outside

בָּחוּר ש״ם — young person
בַּחוּרָה, בַּחוּרִים, בַּחוּרוֹת

בַּחֲזָרָה תה״פ — back

בְּחַיַּי — (I swear) on my life

בָּטוּחַ ת׳ — certain
בְּטוּחָה, בְּטוּחִים, בְּטוּחוֹת

בֶּטַח תה״פ — sure

בֶּטֶן נ׳ — stomach

בְּטֶרֶם תה״פ — before

בִּידֵי מ״י — by

בִּיּוֹלוֹגְיָה נ׳ — biology

ביוקר, בְּיֹקֶר תה״פ — expensively, dearly

בְּיוֹתֵר תה״פ — the most

בְּיַחַד תה״פ [גם: יחד] — together

ביטוי, בִּטּוּי ז׳ — expression
ביטויים

בַּיי [אנגלית] — bye

בייבי, בֵּיבִּי־סִיטֶר ש״ם — babysitter
בייבי־סיטֶרית, ־סיטֶרים, ־סיטֶריות

בֵּין מ״י — between

- בֵּין־עִירוֹנִי ת׳ — inter-city
בֵּין־עירונית, ־עירוניים, ־עירוניות

בֵּינוֹנִי ז׳ — present tense

- בֵּינוֹנִי פָּעוּל ז׳ — passive form of Paal verbs

בֵּיצָה נ׳ — egg
בֵּיצים

ביקור, בִּקּוּר ז׳ — visit
ביקורים

בִּירָה [גם: עיר בירה] — capital city
בירות

בִּירָה נ׳ — beer
בירות

בישול, בִּשּׁוּל ז׳ — cooking

בַּיִת ז׳ — house, home
בָּתִּים; בֵּית־, בָּתֵּי־

- בֵּית־חוֹלִים — hospital

- בֵּית־כְּנֶסֶת — synagogue

- בֵּית־מָלוֹן [גם: מלון] — hotel

- בֵּית־סֵפֶר — school

- בֵּית־סֵפֶר יְסוֹדִי — elementary school

- בֵּית־סֵפֶר תִּיכוֹן — high school

- בֵּית־קָפֶה — coffee house

- בַּבַּיִת תה״פ — at home

- הַבַּיְתָה תה״פ — (to one's) home

בִּכְלָל (לֹא) תה״פ — (not) at all

בִּלְבַד תה״פ — only

בַּלֶּט ז׳ — ballet

בְּלִי מ״י — without

בַּמְבָּה נ׳ — snack (brand)

בִּמְהֵרָה תה״פ — quickly

במיוחד, בִּמְיֻחָד תה״פ — especially

בִּמְקוֹם מ״י — instead of

בְּמֶשֶׁךְ תה״פ — during

בֵּן ז׳ — son, of (rare)
בָּנִים

- אֲנִי בֶּן... — I'm ... old (m.)

- בֶּן־דּוֹד — cousin (m.)
בְּנֵי־דודים

- בֶּן כַּמָּה... — how old... (m.)

- בֶּן־מִשְׁפָּחָה — family member
בְּנֵי־משפחה

בניין, בִּנְיָן ז׳ — building, conjugation pattern
בִּנְיָנִים

- בניין, בִּנְיַן־מִשְׂרָדִים ז׳ — office building

- שִׁבְעַת הַבִּנְיָנִים:
פָּעַל (קל) ; נִפְעַל ; פיעל, פִּעֵל ; פועל, פֻּעַל ;
הִתְפַּעֵל ; הִפְעִיל ; הופעל,הָפְעַל

בְּנֵי־יִשְׂרָאֵל ז״ר — people of Israel

בַּנְק ז׳ — bank
בַּנְקים

בְּסֵדֶר תה״פ — fine, in order

- בְּסֵדֶר גָּמוּר — Absolutely!

בָּסִיס ז׳ — base
בְּסיסים

בְּעוֹד תה״פ — in (time)

בְּעָיָה נ׳ — problem
בְּעָיוֹת

בְּעֵינֵי־ — in one's view
בְּעֵינַי, בְּעֵינֶיךָ, בְּעֵינַיִךְ, בְּעֵינָיו, בְּעֵינֶיהָ,
בְּעֵינֵינוּ, בְּעֵינֵיכֶם/ן, בְּעֵינֵיהֶם/ן

בַּעַל ז׳ — husband
בְּעָלִים

בְּעֶצֶם תה״פ — actually

בָּצָל ז׳ — onion
בְּצָלים

בַּקְבּוּק ז׳ — bottle
בַּקְבּוקים

בַּקָּשָׁה — request

- בְּבַקָּשָׁה — please, you're welcome

בְּרֹאשׁ תה״פ — n front

בַּר־מצווה, מִצְוָה ש״ם — Bar Mitzvah
בַּת־מִצְוָה, בְּנֵי־מִצְוָה, בְּנוֹת־מִצְוָה

בָּרֶגֶל תה״פ — by foot

בָּרָד ז׳ — hail

בָּרוּךְ הַבָּא — welcome
בְּרוּכָה הַבָּאָה, בְּרוּכִים הַבָּאִים, בְּרוּכוֹת הַבָּאוֹת

בָּרוּךְ הַשֵּׁם מ״ק — blessed is God

בְּרוֹקוֹלִי ז׳ — broccoli

בְּרָזִיל נ׳ — Brazil

בְּרַחֲבֵי־ תה״פ — all over

בָּרִיא ת׳ — healthy
בְּרִיאָה, בְּרִיאִים, בְּרִיאוֹת

בְּרִיאוּת נ׳ — health

בריכה, בְּרֵכָה נ׳ — pool
בְּרֵיכות

בִּשְׁבִיל מ״י — for
בִּשְׁבִילִי, בִּשְׁבִילְךָ, בִּשְׁבִילֵךְ, בִּשְׁבִילוֹ, בִּשְׁבִילָהּ,
בִּשְׁבִילֵנוּ, בִּשְׁבִילְכֶם/ן, בִּשְׁבִילָם/ן

בְּשִׂמְחָה תה״פ — gladly

בָּשָׂר ז׳ — meat
בְּשָׂרים

בְּשֶׁקֶט תה״פ — quietly

בַּת נ׳ — daughter, of (rare)
בָּנוֹת

- אֲנִי בַּת... — I'm ... old (f.)

- בַּת־דוֹדָה — cousin (f.)
בְּנות־דודות

- בַּת כַּמָּה... — how old... (f.)

- בַּת־מִשְׁפָּחָה — family member
בְּנות־משפחה

ג

ג'אז ז׳ — Jazz

גַּב ז׳ — back

גָּבוֹהַּ ת׳ — tall, high
גבוהה, גבוהים, גבוהות

גְּבִינָה נ׳ — cheese
גבינות

גְּבֶרֶת נ׳ — Ms.
גְּבָרות

- גְּבִרְתִּי נ׳ — ma'am

גַּג ז׳ — roof
גגות

גָּדוֹל ת׳ — big
גדולה, גדולים, גדולות

גובה, גֹּבַהּ ז׳ — height
גְּבָהִים

גּוֹלָה נ׳ — diaspora

גּוֹמֵר פ׳ — finish
לִגְמוֹר, גָּמַר, יִגְמוֹר; ג.מ.ר.; פעל

גֶּזֶר ז׳ — carrot
גְּזָרִים

גִּזְרָה נ׳ — sub-group, section
גְּזָרוֹת

- גִּזְרַת־הַשְּׁלֵמִים — whole verbs

גֵּיאוֹגְרַפְיָה נ׳ — geography

גִּיטָרָה נ׳ — guitar
גִּיטָרוֹת

גִּיטָרִיסְט שם — guitarist
גִּיטָרִיסְטִית, גִּיטָרִיסְטִים, גִּיטָרִיסְטִיּוֹת

גִּיל ז׳ — age
גִּילִים

גִּ'ינְגִ'י ת׳ — redhead (colloquial)
ג'ינְג'ית, ג'ינְג'יים, ג'ינְג'יות

גינה, גִּנָּה נ׳ — garden, yard
גינות

גִּ'יפּ ז׳ — jeep
ג'יפים

גְּלוּיָה נ׳ — postcard
גְּלוּיוֹת

(הַ)גָּלִיל ז׳ — Galilee

גַּם מ״ח — also

- גַּם ... וְגַם ... — both ... and ...

גִּמְלַאי שם — pensioner, senior citizen
גִּמְלָאִית, גִּמְלָאִים, גִּמְלָאִיּוֹת

גַּן ז׳ — garden
גַּנִּים; גַּנֵּי־

- גַּן־חַיּוֹת ז׳ — zoo

- גַּן־יְלָדִים ז׳ — kindergarten

גֶּפִילְטֶע פִישׁ ז׳ — gefilte fish

גָּר פ׳ — live
לָגוּר, גָּר, יָגוּר; ג.ו.ר.; פעל, ע״ו

גֶּרֶב ז׳ — sock
גַּרְבַּיִם

גְּרִיל ז׳ — grill

גֶּשֶׁם ז׳ — rain
גְּשָׁמִים

ד

דָּבָר ז׳ — thing
דְּבָרִים

דָּג ז׳ — fish
דָּגִים

דָּג פ׳ — fish
לָדוּג, דָּג, יָדוּג; ד.ו.ג.; פעל ע״ו

דּוֹאֵג פ׳ — worry
לִדְאוֹג, דָּאַג, יִדְאַג; ד.א.ג.; פעל

דואר, דֹּאַר ז׳ — post (office)

דובי, דֻּבִּי ז׳ — teddy bear

דּוֹבֵק פ׳ — stick
לִדְבּוֹק, דָּבַק, יִדְבַּק; ד.ב.ק.; פעל

דוגמה, דֻּגְמָה נ׳ — example
דוגמָאות

דוגמן, דֻּגְמָן שם — fashion model
דוגמָנית, דוגמָנים, דוגמָניות

דּוֹד שם — uncle/aunt
דוֹדָה, דודים, דודות

דווקא, דַּוְקָא תה״פ — actually

דּוֹחֶה פ׳ — reject
לִדְחוֹת, דָּחָה, יִדְחֶה; ד.ח.ה.; פעל, ל״ה

דּוּכָן ז׳ — stall, stand
דוּכָנים

דּוֹפֵק פ׳ — knock
לִדְפּוֹק, דָּפַק, יִדְפּוֹק; ד.פ.ק.; פעל

דּוֹקְטוֹר (ד״ר) שם — Doctor (Dr.)
דוקטורים

דּוֹקְטוֹרָט ז׳ — doctorate

דחייה, דְּחִיָּה נ׳ — rejection
דְּחִיּוֹת

דִּיאֶטָה נ׳ — diet

- בְּדִיאֶטָה — on a diet

דִּיאָלוֹג ז׳ — dialog
דיאָלוגים

דיבור, דִּבּוּר ז׳ — speech

- דיבור, דִּבּוּר יָשִׁיר — direct speech

- דיבור, דִּבּוּר עָקִיף — reported speech

דִּיגִיטָלִי ת׳ — digital
דיגיטָלית, דיגיטָליים, דיגיטָליות

דיווח, דִּוּוּחַ ז׳ — report
דיווחים

דִּירָה נ׳ — apartment
דירות; דירַת־

דֶּלֶת נ׳ — door
דְּלָתוֹת

דְּמוּת נ׳ — figure (person)
דְּמוּיוֹת

דַּמֶּשֶׂק נ׳ — Damascus

דֵּעָה נ׳ — opinion
דֵּעוֹת

דַּף ז׳ — page
דַּפִּים

דַּקָּה נ׳ — minute
דַּקּוֹת

ד״ר [ראה: דוקטור] — Dr.

דָּרוֹם ז׳ — south

דֶּרֶךְ נ׳ — way
דְּרָכִים

- בַּדֶּרֶךְ תה״פ — on the way

דֶּשֶׁא ז׳ — grass
דְּשָׁאִים

דָּתִי ת׳ — religious
דָּתִית, דָּתִיִּים, דָּתִיּוֹת

ה

הַ... — the

- ה׳ הַיְדִיעָה — the definite article hei

- ה׳ הַמְּגַמָּה — directional hei

הַ... מ״ח [כמו: שֶׁ...] — that

הַאִם מ״ש — is it the case that

הַבָּא ת׳ [ראה: בא] — next
הַבָּאָה, הַבָּאִים, הַבָּאוֹת

הַבַּיְתָה תה״פ — (to one's) home

הַגָּדָה נ׳ — saga, Haggada

הַגְדָּרָה נ׳ — definition
הַגְדָּרוֹת

הֲדָדִיּוּת נ׳ — mutuality

הֲדַסָּה נ׳ — Hadassa

הוּא מ״ג — he

הודו, הֹדּוּ נ׳ — India

הוואי, הָוַאי נ׳ — Hawaii

הווה, הֹוֶה ז׳ — present

הוֹיֶה* פ׳ — be
לִהְיוֹת, הָיָה, יִהְיֶה; ה.י.ה.; פעל, ל״ה

הוֹלֵךְ פ׳ — go, walk
לָלֶכֶת, הָלַךְ, יֵלֵךְ; ה.ל.כ.; פעל, פ״י

הוֹצָאַת־סְפָרִים נ׳ — publishing house
הוצָאות־סְפָרים

הוֹרִים ז״ר — parents

הַזְמָנָה נ׳ — invitation
הַזְמָנוֹת

הַחוּצָה תה״פ — (to the) outside

הַטָּיָה נ׳ — conjugation
הַטָּיוֹת

הִיא מ״ג — she

English	Hebrew
today	הַיּוֹם תה"פ
well	הֵיטֵב תה"פ
history	הִיסְטוֹרְיָה נ
everything	הַכּוֹל, הַכֹּל ז
Everything is fine	- הכול, הכל בְּסֵדֶר ז
dictation	הַכְתָּבָה נ / הכתבות
round (trip)	הָלוֹךְ וָחֲזוֹר תה"פ
round (trip)	הָלוֹךְ וָשׁוֹב תה"פ
walk, walking	הֲלִיכָה נ
they (m.)	הֵם מ"ג
hamburger	הַמְבּוּרְגֶר ז / המבורגרים
plenty of (colloquial)	הָמוֹן ת
continuation	הֶמְשֵׁךְ ז / המשכים
they (f.)	הֵן מ"ג
here is	הִנֵּה מ"י
management	הַנְהָלָה נ
discount	הֲנָחָה נ / הנחות
tonight	הָעֶרֶב תה"פ
opposite	הֵפֶךְ ז / הפכים
recess, intermission, break	הַפְסָקָה נ / הפסקות
surprise	הַפְתָּעָה נ / הפתעות
show	הַצָּגָה נ / הצגות
success	הַצְלָחָה נ / הצלחות
suggestion	הַצָּעָה נ / הצעות
introduction	הַקְדָּמָה נ / הקדמות
mountain	הַר ז / הרים
many, much	הַרְבֵּה ת
feeling	הַרְגָּשָׁה נ / הרגשות
harmony	הַרְמוֹנְיָה נ
completion	הַשְׁלָמָה נ / השלמות

English	Hebrew
influence	הַשְׁפָּעָה נ / השפעות
beginning	הַתְחָלָה ז / התחלות
race, competition	הִתְחָרוּת נ / התחרויות
gymnastics	הִתְעַמְלוּת נ
development	הִתְפַּתְּחוּת נ / התפתחויות
excitement	הִתְרַגְּשׁוּת נ

ו

English	Hebrew
and	וְ... (וְ..., וָ..., וִ...) מ"ח
vav conversive	- ו' הַהִיפּוּךְ, הַהֲפוּךְ
video, VCR	וִידֵאוֹ, וִידֵאוֹ ז
visa	וִיזָה נ / ויזות

ז

English	Hebrew
wolf	זְאֵב שם / זְאֵבָה, זְאֵבִים, זְאֵבוֹת
this (f.)	זֹאת מ"ג
zebra	זֶבְּרָה נ / זברות
this (m.)	זֶה מ"ג
each other (m.)	- זֶה ... זֶה
That's it	- זֶהוּ זֶה
gold	זָהָב ז
this (f.)	זוֹ מ"ג
each other (f.)	- זוֹ ... זוֹ
couple, pair	זוּג ז / זוגות
even (number)	זוּגִי ת / זוגית, זוגיים, זוגיות
odd (number)	- אִי-זוּגִי ת / אי-זוגית, אי-זוגיים, אי-זוגיות
remember	זוֹכֵר פ / לזכור, זכר, יזכור; ז.כ.ר.; פעל
cheap	זוֹל ת / זולה, זולים, זולות
cheaply	- בְּזוֹל תה"פ
move	זָז פ / לזוז, זז, יזוז; ז.ו.ז.; פעל, ע"ו
olive	זַיִת ז / זיתים
masculine	זָכָר ז / זכרים

English	Hebrew
time, tense	זְמַן ז / זמנים
how time flies	- אֵיךְ הַזְּמַן רָץ
on time	- בַּזְּמַן תה"פ
long ago	- מִזְּמַן תה"פ
singer	זַמָּר שם / זַמֶּרֶת, זַמָּרִים, זַמָּרוֹת
tail	זָנָב ז / זנבות
old (≠ young)	זָקֵן ת / זְקֵנָה, זְקֵנִים, זְקֵנוֹת
beard	זָקָן ז / זקנים

ח

English	Hebrew
Too bad!	חֲבָל תה"פ
friend, member	חָבֵר שם / חֲבֵרָה, חֲבֵרִים, חֲבֵרוֹת; חֲבֵרַת־, חֲבֵרֵי־, חֲבֵרוֹת־
social	חֶבְרָתִי ת / חֶבְרָתִית, חֶבְרָתִיִּים, חֶבְרָתִיּוֹת
holiday	חַג ז / חגים
room	חֶדֶר ז / חֲדָרִים; חֲדַר־, חַדְרֵי־
living room	- חֲדַר־אוֹרְחִים ז
new	חָדָשׁ ת / חֲדָשָׁה, חֲדָשִׁים, חֲדָשׁוֹת
anew	- מֵחָדָשׁ תה"פ
news	חֲדָשׁוֹת נ"ר
department, circle	חוּג ז / חוגים
month	חוֹדֶשׁ, חֹדֶשׁ ז / חודשים
return	חוֹזֵר פ / לַחֲזוֹר, חָזַר, יַחֲזוֹר; ח.ז.ר.; פעל
	חו"ל [ראה: חוץ לארץ]
sick	חוֹלֶה ת / חוֹלָה, חולים, חולות
dream	חוֹלֵם פ / לַחֲלוֹם, חָלַם, יַחֲלוֹם; ח.ל.מ.; פעל
shirt, blouse	חוּלְצָה, חֻלְצָה נ / חולצות
T-shirt	- חוּלְצַת, חֻלְצַת־טִי נ
heat, fever	חוֹם, חֹם ז
covet	חוֹמֵד פ / לַחְמוֹד, חָמַד, יַחְמוֹד; ח.מ.ד.; פעל
wall	חוֹמָה נ / חומות

חומוס ז׳ — hummus

חופשה, חֻפְשָׁה נ׳ — vacation
חופשות

חוּץ ז׳ — out
- בַּחוּץ תה״פ — outside
- הַחוּצָה תה״פ — (to the) outside
- חוּץ־לָאָרֶץ (חו״ל) ז׳ — overseas, abroad
- חוּץ מִזֶּה תה״פ — besides
- מִחוּץ לְ... תה״פ — outside of

חורף, חֹרֶף ז׳ — winter
חוֹרָפִים

חורשה, חֻרְשָׁה נ׳ — forest
חורשות

חוֹשֵׁב פ׳ — think
לַחְשׁוֹב, חָשַׁב, יַחְשׁוֹב; ח.ש.ב.; פעל

חוֹתֵם פ׳ — sign
לַחְתּוֹם, חָתַם, יַחְתּוֹם; ח.ת.מ.; פעל

חֲזִיר שם — pig
חֲזִירָה, חֲזִירִים, חֲזִירוֹת

חַזָּן שם — cantor
חַזָּנִית, חַזָּנִים, חַזָּנִיּוֹת

חָזָק ת׳ — strong
חֲזָקָה, חֲזָקִים, חֲזָקוֹת

חַי פ׳ — live
לִחְיוֹת, חַי, יִחְיֶה; ח.י.ה.; פעל, ל״ה

חיבור, חִבּוּר ז׳ — composition
חיבורים

חַיָּה נ׳ — animal
חיות

חִיּוּבִי ת׳ — positive
חִיּוּבִית, חִיּוּבִיִּים, חִיּוּבִיּוֹת

חייב, חַיָּב ת׳ — must
חַיֶּבֶת, חַיָּבִים, חַיָּבוֹת

חייל, חַיָּל שם — soldier
חַיֶּלֶת, חַיָּלִים, חַיָּלוֹת

חַיִּים ז״ר — life

חֵיפָה נ׳ — Haifa

חָכָם ת׳ — smart, intelligent
חֲכָמָה, חֲכָמִים, חֲכָמוֹת

חָלָב ז׳ — milk

חַלָּה נ׳ — challah
חלות

חֲלוֹם ז׳ — dream
חֲלוֹמוֹת

חַלּוֹן ז׳ — window
חַלּוֹנוֹת

חַלָּשׁ ת׳ — weak
חַלָּשָׁה, חַלָּשִׁים, חַלָּשׁוֹת

חַם ת׳ — hot
חַמָּה, חַמִּים, חַמּוֹת

חָמוּד ת׳ — cute
חֲמוּדָה, חֲמוּדִים, חֲמוּדוֹת

חמישה, חֲמִשָּׁה ש״מ — five (m.)
- חמישה חֲמִשָּׁה־עָשָׂר ש״מ — fifteen (m.)
- חֲמֵשֶׁת־אֲלָפִים ש״מ — five thousand

חֲמִישִׁי ת׳ — fifth
חֲמִישִׁית, חֲמִישִׁיִּים, חֲמִישִׁיּוֹת
- יוֹם חֲמִישִׁי ז׳ — Thursday

חמישים, חֲמִשִּׁים ש״מ — fifty

חָמֵשׁ ש״מ — five (f.)
- חֲמֵשׁ־מֵאוֹת ש״מ — five hundred
- חֲמֵשׁ־עֶשְׂרֵה ש״מ — fifteen (f.)

חֲנוּת נ׳ — shop
חֲנוּיוֹת
- חֲנוּת־סְפָרִים — bookstore

חֲסַר־בַּיִת ת׳, שם — homeless
חַסְרַת־בַּיִת, חַסְרֵי־בַּיִת, חַסְרוֹת־בַּיִת

חָצוּף ת׳ — cheeky
חֲצוּפָה, חֲצוּפִים, חֲצוּפוֹת

חֵצִי ז׳ — half
חֲצָאִים; חֲצִי־
- ... וָחֵצִי — ... and a half

חָצִיל ז׳ — eggplant
חֲצִילִים

חַקְלָאוּת נ׳ — agriculture

חָרִיף ת׳ — spicy hot
חֲרִיפָה, חֲרִיפִים, חֲרִיפוֹת

חֶרְמוֹן — Hermon (mountain)

חֶשְׁבּוֹן ז׳ — calculation, arithmetic, bill
חֶשְׁבּוֹנוֹת
- לֹא בָּא בְּחֶשְׁבּוֹן! — No way!

חָשׁוּב ת׳ — important
חֲשׁוּבָה, חֲשׁוּבִים, חֲשׁוּבוֹת

חֵשֶׁק ז׳ — desire

חָתוּל שם — cat
חֲתוּלָה, חֲתוּלִים, חֲתוּלוֹת

חתונה, חֲתֻנָּה נ׳ — wedding
חֲתוּנוֹת

ט

טַבְלָה נ׳ — table
טַבְלָאוֹת

טֶבַע ז׳ — nature

טוֹב ת׳ — good
טוֹבָה, טוֹבִים, טוֹבוֹת
- יִהְיֶה טוֹב — things will be okay

טוּנָה נ׳ — tuna

טוֹסְט ז׳ — toast
טוֹסְטִים

טוֹעֵם פ׳ — taste
לִטְעוֹם, טָעַם, יִטְעַם; ט.ע.מ.; פעל

טוּר ז׳ — column
טורים

טוֹרֵחַ פ׳ — work hard
לִטְרוֹחַ, טָרַח, יִטְרַח; ט.ר.ח.; פעל

טוּרְקִי ת׳ — Turkish
טוּרְקִית, טוּרְקִיִּים, טוּרְקִיּוֹת

טוּרְקִיָּה נ׳ — Turkey

טְחִינָה נ׳ — tehina

טַחֲנַת־רוּחַ נ׳ — windmill
טַחֲנוֹת־רוּחַ

טִיּוּל ז׳ — journey
טִיּוּלִים

טִיסָה נ׳ — flying, flight
טִיסוֹת; טִיסַת־

טִיפּ ז׳ — tip
טִיפִּים

טִיפּ־טוֹפּ תה״פ — tip-top (slang)

טִירוֹן שם — recruit, novice
טִירוֹנִית, טִירוֹנִים, טִירוֹנִיּוֹת

טִירוֹנוּת נ׳ — basic training

טֶכְנוֹלוֹגְיָה נ׳ — technology
טֶכְנוֹלוֹגִיּוֹת

טלוויזיה, טֶלֶוִיזְיָה נ׳ — television
טֶלֶוִיזְיוֹת

טֶלֶפוֹן ז׳ — telephone
טֶלֶפוֹנִים

טֶמְפֶּרָטוּרָה נ׳ — temperature
טֶמְפֶּרָטוּרוֹת

טֶנִּיס ז׳ — tennis

טָס פ׳ — fly
לָטוּס, טָס, יָטוּס; ט.ו.ס.; פעל, ע״ו

טָעִים ת׳ — tasty
טְעִימָה, טְעִימִים, טְעִימוֹת

טֶקְסְט ז׳ — text
טֶקְסְטִים

טָרִי ת׳ — fresh
טְרִיָּה, טְרִיִּים, טְרִיּוֹת

טְרֶמְפּ ז׳ — ride (slang)
טְרֶמְפִּים

tractor	טְרַקְטוֹר ז · טְרַקְטוֹרִים
	ו
well, bye	יַאלְלָה בַּיי [ערבית ואנגלית]
dry	יָבֵשׁ ת · יְבֵשָׁה, יְבֵשִׁים, יְבֵשׁוֹת
hand	יָד נ · יָדַיִם
known	יָדוּעַ ת · יְדוּעָה, יְדוּעִים, יְדוּעוֹת
knowledge, news item	יְדִיעָה נ · יְדִיעוֹת
Jew	יְהוּדִי שם · יְהוּדִיָּה, יְהוּדִים, יְהוּדִיּוֹת
yogurt	יוֹגוּרְט ז
know	יוֹדֵעַ פ · לָדַעַת, יָדַע, יֵדַע; י.ד.ע.; פעל, פ"י
day	יוֹם · יָמִים, יוֹמַיִם; יְמֵי־
Yom Kippur	יוֹם כִּיפּוּר, כִּפּוּר ז
the days of the week:	יְמֵי הַשָּׁבוּעַ:
Sunday	יוֹם רִאשׁוֹן (א') ז
Monday	יוֹם שֵׁנִי (ב') ז
Tuesday	יוֹם שְׁלִישִׁי (ג') ז
Wednesday	יוֹם רְבִיעִי (ד') ז
Thursday	יוֹם חֲמִישִׁי (ה') ז
Friday	יוֹם שִׁישִׁי, שִׁשִּׁי (ו') ז
Saturday	שַׁבָּת נ
daily	יוֹמִי ת · יוֹמִית, יוֹמַיִם, יוֹמִיּוֹת
beauty, great!	יוֹפִי, יֹפִי ז
How nice!, Great!	אֵיזֶה יוֹפִי, יֹפִי!
go out	יוֹצֵא פ · לָצֵאת, יָצָא, יֵצֵא; י.צ.א.; פעל, פ"י
I have an opportunity	יוֹצֵא לִי
go down	יוֹרֵד פ · לָרֶדֶת, יָרַד, יֵרֵד; י.ר.ד.; פעל, פ"י
emigrant (from Israel)	יוֹרֵד שם · יוֹרֶדֶת, יוֹרְדִים, יוֹרְדוֹת
sit	יוֹשֵׁב פ · לָשֶׁבֶת, יָשַׁב, יֵשֵׁב; י.ש.ב.; פעל, פ"י
more	יוֹתֵר תה"פ
too (much)	יוֹתֵר מִדַּי תה"פ
together	יַחַד תה"פ [גם: בְּיַחַד]
singular	יָחִיד ת · יְחִידָה

English	Hebrew
unit	יְחִידָה נ · יְחִידוֹת
wine	יַיִן ז · יֵינוֹת
community	יִישׁוּב, יֵשׁוּב ז · יִישׁוּבִים
can	יָכוֹל פ · יָכוֹל יוּכַל; י.כ.ל.; פעל, גזרה מיוחדת
child	יֶלֶד שם · יַלְדָּה, יְלָדִים, יַלְדוּת
childhood	יַלְדוּת נ
sea	יָם ז · יַמִּים
right (side)	יָמִין ז
January	יָנוּאָר ז
Japanese	יפאני, יָפָנִי שם · יַפָּנִית, יַפָּנְגִים, יַפָּנִיּוֹת
pretty	יָפֶה ת · יָפָה, יָפִים, יָפוֹת
exit	יְצִיאָה נ · יְצִיאוֹת; יְצִיאַת־
exodus from Egypt	יְצִיאַת־מִצְרַיִם
expensive, dear, precious	יָקָר ת · יְקָרָה, יְקָרִים, יְקָרוֹת
green	יָרוֹק, יָרֹק ת · יְרוּקָה, יְרוּקִים, יְרוּקוֹת
Jerusalem	יְרוּשָׁלַיִם נ
Jerusalemite	יְרוּשַׁלְמִי שם, ת · יְרוּשַׁלְמִית, יְרוּשַׁלְמִים, יְרוּשַׁלְמִיּוֹת
fair	יָרִיד ז · יְרִידִים
decline	יְרִידָה נ · יְרִידוֹת
vegetable	יֶרֶק ז · יְרָקוֹת
there is	יֵשׁ ז
have	יֵשׁ לְ...
sitting, meeting, yeshiva	יְשִׁיבָה נ · יְשִׁיבוֹת
direct	יָשִׁיר ת · יְשִׁירָה, יְשִׁירִים, יְשִׁירוּת
old (≠ new)	יָשָׁן ת · יְשָׁנָה, יְשָׁנִים, יְשָׁנוֹת
sleep	יָשֵׁן פ · לִישׁוֹן, יָשַׁן, יִישַׁן; י.ש.נ.; פעל, נחי פ"י
go to bed	הוֹלֵךְ לִישׁוֹן, לִישׁוֹן
Israel	יִשְׂרָאֵל נ

English	Hebrew
Israeli	יִשְׂרְאֵלִי ת · יִשְׂרְאֵלִית, יִשְׂרְאֵלִים, יִשְׂרְאֵלִיּוֹת
	כ
roughly	כְּ... מ"י
pain	כְּאֵב ז · כְּאֵבִים
stomachache	כְּאֵב־בֶּטֶן ז
backache	כְּאֵב־גַּב ז
headache	כְּאֵב־רֹאשׁ ז
toothache	כְּאֵב־שִׁינַיִים, שִׁנַּיִם ז
here	כָּאן תה"פ
when, while	כַּאֲשֶׁר מ"ח
honor, respect	כָּבוֹד ז
self respect	כְּבוֹד עַצְמִי ז
Way to go!	כָּל־הַכָּבוֹד!
already	כְּבָר תה"פ
no longer	כְּבָר לֹא תה"פ
it's worthwhile	כְּדַאי ת
ball	כַּדּוּר ז · כַּדּוּרִים
football, soccer	כַּדּוּרְגֶּל ז
basketball	כַּדּוּרְסַל ז
in order to	כְּדֵי מ"י
hurt	כּוֹאֵב פ · לִכְאוֹב, כָּאַב, יִכְאַב; כ.א.ב.; פעל
hat	כּוֹבַע ז · כּוֹבָעִים
power, strength	כּוֹחַ, כֹּחַ ז
star	כּוֹכָב ז · כּוֹכָבִים
everybody (p.)	כּוּלָם, כֻּלָּם ז"ר
cup, glass	כּוֹס נ · כּוֹסוֹת
write	כּוֹתֵב פ · לִכְתּוֹב, כָּתַב, יִכְתּוֹב; כ.ת.ב.; פעל
title, headline	כּוֹתֶרֶת נ · כּוֹתָרוֹת
such as this	כָּזֶה ת · כָּזֹאת, כָּאֵלֶּה, כָּאֵלּוּ
blue	כָּחוֹל, כָּחֹל ת · כְּחוּלָה, כְּחוּלִים, כְּחוּלוֹת
because	כִּי מ"ח
refreshment	כִּיבּוּד, כִּבּוּד ז
chemistry	כִּימְיָה נ

English	Hebrew
violin	כִּנּוֹר, כְּנוֹר ז / כינורות
Kineret (sea of Galilee)	כִּנֶּרֶת, כְּנֶרֶת
chair	כִּסֵּא, כִּסָּא ז / כיסאות
fun	כֵּיף ז [ערבית]
it's great!	אֵיזֶה כֵּיף!
with pleasure	בְּכֵיף תה"פ
kippa, dome	כִּיפָּה, כִּפָּה נ / כיפות
Little Red Riding Hood	כִּיפָה אֲדֻמָּה, כִּפָּה אֲדֻמָּה
chiropractor	כִירוֹפְּרַקְטוֹר שם / כירופרקטורית, ~פרטורים, ~פרקטוריות
classroom	כִּיתָּה, כִּתָּה נ / כיתות
1st grade	כִּיתָה, כִּתָה א'
so	כָּכָה
Because!	כָּכָה!
That's the way it is	כָּכָה זֶה
so so	כָּכָה-כָּכָה
every	כָּל- ז
everything	הַכּוֹל, הַכֹּל ז
Everything is fine	הַכּוֹל, הַכֹּל בְּסֵדֶר
everybody (p.)	כּוּלָם, כֻּלָּם ז"ר
each one of...	כָּל אֶחָד/אַחַת מִ...
all of the...	כָּל הַ...
so	כָּל כָּךְ תה"פ
dog	כֶּלֶב שם / כַּלְבָּה, כְּלָבִים, כְּלָבוֹת
nothing	(לֹא) כְּלוּם ז
how much/many	כַּמָּה מ"ש
how much is...	כַּמָּה זֶה...
several, some	כַּמָּה ת
as, such as	כְּמוֹ מ"י
obviously	כַּמּוּבָן תה"פ
quantity	כַּמּוּת נ / כמויות
almost	כִּמְעַט תה"פ
yes	כֵּן
entry	כְּנִיסָה נ / כניסות
Knesset	(ה)כְּנֶסֶת נ
violinist	כַּנָּר שם / כַּנָּרִית, כַּנָּרִים, כַּנָּרִיּוֹת

English	Hebrew
seemingly	כַּנִּרְאֶה תה"פ
money	כֶּסֶף ז / כְּסָפִים
small change	כֶּסֶף קָטָן ז
cauliflower	כְּרוּבִית נ / כְּרוּבִיּוֹת
ticket, card	כַּרְטִיס ז / כַּרְטִיסִים
credit card	כַּרְטִיס-אַשְׁרַאי
student card/ticket	כַּרְטִיס-סְטוּדֶנְט
carriage	כִּרְכָּרָה נ / כִּרְכָּרוֹת
Carmel	(ה)כַּרְמֶל ז
when, while	כְּשֶׁ... מ"ח
kashruth	כַּשְׁרוּת נ
correspondent	כַּתָּב שם / כַּתֶּבֶת, כַּתָּבִים, כַּתָּבוֹת
article	כַּתָּבָה נ / כַּתָּבוֹת
written	כָּתוּב ת / כְּתוּבָה, כְּתוּבִים, כְּתוּבוֹת
spelling	כְּתִיב ז
vocalized spelling	כְּתִיב חָסֵר נ
plene spelling	כְּתִיב מָלֵא נ
writing	כְּתִיבָה נ
shoulder	כָּתֵף נ / כְּתֵפַיִים

ל

English	Hebrew
to, for	לְ... מ"י / לִי, לְךָ, לָךְ, לוֹ לָהּ, לָנוּ, לָכֶם/ן, לָהֶם/ן
no	לֹא
slowly	לְאַט תה"פ
where to	לְאָן מ"ש
alone	לְבַד תה"פ
dressed	לָבוּשׁ ת / לְבוּשָׁה, לְבוּשִׁים, לְבוּשׁוֹת
white	לָבָן ת / לְבָנָה, לְבָנִים, לְבָנוֹת
Lebanon	לְבָנוֹן נ
totally	לְגַמְרֵי תה"פ
band	לַהֲקָה נ / לְהָקוֹת
See you later	לְהִתְרָאוֹת פ

English	Hebrew
put on, wear	לוֹבֵשׁ פ / לִלְבּוֹשׁ, לָבַשׁ, יִלְבַּשׁ; ל.ב.ש.; פעל
board	לוּחַ ז / לוחות
timetable	לוּחַ-זְמַנִּים ז / לוחות-זמנים
whisper	לוֹחֵשׁ פ / לִלְחוֹשׁ, לָחַשׁ, יִלְחַשׁ; ל.ח.ש.; פעל
learn, study	לוֹמֵד פ / לִלְמוֹד, לָמַד, יִלְמַד; ל.מ.ד.; פעל
London	לוֹנְדוֹן נ
take	לוֹקֵחַ פ / לָקַחַת, לָקַח, יִיקַּח; ל.ק.ח., פ"נ
humid, wet	לַח ת / לַחָה, לַחִים, לַחוֹת
Cheers! (to life)	לְחַיִּים מ"ק
bread	לֶחֶם ז
roll, bun	לַחְמָנִיָּיה, לַחְמָנִיָּה נ / לחמניות
night	לַיְלָה ז / לֵיל-; לֵילוֹת
studies	לִימּוּדִים, לִמּוּדִים ז"ר
lemon	לִימוֹן ז / לימונים
for, in honor of	לִכְבוֹד מ"י / לִכְבוֹדִי, לִכְבוֹדְךָ, לִכְבוֹדֵךְ, לִכְבוֹדוֹ, לִכְבוֹדָהּ, לִכְבוֹדֵנוּ, לִכְבוֹדְכֶם/ן, לִכְבוֹדָם/ן
therefore	לָכֵן מ"ח
why	לָמָּה מ"ש
down	לְמַטָּה תה"פ
up	לְמַעְלָה תה"פ
For God's sake!	לְמַעַן הַשֵּׁם
stay overnight	לָן פ / לָלוּן, לָן, יָלוּן; ל.ו.נ., פעל, ע"ו-ע"י
according to	לְפִי מ"י
before, ago	לִפְנֵי מ"י
sometimes	לִפְעָמִים תה"פ [ראה: פעם]
for the first time	לָרִאשׁוֹנָה תה"פ

מ

English	Hebrew
from	מִ... מ"י
hundred	מֵאָה ש"מ / מֵאוֹת ; מָאתַיִם
100%	מֵאָה אָחוּז
century	מֵאָה נ / מאות

English	עברית
very	מאוד, מְאֹד תה"פ
in love	מאוהב, מְאֹהָב ת'; מאוהבת, מאוהבים, מאוהבות
late	מאוחר, מְאֻחָר ת', תה"פ; מאוחרת, מאוחרים, מאוחרות
it's already late	- כְּבָר מאוחר, מְאֻחָר
happy	מאושר, מְאֻשָּׁר ת'; מאושרת, מאושרים, מאושרות
behind	מֵאָחוֹר תה"פ
behind	מֵאֲחוֹרֵי מ"י
where from	מֵאַיִן מ"ש
feed	מאכיל פ'; להאכיל, הֶאֱכִיל, יַאֲכִיל; א.כ.ל.; הפעיל
food item	מַאֲכָל ז'; מאכלים
believe	מאמין פ'; להאמין, הֶאֱמִין, יַאֲמִין; א.מ.נ.; הפעיל
200	מאתיים, מָאתַיִם ש"מ
adult, older, mature	מבוגר, מְבֻגָּר שם, ת'; מבוגרת, מבוגרים, מבוגרות
test	מִבְחָן ז'; מבחנים
glance	מַבָּט ז'; מבטים
promise	מבטיח פ'; להבטיח, הִבְטִיחַ, יַבְטִיחַ; ב.ט.ח.; הפעיל
bring	מביא פ'; להביא, הֵבִיא, יָבִיא; ב.ו.א.; הפעיל, ע"ו
look	מביט פ'; להביט, הִבִּיט, יַבִּיט; נ.ב.ט.; פ"נ
understand	מבין פ'; להבין, הֵבִין, יָבִין; ב.י.נ.; הפעיל, ע"י-ע"י
visit	מבקר פ'; לבקר, בִּיקֵּר, יְבַקֵּר; ב.ק.ר.; פיעל
visitor, conductor (on train)	מבקר שם; מבקרת, מבקרים, מבקרות
ask	מבקש פ'; לבקש, בִּיקֵּשׁ, יְבַקֵּשׁ; ב.ק.ש.; פיעל
find out	מברר פ'; לברר, בֵּירֵר, יְבָרֵר; ב.ר.ר.; פיעל
cook	מבשל פ'; לבשל, בִּישֵּׁל, יְבַשֵּׁל; ב.ש.ל.; פיעל
magazine	מָגָזִין ז'; מגזינים
tell	מַגִּיד* פ'; להגיד, יַגִּיד; נ.ג.ד.; הפעיל, פ"נ
arrive, come	מגיע פ'; להגיע, הִגִּיעַ, יַגִּיעַ; נ.ג.ע.; הפעיל, פ"נ

English	עברית
he deserves it	- מַגִּיעַ לוֹ
talk	מְדַבֵּר פ'; לדבר, דִּיבֵּר, יְדַבֵּר; ד.ב.ר.; פיעל
why	מַדּוּעַ מ"ש
uniform	מַדִּים ז"ר
print	מַדְפִּיס פ'; להדפיס, הִדְפִּיס, יַדְפִּיס; ד.פ.ס.; הפעיל
stair	מַדְרֵגָה נ'; נ.ו.ג.ד
what	מַה מ"ש
What's with you?!	- מַה אִיתָךְ, אִתְּךָ?!
what do you mean by	- מַה זֹאת אוֹמֶרֶת
What's up?	- מַה נִּשְׁמַע?
what about	- מַה עִם
How come?	- מַה פִּתְאוֹם, פִּתְאֹם?
How are you?	- מַה שְׁלוֹמְךָ?
fast	מַהֵר תה"פ
emphasized	מודגש, מֻדְגָּשׁ ת'; מודגשת, מודגשים, מודגשות
try on	מוֹדֵד פ'; למדוד, מָדַד, יִמְדֹּד; מ.ד.ד.; פעל
inform	מודיע פ'; להודיע, הוֹדִיעַ, יוֹדִיעַ; י.ד.ע.; הפעיל, פ"י
info desk	מוֹדִיעִין ז'
modern	מודרני ת'; מודרנית, מודרניים, מודרניות
give up, concede	מוותר, מְוַותֵּר פ'; לוותר, וִיתֵּר, יְוַותֵּר; ו.ת.ר.; פיעל
I'll pass	- אֲנִי מוותר, מְוַותֵּר
museum	מוּזֵיאוֹן ז'; מוזיאונים
motif, theme	מוֹטִיב ז'; מוטיבים
ready	מוּכָן ת'; מוכנה, מוכנים, מוכנות
sell	מוֹכֵר פ'; למכור, מָכַר, יִמְכֹּר; מ.כ.ר.; פעל
salesperson	מוֹכֵר שם; מוכרת, מוכרים, מוכרות
taxi cab	מוֹנִית נ'; מוניות
musical	מוסיקאלי, מוסיקלי ת'; מוסיקאלית, מוסיקאליים, מוסיקאליות
music	מוּסִיקָה נ'
Muslim	מוסלמי ת'; מוסלמית, מוסלמיים, מוסלמיות
Moscow	מוסקווה, מוסקווה

English	עברית
club	מוֹעֲדוֹן ז'; מועדונים; מועדוני-
find	מוֹצֵא פ'; למצוא, מָצָא, יִמְצָא; מ.צ.א.; פעל
Saturday night	מוֹצָאֵי-שַׁבָּת ז'
take out	מוֹצִיא פ'; להוציא, הוֹצִיא, יוֹצִיא; י.צ.א.; הפעיל, פ"י
product	מוּצָר ז'; מוצרים
early	מוקדם, מֻקְדָּם ת', תה"פ; מוקדמת, מוקדמים, מוקדמות
it's still early	- עוֹד מוקדם, מֻקְדָּם
be established	מוקם פ'; (להקים), הוּקַם, יוּקַם; ק.ו.מ.; הופעל, ע"ו
teacher	מוֹרָה שם; מורה, מורים, מורות
take down	מוֹרִיד פ'; להוריד, הוֹרִיד, יוֹרִיד; י.ר.ד.; הפעיל, פ"י
seat	מוֹשָׁב ז'; מושבים
colony	מוֹשָׁבָה נ'; מושבות
it's allowed	מותר, מֻתָּר ת'
weather	מֶזֶג-אֲוִיר, אֲוִויר ז'
secretary	מַזְכִּיר שם; מזכירה, מזכירים, מזכירות
luck	מַזָּל ז'
Congratulations, good luck	- מַזָּל טוֹב
invite, order	מַזְמִין פ'; להזמין, הִזְמִין, יַזְמִין; ז.מ.נ.; הפעיל
long ago	מִזְּמַן תה"פ
not too long ago	- לֹא מִזְּמַן תה"פ
food bar	מִזְנוֹן ז'; מזנונים
south	מִזְרָח ז'
notebook	מַחְבֶּרֶת נ'; מחברות
smile	מְחַיֵּךְ פ'; לחייך, חִיֵּיךְ, יְחַיֵּךְ; ח.י.ך.; פיעל, ל"ה
price	מְחִיר ז'; מחירים
wait	מְחַכֶּה פ'; לחכות, חִיכָּה, יְחַכֶּה; ח.כ.ה.; פיעל, ל"ה
disease	מַחֲלָה נ'; מחלות
seasickness	- מַחֲלַת-יָם

מַחְלָקָה נ׳ — section
מַחְלָקוֹת; מַחְלֶקֶת־

מַחֲנֶה ז׳ — camp
מַחֲנוֹת

מְחַפֵּשׂ פ׳ — look for, seek
לְחַפֵּשׂ, חִיפֵּשׂ, יְחַפֵּשׂ; ח.פ.שׂ.; פיעל

מָחָר תה״פ — tomorrow

מחרתיים, מָחֳרָתַיִם תה״פ — the day after tomorrow

מַחְשֵׁב ז׳ — computer
מַחְשְׁבִים

מַחֲשָׁבָה נ׳ — thought
מַחֲשָׁבוֹת

מֶטֶאוֹרוֹלוֹגִי ת׳ — meteorological
מֶטֶאוֹרוֹלוֹגִית, מֶטֶאוֹרוֹלוֹגִיִּים, מֶטֶאוֹרוֹלוֹגִיּוֹת

מטאפורי, מֶטָפוֹרִי ת׳ — metaphorical
מֶטָאפוֹרִית, מֶטָאפוֹרִיִּים, מֶטָאפוֹרִיּוֹת

מִטְבָּח ז׳ — kitchen
מִטְבָּחִים

מַטְבִּיל פ׳ — dip
לְהַטְבִּיל, הִטְבִּיל, יַטְבִּיל; ט.ב.ל.; הפעיל

מטייל, מְטַיֵּל פ׳ — hike
לְטַיֵּל, טִיֵּל, יְטַיֵּל; ט.י.ל.; פיעל

מְטַלְפֵּן פ׳ — telephone
לְטַלְפֵּן, טִלְפֵּן, יְטַלְפֵּן; ט.ל.פ.נ.; פיעל, מרובעים

מֶטֶר ז׳ — meter
מֶטְרִים

מִי מ״ש — who

מֵידָע ז׳ — information

מיוחד, מְיֻחָד ת׳ — special
מְיוּחֶדֶת, מְיוּחָדִים, מְיוּחָדוֹת

מָיוֹנֵז ז׳ [גם: מְיוֹנִית] — mayonnaise

מיטה, מִטָּה נ׳ — bed
מִיטּוֹת

מייד, מִיָּד תה״פ — immediately

מייל, מַיִל (מִיל) ז׳ — mile
מַיְלִים (מִילִים)

מילה, מִלָּה נ׳ — word
מִילִים; מִילַּת־, מִילוֹת־

- מִילַּת, מִלַּת־יַחַס — preposition
מִילוֹת־יַחַס

- מִילַּת, מִלַּת־שְׁאֵלָה — interrogative
מִילוֹת־שְׁאֵלָה

מִילְיוֹן ש״מ — million
מִילְיוֹנִים

מִילִימֶטֶר ז׳ — millimeter
מִילִימֶטְרִים

מַיִם ז״ר — water
מֵי־

מִין ז׳ — type, gender
מִינִים

מִיסְטִי ת׳ — mystical
מִיסְטִית, מִיסְטִיִּים, מִיסְטִיּוֹת

מִיץ ז׳ — juice
מִיצִים

- מִיץ־פֶּטֶל — raspberry juice

מִיקְרוֹ־גַל ז׳ — microwave

מִישֶׁהוּ ז׳ — someone, anybody

מְכַבֵּד פ׳ — respect, offer refreshments
לְכַבֵּד, כִּיבֵּד, יְכַבֵּד; כ.ב.ד.; פיעל

מכובד, מְכֻבָּד ת׳ — respectable
מְכוּבֶּדֶת, מְכוּבָּדִים, מְכוּבָּדוֹת

מָכוֹן ז׳ — institute
מְכוֹנִים

מְכוֹנִית נ׳ — car
מְכוֹנִיּוֹת

מַכִּיר פ׳ — know
לְהַכִּיר, הִכִּיר, יַכִּיר; נ.כ.ר.; הפעיל, פ״נ

מְכִירָה נ׳ — selling, sale

מכנסיים, מִכְנָסַיִם ז״ר — pants
מִכְנְסֵי־

- מִכְנְסֵי־ג׳ינס ז״ר — jeans

מִכְתָּב ז׳ — letter
מִכְתָּבִים

מַכְתִּיב פ׳ — dictate
לְהַכְתִּיב, הִכְתִּיב, יַכְתִּיב; כ.ת.ב.; הפעיל

מָלֵא ת׳ — full
מְלֵאָה, מְלֵאִים, מְלֵאוֹת

מַלְאָךְ ז׳ — angel
מַלְאָכִים

מלווה, מְלַוֶּה פ׳ — accompany
לְלַוּוֹת, לִיוָּה, יְלַוֶּה; ל.ו.ה.; פיעל, ל״ה

מָלוֹן ז׳ [גם: בֵּית־מָלוֹן] — hotel
מְלוֹנוֹת

מַלְחִין שם — composer
מַלְחִינָה, מַלְחִינִים, מַלְחִינוֹת

מִלְחָמָה נ׳ — war
מִלְחָמוֹת; מִלְחֶמֶת־

מֶלֶךְ שם — king/queen
מַלְכָּה, מְלָכִים, מְלָכוֹת

מְלַמֵּד פ׳ — teach
לְלַמֵּד, לִימֵּד, יְלַמֵּד; ל.מ.ד.; פיעל

מַלְמָלָה נ׳ — lace

מְלָפְפוֹן ז׳ — cucumber
מְלָפְפוֹנִים

מֶלְצַר שם — waiter
מֶלְצָרִית, מֶלְצָרִים, מֶלְצָרִיּוֹת

מְמַהֵר פ׳ — rush
לְמַהֵר, מִיהֵר, יְמַהֵר; מ.ה.ר.; פיעל

מַמָּשׁ תה״פ — really

מַמְשִׁיךְ פ׳ — continue
לְהַמְשִׁיךְ, הִמְשִׁיךְ, יַמְשִׁיךְ; מ.ש.כ.; הפעיל

מֶמְשָׁלָה נ׳ — government
מֶמְשָׁלוֹת

מִן מ״י — from

מְנַגֵּן פ׳ — play (music)
לְנַגֵּן, נִיגֵּן, יְנַגֵּן; נ.ג.נ.; פיעל

מָנָה נ׳ — portion, dish
מָנוֹת

מִנְהָג ז׳ — custom
מִנְהָגִים

מְנַהֵל שם — principal
מְנַהֶלֶת, מְנַהֲלִים, מְנַהֲלוֹת

מְנַצֵּחַ שם — conductor
מְנַצַּחַת, מְנַצְּחִים, מְנַצְּחוֹת

מְנַקֶּה פ׳ — clean
לְנַקּוֹת, נִיקָּה, יְנַקֶּה; נ.ק.ה.; פיעל, ל״ה

מִסָּבִיב תה״פ — around

מְסַדֵּר פ׳ — put in order
לְסַדֵּר, סִידֵּר, יְסַדֵּר; ס.ד.ר.; פיעל

מִסְדָּר ז׳ — inspection, order
מִסְדָּרִים

מסודר, מְסֻדָּר ת׳ — in order, orderly
מְסוּדֶּרֶת, מְסוּדָּרִים, מְסוּדָּרוֹת

מסורבל, מְסֻרְבָּל ת׳ — cumbersome
מְסוּרְבֶּלֶת, מְסוּרְבָּלִים, מְסוּרְבָּלוֹת

מסיבה, מְסִבָּה נ׳ — party
מְסִיבּוֹת

מסיים, מְסַיֵּם פ׳ — finish
לְסַיֵּם, סִיֵּם, יְסַיֵּם; ס.י.מ.; פיעל

מַסְכִּים פ׳ — agree
לְהַסְכִּים, הִסְכִּים, יַסְכִּים; ס.כ.מ.; הפעיל

מִסְכֵּן ת׳ — poor, miserable
מִסְכֵּנָה, מִסְכֵּנִים, מִסְכֵּנוֹת

מִסְעָדָה נ׳ — restaurant
מִסְעָדוֹת

מַסְפִּיק ת׳ — enough
מַסְפִּיקָה, מַסְפִּיקִים, מַסְפִּיקוֹת

מַסְפִּיק פ׳ — have enough time
לְהַסְפִּיק, הִסְפִּיק, יַסְפִּיק; ס.פ.ק.; הפעיל

מִסְפָּר ז׳ — number
מִסְפָּרִים

מְסַפֵּר פ׳ — tell
לְסַפֵּר, סִיפֵּר, יְסַפֵּר; ס.פ.ר.; פיעל

מִסְתּוֹבֵב פ׳ — turn, walk around
לְהִסְתּוֹבֵב, הִסְתּוֹבֵב, יִסְתּוֹבֵב; ס.ב.ב.; התפעל

מִסְתַּכֵּל פ׳ — watch
לְהִסְתַּכֵּל, הִסְתַּכֵּל, יִסְתַּכֵּל; ס.כ.ל.; התפעל

מַעְגָּל ז׳ — circle
מַעְגָּלִים

מעולה, מְעֻלֶּה ת׳ — superior
מְעוּלָּה, מְעוּלִּים, מְעוּלּוֹת

מְעוֹנוֹת ז״ר [יחיד: מָעוֹן] — dorms

מעונן, מְעֻנָּן ת׳ — cloudy
מְעוּנֶּנֶת, מְעוּנָּנִים, מְעוּנָּנוֹת

מֵעֵז פ׳ — dare
לְהָעֵז, הֵעֵז, יָעֵז; ע.ז.ז.; הפעיל, כפולים

מְעַט ת׳, תה״פ — few, small amount

מְעַטִּים ת׳ — few
מְעַטּוֹת

מֵעִיר פ׳ — wake up
לְהָעִיר, הֵעִיר, יָעִיר; ע.ו.ר.; הפעיל, ע״ו

מַעֲלָה נ׳ — degree
מַעֲלוֹת

מַעְלָה תה״פ — up
- וָמַעְלָה תה״פ — and up

מַעֲלִית נ׳ — elevator
מַעֲלִיּוֹת

מעניין, מְעַנְיֵן ת׳ — interesting
מְעַנְיֶינֶת, מְעַנְיְינִים, מְעַנְיְינוֹת

מַעֲרָב ז׳ — west

מְעַשֵּׁן פ׳ — smoke
לְעַשֵּׁן, עִישֵּׁן, יְעַשֵּׁן; ע.ש.ן.; פיעל

מִפְגָּשׁ ז׳ — meeting
מִפְגָּשִׁים

מַפָּה נ׳ — map
מַפּוֹת

מפה לפה [ראה: פה]

מפוזר, מְפֻזָּר ת׳ — absentminded
מְפוּזֶּרֶת, מְפוּזָּרִים, מְפוּזָּרוֹת

מִפְּנֵי שֶׁ... מ״ח — because

מַפְסִיק פ׳ — stop
לְהַפְסִיק, הִפְסִיק, יַפְסִיק; פ.ס.ק.; הפעיל

מְפַקֵּד שם — commander
מְפַקֶּדֶת, מְפַקְּדִים, מְפַקְּדוֹת

מַפְתֵּחַ ז׳ — key
מַפְתְּחוֹת

מצוין, מְצֻיָּן ת׳ — excellent
מְצוּיֶּינֶת, מְצוּיָּנִים, מְצוּיָּנוֹת

מַצְחִיק ת׳ — funny
מַצְחִיקָה, מַצְחִיקִים, מַצְחִיקוֹת

מִצְטַעֵר פ׳ — be sorry
לְהִצְטַעֵר, מִצְטַעֵר, יִצְטַעֵר; צ.ע.ר.; התפעל

מַצִּיג פ׳ — present
לְהַצִּיג, הִצִּיג, יַצִּיג; נ.צ.ג.; הפעיל, פ״נ

מצייר, מְצַיֵּר פ׳ — paint
לְצַיֵּיר, צִיֵּיר, יְצַיֵּיר; צ.י.ר.; פיעל

מַצִּיעַ פ׳ — suggest, offer
לְהַצִּיעַ, הִצִּיעַ, יַצִּיעַ; י.צ.ע.; הפעיל

מְצַלֵּם פ׳ — photograph
לְצַלֵּם, צִילֵּם, יְצַלֵּם; צ.ל.ם.; פיעל

מְצַלְצֵל פ׳ — ring
לְצַלְצֵל, צִילְצֵל, יְצַלְצֵל; צ.ל.צ.ל.; פיעל, מרובעים

מצריים, מִצְרַיִם נ׳ — Egypt

מְקַבֵּל פ׳ — receive
לְקַבֵּל, קִיבֵּל, יְקַבֵּל; ק.ב.ל.; פיעל

מִקְדָּשׁ ז׳ — temple
מִקְדָּשִׁים

מַקְהֵלָה נ׳ — choir
מַקְהֵלוֹת

מקווה, מְקַוֶּה פ׳ — hope
לְקַווֹת, קִיוָּה, יְקַוֶּה; ק.ו.ה.; פיעל, ל״ה

מָקוֹם ז׳ — place
מְקוֹמוֹת

מִקְלַחַת נ׳ — shower
מִקְלָחוֹת

מִקְרָאִי ת׳ — biblical
מִקְרָאִית, מִקְרָאִיִּים, מִקְרָאִיּוֹת

מְקָרֵר ז׳ — refrigerator
מְקָרְרִים

מַרְאֶה פ׳ — show
לְהַרְאוֹת, הֶרְאָה, יַרְאֶה; ר.א.ה.; הפעיל, ל״ה

מַרְגִּישׁ פ׳ — feel
לְהַרְגִּישׁ, הִרְגִּישׁ, יַרְגִּישׁ; ר.ג.ש.; הפעיל

מרוצה, מְרֻצֶּה ת׳ — content
מְרוּצָּה, מְרוּצִּים, מְרוּצּוֹת

מֵרִיץ פ׳ — make someone run
לְהָרִיץ, הֵרִיץ, יָרִיץ; ר.ו.צ.; הפעיל, ע״ו

מַרְכּוֹל ז׳ — supermarket
מַרְכּוֹלִים

מֶרְכָּז ז׳ — center
מֶרְכָּזִים
- מֶרְכַּז־הָעִיר ז׳ — downtown

מֶרְכָּזִי ת׳ — central
מֶרְכָּזִית, מֶרְכָּזִיִּים, מֶרְכָּזִיּוֹת

מַרְצֶה פ׳ — lecture
לְהַרְצוֹת, הִרְצָה, יַרְצֶה; ר.צ.ה. הפעיל, ל״ה

מָרָק ז׳ — soup
מְרָקִים

מַרְשֶׁה פ׳ — allow
לְהַרְשׁוֹת, הִרְשָׁה, יַרְשֶׁה; ר.ש.ה.; הפעיל, ל״ה

מַשֶּׁהוּ ז׳ — something
- (מַשֶּׁהוּ־מַשֶּׁהוּ) — really something

משוגע, מְשֻׁגָּע ת׳ — crazy
מְשׁוּגַּעַת, מְשׁוּגָּעִים, מְשׁוּגָּעוֹת

מְשׁוֹרֵר שם — poet
מְשׁוֹרֶרֶת, מְשׁוֹרְרִים, מְשׁוֹרְרוֹת

מִשְׂחָק ז׳ — game
מִשְׂחָקִים; מִשְׂחֲקֵי־
- מִשְׂחַק־וידיאו, וִידֵאוֹ — video game
- מִשְׂחַק־כַּדּוּרֶגֶל — football game
- מִשְׂחַק־מַחְשֵׁב — computer game

מְשַׂחֵק פ׳ — play (game)
לְשַׂחֵק, שִׂיחֵק, יְשַׂחֵק; שׂ.ח.ק.; פיעל

מִשְׁטָרָה נ׳ — police

מָשִׁיחַ ז׳ — Messiah
מְשִׁיחִים

מִשְׁלוֹחַ ז׳ — delivery
מִשְׁלוֹחִים

מְשַׁלֵּם פ׳ — pay
לְשַׁלֵּם, שִׁילֵּם, יְשַׁלֵּם; ש.ל.מ.; פיעל

מְשַׁעֲמֵם ת׳ — boring
מְשַׁעֲמֶמֶת, מְשַׁעַמְמִים, מְשַׁעַמְמוֹת

מִשְׁפָּחָה נ׳ — family
מִשְׁפָּחוֹת; מִשְׁפַּחַת־
- מִשְׁפַּחַת־טַל — the Tals

מִשְׁפַּחְתִּי ת׳ — familial
מִשְׁפַּחְתִּית, מִשְׁפַּחְתִּיִּים, מִשְׁפַּחְתִּיּוֹת

מִשְׁפָּט ז׳ — sentence
מִשְׁפָּטִים

משקפיים, מִשְׁקָפַיִם ז״ר — eyeglasses

מִשְׂרָד ז׳ — office
מִשְׂרָדִים

מִשְׁתַּתֵּף פ׳ — participate
לְהִשְׁתַּתֵּף, הִשְׁתַּתֵּף, יִשְׁתַּתֵּף; ש.ת.פ.; התפעל

מֵת פ׳ — die
לָמוּת, מֵת, יָמוּת; מ.ו.ת.; פעל, ע״ו

מִתְאַהֵב פ׳ — fall in love
לְהִתְאַהֵב, הִתְאַהֵב, יִתְאַהֵב; א.ה.ב. התפעל

מִתְאַמֵּן פ׳ — train, practice
לְהִתְאַמֵּן, הִתְאַמֵּן, יִתְאַמֵּן; א.מ.נ.; התפעל

מִתְאַפֵּר פ׳ — put on make up
לְהִתְאַפֵּר, הִתְאַפֵּר, יִתְאַפֵּר; א.פ.ר.; התפעל

מְתָאֵר פ׳ — describe
לְתָאֵר, תֵּיאֵר, יְתָאֵר; ת.א.ר.; פיעל

מִתְבַּלְבֵּל פ׳ — get confused
לְהִתְבַּלְבֵּל, הִתְבַּלְבֵּל, יִתְבַּלְבֵּל; ב.ל.ב.ל. ; התפעל, מרובעים

מתגייס, מִתְגַּיֵּס פ׳ — join (the army)
לְהִתְגַּיֵּס, הִתְגַּיֵּס, יִתְגַּיֵּס; ג.י.ס.; התפעל

מִתְגַּלֵּחַ פ׳ — shave
לְהִתְגַּלֵּחַ, הִתְגַּלֵּחַ, יִתְגַּלֵּחַ; ג.ל.ח.; התפעל

מִתְגַּעְגֵּעַ פ׳ — long for, miss
לְהִתְגַּעְגֵּעַ, הִתְגַּעְגֵּעַ, יִתְגַּעְגֵּעַ; ג.ע.ג.ע. ; התפעל, מרובעים

מִתּוֹךְ מ״י — out of

מָתוֹק ת׳ — sweet
מְתוּקָה, מְתוּקִים, מְתוּקוֹת

מִתְחַבֵּא פ׳ — hide
לְהִתְחַבֵּא, הִתְחַבֵּא, יִתְחַבֵּא; ח.ב.א.; התפעל

מַתְחִיל פ׳ — start
לְהַתְחִיל, הִתְחִיל, יַתְחִיל; ת.ח.ל.; הפעיל

מִתְחַשֵּׁב פ׳ — be considerate
לְהִתְחַשֵּׁב, הִתְחַשֵּׁב, יִתְחַשֵּׁב; ח.ש.ב.; התפעל

מִתְחַתֵּן פ׳ — get married
לְהִתְחַתֵּן, הִתְחַתֵּן, יִתְחַתֵּן; ח.ת.נ.; התפעל

מָתַי מ״ש — when

מתייקר, מִתְיַקֵּר פ׳ — get expensive
לְהִתְיַיקֵּר, הִתְיַיקֵּר, יִתְיַיקֵּר; י.ק.ר.; התפעל

מִתְכּוֹנֵן פ׳ — prepare, plan
לְהִתְכּוֹנֵן, הִתְכּוֹנֵן, יִתְכּוֹנֵן; כ.ו.נ.; התפעל, ע״ו

מִתְכַּתֵּב פ׳ — correspond
לְהִתְכַּתֵּב, הִתְכַּתֵּב, יִתְכַּתֵּב; כ.ת.ב.; התפעל

מִתְלַבֵּשׁ פ׳ — get dressed
לְהִתְלַבֵּשׁ, הִתְלַבֵּשׁ, יִתְלַבֵּשׁ; ל.ב.ש.; התפעל

מָתֶמָטִיקָה נ׳ — math

מַתָּנָה נ׳ — gift
מַתָּנוֹת

מִתְנַשֵּׁק פ׳ — kiss
לְהִתְנַשֵּׁק, הִתְנַשֵּׁק, יִתְנַשֵּׁק; נ.ש.ק.; התפעל

מִתְעַמֵּל פ׳ — exercise
לְהִתְעַמֵּל, הִתְעַמֵּל, יִתְעַמֵּל; ע.מ.ל.; התפעל

מִתְפַּלֵּל פ׳ — pray
לְהִתְפַּלֵּל, הִתְפַּלֵּל, יִתְפַּלֵּל; פ.ל.ל.; התפעל

מִתְפַּשֵּׁט פ׳ — take off
לְהִתְפַּשֵּׁט, הִתְפַּשֵּׁט, יִתְפַּשֵּׁט; פ.ש.ט.; התפעל

מתקיים, מִתְקַיֵּם פ׳ — take place
לְהִתְקַיֵּם, הִתְקַיֵּם, יִתְקַיֵּם; ק.י.מ.; התפעל

מַתְקִין פ׳ — install
לְהַתְקִין, הִתְקִין, יַתְקִין; ת.ק.נ.; הפעיל

מִתְקַלֵּחַ פ׳ — shower
לְהִתְקַלֵּחַ, הִתְקַלֵּחַ, יִתְקַלֵּחַ; ק.ל.ח.; התפעל

מִתְרָאֶה פ׳ — see each other
לְהִתְרָאוֹת, הִתְרָאָה, יִתְרָאֶה; ר.א.ה.; התפעל, ל״ה

מִתְרַגֵּל פ׳ — get used
לְהִתְרַגֵּל, הִתְרַגֵּל, יִתְרַגֵּל; ר.ג.ל.; התפעל

מִתְרַגֵּשׁ פ׳ — get excited
לְהִתְרַגֵּשׁ, הִתְרַגֵּשׁ, יִתְרַגֵּשׁ; ר.ג.ש.; התפעל

מִתְרוֹצֵץ פ׳ — run around
לְהִתְרוֹצֵץ, הִתְרוֹצֵץ, יִתְרוֹצֵץ; ר.ו.צ. ; התפעל, ע״ו

מִתְרַחֵץ פ׳ — wash, bathe
לְהִתְרַחֵץ, הִתְרַחֵץ, יִתְרַחֵץ; ר.ח.צ.; התפעל

מִתְרַכֵּז פ׳ — concentrate
לְהִתְרַכֵּז, הִתְרַכֵּז, יִתְרַכֵּז; ר.כ.ז.; התפעל

נ

נָא מ״ק — please

נָאִיבִי ת׳ — naive
נָאִיבִית, נָאִיבִיִּים, נָאִיבִיּוֹת

נָאסָ״א — NASA

נָבוֹן ת׳ — clever
נְבוֹנָה, נְבוֹנִים, נְבוֹנוֹת

נֶגֶב ז׳ — Negev (region)

נִגְמָר פ׳ — end
לְהִיגָּמֵר, נִגְמַר, יִיגָּמֵר; ג.מ.ר.; נפעל

נַגָּן שם — music player
נַגֶּנֶת, נַגָּנִים, נַגָּנִיּוֹת

נֶהָג שם — driver
נַהֶגֶת, נֶהָגִים, נֶהָגוֹת

נֶהְדָּר ת׳ — wonderful
נֶהְדֶּרֶת, נֶהְדָּרִים, נֶהְדָּרוֹת

נָהָר ז׳ — river
נְהָרוֹת

נַהֲרִיָּה נ׳ — Nahariya (city)

נוּ...? מ״ק — Well...?

נוֹבֶמְבֶּר ז׳ — November

נוֹדָע ת׳ — famous
נוֹדַעַת, נוֹדָעִים, נוֹדָעוֹת

נוֹהֵג פ׳ — drive
לִנְהוֹג, נָהַג, יִנְהַג; נ.ה.ג.; פעל

נוֹחַ ת׳ — comfortable, convenient
נוֹחָה, נוֹחִים, נוֹחוֹת

נוֹלָד פ׳ — born
לְהִיוָּלֵד, נוֹלַד, יִיוָּלֵד; י.ל.ד.; נפעל, פ״י

נוֹסָד פ׳ — be founded
לְהִיוָּסֵד, נוֹסַד, יִיוָּסֵד; י.ס.ד.; נפעל, פ״י

נוֹסֵעַ פ׳ — go (by vehicle)
לִנְסוֹעַ, נָסַע, יִיסַּע; נ.ס.ע.; פעל, פ״נ

נוֹסֵעַ שם — passenger
נוֹסַעַת, נוֹסְעִים, נוֹסְעוֹת

נוֹסָף ת׳ — additional
נוֹסֶפֶת, נוֹסָפִים, נוֹסָפוֹת

נוֹף ז׳ — view
נוֹפִים

נוֹצְרִי שם, ת׳ — Christian
נוֹצְרִיָּה, נוֹצְרִים, נוֹצְרִיּוֹת

נוֹרָא ת׳ — terrible
נוֹרָאָה, נוֹרָאִים, נוֹרָאוֹת

- (זֶה) לֹא נוֹרָא — it's not that bad

נוֹשֵׂא ז׳ — subject
נוֹשְׂאִים

נוֹתֵן פ׳ — give, let
לָתֵת, נָתַן, יִיתֵּן; נ.ת.נ.; פעל, פ״נ

נָח פ׳ — rest
לָנוּחַ, נָח, יָנוּחַ; נ.ו.ח.; פעל, ע״ו

נַחַ״ל ז׳ — Nahal (army unit)

נֶחְמָד ת׳ — nice
נֶחְמָדָה, נֶחְמָדִים, נֶחְמָדוֹת

נְיוּ־יוֹרְק נ׳ — New York

נִימוּס ז׳ — manner, courtesy
נִימוּסִים

נִיקָיוֹן, נִקָּיוֹן ז׳ — cleanliness

נִכְבָּד ת׳ — honored
נִכְבָּדָה/נִכְבֶּדֶת, נִכְבָּדִים, נִכְבָּדוֹת

נָכוֹן ת׳ — correct
נְכוֹנָה, נְכוֹנִים, נְכוֹנוֹת

נִכְנָס פ׳ — enter
לְהִיכָּנֵס, נִכְנַס, יִיכָּנֵס; כ.נ.ס.; נפעל

נָמוּךְ ת׳ — short (≠ tall)
נְמוּכָה, נְמוּכִים, נְמוּכוֹת

נָמָל ז׳ — port
נְמָלִים

נִמְצָא פ׳ — located, present
לְהִימָּצֵא, נִמְצָא, יִימָּצֵא; מ.צ.א.; נפעל

נִמְשָׁךְ פ׳ — last
לְהִימָּשֵׁךְ, נִמְשַׁךְ, יִימָּשֵׁךְ; מ.ש.כ.; נפעל

נְסִיעָה נ׳ — trip
נְסִיעוֹת

- נְסִיעָה טוֹבָה! — Have a good trip!

נָעִים ת׳ — pleasant
נְעִימָה, נְעִימִים, נְעִימוֹת

- נָעִים מְאוֹד, מְאֹד — Nice to meet you

נַעַל נ׳ — shoe
נַעֲלַיִים

נַעַר שם — youngster
נַעֲרָה, נְעָרִים, נְעָרוֹת

נִפְגָּשׁ פ׳ — meet
לְהִיפָּגֵשׁ, נִפְגַּשׁ, יִיפָּגֵשׁ; פ.ג.ש.; נפעל

נִפְלָא ת׳ wonderful
נִפְלָאָה, נִפְלָאִים, נִפְלָאוֹת

נִפְסָק פ׳ stop, be stopped
לְהִיפָּסֵק, נִפְסַק, יִיפָּסֵק; פ.ס.ק.; נפעל

נִפְרָד פ׳ separate, part
לְהִיפָּרֵד, נִפְרַד, יִיפָּרֵד; פ.ר.ד.; נפעל

נִפְתָּח פ׳ be opened
לְהִיפָּתַח, נִפְתַּח, יִיפָּתַח; פ.ת.ח.; נפעל

נְקֵבָה נ׳ feminine
נְקֵבוֹת

נָקִי ת׳ clean
נְקִיָּה, נְקִיִּים, נְקִיּוֹת

נִרְאָה פ׳ look like
לְהֵירָאוֹת, נִרְאָה, יֵירָאֶה; ר.א.ה.; נפעל, ל״ה

- זֶה לֹא נִרְאֶה לִי — I don't like it
- נִרְאֶה לִי שֶׁ... — it seems to me that...

נִשְׁאָר פ׳ stay
לְהִישָּׁאֵר, נִשְׁאַר, יִישָּׁאֵר; ש.א.ר.; נפעל

נָשׂוּא ז׳ predicate

נָשׂוּי ת׳ married
נְשׂוּאָה, נְשׂוּאִים, נְשׂוּאוֹת

נָשִׂיא שם president
נְשִׂיאָה, נְשִׂיאִים, נְשִׂיאוֹת

נָשִׁים [ראה: אישה]

נְשִׁיקָה נ׳ kiss
נְשִׁיקוֹת

ס

סָאוּנָה נ׳ sauna

סַבָּא ז׳ grandpa
סָבִים

סְבִיבוֹן ז׳ spinning top
סְבִיבוֹנִים

סַבְלָנוּת נ׳ patience

סַבְתָּא נ׳ grandma
סַבְתוֹת

סָגוּר ת׳ closed
סְגוּרָה, סְגוּרִים, סְגוּרוֹת

סֵדֶר ז׳ order, Seder
סְדָרִים

סוֹגֵר פ׳ close
לִסְגּוֹר, סָגַר, יִסְגּוֹר; ס.ג.ר.; פעל

סוֹד ז׳ secret
סוֹדוֹת

סוודר, סְוֶדֶר ז׳ sweater
סְוֶדֶרִים

סוכריה, סֻכָּרִיָּה נ׳ candy
סוּכָּרִיּוֹת

סולם, סֻלָּם ז׳ ladder
סוּלָּמוֹת

סוֹף ז׳ end
סוֹפִים; סוֹפֵי־

- בַּסּוֹף תה״פ — in the end
- סוֹף סוֹף תה״פ — finally
- סוֹף־שָׁבוּעַ ז׳ — weekend
סוֹפֵי־שָׁבוּעַ

סוֹפִי ת׳ final
סוֹפִית, סוֹפִיִּים, סוֹפִיּוֹת

סוֹפֵר שם writer
סוֹפֶרֶת, סוֹפְרִים, סוֹפְרוֹת

סוֹפֵר פ׳ count
לִסְפּוֹר, סָפַר, יִסְפּוֹר; ס.פ.ר.; פעל

סוּפֶּרְמַרְקֶט ז׳ supermarket

סְחוֹרָה נ׳ goods
סְחוֹרוֹת

סְטוּדֶנְט שם student
סְטוּדֶנְטִית, סְטוּדֶנְטִים, סְטוּדֶנְטִיּוֹת

סְטָטִיסְטִיקָה נ׳ statistics

סטריאו, סְטֶרֵיאוֹ ז׳ stereo system

סִיאָמִי ת׳ Siamese
סִיאָמִית, סִיאָמִיִּים, סִיאָמִיּוֹת

סידור, סִדּוּר ז׳ arrangement, siddur
סִידּוּרִים

- סידורים, סִדּוּרִים ז״ר — errands

סידרה, סִדְרָה נ׳ series
סְדָרוֹת

סִימְפוֹנְיָה נ׳ symphony
סִימְפוֹנְיוֹת

סיפור, סִפּוּר ז׳ story, telling
סִיפּוּרִים

סֶלוּלָרִי ת׳ cellular
סֶלוּלָרִית, סֶלוּלָרִיִּים, סֶלוּלָרִיּוֹת

סָלוֹן ז׳ living room

סָלָט ז׳ salad
סָלָטִים

סְלִיחָה נ׳ Excuse me, pardon
סְלִיחוֹת

סְמִיכוּת נ׳ noun-noun phrase
סְמִיכוּיוֹת

סֶמִינָר ז׳ seminar
סֶמִינָרִים

סֶמֶסְטֶר ז׳ semester
סֶמֶסְטְרִים

סנדוויץ׳, סֶנְדְּוִיץ׳ ז׳ sandwich
סֶנְדְוִויצ׳ים

סֶנְטִימֶטֶר ז׳ centimeter
סֶנְטִימֶטְרִים

סָפָארִי ז׳ safari

סְפָּגֶטִי ז׳ spaghetti

סְפּוֹרְט ז׳ sport

סַפְסָל ז׳ bench
סַפְסָלִים

סֵפֶר ז׳ book
סְפָרִים

סַפָּר שם barber
סַפָּרִית, סַפָּרִים, סַפָּרִיּוֹת

סְפָרַדִּי ת׳ Sephardic
סְפָרַדִּית, סְפָרַדִּיִּים, סְפָרַדִּיּוֹת

סְפָרַדִּית נ׳ Spanish

סִפְרוּת נ׳ literature

ספרייה, סִפְרִיָּה נ׳ library
סִפְרִיּוֹת

סְקִי ז׳ ski

סַרְבָּל ז׳ overall
סַרְבָּלִים

סֶרֶט ז׳ film
סְרָטִים

סְתָם תה״פ for no reason

סְתָמִי ת׳ impersonal
סְתָמִית, סְתָמִיִּים, סְתָמִיּוֹת

ע

עֲבוֹדָה נ׳ work, paper, work of art
עֲבוֹדוֹת

עָבָר ז׳ past

עִבְרִית נ׳ Hebrew

עגבנייה, עַגְבָנִיָּה נ׳ tomato
עַגְבָנִיּוֹת

עֲגָלָה נ׳ cart
עֲגָלוֹת

עַד מ״י up to, until

עדיין, עֲדַיִן תה״פ still

עֲדָשִׁים נ״ר [יחיד: עֲדָשָׁה] lentil

עוֹבֵד פ׳ work
לַעֲבוֹד, עָבַד, יַעֲבוֹד; ע.ב.ד.; פעל

עוֹבֵד שם worker, employee
עוֹבֶדֶת, עוֹבְדִים, עוֹבְדוֹת

עוֹבֵר פ׳ pass, move
לַעֲבוֹר, עָבַר, יַעֲבוֹר; ע.ב.ר.; פעל

- עוֹבֵר דִּירָה — move (relocate)

עוּגָה נ׳ — cake
עוּגוֹת

- עוּגַת־גְּבִינָה — cheese cake

- עוּגַת־שׁוֹקוֹלָד — chocolate cake

עוּגִייה, עֻגִיָּה נ׳ — cookie
עוּגִיוֹת

עוֹד תה״פ — else, more, yet, still

- וְעוֹד — plus (in math)

- עוֹד לֹא — not yet

- עוֹד מְעַט תה״פ — soon

- עוֹד פַּעַם תה״פ — once again

עוֹדֶף, עֹדֶף ז׳ — change

עוֹזֵר ל... פ׳ — help
לַעֲזוֹר, עָזַר, יַעֲזוֹר; ע.ז.ר.; פעל

עוֹלֶה פ׳ — cost, go up
לַעֲלוֹת, עָלָה, יַעֲלֶה; ע.ל.ה.; פעל, ל״ה

עוֹלֶה שם — immigrant
עוֹלָה, עוֹלִים, עוֹלוֹת

- עוֹלֶה חָדָשׁ שם — new immigrant
עוֹלָה חֲדָשָׁה, עוֹלִים חֲדָשִׁים, עוֹלוֹת חֲדָשׁוֹת

עוֹלָם ז׳ — world
עוֹלָמוֹת

- אֵיזֶה עוֹלָם קָטָן! — What a small world!

עוֹמֵד פ׳ — stand
לַעֲמוֹד, עָמַד, יַעֲמוֹד; ע.מ.ד.; פעל

עוֹנֶה פ׳ — answer
לַעֲנוֹת, עָנָה, יַעֲנֶה; ע.נ.ה.; פעל, ל״ה

עוֹף ז׳ — chicken
עוֹפוֹת

עוֹצֵר פ׳ — stop (by)
לַעֲצוֹר, עָצַר, יַעֲצוֹר; ע.צ.ר. פעל

עוֹשֶׂה פ׳ — do, make
לַעֲשׂוֹת, עָשָׂה, יַעֲשֶׂה; ע.שׂ.ה.; פעל, ל״ה

עֶזְרָה נ׳ — help

עייף, עָיֵף ת׳ — tired
עֲיֵיפָה, עֲיֵיפִים, עֲיֵיפוֹת

עיירה, עֲיָרָה נ׳ — small town
עֲיָרוֹת

- עיירה, עֲיָרָה יְהוּדִית נ׳ — shtetl

עַיִן נ׳ — eye
עֵינַיִים

עִיר נ׳ — city
עָרִים; עָרֵי־

- עִיר־בִּירָה נ׳ — capital city
עָרֵי־בִּירָה

- עִיר־נָמָל נ׳ — port city
עָרֵי־נָמָל

עישון, עִשּׁוּן ז׳ — smoking

עיתון, עִתּוֹן ז׳ — newspaper
עיתונים

עַכְשָׁיו תה״פ — now

עַל מ״י — on, about

עַל־יַד מ״י — by

עלייה, עֲלִיָּה נ׳ — immigration, rise
עֲלִיּוֹת

עִם מ״י [נטייה לפי אֶת] — with
איתי, איתך, איתך, איתו, איתה
איתנו, איתכם, איתכן, איתם, איתן
אִתִּי, אִתְּךָ, אִתָּךְ, אִתּוֹ, אִתָּהּ
אִתָּנוּ, אִתְּכֶם, אִתְּכֶן, אִתָּם, אִתָּן

עֲמִידָה נ׳ — standing
עֲמִידוֹת

- עֲמִידַת־ידיים, יָדַיִם נ׳ — handstand

עֲנָבִים ז״ר [יחיד: עֵנָב] — grapes

עָנִי ת׳ — poor
עֲנִיָּה, עֲנִיִּים, עֲנִיּוֹת

עניין, עִנְיָן ז׳ — matter
עניינים

עָנָן ז׳ — cloud
עֲנָנִים

עֲנָקִי ת׳ — huge
עֲנָקִית, עֲנָקִיִּים, עֲנָקִיּוֹת

עַנְתִּיקָה נ׳ — antique (slang)
ענתיקות

עָסוּק ת׳ — busy (person)
עֲסוּקָה, עֲסוּקִים, עֲסוּקוֹת

עֵץ ז׳ — tree
עֵצִים

- עֵץ־מִשְׁפָּחָה ז׳ — family tree

עֶצֶב ז׳ — sorrow

עָצוּב ת׳ — sad
עֲצוּבָה, עֲצוּבִים, עֲצוּבוֹת

עַצְלוּת נ׳ — laziness

עַצְמִי ת׳ — self
עַצְמִית, עַצְמִיִּים, עַצְמִיּוֹת

עֶרֶב ז׳ — evening
עֲרָבִים

- הָעֶרֶב תה״פ — tonight

- עֶרֶב־שַׁבָּת ז׳ — Friday night

עָרֵב ת׳ — responsible
עֲרֵבָה, עֲרֵבִים, עֲרֵבוֹת

עָרָק ז׳ — arrack (liquor)

עָשִׁיר ת׳ — rich
עֲשִׁירָה, עֲשִׁירִים, עֲשִׁירוֹת

עֶשֶׂר ש״מ — ten (f.)

עֲשָׂרָה ש״מ — ten (m.)

- עֲשֶׂרֶת־אֲלָפִים ש״מ — ten thousand

עֶשְׂרִים ש״מ — twenty

עָתִיד ז׳ — future

עַתִּיק ת׳ — ancient
עַתִּיקָה, עַתִּיקִים, עַתִּיקוֹת

- הָעִיר הָעַתִּיקָה — the old city

פ

פָּאבּ ז׳ — pub
פָּאבִּים

פאקס, פַקְס ז׳ — fax
פַאקְסִים

פארק, פַּרְק ז׳ — park
פַּארְקִים

פֶבְּרוּאָר ז׳ — February

פְּגִישָׁה נ׳ — meeting
פְּגִישׁוֹת

פֶּדַנְטִי ת׳ — pedantic
פֶּדַנְטִית, פֶּדַנְטִיִּים, פֶּדַנְטִיּוֹת

פֹּה תה״פ — here

פֶּה ז׳ — mouth

- מִפֶּה לְפֶה — excessively

פּוֹגֵשׁ פ׳ — meet
לִפְגוֹשׁ, פָּגַשׁ, יִפְגוֹשׁ; פ.ג.שׁ.; פעל

פּוֹחֵד פ׳ — be afraid
לִפְחוֹד, פָּחַד, יִפְחַד; פ.ח.ד.; פעל

פּוֹלִיטִי ת׳ — political
פּוֹלִיטִית, פּוֹלִיטִיִּים, פּוֹלִיטִיּוֹת

פּוֹלִיטִיקָה נ׳ — politics

פועל, פֹּעַל ז׳ — verb
פְּעָלִים

- פּוֹעַל, פֹּעַל חוֹזֵר — reflexive verb

- פּוֹעַל, פֹּעַל יוֹצֵא — transitive verb

פּוֹפּוּלָרִי ת׳ — popular
פּוֹפּוּלָרִית, פּוֹפּוּלָרִיִּים, פּוֹפּוּלָרִיּוֹת

פּוֹשֵׁט פ׳ — take off
לִפְשׁוֹט, פָּשַׁט, יִפְשׁוֹט; פ.שׁ.ט.; פעל

פּוֹתֵחַ פ׳ — open
לִפְתּוֹחַ, פָּתַח, יִפְתַּח; פ.ת.ח.; פעל

פָּחוֹת תה״פ — less, minus

- פָּחוֹת אוֹ יוֹתֵר — more or less

פִּיגָ'מָה נ׳ — pajamas
פִּיגָ'מוֹת

פִּיזִיקָה נ׳ — physics

פִילוֹסוֹפְיָה נ׳ — philosophy

פִילַנְתְרוֹפ שם — philanthropist
פִילַנְתְרוֹפִית, פִילַנְתְרוֹפִים, פִילַנְתְרוֹפִיוֹת

פינגווין, פִינְגְוִוין ז' — penguin
פִינְגְווִינִים

פִינְלַנְד נ' — Finland

פיסקה, פִסְקָה נ' — paragraph
פִיסְקָאוֹת

פִיצָה נ' — pizza
פִיצוֹת

פירות [ראה: פרי]

פיתה, פִתָּה נ' — pita
פִיתוֹת

פֶלֶאפוֹן ז' — cell phone (brand)
פֶלֶאפוֹנִים

פָלָאפֶל ז' — falafel

פְלַסְטִיק ז' — plastic

פָנוּי ת' — available
פְנוּיָה, פְנוּיִים, פְנוּיוֹת

פַנְטַסְיָה נ' — fantasy
פַנְטַסִיוֹת

פָנִים נ"ר — face

פַס ז' — pass (military slang)
פַסִים

פֶסַח ז' — Passover

פַסְטָה נ' — pasta
פַסְטוֹת

פֶסְטִיבָל ז' — festival
פֶסְטִיבָלִים

פְסִיכוֹלוֹג שם — psychologist
פְסִיכוֹלוֹגִית, פְסִיכוֹלוֹגִים, פְסִיכוֹלוֹגִיוֹת

פְסִיכוֹלוֹגְיָה נ' — psychology

פְסַנְתֵר ז' — piano
פְסַנְתֵרִים

פְעוּלָה נ' — action
פְעוּלוֹת

פָעִיל ת' — active
פְעִילָה, פְעִילִים, פְעִילוֹת

פְעִילוּת נ' — activity
פְעִילוּיוֹת

פַעַם נ' — once, time
פְעָמִים; פַעֲמַיִים

– הַפַעַם תה"פ — this time

– לִפְעָמִים תה"פ — sometimes

– עוֹד פַעַם תה"פ — once again

פָקוּלְטָה נ' — faculty, school
פָקוּלְטוֹת

פְרוֹדוּקְטִיוִוי ת' — productive
פְרוֹדוּקְטִיוִוית, פְרוֹדוּקְטִיוִויִים, פְרוֹדוּקְטִיוִויוֹת

פְרוֹפִיל ז' — profile
פְרוֹפִילִים

פְרוֹפֶסוֹר שם — professor
פְרוֹפֶסוֹרִים

פֶרַח ז' — flower
פְרָחִים

פְרִי ז' — fruit
פֵירוֹת

פָרִיז נ' — Paris

פרנהייט, פָרֶנְהַיְט ז' — Fahrenheit

פְרָס ז' — prize
פְרָסִים

פֶרֶק ז' — chapter
פְרָקִים

פָשוּט ת', תה"פ — simple
פְשוּטָה, פְשוּטִים, פְשוּטוֹת

פתאום, פִתְאוֹם תה"פ — suddenly

– מַה פתאום, פִתְאוֹם! — How come?

פָתוּחַ ת' — open
פְתוּחָה, פְתוּחִים, פְתוּחוֹת

פְתִיחָה נ' — opening

צ

צָבָא ז' — army
צְבָאוֹת

צְבָאִי ת' — military
צְבָאִית, צְבָאִיִים, צְבָאִיוֹת

צֶבַע ז' — color
צְבָעִים

צהוב, צָהֹב ת' — yellow
צְהוּבָּה, צְהוּבִּים, צְהוּבּוֹת

צַהַ"ל ז' [צְבָא הֲגָנָה לְיִשְׂרָאֵל] — IDF

צהריים, צָהֳרַיִם ז"ר — noon

– אַחֲרֵי־הצהריים, הַצָהֳרַיִם — afternoon

צוֹוֵחַ פ' — yell
לִצווֹחַ, צָוַח, יִצווַח; צ.ו.ח.; פעל

צוֹחֵק פ' — laugh
לִצחוֹק, צָחַק, יִצחַק; צ.ח.ק.; פעל

צוֹעֵק פ' — shout
לִצעוֹק, צָעַק, יִצעַק; צ.ע.ק.; פעל

ציווי, צִוּוּי ז' — imperative

צִיוּן ז' — grade
צִיוּנִים

צִיוּר ז' — painting, drawing
צִיוּרִים

צייר, צַיָּר שם — painter
צַיֶּרֶת, צַיָּרִים, צַיָּרוֹת

צילצול, צִלְצוּל ז' — ring
צִילְצוּלִים

צ'יפְּס ז' — fries

צ'יק צָ'ק תה"פ — quickly (slang)

צֵל ז' — shade

צַלַחַת נ' — plate
צַלָחוֹת

צֶלְסִיוּס ז' — Celsius

צָם פ' — fast
לָצוּם, צָם, יָצוּם; צ.ו.מ.; פעל, ע"ו

צִמְחוֹנִי ת' — vegetarian
צִמחוֹנִית, צִמחוֹנִיִים, צִמחוֹנִיוֹת

צָעִיר שם, ת' — young, young person
צְעִירָה, צְעִירִים, צְעִירוֹת

צָפוֹן ז' — north

צְפַת נ' — Safed (city)

צֶ'ק ז' — check
צֶ'קִים

צָרִיךְ ת' — in need of, supposed to
צְרִיכָה, צְרִיכִים, צְרִיכוֹת

צָרְפָתִית נ' — French

ק

קְבוּצָה נ' — group
קְבוּצוֹת

קַבָּלָה נ' — acceptance
קַבָּלוֹת

קָהִיר נ' — Cairo

קַו ז' — line
קַוִוים

קודם, קֹדֶם תה"פ — earlier, first

קוֹדֵם ת' — previous
קוֹדֶמֶת, קוֹדְמִים, קוֹדְמוֹת

קוֹל ז' — voice, sound
קוֹלוֹת

– בְּקוֹלֵי־קוֹלוֹת תה"פ — aloud

– בְּקוֹל רָם תה"פ — aloud

קוֹלָה נ' — Coke

קוֹלוֹמְבְּיָה נ' — Columbia

קוֹלְנוֹעַ ז' — movie theater

קוֹמֶדְיָה נ' — comedy
קוֹמֶדְיוֹת

קוֹמָה נ' — floor, story, level
קוֹמוֹת

קוֹמְפּוֹזִיטוֹר שם — composer
קוֹמְפּוֹזִיטוֹרִית, קוֹמְפּוֹזִיטוֹרִים, קוֹמְפּוֹזִיטוֹרִיּוֹת

קוֹנֶה פ' — buy
לִקְנוֹת, קָנָה, יִקְנֶה; ק.נ.ה.; פעל, ל"ה

קוֹנֶה שם — customer
קוֹנָה, קוֹנִים, קוֹנוֹת

קוֹנְצֶרְט ז' — concert
קוֹנְצֶרְטִים

קוּפַאי, קֻפַּאי שם — cashier
קוּפָּאִית, קוּפָּאִים, קוּפָּאִיּוֹת

קוּפָּה, קֻפָּה נ' — ticket office, cash register
קוּפּוֹת

קוֹקָה־קוֹלָה נ' — Coca Cola

קוֹר, קֹר ז' — cold

- קוֹר, קֹר־כְּלָבִים ז' — bone chilling cold

קוֹרֵא פ' — read, call
לִקְרוֹא, קָרָא, יִקְרָא; ק.ר.א.; פעל

- אֵיךְ קוֹרְאִים לְךָ? — what do they call you?

- קוֹרְאִים לִי — they call me

קוֹרֶה פ' — happen
לִקְרוֹת, קָרָה, יִקְרֶה; ק.ר.ה.; פעל, ל"ה

קוּרְס ז' — course
קוּרְסִים

קוּשְׁיָה נ' — question, problem
קוּשְׁיוֹת

- אַרְבַּע הַקּוּשְׁיוֹת — the 4 questions in the Seder

קָטָן ת' — small
קְטַנָּה, קְטַנִּים, קְטַנּוֹת

קֶטְשׁוֹפּ ז' — ketchup

קִיבּוּץ, קִבּוּץ ז' — kibbutz
קִיבּוּצִים

קייטנה, קַיְטָנָה נ' — summer camp
קַיְטָנוֹת

קִילוֹגְרַם (קִילוֹ) ז' — kilogram
קִילוֹגְרָמִים

קִילוֹמֶטֶר ז' — kilometer
קִילוֹמֶטְרִים

- קמ"ש (קִילוֹמֶטֶר לְשָׁעָה) — km/h

קַיִץ ז' — summer
קֵיצִים

קֵיצִי ת' — summer-like
קֵיצִית, קֵיצִיִּים, קֵיצִיּוֹת

קַל ת' — easy, light
קַלָּה, קַלִּים, קַלּוֹת

קלאסי, קְלַסִּי ת' — classical
קְלַאסִית, קְלַאסִיִּים, קְלַאסִיּוֹת

קֶלְן נ' — Cologne (in Germany)

קָם פ' — get up
לָקוּם, קָם, יָקוּם; ק.ו.מ.; פעל, ע"ו

קַמְפּוּס ז' — campus
קַמְפּוּסִים

קמ"ש [ראה: קילומטר] — km/h

קָנָדָה נ' — Canada

קֶנְיָה נ' — Kenya

קַנְיוֹן ז' — shopping mall
קַנְיוֹנִים

קנייה, קְנִיָּה נ' — purchase
קְנִיּוֹת

- קְנִיּוֹת נ"ר — shopping

קָפֶה ז' — coffee

קָפֵיטֶרְיָה נ' — cafeteria
קָפֵיטֶרְיוֹת

קָצִין שם — officer
קְצִינָה, קְצִינִים, קְצִינוֹת

קָצָר ת' — short (≠ long)
קְצָרָה, קְצָרִים, קְצָרוֹת

קְצָת תה"פ — a little

קַר ת' — cold
קָרָה, קָרִים, קָרוֹת

קָרוֹב ת', תה"פ — close
קְרוֹבָה, קְרוֹבִים, קְרוֹבוֹת

קָרוֹב שם — relative
קְרוֹבָה, קְרוֹבִים, קְרוֹבוֹת

- קְרוֹב־מִשְׁפָּחָה שם — relative
קְרוֹבַת־מִשְׁפָּחָה, קְרוֹבֵי־, קְרוֹבוֹת־

קָרוֹן ז' — train car
קְרוֹנוֹת; קְרוֹן־

קְרִיאָה נ' — reading

קָרִיקָטוּרָה נ' — caricature
קָרִיקָטוּרוֹת

קָשֶׁה ת' — hard, difficult
קָשָׁה, קָשִׁים, קָשׁוֹת

קֶשֶׁר ז' — connection, relationship
קְשָׁרִים

ר

רֹאשׁ ז' — head
רָאשִׁים

- בָּרֹאשׁ תה"פ — in front

- רֹאשׁ־הַשָּׁנָה — Rosh Hashana

- רֹאשׁ־מֶמְשָׁלָה ז' — prime minister
רָאשֵׁי־מֶמְשָׁלוֹת

- רֹאשׁ־עִיר ז' — mayor
רָאשֵׁי־עָרִים

רִאשׁוֹן ת' — first
רִאשׁוֹנָה, רִאשׁוֹנִים, רִאשׁוֹנוֹת

- יוֹם רִאשׁוֹן ז' — Sunday

רָאשִׁי ת' — main
רָאשִׁית, רָאשִׁיִּים, רָאשִׁיּוֹת

רַב ת' — much
רַבָּה, רַבִּים, רַבּוֹת

רַבִּים ז"ר — plural
רַבּוֹת

רְבִיעִי ת' — fourth
רְבִיעִית, רְבִיעִיִּים, רְבִיעִיּוֹת

- יוֹם רְבִיעִי ז' — Wednesday

רֶבַע ז' — quarter
רְבָעִים

- ... וָרֶבַע — ... and a quarter

רֶגֶל נ' — foot, leg
רַגְלַיִים

- בָּרֶגֶל תה"פ — by foot

רֶגַע ז' — moment
רְגָעִים

רֶגֶשׁ ז' — feeling
רְגָשׁוֹת

רַדְיוֹ ז' — radio

רוֹאֶה פ' — see
לִרְאוֹת, רָאָה, יִרְאֶה; ר.א.ה.; פעל, ל"ה

רוֹב, רֹב ז' — majority

רוֹבֶה ז' — gun
רוֹבִים

רוּחַ נ' — wind
רוּחוֹת

רוֹחֵץ פ' — wash
לִרְחוֹץ, רָחַץ, יִרְחַץ; ר.ח.צ.; פעל

רוּסְיָה נ' — Russia

רוֹפֵא שם — physician
רוֹפְאָה, רוֹפְאִים, רוֹפְאוֹת

רוֹצֶה פ' — want
לִרְצוֹת, רָצָה, יִרְצֶה; ר.צ.ה.; פעל, ל"ה

רוֹקֵד פ' — dance
לִרְקוֹד, רָקַד, יִרְקוֹד; ר.ק.ד.; פעל

רחבי [ראה: ברחבי]

רְחוֹב ז' — street
רְחוֹבוֹת

- רְחוֹב רָאשִׁי — main street
רְחוֹבוֹת רָאשִׁיִּים

רָחוֹק ת', תה"פ — far, remote
רְחוֹקָה, רְחוֹקִים, רְחוֹקוֹת

רִיצָה נ' — running, run
רִיצוֹת; רִיצַת־

רישום, רִשּׁוּם ז׳ — sketch, drawing
רישומים

רַכֶּבֶת נ׳ — train
רַכָּבוֹת

רַע ת׳ — bad
רָעָה, רָעִים, רָעוֹת

רָעֵב ת׳ — hungry
רְעֵבָה, רְעֵבִים, רְעֵבוֹת

רעיון ז׳ — idea
רַעְיוֹנוֹת

- זֶה רַעְיוֹן! — that's a good idea

רַעַשׁ ז׳ — noise

רֶפְּלִיקָה נ׳ — replica
רֶפְּלִיקוֹת

רָץ פ׳ — run
לָרוּץ, רָץ, יָרוּץ; ר.ו.צ.; פעל, ע״ו

רְצִינִי ת׳ — serious
רְצִינִית, רְצִינִיִּים, רְצִינִיּוֹת

רִצְפָּה נ׳ — floor
רְצָפוֹת

רַק מ״ח — only

רֶשֶׁת נ׳ — net
רְשָׁתוֹת

- ״הָרֶשֶׁת״ נ׳ — the web

ש

שֶ... מ״ח — that, which, who

שְׁאֵלָה נ׳ — question
שְׁאֵלוֹת

שָׁבוּעַ ז׳ — week
שָׁבוּעוֹת; שְׁבוּעַיִים

- הַשָּׁבוּעַ הַבָּא ז׳ — next week

שֶׁבַע ש״מ — seven (f.)

- שְׁבַע־מֵאוֹת ש״מ — seven hundred

- שְׁבַע־עֶשְׂרֵה ש״מ — seventeen (f.)

שִׁבְעָה ש״מ — seven (m.)

- שִׁבְעָה־עָשָׂר ש״מ — seventeen (m.)

- שִׁבְעַת־אֲלָפִים ש״מ — seven thousand

שִׁבְעִים ש״מ — seventy

שַׁבָּת נ׳ — Sabbath
שַׁבָּתוֹת

- מוֹצָאֵי־שַׁבָּת ז׳ — Saturday night

- עֶרֶב־שַׁבָּת ז׳ — Friday night

שָׂדֶה ז׳ — field
שָׂדוֹת

שׁוֹאָה נ׳ — holocaust

שׁוֹאֵל פ׳ — ask
לִשְׁאוֹל, שָׁאַל, יִשְׁאַל; ש.א.ל.; פעל

שׁוּב תה״פ — again

שׁווה, שָׁוֶה ת׳ — equal
שָׁוָה, שָׁוִים, שָׁווֹת

שׁוֹכֵב פ׳ — lay
לִשְׁכַּב, שָׁכַב, יִשְׁכַּב; ש.כ.ב.; פעל

שׁוֹכֵחַ פ׳ — forget
לִשְׁכּוֹחַ, שָׁכַח, יִשְׁכַּח; ש.כ.ח.; פעל

שׁוֹלֵחַ פ׳ — send
לִשְׁלוֹחַ, שָׁלַח, יִשְׁלַח; ש.ל.ח.; פעל

שולחן, שֻׁלְחָן ז׳ — table
שולְחָנוֹת

- שולחן, שֻׁלְחַן־כְּתִיבָה — desk
שולְחֲנוֹת־כְּתִיבָה

שׁוּם־דָּבָר (לֹא) ז׳ — nothing

שׁוֹמֵעַ פ׳ — hear
לִשְׁמוֹעַ, שָׁמַע, יִשְׁמַע; ש.מ.ע.; פעל

שׁוֹמֵר פ׳ — keep, save, watch
לִשְׁמוֹר, שָׁמַר, יִשְׁמוֹר; ש.מ.ר.; פעל

- שׁוֹמֵר כַּשְׁרוּת — keep kosher

שׁוֹמֵר שם — guard
שׁוֹמֶרֶת, שׁוֹמְרִים, שׁוֹמְרוֹת

שׁוֹנֶה ת׳ — different
שׁוֹנָה, שׁוֹנִים, שׁוֹנוֹת

שׁוּק ז׳ — market
שְׁוָקִים

שׁוֹקוֹלָד ז׳ — chocolate

שׁוּרָה נ׳ — line
שׁוּרוֹת

שורש, שֹׁרֶשׁ ז׳ — root
שׁוֹרָשִׁים

שׁוֹשַׁנַּת־מַיִם נ׳ — water lily
שׁוֹשַׁנֵּי־מַיִם

שׁוֹתֶה פ׳ — drink
לִשְׁתּוֹת, שָׁתָה, יִשְׁתֶּה; ש.ת.ה.; פעל, ל״ה

שותף, שֻׁתָּף שם — partner, roommate
שׁוּתָּפָה, שׁוּתָּפִים, שׁוּתָּפוֹת

שָׁזִיף ז׳ — plum
שְׁזִיפִים

ש״ח [ראה גם: שקל] — NIS (New Israeli Shekel)

שַׁחְמָט ז׳ — Chess

שַׂחְקָן שם — player, actor
שַׂחְקָנִית, שַׂחְקָנִים, שַׂחְקָנִיּוֹת

שָׁטִיחַ ז׳ — rug, tapestry
שְׁטִיחִים

שִׂיחַ ז׳ — bush
שִׂיחִים

שיעור, שִׁעוּר ז׳ — class, lesson
שיעורים; שיעוּרֵי־

- שיעורי, שִׁעוּרֵי־בַּיִת ז״ר — homework

- שיעורים, שִׁעוּרִים ז״ר — homework

שִׁיר ז׳ — song, poem
שירים

שִׁירָה נ׳ — singing, poetry

שירות, שֵׁרוּת ז׳ — service
שֵׁירוּתִים

- שירותים, שֵׁרוּתִים ז״ר — toilets

- שירות, שֵׁרוּת מֶטֶאוֹרוֹלוֹגִי — meteorological service

שישה, שִׁשָּׁה ש״מ — six (m.)

- שישה, שִׁשָּׁה־עָשָׂר ש״מ — sixteen (m.)

- שֵׁשֶׁת־אֲלָפִים ש״מ — six thousand

שישי, שִׁשִּׁי ת׳ — sixth
שישית, שישיים, שישיות

- יוֹם שישי, שִׁשִּׁי ז׳ — Friday

שישים, שִׁשִּׁים ש״מ — sixty

שְׁכוּנָה נ׳ — neighborhood
שְׁכוּנוֹת; שְׁכוּנַת־

שָׁכֵן שם — neighbor
שְׁכֵנָה, שְׁכֵנִים, שְׁכֵנוֹת

שֶׁל מ״י — of
שֶׁלִּי, שֶׁלְּךָ, שֶׁלָּךְ, שֶׁלּוֹ, שֶׁלָּהּ,
שֶׁלָּנוּ, שֶׁלָּכֶם־ן, שֶׁלָּהֶם־ן

שֶׁלֶג ז׳ — snow
שְׁלָגִים

שָׁלוֹם ז׳ — peace
שְׁלוֹמוֹת; שְׁלוֹם־

- מַה שְׁלוֹמְךָ? — How are you?

שָׁלוֹשׁ ש״מ — three (f.)

- שלוש, שְׁלֹשׁ־מֵאוֹת ש״מ — three hundred

- שלוש, שְׁלֹשׁ־עֶשְׂרֵה ש״מ — thirteen (f.)

שְׁלוֹשָׁה ש״מ — three (m.)

- שְׁלוֹשָׁה־עָשָׂר ש״מ — thirteen (m.)

- שלושת, שְׁלֹשֶׁת־אֲלָפִים ש״מ — 3,000

שְׁלוֹשִׁים ש״מ — thirty

שְׁלִילִי ת׳ — negative
שְׁלִילִית, שְׁלִילִיִּים, שְׁלִילִיּוֹת

שְׁלִישִׁי ת׳ — third
שְׁלִישִׁית, שְׁלִישִׁיִּים, שְׁלִישִׁיּוֹת

- יוֹם שְׁלִישִׁי ז׳ — Tuesday

שִׁלְשׁוֹם תה״פ — the day before yesterday

שֵׁם ז׳ — name
שֵׁמוֹת; שְׁמוֹת־

- הַשֵּׁם ז׳ — God

- שֵׁם־גּוּף ז׳ — pronoun
- שֵׁם־מִשְׁפָּחָה ז׳ — last name
- שֵׁם־עֶצֶם ז׳ — noun
- שם־פועל, שֵׁם־פֹּעַל ז׳ — infinitive
- שֵׁם־פְּעוּלָה ז׳ — gerund
- שם־תואר, שֵׁם־תֹּאַר ז׳ — adjective

שָׁם תה״פ — there

שָׂם פ׳ — put
לָשִׂים, שָׂם, יָשִׂים; ש.י.מ.; פעל, ע״ו-ע״י

- שָׂם לֵב פ׳ — pay attention

שְׂמֹאל ז׳ — left

שְׁמוֹנֶה ש״מ — eight (f.)
- שְׁמוֹנֶה־מֵאוֹת ש״מ — eight hundred
- שְׁמוֹנֶה־עֶשְׂרֵה ש״מ — eighteen (f.)

שְׁמוֹנָה ש״מ — eight (m.)
- שְׁמוֹנָה־עָשָׂר ש״מ — eighteen (m.)
- שְׁמוֹנַת־אֲלָפִים ש״מ — eight thousand

שְׁמוֹנִים ש״מ — eighty

שָׂמַח פ׳ — be happy
לִשְׂמוֹחַ, שָׂמַח, יִשְׂמַח; ש.מ.ח.; פעל

שִׂמְחָה נ׳ — joy
שְׂמָחוֹת
- בְּשִׂמְחָה תה״פ — happily

שמיים, שָׁמַיִם ז״ר — sky

שְׁמִיעָה נ׳ — hearing

שִׂמְלָה נ׳ — dress
שְׂמָלוֹת; שִׂמְלַת־

שָׁמֵן ת׳ — fat
שְׁמֵנָה, שְׁמֵנִים, שְׁמֵנוֹת

שֶׁמֶשׁ נ׳ — sun
שְׁמָשׁוֹת

שֵׁן נ׳ — tooth
שִׁנַּיִם
- רוֹפֵא־שִׁנַּיִם — dentist

שָׁנָה נ׳ — year
שָׁנִים; שְׁנָתַיִים; שְׁנַת־, שְׁנוֹת־

שֵׁנִי ת׳ — second
שְׁנִיָּה, שְׁנִיִּים, שְׁנִיּוֹת
- יוֹם שֵׁנִי ז׳ — Monday

שנייה, שְׁנִיָּה נ׳ — second
שְׁנִיּוֹת

שניים, שְׁנַיִם ש״מ — two (m.)
שְׁנֵי־
- שְׁנֵים־עָשָׂר ש״מ — twelve (m.)

שְׁנָתִי ת׳ — annual, yearly
שְׁנָתִית, שְׁנָתִיִּים, שְׁנָתִיּוֹת

שֶׁעָבַר ת׳ — last, passed
שֶׁעָבְרָה, שֶׁעָבְרוּ

שָׁעָה נ׳ — hour
שָׁעוֹת; שְׁעָתַיִים
- בְּשָׁעָה ... תה״פ — at ... o'clock
- מַה הַשָּׁעָה? — What time is it?

שָׁעוֹן ז׳ — watch, clock
שְׁעוֹנִים
- שְׁעוֹן־קוּקִיָּה — cuckoo clock

שַׁעַר ז׳ — gate
שְׁעָרִים

שָׂפָה נ׳ — language
שָׂפוֹת

שָׂפָם ז׳ — mustache
שְׂפָמִים

שַׁפַּעַת נ׳ — flu

שֶׁקֶט ז׳ — silence
- בְּשֶׁקֶט תה״פ — quietly

שָׁקֵט ת׳ — quiet, calm
שְׁקֵטָה, שְׁקֵטִים, שְׁקֵטוֹת

שֶׁקֶל ז׳ — Shekel
שְׁקָלִים
- ש״ח ז׳ — NIS (New Israeli Shekel)

שָׁר פ׳ — sing
לָשִׁיר, שָׁר, יָשִׁיר; ש.י.ר.; פעל, ע״ו-ע״י

שֵׁשׁ ש״מ — six (f.)
- שֵׁשׁ־מֵאוֹת ש״מ — six hundred
- שֵׁשׁ־עֶשְׂרֵה ש״מ — sixteen (f.)

שתייה, שְׁתִיָּה נ׳ — drink

שתיים, שְׁתַּיִם ש״מ — two (f.)
שְׁתֵּי־
- שְׁתֵּים־עֶשְׂרֵה — twelve (f.)

ת

תַּאֲרִיךְ ז׳ — date
תַּאֲרִיכִים

תֵּה ז׳ — tea

תּוֹדָה נ׳ — Thank you
תודות
- תּוֹדָה לָאֵל — thank God
- תּוֹדָה רַבָּה — thanks a lot

תוכנית, תָּכְנִית נ׳ — plan, program
תוכניות

תּוֹלְדוֹת־ נ״ר — the history of...

תּוֹפֵס פ׳ — catch, occupy
לִתְפּוֹס, תָּפַס, יִתְפּוֹס; ת.פ.ס.; פעל

תּוֹר ז׳ — line, queue
תורים

תּוֹרָה נ׳ — Torah

תזמורת, תִּזְמֹרֶת נ׳ — orchestra
תִּזְמוֹרוֹת

תַּחֲזִית נ׳ — forecast
תַּחֲזִיּוֹת

תַּחֲנָה נ׳ — station
תַּחֲנוֹת; תַּחֲנַת־
- תַּחֲנַת־אוֹטוֹבּוּס — bus stop
- הַתַּחֲנָה הַמֶּרְכָּזִית — the central station

תיאבון, תֵּאָבוֹן ז׳ — appetite
- בתיאבון, בְּתֵאָבוֹן — Bon appetit!

תיאור, תֵּאוּר ז׳ — description
תֵּיאוּרִים

תִּינוֹק ש״ם — baby
תִּינוֹקֶת, תִּינוֹקוֹת

תירגום, תִּרְגּוּם ז׳ — translation
תִּירְגוּמִים

תַּיִשׁ ז׳ — billy goat
תְּיָשִׁים

תֵּל־אָבִיב נ׳ — Tel Aviv

תַּלְמִיד ש״ם — student
תַּלְמִידָה, תַּלְמִידִים, תַּלְמִידוֹת

תְּמוּנָה נ׳ — picture
תְּמוּנוֹת

תָּמִיד תה״פ — always

תַּנַ״ךְ ז׳ — the Hebrew Bible
[תּוֹרָה, נְבִיאִים, כְּתוּבִים]

תַּעֲרוּכָה נ׳ — exhibition
תַּעֲרוּכוֹת

תַּפּוּז ז׳ — orange
תַּפּוּזִים

תַּפּוּחַ ז׳ — apple
תַּפּוּחִים

תָּפוּס ת׳ — taken, occupied
תְּפוּסָה, תְּפוּסִים, תְּפוּסוֹת

תַּרְגִּיל ז׳ — exercise
תַּרְגִּילִים; תַּרְגִּילֵי־

תרנגולת, תַּרְנְגֹלֶת נ׳ — chicken
תַּרְנְגוֹלוֹת

תַּשְׁבֵּץ ז׳ — crossword puzzle
תַּשְׁבְּצִים

תְּשׁוּבָה נ׳ — answer
תְּשׁוּבוֹת

תֵּשַׁע ש״מ — nine (f.)
- תְּשַׁע־מֵאוֹת ש״מ — nine hundred

- תְּשַׁע־עֶשְׂרֵה ש״מ	nineteen (f.)
תִּשְׁעָה ש״מ	nine (m.)
- תִּשְׁעָה־עָשָׂר ש״מ	nineteen (m.)
- תִּשְׁעַת־אֲלָפִים ש״מ	nine thousand
תִּשְׁעִים ש״מ	ninety

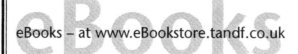